巴金全传

修订版
[下卷]

陈丹晨 著

人民文学出版社

第五编

"天堂"的梦

(1957—1965)

第十四章

扭曲之梦

134. 在陷阱中挣扎(一)

从乍暖乍寒的早春天气,到气温似乎渐渐升高,人们开始解除顾虑,讲出一些心里话。文学界中的青年作家也像其他领域的青年人一样活跃起来。他们有较多的幻想,想做更多的事。他们很想听听自己尊敬的老作家的意见,这样有助于自己的思考和实践。巴金和章靳以、孔罗荪访问丁玲时,听她赞扬过人民大学学生林希翎。巴金这时也连续接待过一些青年作家的来访。像白桦、方之、陆文夫等等。方之、陆文夫是江苏省刚刚走上文坛的青年作家,他们几位意气相投,正在酝酿创办一个青年刊物,名字也想好了,叫《探求者》。他们想在创作上多下功夫。巴金的文学生涯也是这么走过来的,他当然很理解,也很赞成。但是,即使在政治环境比较宽松的情况下,根据这些年的所见所闻,巴金还是有些担心:现在能允许办同人刊物吗?他们太单纯了,想得太简单了,会不会招来什么麻烦呢?但他又不便直截了当劝阻他们,只好很委婉地建议他们不要这样做。但不知道他们听懂了他的意思没有。

"文革"前夕的巴金

1957年4月9日,《文汇报》刊出了周扬答该报记者问,大谈"百花齐放,百家争鸣"方针。4月10日,《人民日报》发表社论《继续放手,贯彻"百花齐放,百家争鸣"的方针》。4月27日,中共中央发布《关于整风运动的指示》,决定普遍地、深入地开展反官僚主义、反宗派主义、反主观主义的整风运动。5月1日,《人民日报》报道中央国家机关开始整风。同时报道《没有大"放"的原因何在?上海文艺界巴金等人对领导提出批评》的消息。……从5月到6月上旬,各地党报、领导人都在热心地鼓动人们鸣放,帮助党整风。文艺界包括中国作协也连续召开各种座谈会,听取作家艺术家的意见。

就在人们真诚地热情地响应中共中央号召,提出各种批评和建议的时候,也就是在中共中央发出整风指示后不到二十天,5月15日,毛泽东悄悄地写了一篇文章:《事情正在起变化》,在共产党的高层中秘密传阅。他在文章中认为"有一部分人有教条主义错误思想。这些人大都是忠心耿耿,为党为国的,就是看问题的方法有'左'的片面性","有些被攻击的'教条主义',实际上是马克思主义……真正的教条主义分子觉得'左'比右好是有原因的,因为他们要革命"。毛泽东在这里情不自禁地大肆赞扬了教条主义,然后却极为严厉地强调,"有一部分人有修正主义或右倾机会主义错误思想。这些人比较危险……""现在应当开始注意批判修正主义。"他对这个时期的鸣放定性,归结为"在民主党派中和高等学校中,右派表现得最坚决最猖狂"。"右派的批评往往是恶毒的,他们怀着敌对情绪。""他们不过是一小撮反共反人民的牛鬼蛇神而已。"毛泽东的仇视和愤怒溢于言表,恨不得马上把他们打翻在地。他还对右派的人数作了估计（也可以说是规定、指标），"所谓百分之一、百分之三、百分之五到百分之十的右派是一种估计，可能多些，可能少些"。至于反右派斗争的具体方法，毛泽东也有设想和安排。譬如："钓鱼"、"诱敌深入，聚而歼之"等等。在他稍后写的一个党内指示中，他指示机关、学校、工厂对右派分子的活动，"要预作布置，实行挡驾"。"街上贴反动标语，动员群众撕毁。""工人在此期间，不要提出福利工资等问题，一致对付反动派。""要组织每个党派自己开座谈会……我们巧妙地推动左、中分子发言，反击右派。此事很有效。""注意组织中、左派写文章。""同时组织一些党外人士演讲，讲正面话。然后，由较有威信的党的负责人作一个有分析有说服力的总结性演说，将空气完全转变过来……"①

读毛泽东在这时期写的文章，人们会被他那种强烈地渴望反击的狠劲所震惊；就像3月时，人们听他在最高国务会议上的讲话，为他的谈笑风生、真心诚意鼓动鸣放而折服一样。那时他说："现在是党外人士帮助我们整风。过一会儿我们帮助党外人士整风。"党外人士不过在会上、在报上战战兢兢、和风细雨地说了一点意见；如今反过来，对付提意见的人却是暴风骤雨、大小会批斗，当作阶级敌人全民共讨之，最后降级、开除、劳改、倒霉一辈子。由此想到一年多前毛泽东强调过十五年内"国际国内的阶级斗争会是很紧张的"，这才是他的真实的认识和看法。后来所谓阶级斗争基本结束、"双百"方针的提出，不过是形势所迫、权宜之计而已。

一切都按毛泽东所策划和导演的轰轰烈烈地开展起来。6月8日，这场反右"大战"在《人民日报》上正式开锣登场，由社论《这是为什么》拉开大幕，接着连续发表社论、各界人士谈话、批判文章和批判会的报道……毛泽东亲自撰写许多文章参战。文学界则以中国作协批判丁玲、陈企霞反党集团来扭转局面，进行了声势浩大的反击。如果借用毛泽东当时形容"右派"进攻的话来形容反右派真是最确切不过："一时好似天昏地暗……"

---

① 引文均见《事情正在起变化》、《组织力量反击右派分子的猖狂进攻》，引自《毛泽东选集》第5卷，第423—429、431—432页，人民出版社1977年版。

这样一个惊心动魄、诡谲多变的政治气候，对于巴金来说，是他以前几十年的生涯中见所未见、闻所未闻的，真是一次非常特殊的经历和转折。就在《人民日报》吹响反右派斗争号角后的一个多星期，6月17日，巴金奉命匆匆来到北京参加全国人大一届四次会议，住在前门饭店，与四川代表、老友沙汀同室。斜对门住着上海代表、《新民晚报》总编辑赵超构（林放），时有往来和交谈。这次会议开了长达一个多月，直到7月20日才回上海，开得巴金在给萧珊的信中叫累不止，叫苦连天，这是过去许多次开会从未有过的。

这次大会几乎就是一次高层次的反右派斗争会议，各小组会捉对儿厮杀。譬如巴金所在的四川小组中有大右派章乃器。但是章乃器根本不到会。人们照样按照上面布置，有组织地进行猛烈地攻击。6月27日，巴金给萧珊写信说："这次开会的确比往年忙，上午下午都开会，小组会开得多。章乃器也在四川小组，但是他根本不来开会。我一天弄得精疲力竭，晚上还有朋友来谈。……我也真想休息一个时候……我打算会后休息两天。好好睡半天觉。"6月30日的信中又说："睡眠不够，大家都觉得累。……生活的确忙乱，思想也不集中。会开得很好。"这个时期巴金给萧珊写信很少谈会议情况，这是少有的一笔。7月8日信中又说："我们一直忙着开会，白天整天开会，晚上或参加晚会或有人来聊天。晚睡早起，一天至多睡六个钟头，疲乏不堪。"7月12日信中说："每天都是如此，肉体与精神都相当疲劳。"在这封信中，他还提到"作协反右派斗争很紧张"。

显然，巴金在这一个多月的会议生活里几乎是一种煎熬。他听人们没完没了不断重复那些揭发批判，他分不清哪些是真哪些是假，哪些是对哪些是错。只见有的人夸夸其谈，有的人义愤填膺，有的人虚与委蛇，有的人空话连篇……总之人们都在"深刻领会"领导意图，揣摩当时风向变化，然后表态发言，"要啥有啥"。譬如说，如何提高了觉悟，擦亮了眼睛，受到了深刻教育，得到了巨大的收获等等，诸如此类。上面也就心满意足，大胜而归。

巴金从来不喜欢开会，1949年前几乎不开会，这些年来偏偏掉在会山会海里面，眼睁睁地看着时光叹息地流逝而去。对他这个从来勤奋、珍惜光阴的人来说，无异于是对生命的虚掷甚至是虐杀；何况这种紧张可怕的批斗会更是他不习惯以至恐惧的。他一生主张要善待人，要爱人，讲人道，讲人情，如今却要凶巴巴、恶狠狠地去批判、攻击、辱骂别人，他内心里有说不出的烦恼和反感，但还不得不硬着头皮听会。于是他只能采取混会混时间的办法。当轮到他不得不讲时，他就按照报纸说一通空话、套话，这个本事他也开始学会了。

这场反右派斗争是巴金从未想到过的，也是任何人都不曾想到过的，即使那些本来心存疑虑的人也不会想到招来这样一场声势浩大、祸及成十上百万人以至国家的命运的政治运动。巴金从6月8日《人民日报》社论上感到气氛骤变，无所适从；但到了北京参加会议，才真正感受到可怕的政治压力沉重地压在自己的头上。他看到听到报上会上批判的那些所谓右派言论，就不能不联想到自己前些时候写的杂文、讲过的话，也都是类似一些对共产党的批评意见，不照样可以归入为右派言论吗？想到这里，他开始坐卧不安，他紧张害怕，不知前面的命运怎样，别人将会怎样处置他，是不是会把他揪出来大会批小会斗，发动文学界和读者都来批斗他。

就在这时，《文汇报》驻京办事处的女记者浦熙修到前门饭店来采访他，约他写一篇反击右派的短文，而且催得很急，尽快用电报传送到上海去。这在《文汇报》来说，也许是一种急于应变的措施，但也是贯彻上面所谓组织左、中派人士写文章反右的要求。巴金不知道上面把自己看成什么派，但却可以借此表态，保护自己，所以一口答应，当天就写好不到一千字的短文交给记者，第二天（6月21日）就在上海《文汇报》上刊登出来，题目叫《一切为了社会主义》。文章歌颂了毛泽东，批判有些人"欣赏毒草，迷恋剥削"，"他们就成为'十目所视，十手所指'的人"。值得注意的是巴金在文章中并没有使用"右派"这个词，说明他还是比较谨慎的，因为说一些不着边际的空话，表表态，在那时似乎是无伤大雅。紧接着《人民日报》也来约他写稿，当然要求态度鲜明尖锐。这次他是轻车熟路，更是一挥而就，随即于6月24日刊出，题目叫《中国人民一定要走社会主义的路》。尽管还是重复一些天天充斥在报纸上的骂人的空话，但这次不仅不回避"右派"两个字，调门也大大地提高了。

这是反右派初期,巴金在几天之内在几家大报公开亮相的情况,但并没有使他感到轻快。瞬息变化的时局使他更加迷惑不解。那位《文汇报》女记者浦熙修在约稿后不到十天,就被《人民日报》7月1日社论(作者毛泽东)点名"是一位能干的女将",是右派中的"两帅之间还有一帅"。这使巴金吃惊不已。巴金思想混乱极了,他哪里分得清谁是右派,谁是左派。他眼中看到的是,许多他所熟悉的朋友,都是一些有才华、要求进步的好人,但却一个一个成了被攻击的对象,被戴上了"右派"的帽子。

7月14日,周恩来邀请文艺界知名人士座谈。巴金进入会场时,看见老友萧乾很沮丧地坐在后排。因为他已被《人民日报》点名为右派了,有些熟悉的朋友见到他装作没有看见远远躲开了。巴金却像平时一样坐到萧乾旁边劝慰他:"你不要这么抬不起头来,有错误就检查、就改嘛,要虚心,要冷静。你是穷苦出身的,不要失去信心。"这对身处逆境的萧乾是很大的温暖,因此铭记在心。后来周恩来招呼巴金坐到前面去,巴金一边向周恩来致意,一边仍不放心地叮嘱萧乾"要虚心,要冷静"。

住在斜对门的《新民晚报》赵超构原是一个谈笑风生、豁达开朗的人,这几天巴金却看不到他的笑容,显得心事重重,沉默寡言。他是一位杂文家,前些日子鸣放不少。巴金这时自己很紧张,却也很为他担心,又不便问他什么。过了几天,巴金重又听到了熟悉的笑声。因为他得到了上面的暗示,只要认真检讨就可过关。他马上写文章连夜打长途电话传送到上海,第二天在他主持的《新民晚报》上发表了,因而得到了毛泽东的首肯而过关。这是毛泽东的一种分化策略的体现,但却使巴金看得眼花缭乱。

章靳以从上海寄来《〈收获〉发刊词》,说是要征求编委意见。其实就是临时要加上毛泽东提出的六项政治标准。巴金当然明白是怎么一回事,他似乎看到了头上悬着一把可怕的达摩克里斯之剑,随时可能落下来,不免又添了一分烦恼。

在这个冗长的会议期间,只要有空隙时间,他就去看望朋友;也只有和朋友在一起时才感到轻松一些。他与曹禺常见面,他去探访沈从文、顾均正……

好不容易熬到会议结束,他特地到冯雪峰家去探望。冯雪峰在前几年因

《红楼梦研究》一事受到挫折，如今处境仍还不好。他是个资深的老党员，参加过红军长征，但还是书生气很重，容易动感情。老朋友见面，还是那样无拘无束，敞开心扉。巴金很尊重这位老党员，聊天时就把这些日子疑惑不解的问题说出来，向他请教。其实冯雪峰又比他多知道什么呢？但是他还是出于善良的愿望想象这次运动不会伤害太多的人。他努力解释一番。他和太太殷勤地拉着巴金到华侨大厦的大同酒家吃饭。冯雪峰平时生活简朴是有名的，很少下饭馆。如今做东道主拿着菜单不会点菜。巴金无论如何不曾想到厄运已经逼近他的朋友，下次再见时将是另一番情景了。

135. 在陷阱中挣扎（二）

二十多年以后，巴金在回忆这段历史时，不止一次地说：

> 我在1956年也曾发表杂文，鼓励人"独立思考"。可是第二年运动一来，几个熟人摔倒在地上，我也弃甲丢盔自己缴了械，一直把那些杂感作为不可赦的罪行……
> 1956年鸣放期间我写过文章，劝人运用独立思考。不久反右运动开始，我又否定了自己。
> 现在再回过头去看二十七年前的事情，我觉得自己多么可笑又可悲。我看得清清楚楚，1957年下半年起我就给戴上了"金箍儿"。

那时，他确是怀着一颗"战栗的心"，"整天提心吊胆"，"一直战战兢兢地过日子"①。巴金开完全国人大会后，回到上海也一样不轻松，继续陷在上海大大小小的反右会议中。从8月16日至9月3日，上海市举行第二届人民代表大会。中共上海市委书记柯庆施在会上作政治报告，题目就叫《深入

---

① 《再思录》第10页；《随想录》第705、704页。

反右派斗争，开展全民性整风》。原来说是整共产党的风，刚刚开了头，就变成要整全国老百姓的风，并称各民主党派各界各阶级各阶层"都应当进行整风和社会主义教育"。人大会成了斗争会，巴金参加了和周而复、柯灵、章靳以、郭绍虞等的两次联合发言，其中有一次就是批判复旦大学教授、诗人孙大雨。对于这样的事情，巴金已经来者不拒。其实他何尝了解孙大雨。他是上海作协主席，不能像开全国人大那样只是听会，现在不仅要主持会议（尽管只是个摆设，实际都是由作协党组操办的），还得讲话。这时由他挂名主编的《文艺月报》的一位副主编王若望也被揪出来批斗了。

在这些日子陆陆续续传来的消息中，他熟悉的亲近的朋友被打成右派反党分子的，在北京除了萧乾，还有冯雪峰。浙江有三十年代的老朋友、曾是新四军老干部的黄源。不久前与他一起到四川视察的宋云彬。江苏有访问过他的方之、陆文夫。上海还有给平明出版社出过巴尔扎克译作的傅雷。曾是他三哥的学生，后来是他家的常客的黄裳。给他画过像的画家俞云阶……

在那动辄得咎、随时可能挨批的情况下，他平时对青年读者最为亲切、友好、尊重的习惯也不得不有所改变。他过去对读者来信几乎是每信必复的，五十年代忙乱的情况下，即使自己没有时间，也要请萧珊帮忙代复、代为处理。现在他被惊吓住了。有一封重庆的学生团体来信，请他为他们的刊物题词，他对萧珊说："不回信也好。现在情形复杂，青年学生中间，有些人也有问题，尤其是要办刊物的，所以我以后也得当心。"

这时，在北京的中国作协正如火如荼地开展对丁玲、陈企霞的所谓反党集团的斗争。从1957年6月6日起到9月17日，借反右派斗争之风，连续开了二十七次党组扩大会议，参加会议的有党和非党的作家，由二百多人发展到一千多人，发言的多达一二百人，成为全国性的大规模的批判斗争会。不仅会内批，还组织左派、中间派人士写批判文章在报刊上发表，互相配合，以壮声势。巴金虽然身在上海，但他是中国作协副主席，又是上海作协主席，又是知名度很高的大作家，当然不会被放过，也照样被组织写文章参加斗争。他按照当时的口径写的文章题目是《反党反人民的个人野心家的路是绝对走不通的》，发表在8月31日《人民日报》上，实际上他对这些斗争的是是非非又了解多少呢!

9月12日，巴金和章靳以等人应命又到北京参加中国作协党组扩大会议的最后阶段，目的是让更多的人包括像巴金、章靳以这样非党的或刚入党的知名作家登台亮相，面对面地批判丁玲、陈企霞、冯雪峰。既是考验他们的立场是否鲜明地站在党的一边，又是增加批判的分量，壮大声势。

9月16、17日连续召开的会议已扩大到各省市区宣传部、作协负责人，参加者有一千三百多人，在首都剧场举行。巴金到会场时，已经坐了许多人，他看见冯雪峰坐在前边，低着头，那副沮丧的神情是巴金认识他二十年来从未见过的。这样熟悉的、倾心相交的老朋友，从来被他尊敬的一位平易近人的党员，一个耿直、真诚、善良的人，一个多月前，他们还在一起吃饭，敞开心扉聊天，还向他请教反右派是怎么一回事，如今一下子他就变成了反党分子。巴金读到过《人民日报》上的长篇报道，说冯雪峰是"丁陈反党集团的支持者和参与者"，"三十年来一贯反对党的领导"，"反马克思主义的文艺思想和胡风一致"，还有"反动的社会思想"等等耸人听闻的可怕罪名。巴金不忍心看他也不敢看他。他多么想和他谈谈，问问他到底是怎么一回事。这时的冯雪峰又是多么需要朋友的帮助、理解和辩护。但是在这样的气氛、这样的场合，不仅没有这个可能，而且还要成为批判者去无情地面对面批斗他，这是巴金五十多年人生中从未做过的事情。

17日，巴金上了台，是作为和章靳以的联合发言。这天的大会是批斗丁玲、冯雪峰、艾青……并且给他们戴上右派分子的帽子的大会。中宣部主要领导陆定一、周扬都作了长篇总结性的讲话。郭沫若也讲了被认为"语重心长，很有革命热情"的话。巴金和章靳以的联合发言，模仿着人们的调子，从报纸上拣了一些材料编成批判稿，批判丁玲的"一本书主义"，批判冯雪峰"凌驾在党之上"，批判艾青"上下串联"……巴金本来说话有点口吃，这时念稿子更是结结巴巴。他只想早点结束这个发言。虽说他不善言辞，但也从来没有像这次说话那么艰难。这样也就没有逃过主持会议的领导的法眼。作协秘书长郭小川在日记里点评当时会场的情景："茅盾讲了好久，约一个半小时，巴金只十多分钟……老舍讲了一段很精彩的话，语言新鲜，意见尖锐，只多少有些油滑之处……"①

二十多年后，巴金在反思这段历史时说："我只是跟着别人后面丢石块。我相信别人，同时也想保全自己。我在1957年反右前讲过：'今天谁被揭露，谁受到批判，就没有人敢站出来，仗义执言，替他辩护。'倘使有人揭发，单凭这句话我就可能给打成右派。这二十二年来我每想起雪峰的事，就想到自己的话，它好像针一样常常刺痛我的心，我是在责备我自己。"②

人们熟悉《圣经》里的故事，常常可以看到那时候的人喜欢用石头做武器去打自己痛恨的人。有一个著名的故事说，有一帮人捉了一个犯了淫罪的妇人送到耶稣面前，问该怎么发落。照摩西的律法是应该用石头打死的。耶稣开始不理他们。后来一再逼问，耶稣就说："你们中间谁是没有罪的，谁就可以先拿石头打她。"听了这个话，人群中从老到少，一个一个都走了，只剩下那个妇人。耶稣说："我也不定你的罪，去吧，从此不要再犯罪了。"但是，1957年的情况是，人群都在向那"罪人"扔石头，要砸死他。人们都要借此表白自己是清白的，忠诚的，很革命的。上帝不仅不那么通情达理、宽容智慧，反而成了发起、组织、鼓动、驱使众人对着无辜的人去扔石头。巴金在回忆往事时多次借用"扔石头"这个典故，来说明自己也是人群中的一个。

反右派斗争把成十上百万的知识分子打成右派分子，当作反动的敌人对待；同时也迫使不计其数的知识分子去批斗自己的同志、朋友、亲人，从而造成人格上、道德上的一次大缺失。中国作家协会本来应该是作家自己的团体，是为作家服务的作家之家，是作家谈文论艺、文化气氛浓厚的场所，现在却变成作家整作家、作家互相残杀、充满火药味和血腥味的屠场。中国作家协会机关内不过二百人左右就揪斗了右派数十个，成为中国文学史上从未有过的大悲剧。因此这次反右斗争挑起的是一场知识分子的自相残杀，对于中国知识分子整体，在政治上、精神上都是一次大劫难、大虐杀、大悲剧。巴金当然也是在劫难逃。

---

① 《郭小川1957年日记》第194页，河南人民出版社2000年版。
② 《随想录》第158页。

1949年革命胜利后，中共领导了国家的经济建设，清除了殖民地的污垢；初期的俭朴廉洁的作风也颇得老百姓的好感。因此巴金也是心悦诚服的，并且用行动、写作一再表示愿意努力改造自己，接受新思想，写出新作品，歌颂新社会。他常说，"做一个中国作家是我的骄傲"。还由于胜利、成就在被广泛承认、接受的同时，也为虚伪的宣传夸大、渲染、神化了领袖和政党的作用，对于长期受封建思想影响的中国人来说，渴望、崇拜、迷信好皇帝是传统政治文化中一个根深蒂固的情结。如今在造神运动的灌输下，人们更是把一切归功于"神"，一切听命于"神"，把自己也奉献在祭坛上。一切都是在崇高、神圣的革命的包装下推出的，必须相信而不容怀疑。巴金说到反胡风时的情况，自己不明白是怎么一回事，但"不管怎样，我只有一条路走了，能推就推，不能推就应付一下，反正我有一个借口'天王圣明'。当时我确还背着个人崇拜的包袱。我想不通就不多想，我也没有时间苦思冥想"。①所以，共产党号召整风，向党提意见，你心存疑虑也得响应；共产党要反右派，你不愿意也必得揭发批判别人。反正党永远是正确的，只能听党的话，响应党的号召，否则就会引火烧身。多年来，一个接着一个的运动，凡"不安分"的人，就有可能遭到惩罚，在机关、学校、街道、家庭……所有的空间里，形成一个全民共讨之、全党共诛之的局面，连自己也得否定自己，羞辱自己是狗屎堆，是敌人，是罪人。这种残酷斗争、无情打击的政治压力，这种诬陷、编造、挖个人隐私、揭历史老底的手段和话语暴力的杀伤力，甚于刀锯斧钺，使人的尊严和人格被践踏到荡然无存，使人不能不由恐惧变为驯顺。巴金也是从这时候开始，和别的知识分子一样，从一个有独立思考的人，渐渐地变成了精神奴隶。

于是，他就积极表态，写了好几篇杂文，如《惨痛的教训》《国士论》《戴帽子》等。这些文章并不完全像前几篇那样出于被迫或强派的任务，不免有主动迎合之意，"努力扮演反右派战士"，因此弄脏了自己的手，而这正是权势者所期望的。他对所谓知识分子不好好改造堕落成右派作了尖锐的分析和

---

① 《随想录》第884—885页。

批判，还鼓吹上面定的调子，说右派"造反"，说"知识分子的改造并不是'差不多'，而是'差得很远'"。"在任何时候知识分子都不能放松这一件事，认真地改造自己。""反右派斗争是政治斗争，也是思想斗争……我们跟右派斗争，同时也在扫除自己身上的资产阶级思想，在斗争中锻炼自己、改造自己。这种改造是长期的、艰苦的，但这是必要的。"①他在这些文章中也点了许多正在被斗的右派的名字和言论，甚至没有忘记捎带批一下冯雪峰、丁玲②。巴金说："1957年下半年起，我就给戴上了'金箍儿'。他（指赵超构）也一样。我所认识的那些'知识分子'都是这样。从此我们就一直战战兢兢地过着日子，不知道什么时候会有人念起紧箍咒来叫我们痛得打滚，但我确实相信念咒语的人不会白白放过我们。"③

当然，这几乎是所有知识分子的共同经历后的心理状态。至于巴金，1949年后那些接二连三加诸于他头上的政治头衔、身份，既是对他的重视和信任，也是一种精神上人格上的束缚。他虽不是归属于哪个单位编制中领工资的一员，但他作为中国作协、上海作协的领导人之一，他就不能不顾及这些单位对他的要求和安排，不能不当作任务，当作应尽的必须做的责任，以至连报刊约稿都当成了党交给的任务。他是一个责任心很强的人，是个很照顾别人、顾全大局的人，现在还是一个听党的话的人，是一个重感情的人，记着别人对他的善待。

所以，中国作协开了二十七次批判丁陈的大会，作为副主席能不表示支持？全中国都在反右派，作为上海作协主席能不主持会议、讲话？作为全国人大代表、上海人大代表，在这些人大会揭发批判右派时能不一起参战呐喊（包括联合发言）？其次，巴金也看清了当时的政治形势和知识分子的处境，自己的言论和杂文并不比已揪出来的右派差多少，时时怕被人"当场揪出来"④，到那时，妻子、儿女，整个家都将受到牵连而坠入苦难的深渊。想到这里，他不能不扔掉独立思考、大胆、为真理而敢想敢说……违背自己的信念，走

---

① 《文汇报》1957年7月24日。
② 《解放日报》1957年9月12日。
③④ 《随想录》第704页。

上一条失去自我、俯首为奴的泥泞的路。

就在北京登台批判丁玲、冯雪峰、艾青的日子里，巴金接到萧珊从上海寄来的信，告诉他，家中的花园里，"今天桂花开始开了，金桂银桂都绽出几朵花来，只是靠秋千的那枝依然故我。你回来之时，当然满园芳香了"①。

然而，巴金哪还有心思赏花。文学界的朋友已像百花凋零，自己正在参与摧折香花，那份无法言说的难堪和悲哀，只能深埋在心里，即使对于自己的妻子也不便尽情倾诉。

136．天堂之梦

当政治运动的硝烟稍稍散去，1957年11月初，巴金又作为中国劳动人民代表团团员赴苏联参加十月革命四十周年庆祝典礼。团长刘宁一，副团长钱俊瑞、许广平、老舍、梅兰芳、钱三强等。这个信息表示上面对他仍还信任，虽然他也发表了一些杂文和言论，却得到了宽恕。

这时毛泽东也去苏联。因为这几年发生了批判斯大林、波匈事件后，社会主义阵营内出现了许多矛盾，中苏两党也有严重分歧，毛泽东应赫鲁晓夫之邀，借庆祝典礼的机会商谈有关重大问题。

巴金还没有敏感到个中秘密。他还像以前那样热烈歌颂苏联。这是他第四次访问苏联了。他说："哪怕听见人谈起莫斯科的大雪，我也会感到春天的暖意。"他对苏联友人说："人到了莫斯科会有一种非常幸福的感觉，就像一滴水放进了海洋一样。"后来，他在散文中还赞颂说："莫斯科的确是世界的中心，苏联的确是进步人类的大家庭。"当然，这些近乎谀美之词也是有所依据。毛泽东在莫斯科几次讲话的调子就高得很，再次强调："我们社会主义阵营也必须有个头，这个头就是苏联。"②

---

① 《家书》第258页，浙江文艺出版社1994年版。
② 《毛主席在苏联的言论》第14页，人民日报出版社1959年版。

巴金参加的这个团在离京前曾受到周恩来的接见。周恩来说：此去"意义重大，事情不多"。所以主要是游览和广泛接触各界人士，无非是观剧、参观、酒会……巴金在苏联访问了二十四天，到过四个城市。11月7日，到红场整整站了四个钟头。他在观礼台上看到赫鲁晓夫陪着毛泽东，还有宋庆龄走上检阅台，受到人们的欢呼和鼓掌。后来在观看舞剧《天鹅湖》时，又看到赫鲁晓夫和毛泽东在剧院里受到众人注意的情景。他说他们"像两个亲密的弟兄"。

巴金虽然到过苏联多次，但却未去过乌克兰，他很想一睹南俄风情，这次恰好有机会到基辅一游。他们到作家考涅楚克家里去做客，受到非常热情友好的款待。在莫斯科时，他还和老舍、梅兰芳、高莽冒着大雪到作家波列伏依家里去访问，西蒙诺夫等也赶来见面，饮酒，聊天。

在列宁格勒访问时，他漫步在涅瓦河畔，站在基洛夫桥上，凭栏眺望彼

1957年11月，在苏联。前左二起：巴金、老舍、梅兰芳、喻宜萱、王昆

得保罗要塞时,想起了十二月党人,以及舍甫琴科、陀思妥耶夫斯基、车尔尼雪夫斯基等等许多俄国优秀作家都在这个监狱里被囚禁过。他也想起了他非常崇敬的妃格念尔也曾被关在这里。一股凭吊古人的伤感之情不禁油然而生,几乎要怆然而涕下了。朋友们催他离去时,看他依依不舍的样子,不知道为什么他对这个古堡如此感兴趣。

那年年底,香港著名影星、有"电影皇帝"之誉的吴楚帆带来新拍完的粤语片《寒夜》,由内地影星、也曾有"电影皇帝"(国语片)美称的金焰陪同来访。吴楚帆是回内地来领取《大众电影》"百花奖"的。他也专程来请巴金、萧珊观看《寒夜》。他自己当翻译。巴金夫妇看了,大为赞赏,没有想到吴楚帆虽然身材高大,却把剧中那个被压迫得喘不过气来的汪文宣演活了。不知不觉地巴金对眼前两个"电影皇帝"忽然有一种感叹:香港的吴楚帆主演的电影越来越多,内地的金焰却是越来越少。只听说金焰又是深入生活,又是计划这个那个,但却不见有新作问世。

巴金的小说被香港电影界看好,陆陆续续被改编拍成影片的有《春》、《秋》、《寒夜》、《憩园》等等,可以说是内地作家作品被改编拍成电影最多的一个。其中有的电影也曾在内地影院上映,因而传播更广,巴金的名字在一般市民中已是家喻户晓。

1957年这一年,巴金总算安全度过了。但是作为一个作家,曾经是多产的作家,这一年又写了些什么作品呢?他不仅没有写小说,甚至连可称为文学作品的短小的散文随笔都很少写成。翻译工作也处于停顿状态。在反右斗争席卷全国的时候,他只是不断参加斗争、开会,应付各种场面上的活动,还忙乱不得闲。更重要的是,他给吓住了,思想上一片混乱,不知从何下笔,不知该写什么,不知该怎么写。当然,他也不想写了,至少现在不想写了,以免惹是生非,引火烧身。除了上面派给的任务,写批判文章,他都努力完成,有时还连夜加班。此外,他真的感到很茫然了。

反右派斗争给人们的一个教训是所谓"左"比右好,上面爱听假话、大话、好话,不爱听真话、实话、批评的话。上有所好,下必甚焉。全国上下滋长了一种浮夸、虚饰的风气。所谓"大跃进"也就这样出现了。文学界也要跃进,要求作家们制订创作计划,动员作家下乡下厂。1958年2月,《人民日报》就此提出耸人听闻的口号:"在更大规模和更深程度上同工农相结合,让文艺创作来一个大丰收。"中国作协提出《文学工作大跃进草案》,《人民日报》就此又报道称:"作家们!跃进,大跃进!"上海在柯庆施等的领导下,显得更为激进,花样百出。他们组织上海知识界万余人集会游行,向中共上海市委献决心书,表示永远跟着共产党走,海枯石烂志不渝。巴金参加了,还和陈望道、周谷城等为大会主席团。后来又组织一百多位文艺界人士同造船厂工人大联欢,和工人们齐声欢唱,巴金也参加了。市委又让上海作协要求作家们在两年内完成各种体裁样式的文学作品三千篇的计划。巴金订的规划是两年内完成中短篇小说集、散文集各一部,创作谈十万字以上,整理编辑《巴金文集》,译完高尔基的《文学回忆录》。这个规划在一般情况下,对巴金来说倒是完全可以完成的,并不算浮夸。

当时上海文艺界还搞深入生活的新方式,与工农"攀亲家"。在自上而下鼓吹民歌运动的气氛下,上海市委专门发出指示:要广泛收集民歌。上海报纸跟着鼓吹"诗的国家,诗的时代"。6月17日《文汇报》报道:"上海三百万人投入文艺活动,工农诗人和工农作家大量成长。"7月10日《解放日报》报道,上海工人创作队伍发展壮大,"参加人数几十万,已有作品百万篇"。这时各地也纷纷报道工农创作发展的惊人数字。报纸上天天有人们意想不到的捷报:成立人民公社、吃饭不要钱、粮食亩产从几千斤到几万斤、钢铁产量将到几千万吨……据巴金说,他听到这些豪言壮语,"确使我的心十分激动"。生活在那样的气氛中,他也大写歌功颂德的文章。他说,那时的"感情是真挚的"。

1958年开始,几乎把全民裹胁推入到一个疯狂浮夸的环境里。如果说,1957年他听从上面的意思,写了许多大批判(右派)稿;到了1958年,他又听从上面的号召,写了大量歌功颂德的浮夸的文章,如《变化万千的今天》、《为振奋人心的消息而欢呼》、《大欢乐的日子》、《空前的春天》、《我们要在地上建立天堂》、《最大的幸福》、《无上的光荣》、《一个作家的无限快乐》……他还应报刊之约,写政治文章配合政府对外宣传,如《吸血鬼的末路》、《六亿人民一定要斗争到底》、《我们的决心丝毫不会动摇》、《美帝的确是纸老虎》、

1958年，在上海向民众散发宣传材料

《杜勒斯的豺狼面目》、《欢迎金日成首相》、《支持古巴、刚果人民正义斗争》、《对美帝的警告》……他像一部写作机器，麻木了似的，完全进入到党的政治宣传轨道来写作。写这样的文章倒也省力，毋须自己头脑思考，也不必积累实际生活素材，更不用有自己的想法和见解，只要照抄报纸，大讲豪言壮语，多使用高级形容词，加强战斗性，信手拈来，就成文章。一位写作了三十年、有深厚文学修养和艺术造诣的老作家，这时写文章的词汇之贫乏、思想之苍白，甚至连那些题目都是一些陈词滥调，几乎已使读者不能辨认。这是我们熟悉的大作家巴金吗？他那饱含着酣畅淋漓的感情的文字到哪里去了？

这期间，他写的《廖静秋同志》是一个例外。这是一篇感情真挚、文字平易洗练的感人散文，也再一次表现了巴金散文的艺术魅力。他从自己的所见所闻来写一位年轻的川剧女演员廖静秋献身艺术的精神和与疾病作斗争的顽强生命力。廖静秋不到三十岁，出身很苦，"受过太多的不能用言语形容的侮辱和摧残。然而她终于从非人的地位走到了人的地位，从受践踏被踩躏的女戏子变成了新社会的优秀艺术家"。她在身患绝症、受着病痛折磨的情况下，坚持演出，拍电影；不仅演得多，还要演得好。巴金原与她并不相识，因为他喜爱川剧，听到了许多关于廖静秋的传说，使他非常感动。他与四川老作家李劼人一起呼吁为廖静秋拍摄舞台纪录片以保留她的艺术。后来这个愿望实现了。1957年，巴金有机会看到影片《杜十娘》的毛片，非常吸引他，使他几乎不能相信这个载歌载舞的美丽的少妇竟是一个垂死的人所扮演的。从这篇散文中，人们感受到一位优秀的川剧女演员血肉丰满的形象，也被巴金的深情所打动。这时的巴金身上的人道精神，对于艺术的热爱之情，又一次真诚而又畅快地流泻起来。

137.《悲剧》的悲剧

巴金因为没有被打成右派而对上面心存感激。有一次，他和萧珊闲谈时，带着苦笑且又不无侥幸地说自己是一员"福将"。意思是指没有像别的朋友那样被揪住了几篇文章而遭到不幸。

但是，巴金这种庆幸的声音还没有落地，麻烦就接踵而来。1958年成了巴金屡受批判，批判的声势和规模越来越大的一年。

2月底，巴金接到《文艺报》总编辑张光年的约稿信，称：美国作家"法斯特叛党后，越变越坏，但是外国进步知识界的某些人对他还有幻想。其实正像毛主席所说，法斯特叛变过去，对我们是一件好事。我们觉得应当把这个人当成进步知识界的一个反面教员，因此我们想约你，还有萧三和曹禺，

1958年第8期《文艺报》载批判法斯特专辑的书影

各写一篇短文,表示我国作家对这件事情的看法"。

《文艺报》是文联、作协的机关刊物,且是总编辑郑重其事来信相约,事关对外宣传要事,巴金当然应承下来,而且一点不马虎含糊。他认真收集阅读了相当多的资料,于3月13日写完《法斯特的悲剧》一文寄给《文艺报》,在4月份出版的第8期发表。编辑在这期刊物上拟了一个《呸!叛徒法斯特!》为题的专辑,巴金文章打头,同时刊出的还有曹禺、袁水拍以及苏联、美国作家等共六篇批判文章,可以说是较大声势的围攻。相对来说,巴金的文章是材料较为丰富翔实,说理较为充分。但是当时在极端思想煽动下的人们却不这样看,有些人写信给《文艺报》指责巴金,说巴金的文章"远不及曹禺同志和袁水拍同志的文章那样带劲",有的甚至说巴金"敌我矛盾、大是大非都还弄不清楚"①。

法斯特原是美国共产党作家。自从赫鲁晓夫在苏共二十大的秘密报告被西方媒体披露以后,在全世界引起了巨大的政治震动。许多原来怀着美好崇高理想的共产党员感到愤怒和失望,这原是情理之中。法斯特也因此脱离美共,并发表了一系列文章解释自己的行为,对苏共、美共领导颇多批评。这在共产党看来当然是不能容忍的,历来把脱离党看成叛党,于是发动了一场围剿。

巴金读过法斯特的作品。法斯特的代表作《公民潘恩》、《斯巴达克思》,以至《萨柯与樊塞蒂的受难》都是巴金熟悉的。当年在朝鲜战场巴金读法斯特小说曾深受感动。现在奉命写批判文章,他不是采取不讲理的、因人废言、一棍子打死的态度,而是实事求是地肯定了法斯特过去的进步,写了好书,"是一个诚实的作家","他过去为他的思想和言行吃过苦,受过迫害,坐过牢,受过抑制,后来在国外得到很高的荣誉和全世界千万读者的敬爱"。现在却"掉转身去拥抱他自己曾经憎恨过、反对过的东西"。其原因是"他始终没有能够把自己的感情完全融化在群众的感情里面,在集体的解放中去追求个人的自由……他想依靠他的才能和声望,脱离人民单独去寻找'真理',为自己开辟一条'新路'。结果……他却找到了'灭亡',他完全毁掉了自己"。巴金还希

---

① 《文艺报》1958年11月。

望法斯特"回头是岸"。

巴金写这篇文章确是带着一种很深的惋惜的感情的。尽管他努力在体现主流意识形态的旨意，但他是用真诚的思想感情说话，是在读了法斯特作品以后，从法斯特的实际情况出发，与那种不看作家的书就乱骂一通的批判文章是不同的。但越是这样越不能为极端思想所接受。

这篇文章原是《文艺报》约的，按惯例又是经过编辑部审查把关的。当那些读者用极端思想来批判巴金时，《文艺报》显得很尴尬，没有负起责任站出来向读者解释说明自己的看法，反而采取一种中立的态度，把读者的来信选了七封转给巴金，开始时说，这些读者意见只登在内部刊物；后又来信通知，要改为公开发表；希望巴金对读者有一个交代，也就是要巴金作一个检讨。这使巴金感到苦恼。一篇文章本来就是作家个人的看法，从某个角度进行某些分析，毋须大家都说一模一样的话。但是现在这些简单的道理却无法向读者说清楚。他不知道自己错在哪里，该怎么检讨，却又不能置之不理。那时所谓群众的意见常常会被上面借来当枪使。于是他煞费苦心句斟字酌地写了一封给《文艺报》编辑部的复信，称："读者们的意见使我受到了一次教育，我写那篇文章时，翻了一下材料，多少受了点阿普卡塞的文章和波列伏依给法斯特的信的影响。但是他们的东西是在去年上半年写成的。时间差了那么久。而且我希望法斯特'回头'，劝他不要继续走更反动的路，要他改过自新。我只着眼于一个作家的堕落，却忽略了这是一个共产党员叛变的重大事件。所以读者们的批评是有理由的。"《文艺报》把他的信和三封读者来信编成一组，在《读者讨论会》栏目下发表，以示只是讨论而非批判。但读者来信的题目还是很醒目的：《〈法斯特的悲剧〉一文的错误》、《我们不同意巴金先生的看法》等等。文章在6月11日刊登之后，上海市委干部徐景贤受命在《文汇报》发表文章《法斯特是万人唾弃的叛徒——和巴金同志商榷》。稍后，上海的《学术月刊》发表《批评巴金对法斯特的错误认识》等，从而形成南北呼应的批判声势。

就这样，本来是奉命批判别人错误的反倒成了被批判的；法斯特的悲剧成了巴金的"悲剧"。与其说是一个"怪圈"，不如说是一个"陷阱"。巴金在二十世纪八十年代谈到这段历史时说:"今天看来,我写法斯特的'悲剧',其实是在批判我自己。我的'悲剧'是别人把我当作工具,我也甘心做工具,而法斯特呢,他是作家,如此而已。"①

在这一波未平时,另一波又起。《文汇报》转给巴金一篇读者余定的批评文章《巴金同志提出了一个错误的口号》,说巴金在鸣放时喊出"把文艺还给人民"的口号是"错误的"。此文用逆推理的方式责问巴金说,这意思是说"现在的文艺不为人民","难道党领导的文艺不是人民的文艺吗?"这又是一顶很大的政治帽子,在当时,是足够构成右派言论的。联系徐景贤等人的文章都发生在同一个时间,可以感觉到在上海有一个专门针对巴金的预谋,是事先策划好了的。巴金只得复信给《文汇报》,检讨自己"解放以来,我写过不少文章,也说过不少错误的话",表示"我决心彻底改造自己"。《文汇报》把他的信和余定的文章同时在6月14日刊出。

巴金的检讨是违心的。1957年巴金发言揭露了许多文艺作品因为领导的好恶和干涉而决定其命运这样的事实,本是普遍存在的。这也是当时的政治体制决定的。他希望让读者来判断作品的优劣好坏。这才是巴金的"应当把文艺交还人民"的真实含意。这是巴金思考已久、痛感于此的问题。他也知道这个说法之敏感、尖锐和严重,直言犯颜,击中痛处。所以,他在座谈会上说的时候就有点不放心,说了一遍又重新站起来解释过。用他自己的话来说,尽管他不认为有错,却"从此背上一个包袱"②,估计有人会来纠缠。现在还是来了。除了检讨,没有别的出路。

但这些批判还只是前奏曲,更大的风暴随之而至。在北京、上海以及其他各地刮起一股围攻巴金的大批判之风,长达半年多的时间。1949年后对一个老作家进行如此规模批判的,除了孙瑜、俞平伯、胡风,就数巴金了。

人们都熟悉毛泽东在1958年提出的或赞成的一些口号:破除迷信,厚今薄古。不要怕教授,青年人要胜过老年人。学问少的可以打倒学问多的人。

---

① 《巴金六十年文选·代跋》第855页,上海文艺出版社1986年版。
② 《随想录》第300页。

不要被权威、名人吓倒。外行领导内行，插红旗拔白旗……有些事情，毛泽东讲得很具体，譬如提倡民歌运动。他教人们：我们有九万个乡，每一个乡出一集就有九万集，太多了，少出一些，出一万集。……要给一个人发一张纸，请你把民歌写下来……关于插红旗拔白旗，他讲过许多次：你不插红旗，他就插白旗了……看到没有旗子的地方就去插旗子。看到白的旗子就把它扯下来，插上红旗子。……他不肯扯就通过辩论把它扯下来。

在这样一个全民狂热地搞三面红旗、大跃进的时候，知识界就把批判著名知识分子叫做插红旗拔白旗。高校老教师普遍受到学生的冲击。一些刚进校门的青年学生停课写起专业书来，借此打击老知识分子。批判巴金的大军中有相当一部分是青年学生，其中有北师大、北师院、北大、武汉大学、山东师院等等。他们响应毛泽东的号召，敢想敢干，破除迷信。于是到处寻找靶子，拥有众多青年读者的巴金也就难逃此劫了。发动和参与批判的报刊主要是青年刊物《中国青年》、《文学知识》、《读书》等。

在这个极端思想盛行的年代，上海柯庆施、张春桥等在文化方面搞了许多标新立异、极端化的花样。诸如他们到复旦大学当教授，以示教授没有什么了不起。柯庆施还要社社（人民公社）办大学；张春桥撰文主张废除资产阶级法权……都受到毛泽东的赞扬和鼓励。他们对巴金在鸣放时批评上海市委，以及巴金作品在青年中的影响早就不满，现在正是拔白旗清算的时候。

6月，上海市委宣传部干部徐景贤批判了巴金关于法斯特的文章。紧接着，姚文元与《中国青年》联手，于10月发表长文批判，并加编者按语，明确提出："为了把共产主义的红旗插遍一切思想领域，我们从本期起，将陆续对巴金同志的主要著作，进行分析批判。"于是，各地的一些刊物、学校紧紧跟上，批判文章蜂拥而至。

几乎同时，《文学评论》发表了北师大学生的《论巴金创作中的几个问题——兼驳扬风、王瑶对巴金创作的评价》。这是对教授专家们的批判由校内转向校外了，相互呼应，形成一股浪潮。

据不完全统计，1958年6月到1959年4月长达十个月中，批判巴金的文章近百篇，姚文元一个人就写了三篇长文。

138. 遭遇围攻

在这场批判巴金的运动中,姚文元是一个关键性的角色,是他和《中国青年》杂志联手发起的。打头的就是姚文元的文章,它与《中国青年》杂志的编者按是作为一个整体同时出现、相互配合的。"编者按"强调"对巴金同志的主要著作进行分析批判",这个任务就由姚文元担当主角完成。首先针对巴金的主要作品《灭亡》、《家》,发表两篇长文《论巴金小说〈灭亡〉中的无政府主义思想》和《论巴金小说〈家〉在历史上的积极作用和它的消极作用》。显然,这是周密策划后推出的。经过半年多的批判后,姚文元又以权威的口吻,居高临下地发表了一篇总结性的文章《分歧的实质在哪里?》。因为那时《中国青年》杂志已得到上面指示收缩这场批判,所以,姚的总结只好发在《读书》杂志上,但一样说明姚文元既是发动者,冲锋陷阵,又是控制全局、贯串始终的关键人物。

姚文元是从批判胡风发家的(至少写了十三篇批判胡风的文章),是一个由政治运动造就的典型的文化打手,写的文章绝大多数是大批判,上面指到哪里,他就打到哪里。他最善于断章取义,深文周纳,是熟练运用极端思想教条打人的一个极端分子。巴金在1956年和1962年都曾描写过这样一种人:"他们把自己装在套子里面,也喜欢把别人装在套子里面。他们拿起教条的棍子到处巡逻,要是看见有人从套子里钻出来,他们就给他一闷棍……""他们的棍子造成了一种舆论,培养出来一批应声虫,好像声势很大,而且也的确发生过起哄的作用。"巴金的描写也包括了姚文元这个具体对象。但是姚文元却深得毛泽东以及柯庆施、张春桥的赏识。①

因此,毛泽东发动反右派斗争,正是姚文元这样的极端分子深谙其中奥

---

① 参见徐铸成:《"阳谋"——1957》(《新华文摘》1989年2月)。其中记述毛泽东与新闻出版界部分代表座谈时谈道:"……我看任何人都难免有片面性,年轻人也有。……在青年作家中我看姚文元的片面性较少。"

秘而大显身手之时。仅1957年下半年之后七八个月的时间里，他就写了批判文艺界右派的文章多达七八十篇。上海的徐中玉、王若望、施蛰存，北京的丁玲、冯雪峰、艾青、刘绍棠、陈涌、秦兆阳、徐懋庸，四川的流沙河，江苏的"探求者"，以及《文艺报》、《新观察》等报刊都在他的横扫之列。巴金侥幸没有被打成右派，但到了毛泽东号召拔白旗运动时，这个窥伺已久的文化打手就用抓住批判巴金来体现领袖的精神。

姚文元等人花了那么长时间，写了那么多的文章，却没有讲出什么新的东西来，不过是把早年流行的主流意识形态更加极端化，再加上严重的政治罪名而已。姚文元选择《家》、《灭亡》做靶子，因为这是巴金作品在青年中影响最大的两本书。他指责巴金"美化了无政府主义"，"对于《灭亡》这本书中阴暗的虚无主义、极端的个人主义也采取了辩护的态度"，书中主人公杜大心的道路"是一条和新民主主义革命的方向相敌对的道路，和党的领导相对立的道路"；说巴金宣扬的思想"对于社会主义事业，它起着思想上的腐蚀、破坏作用"。他还说，有些青年接受了这种影响，"严重地发展到反党。这点在去年的鸣放中，是暴露得很清楚的"。这样，姚文元就把巴金的作品和思想与所谓的"右派进攻"捆绑在一起了。

对于《家》，姚文元不能不对所谓"进步作用"作了一些肯定，但说那也"只存在历史意义而失去了它的现实意义。而《家》中那些消极的、错误的东西，却显得非常突出了……它影响有些青年整个人生观，因此它的害处就特别大……和今天的共产主义思想尖锐地对立着"。至于觉慧出走以后，其中一个发展道路是"变成一个反动的极端个人主义者……至于要参加到无产阶级队伍中来，就不是很简单的了"。他还把批判肃清巴金思想的重要性提到是"青年们共产主义思想解放的一个重要方面"。这也透露了姚文元们对巴金的恐惧，在把巴金视为障碍的同时，隐伏杀机。①

姚文元的文章像一个法官在作政治判决，而且随心所欲。但他见到巴金时，却伪装虚心地征求意见，问"有什么意见"？事实上，被批判者连一声

---

① 姚文元的文章分别见《中国青年》杂志1958年第19、20期；《读书》杂志1959年第2期。

辩解的可能都没有。这与正常的文艺批评是毫不相干的。但在五十年代流行的文艺批评就是如此。幸好姚文元们那时还没有权力左右全国所有报刊。所以也有一些读者不服，投书反驳。于是在那样情况下，不同意见竟还有机会得到发表。既有在极端思想煽动下直截了当要求"清除巴金作品中的有害毒素，巴金作品对青年只有害处没有好处"，"杜大心是革命队伍中的逃兵"，"宣扬无政府主义思想，已成为革命的障碍物"，甚至有的说自己是个学生，读了巴金作品产生了"个人奋斗"、"自我崇拜"的思想，"堕落到右派边缘"，还有的说成了"犯错误的根源之一"，引导青年堕落、仇恨、反对无产阶级革命运动，等等。但也有认为"巴金作品教人向真向善向美"，有的愿成为琴那样的人，有的认为觉慧的革命精神，"永远值得我们学习"。更有人认为巴金是"杰出的民主主义作家"，巴金作品比"满篇政治口号的文学作品好得多"。

1958年11月，《文学知识》编辑部在来稿综述中曾说："全部肯定这两个'三部曲'①有七十四篇，否定较多的有四十篇，基本肯定又有所批判的有三十五篇。"如果这也可以算是一次准民意测验的话，在那样的政治环境中肯定巴金的仍占多数，就相当说明事情的真相了。另据《文学知识》统计，到1959年4月，"收到稿件近千件"。这也都说明巴金和他的作品以及这场批判在群众中的影响是如何深的了。因为这不仅关系到对巴金的评价，也涉及到如何评价1949年前的作家作品，如何对待知识分子的问题了。

也正因为这个原因，批判巴金运动也引起了国外舆论的注意。巴金是一位有国际影响的作家，他的作品在国外拥有读者，他在海外有许多朋友。更重要的是关系到中共的知识分子政策。所以，外电很快就报道了"中共批判巴金"的消息，美国、日本方面反映较多，共同社、日本作家、教授竹内实、松井博光等先后撰文报道评论此事。

在这漫长的批判过程中，巴金当然无可奈何。他不能同意那些极端分子的指控。但历来被批判者是被剥夺了发言辩护权利的。他不知道这样的批判将会带来什么样的结果。按照以往的经验，每场政治批判运动都是从学习开始，

---

① 两个"三部曲"，指巴金的《激流三部曲》和《爱情的三部曲》。

由批判作品进而批判到人。他不能不担心，他会否受到进一步的打击。他后来追忆此事时曾说：反右后，"第二年下半年就开始了以姚文元为主力的'拔白旗'的'巴金作品讨论'。讨论在三四种期刊上进行了半年，虽然没有能把我打翻在地，但是我那一点点'独立思考'却给磨得干干净净。你说……我说……我一律点头"。①

这场批判运动虽然不是党内主要文艺领导层的决策，但也受到了他们的密切注意。他们对于巴金作品的评估，大致上和最早丁玲的讲话、冯雪峰的文章是一样的：既肯定了历史的作用，又对不写共产党革命以及无政府主义倾向持批评态度。但对过分夸大消极作用，且在报刊上公开进行批判，却不是他们的原意。周扬等是主流意识形态在文艺方面的代表，反右时也打击了大批的党内外作家、艺术家，但总还希望在自己领导下的文艺创作能够繁荣，队伍能够壮大，因此对于巴金这样的作家，解放后一直诚心诚意地进行思想改造，响应号召深入战地生活，努力描写工农兵，歌颂新社会，对领导也很尊重，又有很大的声望和影响，他们还是想团结而不愿打击的。因此当这场批判突然发动起来以后，他们采取了静观的态度。在他们的影响下，中国作协和北京的主要报刊基本上没有介入，即使像最早发起批判的《中国青年》杂志在进行了四五期后，也就悄然停止了。

1958年10月，巴金从苏联塔什干参加亚非作家会议后回到北京，得悉姚文元等正发文章批判他。好友曹禺当时任中国作协书记，很关心此事，把有关的批判文章收集起来给刚回国的巴金看，老朋友倾谈良久。曹禺还向周扬以及作协党组书记邵荃麟汇报此事，也汇报了巴金的情绪和心态，说他有一点紧张。据说，周扬对曹禺说，对巴金的批判是群众中来的讨论，不是党示意布置的，劝他不要多想。

邵荃麟是位资深的老党员、理论家，为人善良厚道。他根据周扬的指示精神，约巴金到家里晤谈，给予开导和安慰。据说，邵荃麟对巴金说：你的"三部曲"在三十年代起过一定的反封建的积极作用，但在青年读者中也确实产

---

① 《随想录》第300—301页。

生过消极的影响。我们不能要求你当年用今天的观点来写作，但是应该认识这种消极方面的影响是存在的。报刊上提出的这些批评可以理解的，不必紧张。邵荃麟还从作协工作的角度考虑，主张对巴金作品最好能有个熟悉他的人写一篇有说服力的评论文章，作出科学的评介，这比他自己来写"检讨"性的文章更好一些。邵荃麟提议把这个任务交给张天翼来做。邵荃麟在谈话时，当然也谈到了巴金的无政府主义思想问题。他说：1945年在重庆时，（毛）主席问过你（关于无政府主义问题），但到现在你也没有公开表示过态度。你要在适当场合表示一下。

接着，周扬也到巴金住处看望，鼓励巴金说：这是一次考验，经受得了就好。他还说：我也听说你在前一个时期说过几句话（指"鸣放"时的言论），想找你谈谈，现在事情过去也就不用谈了。周扬希望巴金不要是消极的改造，应当争取做一个共产主义的战士。也就是希望他争取入党。

巴金当然理解这些领导的好意。但是对于他的旧作的评估这个问题，就像一个阴影在追逐他。无论报刊的批判，还是文艺界领导，都在不同程度上关注着他的作品中的"消极影响"和"无政府主义"问题。他在想这个问题。

139. 狂热的梦

1958年10月，亚非作家会议在苏联乌兹别克首府塔什干举行。中国代表团十余人，由茅盾担任团长。巴金是几位副团长之一。他在9月25日到北京。次日代表团人员集中在一起作准备，然后分两批出发，先后到莫斯科会合，于10月4日赴塔什干。代表团的工作很忙碌，但主要由党员在主持，所以巴金还是比较清闲的。

塔什干是个阳光明媚、富有民族特色的美丽的中亚城市，尤其时值秋天，天高气爽。代表团住在城外的杜尔明别墅，非常安静。院子里月季花盛开，芭蕉长得又高又大。巴金早起就在院子里的花丛中散步，感到很舒服。有时在小路上会看见穿长袍戴小帽的老人骑着小毛驴悠然走过。他在离京时已经得知姚文元等在《中国青年》杂志上发动批判，现在，在这样宁静的环境里，远离了这种火药味，心情似乎也宽松了些。这里盛产棉花、水果。他们的住室、客厅的桌上总是摆着许多葡萄、西瓜、甜瓜……甜爽可口。他想到萧珊爱吃水果，如果她在这里倒可饱吃一顿了。

现在巴金参与这些活动，即使在这样清静的环境里，也不会生羡慕之心，想在这里写作一段时间。因为他对写作已处于茫然。越是这样，自己的心里就越加依恋家。他一出家门，刚到北京两三天，就生出无限思念，在给萧珊的信中说："我很想念你和孩子。我想能够跟你们安安静静地玩一两天多好。只希望能够顺利地完成任务早日回家。"

在杜尔明别墅里，还住着印度代表团，以及格鲁吉亚、土库曼、保加利亚的作家。苏联的波列伏依是巴金的老朋友，曾经多次见面交往，也住在这里。他打电话给他太太，告知巴金来了。巴金送了他一罐茶叶和一把檀香扇。他太太嘱咐他回送给巴金和太太各一顶乌兹别克帽子。波列伏依是个对朋友真诚热情而又健谈的人，无论是夜晚闲坐，还是清晨早餐，都会听到他热情的谈话。听他谈在俄罗斯大草原的旅行，在美国的见闻，对中国的印象。巴金感到非常有兴趣。后来在莫斯科的招待会上，巴金又见到了波列伏依夫妇。他对波太太说到人们都说他们是一对感情最好的模范夫妻。

在这里，他还见到了列宁格勒大学年轻的汉学家维克多·彼得罗夫教授。他正在研究翻译鲁迅、巴金等中国文学作品。他们最初是在1957年列宁格勒认识的，这次重逢，彼得罗夫抓紧一切机会与巴金交谈。他还陪巴金出席塔什干的读者座谈会等活动。彼得罗夫与巴金后来一直有频繁的通讯联系，相互寄送中俄文学作品。

巴金还初次结识了日本作家野间宏，给他留下深刻的印象，觉得野间宏是一位朴素、诚恳、谦虚的人。他们曾结伴旅行了三个城市。

塔什干会议在城里纳沃伊剧院举行。安静的城市忽然来了五十多个国家的作家，当然轰动了全城。所以，在会场，在城里的住所塔什干旅馆前，总是人山人海。会议主题是发展文学创作，反对殖民主义和种族主义，强调"友谊、和平、民族的独立、人类美好的将来"。会期六天。巴金在塔什干住了十天,还去撒马尔汗等三个城市穿梭访问,参观了帖木儿王朝的陵墓和兀鲁伯王天文馆的遗迹。

10月19日离开塔什干前,他还到旧城一游,在市场的小茶馆饮茶,看别人撕着大饼吃,还有羊肉串蘸着盐和辣椒,吃得津津有味。他还看到别人躺在炕上品茶休息。

在那个阶级斗争紧张的日子里,塔什干之行,对巴金疲惫的身心实在是一次很好的调剂。

巴金回到北京,许多朋友来看望他。曹禺告知他正在进行的批判情况。曹葆华来劝慰他,要他正确对待。曹葆华是个重友情的人,但又是一介书生,看到批巴的声势越来越大,担心巴金想不通吃亏。那时所谓的正确对待,就是只许别人批判你,不许辩解,不许抵触。因为党领导的政治运动天然就是正确的、合理的。曹葆华的谆谆嘱咐,说多了,巴金不免感到心烦。

最使巴金感到意外的是在莫斯科时听到郑振铎的噩耗。郑振铎是率领中国文化代表团去阿富汗、阿联等国访问,途中因飞机失事而遇难的。巴金几乎不敢相信这是事实。郑振铎与他是二十多年的老朋友,也是最早接受他的投稿的前辈和责任编辑。巴金离京前与他一起在康乐酒家吃饭的情景如在眼前。对于当时狂热的政治气氛,报上提出降低稿费标准一半等等,他们都有点紧张。郑振铎说:"人民公社成立了,共产主义快要实现了,我能够亲眼看见共产主义社会,我个人再没有什么要求了,以后得好好改造自己,多多地做事情。"巴金赞同地说:"你不仅可以见到共产主义社会,还可以活到一百岁,为国家做许多许多的事情。"现在,这个精力旺盛、特别勤奋、像有使不完的劲的人一下子消失了。巴金一直希望这个消息不准确,人名有错;回到北京,和曹禺去郑府吊唁,在打门时,还幻想他会像以往一样迎出门来。

巴金回到上海,一边静观对自己的批判正在"轰轰烈烈"地进行,一边面对另一种狂热,即社会上的大跃进。农村粮食产量放"卫星",动辄亩产几万斤。毛泽东说"人民公社好",全国一下子搞起了公社化运动。村民都吃集体食堂,吃饭不要钱,放开肚子随便吃。再过多少多少天就可进入共产主义了云云。巴金去苏联塔什干前,在北京就听说西城区开始试办人民公社的消息。

汝龙家在西单，也在公社化范围，强调过集体生活，说是小学生都要集中住校。上海也是如此。女儿小林的学校没有那么多地方可让学生住宿，只好采取每周各个班级轮流住校的办法。不住校时，早出晚归，午饭在学校吃。上午上课，下午搞所谓民主生活和锻炼。因为过集体生活，女生没有时间梳头，索性剪掉辫子都成了短发。上海十三万人下乡，包括初三到高三的学生。倒是儿子小棠听说住校最有兴趣，以为没有妈妈管束，可以自由玩耍了。他们抚养过的马宗融的女儿马小弥、儿子马绍弥在大学里也都分别下乡或下厂去了。全国还开展连续三天消灭麻雀等"灭四害"运动。人们都在下半夜爬到房顶上或其他高处狂呼乱叫，撵逐麻雀。据说这样可使麻雀无枝可栖，疲累而死。萧珊和保姆丁香两人也去参加了灭蚊运动。天蒙蒙亮时，蚊子到处乱飞，高过于人。萧珊赶到东，追到西，好不容易打死了六十多只，战绩不小。她和许多人一样，觉得"好玩极了"。巴金也在自己院子里的草地上捧着铜盆敲了整整一个下午撵逐麻雀。他也是响应号召。他觉得很有趣。

  那时的政治宣传铺天盖地，告诉人们原来说十五年超英赶美现在可以提前了，幸福的共产主义很快就要来临。北京大学的党委书记作报告说，到那时人们都过集体生活，集体住宿，集体行动。夫妻只在周末团聚。报纸上连篇累牍地说，个人主义是万恶之源，一切献给党，一切归功于党，做党的驯服工具，做革命事业的螺丝钉……还有令人眼花缭乱的生产捷报，魔术般的数字，种种美好的许诺和预言……把人们煽动得亢奋起来。长期守在家里的萧珊这时也坐不住了，她感到自卑，她非常羡慕那些"龙腾虎跃"的火热生活，觉得自己"不能再这样生活下去了，这股洪流会把人淹没的，我还不甘落后"。她也想下厂参加劳动和锻炼。她找上海作协党组的领导人、《红日》作者吴强提出这个要求。吴强说，等巴金回国以后再作决定。巴金回来了，当然支持萧珊这个愿望。后来还是上海作协的另一位领导叶以群让萧珊到《上海文学》杂志做不取报酬的义务编辑，每天上半天班。

  那时还在谈论消灭资产阶级法权问题。9月底，《人民日报》报道作家张天翼、周立波、艾芜等的呼吁《我们建议降低稿费报酬》。随即北京各大报都为此发表社论，认为降低稿费是革命措施。接着北京各报刊、出版社决定降低稿费标准。巴金本来在这方面对自己要求就很严格，常常放弃或少收稿费，这时更是提醒萧珊对一些正在处理的出版合同中的稿费标准自动或减或放弃。他去塔什干开会时，发现出国人员的生活费标准也有变化，零用钱少了，一天只有几个卢布，只能买个塑料制品而已。

在那样狂热的政治气氛中，在那样嘈杂的拔白旗批巴声浪中，他还记得邵荃麟代表党组织谈到毛泽东过问过他的无政府主义的问题……对他是一个巨大的压力。就在他不知怎么处理才好之际，人民文学出版社为庆祝国庆十周年有一个关于现代作家选集的出版计划，其中《巴金选集》已由巴金编完交稿，但责任编辑看完全稿后，来信希望巴金写一篇"表态的前言或后记"。所谓"表态"就是检讨、认错的另一个说法。巴金当然不想写，但是想到因为《法斯特的悲剧》，因为那句"把文艺交还给人民"……连续受到批判；如今又面对着颇有声势的批巴运动……他只想混过关去，早早脱身，你们说什么，"我一律点头"。于是他挖空心思、小心翼翼地写下了一篇自责甚严而且表示心悦诚服的自我检讨，作为《巴金选集》的《后记》寄给了出版社。

140. 低下了头

1958年底，巴金给苏联友人彼得罗夫的信中，谈到了对这场批判的看法，尽管是对外国人谈问题不免婉转缓和一些以至有所保留，但大体上还是表达了他当时的真实心情。他说：

> 打算在下个月内写一篇谈自己的思想和作品的文章，我觉得对我过去作品的批判，有些是正确的，也有些文章对我过去的作品有些误解。我的作品在当时看就有毛病，在今天看当然更有毛病。对过去的作品的确应当用今天的眼光来看待。然而对那些作品和作者的要求就应当顾到当时的实际情况。我对我的人物其实都有批判，不过有时并不明显。吴仁民是我的一个朋友，觉慧身上有我自己的影子，我并不把他们当作

英雄人物看待。《电》里的吴仁民写得有些理想化了，却又写得简单。《雨》里面吴仁民那些丢脸的事情倒有一半是真的。当时他怎么算是革命者呢。觉慧出走以后，如果经过改造是可以成为革命者的。他在《家》中的作用，一方面给人一点希望，另一方面也衬托出旧家庭的腐烂与没落。倘使没有一个觉慧，单写旧家庭的罪恶也能反映现实。要是老舍或者Thomas Mann（托玛斯·曼）来写这种题材，他们可能不要觉慧这个人，他们会写觉新死了，旧家庭完了（像T·Mann的《Budenbrcok（布洛克）一家》），我来写就喜欢加一个觉慧。其实我们三弟兄倒有点像高家那三个年轻人。我的作品中常常写个人奋斗。在旧社会这是有积极意义的。那些主人翁如果活到今天也会服从集体的利益了。倘使在今天还要学当时人物的个人奋斗的精神，那就会产生很大的消极作用。所以那些批判的文章对年轻读者来说还是有好处的。

这些话其实正是巴金对当时批判的答复和反批评，只是无法公开说而已。1959年初，曹禺经过上海，到巴金家探访，看到这篇《后记》，很不以为然，认为它"并不是心平气和地写出来的"，说巴金有委屈。曹禺是中国作协书记，回到北京就向党组书记邵荃麟汇报了。邵荃麟也不赞成这样的《后记》，他们都认为"不大妥当"。周扬得知后也说，不要勉强人家做检查。于是，邵荃麟趁给巴金复信之便说，这样的检讨文章，"我意暂时可不写"。他还是主张由张天翼写出评论巴金文章后，再根据情况考虑由巴金写一篇不必太长的文章说说自己的意见。他还让曹禺转告巴金。这是4月的事。

4月下旬，巴金到北京参加全国人大会议。他们又讨论了这件事。邵荃麟为了说服巴金，花了整整一个多小时，最后巴金同意了。邵荃麟也就通知人民文学出版社抽掉了这篇检讨性的《后记》，改用一篇《出版说明》来代替。

邵荃麟的一番好意使巴金非常感激。但是，作为当事人巴金面对近几年不断的批判，总想设法有个了结，现在这篇《后记》正好抵挡一下。5月，他从北京回到上海，在编校《巴金文集》第10卷时，就把这个《后记》摘要作为《我的幼年》的注解公开了。

巴金说他"挖空心思"写了这篇检讨。他既想说明自己是在追求进步、革命，又不得不被迫承认自己走的路是错误的。整篇文字不断来回绕着说：

> ……在"五四"运动后，我开始接受新思想的时候，面对着一个崭新的世界，我有一点张皇失措，但是我也敞开胸膛尽量吸收，只要是伸手抓得到的新的东西，我都一下子吞进肚里，只要是新的、进步的东西我都爱；旧的、落后的东西我都恨。……后来我开始接受了无政府主义，但也只是从克鲁泡特金的小册子和刊物上的一些文章里得来的。……思想的浅薄与混乱不问可知……所以当时像我那样的年轻人都有这种想法：推翻现在的社会秩序，为上辈赎罪。……我终于离开了我在那里面生活了十九年的家。但是我从一个小圈子出来，又钻进另一个小圈子。……革命的道路是很宽广的，然而我却视而不见，找不到路，或者甚至不肯艰苦地追求。……说实话，我当初接受新思想的时候，我倒希望找到一个领导人，让他给我带路。可是我后来却渐渐地安于这种所谓无政府主义式的生活了。……我从来不曾怀疑过：旧的要灭亡，新的要壮大，旧社会要完蛋，新社会要到来；光明要把黑暗驱逐干净。这就是我的坚强的信仰。……我自己不去参加实际的、具体的斗争，却只是闭着眼睛空谈革命，所以绞尽脑汁也想不到战略、战术和个人应当如何在党的领导下参加战斗……我隐隐约约地看得见前途的光明。这光明是属于人民的。至于我个人呢……我并不敢抱多大的希望。我的作品中那些忧郁、悲哀的调子，就是从这种心境产生的……①

整段文字都流露了被迫和无奈的心情。那时的巴金只想投降过关，所以在编校第9卷、第10卷时，还写了多处带有检讨性、解释性的注解文字。在第10卷中的《南国的梦》，本是颂赞在晋江献身教育事业的朋友们的，现在新加的注解说："我当时写的并不是真实的人，大部分是我自己的幻想……

---

① 《巴金文集》第10卷，第120—121页，人民文学出版社1959年版。

结果还是一场空，我不仅骗了自己，也骗了别人。"在第9卷关于法国大革命小说，新加注解说，"自己对法国大革命史的看法存在着许多缺点：第一，我不能从马克思主义的观点来分析，解释法国大革命……第二，我常常不能从阶级的观点看问题……"其实，即使作了这些说明和检讨，也并没有使巴金在精神上因此得到解脱，反而更为沉重苦闷了。他诚心诚意地接受改造这么多年，不仅不被认可，反倒问题越来越多，越来越不为这个社会理解和信任了！

巴金后来有一段对自己当时的心情的解剖和描写：

> 这（指1957年反右派斗争）以后我就有了一种恐惧，总疑心知识是罪恶，因为"知识分子"已经成为不光彩的名称了。我的思想感情越来越复杂，有时候我甚至无法了解自己。我越来越小心谨慎，人变得更加内向，不愿意让别人看到真心。我下定决心用个人崇拜来消除一切的杂念，这样的一座塔就是建筑在恐惧、疑惑与自我保护上面，我有时清夜自思，会轻视自己的愚蠢无知，不能用自己的脑子思考，哪里有什么"知识"？有时受到批判，遇到挫折，又埋怨自我改造成绩不大。总之，我给压在个人崇拜的宝塔底下一直喘不过气来。
>
> "文革"前的十年我就是这样度过的。一个愿意改造自己的"知识分子"整天提心吊胆，没有主见，听从别人指点，一步一步穿过泥泞的道路，走向一盏远方红灯，走一步，摔一步，滚了一身泥，好不容易爬起来，精疲力竭，继续向前，又觉得自己还是在原地起步。不管我如何虔诚地修行，始终摆脱不了头上的"金箍儿"。十年中我就这样地走着、爬着、走着、爬着……一直到"文化大革命"……①

巴金就是这样在写了那些认错检讨之后，他走上了一条更加艰难泥泞、荆棘丛生的道路。

---

① 《随想录》第705页。

141. "……也是一个'歌德派'"

在那些日子里，巴金继续忙着迎来送往的礼宾性活动。如接待美国黑人学者杜波伊斯博士、苏中友协代表团、野间宏率领的日本文学家代表团、日本自民党松村谦三……又忙着参加上海市的各种活动，如声援古巴、刚果人民斗争大会，支持阿尔及利亚人民斗争大会，支援南朝鲜人民斗争大会，纪念俄罗斯诗人普希金的活动，庆祝中苏条约签订十周年的活动，上海的先进工作者大会……当然还要到北京参加全国人大会。1959年4月，全国人大二届一次会议上，刘少奇当选国家主席；听周恩来对人大、政协中的文艺界代表作关于文化工作两条腿走路的讲话。会后还参加中国文联全委会，二百多人座谈所谓"二百方针"问题，那已是在阶级斗争前提下，纸上谈兵，说说空话而已。

当然，他还要响应号召，忙着下乡下厂参观访问，体验生活。他去过浙江新安江水电站工地，到杭州参观过西湖公社的生产队。还到一个科学仪器厂采访过工人技术员王林鹤。还以全国人大代表的身份到昆明、个旧视察过……在这些活动之后，作为作家固然要写文章有所反映，更因报刊的追索，写了许多应景的时文。现在他是对此采取有求必应的态度。何况这些报刊都是作为"政治任务"来约稿的，更不好推却。仅为庆贺1959年国庆，他就同时给《人民日报》、《解放日报》、《文汇报》、《新闻日报》、《收获》杂志、《上海文学》杂志、《萌芽》杂志……至少写了七篇之多。他写这类文字已经比较熟练，只要按照上面的政治口径和宣传调子，写新旧社会对比，歌颂伟大成就就行。他把这些文章收集在一起，编成集子，题名叫《赞歌集》。当然，这些文章中有些感受是真诚的，如上海的变化，社会的进步，建设的发展……但是浮夸虚饰和过分的颂扬却是这些文章的主调，如那些"我无缘无故地笑起来。我觉得满身轻快，心情舒畅"等就显得相当矫情了。后来他反思这个时期的写作说，"……我过去也是一个'歌德派'"。①

现在，他好像成了一部写作机器，按照别人订货所需的规格来制造产品。10月，因沙汀约写关于川剧的文章，复信时就讲到这样的写作情况："这里报刊催稿很急，而且要的都是别方面的文章，直到今天这类文债尚未还清。《人民日报》约我写关于人民公社的文章，我也没法动笔。"但后来他还是写了新安江的一个公社情况交了差。还有一家杂志约他写一个技术员的报告文学，还帮他联系安排采访活动。当他交稿以后，似乎仍不符合人家的口味，结果只好转给另一家报纸刊出。

6月，他和萧珊，以及上海作协的几位朋友柯灵、唐弢、王辛笛、魏金枝、罗洪等一起到浙江新安江水电站参观访问了四天。他们都是出于良好的愿望，想更多地接触现实生活和工农群众。久住在城市里，整天忙于开会的人，一下子到了这样一个大工地，心胸为之开阔。巴金第一次参观水电站工地，看到这样宏伟的工程建设十分兴奋。早上，推窗看时，江水、沙滩映入眼帘。他们走在竹子搭的悬索桥上观看拦河大坝的雄姿。夜晚，大坝工地上灯火不辍，劳动的人群密集，那是很壮观的。他和一些工人谈话，很多来自农村，有的已经参加过很多工地的建设，有的已从文盲变成有文化知识的创造发明者。新安江水电站建成后，将供给杭州、上海、南京等地的工业用电。四年前这里还是杳无人迹的荒山，现在斩江断流，建起大坝厂房，装备了发电机组。据说这是中国人自己勘测、设计、施工的第一座大型水电站。巴金的民族自豪感油然而生。归来后，写了好几篇记叙文章，如《我们要在地上建立天堂》、《星光灿烂的新安江》等，类似内容在其他文章中也多次写到。

在去新安江途中，他们路过杭州。这是解放后巴金第一次到杭州。他和萧珊见到了浙江文联主席方令孺。巴金和她曾在1951年老根据地访问团时熟悉的，后来成为意气相投的朋友。她原来祖籍安徽桐城，方氏家族后人。因排行老九，辈分较大之故，人们都唤她为"九姑"。她曾留学美国，归国后成为当时少数大学女教授之一，也是三十年代"新月派"著名诗人，与林徽因齐名。

---

① 《随想录》第170页。

因为人美诗美,曾被赞为人和诗都如"清溪涓流"。1956年入党,1957年从复旦大学教授调派到浙江省当文联主席。她虽积极要求进步,但作为诗人于四九年后却不再有新的诗作问世。她自己并不愿意做这个新的行政领导工作,对这个陌生的环境不大习惯,颇感寂寞。巴金觉得她老了些,身体似乎不太好,心境也不很开朗。她看到巴金、萧珊的到来分外高兴,希望他们常来。巴金一向喜欢杭州的山水风物,如今像看到久违了的朋友一样,引起了他很大的感触;萧珊是第一次来杭州,看到美丽的西子湖和善良热情的九姑,竟是意外的激动。他们当然愿意常来。

8月,苏联彼得罗夫和谢烈布里雅可夫访问上海,受到巴金全家的热情款待。9月,巴金又与上海作协的朋友们到郊区彭浦公社参观访问。10月,萧珊和一位医生朋友林曦到福州、泉州、厦门等地游览访问。就在这样忙忙碌碌奔走之际,发生了一件不幸的事:章靳以突然去世了!

1958年,章靳以与巴金

巴金和章靳以于1931年相识，1933年在北平三座门大街一起编《文学季刊》，朝夕相处，从此像兄弟一样融洽无间。曹禺、缪崇群等原都是章靳以的南开中学同学，都成为巴金的挚友。三十年来，他们的友谊从未中断过。虽然他们都热爱并广交朋友，但能走到一起长期合作从事编辑工作，这与章靳以为人认真踏实、热情忠厚、俩人意气相投有关。他们先后编辑过有影响的《文学季刊》《文季月刊》《文丛》《烽火文丛》……直至五十年代的《收获》，也只有他们两个共同饱经曲折和艰难。他们的太太原是初中同学兼有乡谊，如现在的说法属于"发小"或"闺蜜"，几乎同时期先后分别与巴金和章靳以相恋。后来结婚生子还认了干亲，巴金萧珊视章靳以女儿如同己出，两家有通家之好。如此深情厚谊，一旦听说挚友逝去，这种沉重的打击和悲伤是外人难以体认的。特别是章靳以才五十一岁，正当盛年，更为朋友们痛惜。

对于章靳以之死，作协知道内情的人认为，他实在是太忙了，是累死的。

1959年春，章靳以在家中

在 1957 年底反右派后期，上面不征求他意见也不事先通知就做了决定，要他离开编辑部、作协，下放到工厂去。这使他感到郁闷。后来在上海作协的斡旋下，算是让他继续留在编辑部工作，但同时还要下厂。这样他每天上午到国棉一厂车间劳动半天，然后赶回编辑部，照常负担主编《收获》，晚上还要看稿写作；有时还要下农村劳动。这时的文学界正是狂风恶雨、极端思想猖獗之时，编辑工作极为难做，矛盾重重，左右不是，如巴金所形容的他们俩如"两颗战栗的心和两只颤抖的手"。这种种使他的心境当然忧愤难平，似乎有一只无形的手在对这个患有心脏病的病人不断施压、摧残，直至断裂。对这一切，巴金当然非常清楚但又无可奈何，也因此更加重了无言的悲痛。他失去了一位最亲密的挚友。

1960 年 3 月，巴金以全国人大代表的身份到昆明、个旧视察两个星期。抗战时，巴金曾两次探望正在昆明上学的萧珊。那时他才三十多岁，是创作生命力最为旺盛的时候，写过许多那段生活的散文，还有小说《火》第三部，都与昆明有关。现在故地重游，看到春光明媚、百花齐放的昆明，不免感慨倍增。他想过两年一定要和萧珊来住上二三个月。他到个旧锡矿，途中游览了石林，在石山中间上上下下走得满头大汗。他是第一次到这个著名的锡都个旧来，但在二十八年前他却写过一篇描写这里锡矿工人生活的小说《砂丁》。素材是一位姓黄的朋友供给的。现在他真的来到这个他写过的阴冷可怕的死城，见到的却是一个生机勃勃的新城市。他下了矿井，和矿工们一起交谈、参观、看戏……但是他却没有像当年那样写出许多小说、散文。

回到上海，他席不暇暖，又匆匆赶到北京参加全国人大会议，然后接着又参加全国文联会议，会上决定当年 5 月举行第三次文代会。

1959 年还有一件大事深深地影响着巴金，这就是对彭德怀的批判，并由此引发的反右倾机会主义运动。凡对所谓"三面红旗"稍有微词，或说了一点真话的，就会受到批判。但是彭德怀冤案在民间传说纷纷，人们心里都是同情他的。巴金虽然并不很清楚这些党内斗争，但他想起在朝鲜战场见到的彭总形象，是那么亲切、诚恳、平易近人；他还想到在朝鲜战场听到了解到他的那些卓著功勋，怎么也无法与"反党"联系起来。但是，他写的那篇传诵一时的《我们会见了彭德怀司令员》散文却从此被打入冷宫，不能再出版。

其至前一年写的《谈我的散文》中，因为谈到写这篇散文中的某些细节，如今也都得删去。

接踵而来的是，因为反右倾运动在全国各地文艺界开展了新的一轮批判斗争，受批判的有北京的郭小川、巴人、岳野、海默、徐怀中；天津的王昌定、方纪、李何林、吴雁；湖北的于黑丁、胡青坡、赵寻；上海的蒋孔阳、钱谷融，等等。巴金、萧珊的好朋友、南京大学教授杨苡，因为写过两篇儿童文学作品，也在这时受到批判，有人说她"配合右派分子猖狂向党进攻"。批判会议的记录全文在《雨花》杂志上发表。杨苡很沮丧，也很紧张不安。那时章靳以正病在医院里，听说此事，特地叮嘱巴金多关心她。过年以后，1960年2月，杨苡到上海住在巴金家里，有机会向自己崇敬信赖的长者、朋友倾诉苦恼。那晚，巴金的书房里，炭火烧得旺旺的，他们三个人长谈到深夜。巴金、萧珊仔细地听杨苡讲批判会的情况。萧珊有时忍不住愤愤地说："怎么可以这样说呢！""怎么搞的！"虽然巴金自己也刚刚经历了一场大批判，心里一样困惑不解，也是很沉重的，但还是和萧珊一起安慰、勉励杨苡，不要颓唐，不要失去生活的信心。老朋友们在精神上的支持，使杨苡对未来有了自信。

142."改造"以后

1959年10月，轰轰烈烈、热热闹闹地庆祝了国庆十周年。但是"三面红旗"带来的阴影却又无法摆脱。毛泽东却另有说法："谁要说一个广大的社会运动能够完全没有缺点，那他就不过是一个空想家，或者是一个观潮派、算账派或者简直是敌对分子。我们的成绩和缺点的关系正如我们所常说的，只是十个指头中九个指头和一个指头的关系。有些人怀疑或者否认1958年大跃进，怀疑或者否认人民公社的优越性，这种观点显然是完全错误的。"[1]这些话

---

[1] 毛泽东：《在郑州会议上的讲话》，参见《建国以来毛泽东文稿》第8册，第66页，中央文献出版社1993年版。

不过是他在前两年讲的"难免论"的另一种说法。关于批判彭德怀,他解释说:"在中国,在我党,这一类斗争,看来还得斗下去,至少还要斗二十年,可能要斗半个世纪。总之,要到阶级完全灭亡,斗争才会止息。""就现在说,社会经济制度变了,旧时代遗留下来残存于相当大的一部分人们头脑里的反动思想,亦即资产阶级思想和上层小资产阶级思想,一下子变不过来。要变需要时间,并且需要很长的时间,这是社会上的阶级斗争。"①直到1960年6月18日,他还说:"我党的总路线是正确的,实际工作也是基本上做得好的。有一部分错误大概也是难于避免的。"②

也就是说,毛泽东把所有不同意见、批评的话统统打入"阶级斗争"范畴,扣之以"敌对分子""反动思想""资产阶级思想"等等政治罪名。从1957年反右斗争到1958年"三面红旗"运动,到1959年批判彭德怀、反右倾运动……都是为了掩盖错误,堵塞言路,禁止任何非议和微词;报刊舆论和宣传部门,包括周扬在1958年发表的《文艺战线上的一场大辩论》,都强调批判资产阶级个人主义是万恶之源,鼓吹要做"驯服工具",要做"螺丝钉"。如果说1958年风行制造工农业高产的大话假话,那么1959年以后,则更加狂热制造神化领袖的神话,不容怀疑,不许批评。

然而,历史的无情惩罚随即出现,一场空前的灾难已经开始。巴金一家也是深深感受到了物资、食品出奇的短缺。上海连白糖都紧俏难买,诗人王辛笛请巴金去北京开会之便代买一点。巴金在北京街上看见人们都在排长队,只好望而却步了。这还是1958年的事。到了1959年,上海已经很不容易买到肉食和荤菜了。巴金家的"孩子们馋极了"。章靳以的女儿南南"叫苦没有荤菜吃"。巴金继母生日,萧珊从饭馆订了菜,才算吃到了肉和鸭子,尽管质量比从前差得多,孩子们却已经吃得很高兴了。侄女婿文栋臣路过上海,萧珊只能开两个罐头招待。后来又到上海最有名的国际饭店吃饭,因为只有这些地方还能吃到好菜。10月,萧珊去福建时,在火车上吃到鸡和牛肉,竟

---

① 毛泽东:《机关枪和迫击炮的来历及其他》,参见《建国以来毛泽东文稿》第8册,第451页,中央文献出版社1993年版。

② 毛泽东:《十年总结》,同上第9册,第215页。

是意外的惊喜。一年以后，又是巴金继母生日之时，萧珊却感到"今年真是无能为力"，毫无办法了。至于巴金家的大铁门，早在1958年已被拆卸当作废铁去炼钢了。

就在章靳以去世不到一周年，《收获》杂志创刊三周年时，中国作协派人到上海与巴金商量：现在经济困难，纸张紧缺，要将《收获》停刊。说是商量，其实不过是个"通知"。《收获》是中国作协下属刊物，巴金虽感意外，却又能说什么呢。但也可见经济困难已经波及到各个方面了。巴金想到故友章靳以几次办刊物，如《文学季刊》、《文丛》，以及现在的《收获》，都由巴金来宣布结束或收拾善后，这像是命里注定了似的。

虽然如此，批判斗争继续照样进行。上海作协对蒋孔阳、钱谷融的人性论、人道主义，以至所谓十九世纪资产阶级文学的批判，整整开了四十九天的会。蒋、钱分别是复旦大学、华东师大的教师，所以还发动学生对他们大张挞伐，最后连托尔斯泰也一起给批"倒"了。巴金总算得到上海作协党组孔罗荪的曲意照顾，以巴金要为即将召开的第三次文代会起草发言稿为由，免去他参加这个马拉松的批判会。巴金借此由头躲到杭州去，避开了这场批判别人，也可能自己挨批判的灾难。

1960年5月，巴金到杭州找了个安静的招待所住下。想当年，巴金无论走到哪里，都可以展纸伸笔，写作像激流似流泻；现在，连上海家里，西湖边上，他都安不下心来。更为难的是，在这样的政治空气下，他实在不知道文代会的发言该从何说起。他常常拿着笔一个字也写不出来。方令孺到北京去治病了，少了一个可以谈心的朋友。这里安静，没有遇到熟人，少了干扰，时间很充裕，但他坐在书桌前，笔端如有千斤重，写写改改，涂涂抹抹，难以成文。他自己都感到奇怪和烦躁，是否已经"才尽"，何以写作对他成了"苦刑"。有时他到湖滨独自闷走，有时坐在西山公园竹亭里呆呆地度过半天。看着西湖美景，他的思想似乎停滞了。伟大的领袖，崇高的革命，不断受到批判的同志、朋友，越来越贫困匮缺的老百姓，独立思考和个人崇拜，资产阶级思想和做"驯服工具"……他的思想像一团乱麻。他在杭州住了二十多天，先后换住了三个招待所：华侨饭店、大华饭店，最后在花港招待所，冥思苦想完成了那篇发言稿《文学要跑在时代的前头》。他在给沙汀信中说："我从北京回来一直在开会，到昨天才得到休息，这一个月除了发言稿外，什么也没有写。身体相当疲乏，不过没有大病……"

1960年7月22日至8月13日，第三次文代会在北京召开。周扬在会上作了《社会主义文学艺术的道路》。中国文联和各协会改选了领导机构。中国文联主席仍是郭沫若，副主席增至十五位，巴金成了其中排名于茅盾、周扬之后的第三位副主席。中国作协主席仍是茅盾，副主席有六位，巴金是排名于周扬之后的第二位副主席。同年开全国人大二届二次会议，巴金列名于大会主席团。上海一些社会文化团体也都委以巴金重要头衔，诸如中苏友协上海分会副会长等。这些身份的增加和变化，在共产党领导来说都是极有讲究，经过精心考虑的，表示了对巴金政治上的信任和重视。这也意味着1957年的"鸣放"和1958年的"批巴"都没有影响党内文艺界主流派对巴金的看法，由此倒也说明那场"批巴"运动确实不是上面发动布置的，而是那些极端分子姚文元等趁毛泽东号召拔白旗的机会一手煽动起来的。

在会议期间，巴金还和朋友们到西山八大处住了一天，既是游山看朋友，也顺便把手头一篇小说改好。这次大会颇有团结大多数的意思，曾被打成右派的黄源、冯雪峰等也来了，曾被排斥在文学界以外的沈从文也参加了。人数比十多年前第一次文代会多了好几倍，多达两千四百多人，所以很热闹。巴金在作协理事会上的发言就是在杭州起草的稿子，与他在1956年那次理事会发言的有思考有个性内容的调子完全是两回事。这个发言有七千多字，三个内容：一是用豪言壮语鼓吹辉煌成就，对上面歌功颂德；二是借这个机会表态，检讨自己的旧作旧思想，用了一些近乎羞辱自己的话，如"在我自己写的许多小说中就可以找到我从别处传染来的各种各样的病菌，不用说，还有更多的发霉、发黑的东西是从我的生活里来的"，云云。似乎要让人们觉得很深刻；三是批判右派分子的思想言论，诸如"写真实"、"创作自由"等等，批判贬低十九世纪西方批判现实主义作家，说他们"写了那么一大堆病史……白白耗费了巨大的精力，付出了艰苦的劳动，却只做了生活的旁观者"。这与他历来对外国文学史上优秀作家的高度评价和尊重的态度是完全不一样的。这些都是顺着上面的政治批判口径而来的。

巴金一方面因为这几年自己屡受批判，到了动辄得咎那样的险恶处境，为了生存，为了保护"家"的安全，只能随波逐流，老老实实听从改造。另一方面对上面心存感激，把驯顺、听话、迎合当作一种回报。至于自己的思想，他竭力扼杀它，把它包起来，不让人家看到觉察到。这就是他后来说的，"我越来越小心谨慎，人变得更加内向，不愿意让别人看到我的真心。我下定决心用个人崇拜来消除一切杂念"。可以想象，他在会上讲这些违心的话是很痛苦的，而这些痛苦连对萧珊也是不能倾吐的。因为唯恐影响萧珊的情绪，带来更多的麻烦。那么只有默默地吞咽下去，别无他法。这种扭曲了的心理创伤就是被"改造"了的巴金的特点，它战胜和取代了那个独立思考、为真理而斗争的巴金。

第三次文代会结束后，萧珊带着孩子们到北京与巴金会合，一起到北戴河度暑假。他们与老友曹禺一家住在一个院子里，同时还有沙汀等朋友。然后又再到北京玩了几天。现在萧珊在《上海文学》上班做义务编辑，有时也要下厂劳动。这次有机会全家旅游休假，特别是孩子们头一次到北京，格外新奇兴奋。如今的巴金只有和妻儿在一起时，心情才是松弛的。多少年来，出差开会，几乎马不停蹄地奔波，与妻儿常常不能在一起团聚过春节、中秋、生日，不能和长年守在家里的萧珊有外出旅行的机会，这些付出竟是徒劳的，并没有换来文学创作的收获。现在，也只有亲情可以抚慰他心灵的创伤，使他勉强前行。

第十五章
勇气之梦

143. 饥荒岁月

　　但是，对于创作，巴金并没有忘记。他时时萦绕在心的就是今后的创作。几年来连续不断的政治运动和批判斗争，使他和其他人一样，生活不安定，也就无法安下心来写作。他一直想写一部关于觉慧从旧家庭出走后的生活命运，连书名都想好了，作为《激流三部曲》的续篇《群》。这已经是巴金的一桩心事，一个夙愿了。这个创作意向外边已有很多人知道。关心、爱护他的读者也在翘首期待着他的新作问世。但却因为流行的主流意识形态与他的生活和感情经历不能契合而无法下笔。所以，当人民文学出版社的编辑方殷于1960年6月写信给巴金，要与他订一个关于《群》的出版合同，之前该社领导楼适夷也与巴金谈过此意，巴金都表示：这个作品一旦写完，一定交给该社出版。但是现在要订合同却为时过早。他复信说："什么时候能动笔写《群》，我现在毫无把握。倘使就随便订下合同，倒有点像买空卖空了。"

　　看来现在还是写朝鲜战场生活、志愿军形象这样的作品才有可能为主流意识形态所接受，也就较为安全。自己前后两次去朝鲜生活过一年，记下了一大堆素材，也一直想写出一些有分量的有关作品，现在该争取实现了。但是上海的会议、活动和来往的人太多了，干扰不断。也许他内心也有想与政治保持一点距离的意思。他想离开上海，躲到一个安静的地方去写作。这已是由来已久的想法了。成都市长李宗林、老友沙汀、吴先忧多次邀请他。尤其是李宗林可为他的食宿作妥善安排。他打定主意回四川老家去写作。萧珊当然也很支持这个想法。

因为各种会议和外宾接待活动，他一直延宕到10月上旬才启程。路过西安，住了三个晚上。陕西省文学界柯仲平、胡采等热情接待，陪他到潼关游览华清池，还去大雁塔、碑林等名胜观光，听了秦腔戏。然后，他又坐宝成线的火车，途经秦岭，领略了那里的山景，也听到了修建这条铁路的一些动人故事。10月9日，到达成都。李宗林和当地文艺界著名人士沙汀、安旗、戈壁舟等到车站迎接，先到永兴巷招待所下榻，过了几天又迁到第三招待所住。

成都是巴金的老家，与别处毕竟不同。地方长官李宗林市长是位重乡谊、重知识分子、敬重巴金的有情有义的老干部。他对巴金的照顾关怀无微不至。其次，老友沙汀、李劼人、张秀熟等都是本乡资深的老作家老干部，热情欢迎他。青年时代的老友吴先忧、卢剑波、邓天矞等更是情深谊重。再其次，巴金在李氏家族中辈分比较大，许多侄子侄女知道"四爸"来了，不断来探视照顾。还有几个川剧团的演员与他都比较熟悉，知道他自小就爱看川戏，常来探望他，请他看戏。就在他到招待所刚住下一会儿，演员陈书舫、戴雪如就来看他了；他们还没有走，小舫小艇等七八个年轻演员也都来了，兴高采烈，热闹非凡……当晚他就应邀去看了陈书舫演的《卧薪尝胆》。后来他给萧珊写信说："川剧院的朋友对人热情，大家谈得很好。要是你在这里该多好……"

巴金在成都住了四个月，许多晚上都是在戏园里度过的。有时连白天都去看日场演出，吃了晚饭又到另一个剧场去看夜戏。成都是省会，有好几个川剧团。省川剧院下属就有三个团，成都市还有市级的剧团。以前，川剧团到上海演出，巴金不仅必定观看，还请演员们到家里来玩。如在北京演出，恰逢巴金也在京开会，也必去看。现在巴金到家乡来了，人们更是热情欢迎他。像演员舒元卉等常去住处看望他。他们常送戏票请他看戏。散戏以后，有时还到后台与演员们聊聊天，坐上一会儿。人民剧场、新声剧场、成都剧场、四川剧场以及"锦江"等都是他常去之所，留下了他的足迹。有时朋友李宗林、张秀熟、吴先忧、沙汀买票请他看戏，有时他自己到剧场买票请朋友们看戏。如有好戏，他会买好多票送朋友、侄子辈看。有一次，人民剧场演《生死牌》，他一下子买了二十张票请招待所工作人员看戏，也是答谢人家平时照顾之意。这个戏很动人，看得他流下了热泪。他先先后后看过《穆桂英》、《龙骨扇》、《十二颗红心》、《血手印》、《钓鱼城》、《杨贵妃》、《杜十娘》、《折桂斧》、《牛皋扯旨》、《玉簪记》、《谭记儿》、《生死牌》……以及许多折子戏。他还去看过戏校学生的演出，少年队的演出。真是百看不厌，乐此不疲。

那些日子，巴金真像是回到了童年时代，和三哥拿着人家送他父亲的戏票去看戏。这四个月看的戏是他一生中从来没有过的频繁集中，真可谓过足了戏瘾。四川的戏园常常和茶座只隔一道门，观众可以听一会儿戏，去喝一会儿茶，返回再看戏。有时他还约朋友去公园散步、憩坐、饮茶、看菊花。有好几次，他约吴先忧等一起听扬琴。他隔几天就到沂春池沐浴一次，他觉得在澡堂子里沐浴也是很好的休息。他还经常品尝到四川小吃，龙抄手、钟水饺、赖汤圆、酥锅盔……有一次，巴金过生日，请大嫂和几位侄女在招待所吃饭，都是地道的川菜：红油鸡片、麻婆豆腐、粉蒸牛肉、肺片锅盔，一桌子都是红红的，每个菜都有辣子，连大嫂都觉得吃不消，可巴金却吃得大为过瘾。

巴金的老家原是一个大家族，虽说早已各立门户，但亲属还是不少，光是侄女就有国煜、国莹、国炜、国贤……还有大嫂、六叔、姑母、邓七舅、陈家大舅母、濮季云表哥（《家》中的香表哥的原型）、高秋华表姐、堂弟德甫、通甫、侄子李致、侄孙李舒、李彦等等，他们不断来探望他，有时他也去看望他们。特别是几位侄女几乎天天来聊天，照料他的生活甚为细致周到。有时他约大舅母、表哥到公园饮茶。表哥患肺病退职在家，得不到任何营养，想吃面条都不可得。巴金听说后设法请侄女送去一些。不久这位表哥还是凄凉地死去了。这次巴金还把父母和大哥的墓迁葬妥当，了却一件心事。他竟又看到了父母的遗容。

朋友中间，往来最多的是李宗林、张秀熟（副省长兼教育厅长）、沙汀、吴先忧、李劼人、卢剑波夫妇等，常在一起吃饭看戏聊天，有时也出游到草堂寺、武侯祠、望江楼……

这是他许多年都不曾有过的事，没有任何公务、会议、社交应酬，在家乡过着几乎像隐居一样的生活。他在这里听到的满耳是乡音，朝夕相处的是亲友，吃川菜，看川戏，他像一个地道的四川老乡那样，生活在浓浓的亲情乡情之中，感到温暖亲切。

但是，1960年冬天，全国正陷于严重饥荒危机中。大跃进、反右倾，把国家的经济推到崩溃的边缘。越是搞浮夸、虚报产量厉害的地方，饿死人的事件发生得越多越严重。仅信阳地区就饿死了一百万人。农村一片恐怖肃杀的气氛，城市里的商店货架空空如也。北京的有些政府机关动员干部去城外采榆树叶吃。因为不久前刚反了右倾，人们在这样的苦难日子里也只能腹诽而不敢形于色。上面为了推卸责任，只说是天灾和苏修破坏造成的。

在上海的巴金家里，全靠萧珊料理安排。她既要照顾儿女，又要侍奉婆母，还有小姑。她自己还在《上海文学》上班。这时因粮食紧张，家中三餐饭已改为二稀一干，稍后又被迫不得不改成一天三顿稀的。每人每天只能吃到二分钱的菜。给孩子订的牛奶，只能三天供应一次。煤也短缺，限量供应。连煤炉用的铁皮管子也买不到。一个冬天，萧珊尽量节省用煤，唯恐到急需时供不上。巴金在成都，虽然招待所很照顾，可以减收粮票，但巴金不愿意接受，仍要萧珊按月把他那份粮票寄来。家中保姆吃饭多，占了别人的定量，于是家里的粮食更紧张了。

巴金是高级知识分子，后来有一点优惠照顾的肉票之类。一个月里，偶尔还可以给孩子们打一顿牙祭。女儿小林从学校回家就想吃肉。萧珊就用这个肉票给她解馋的。小林生日那天，杀了家中喂养的一只鸡，可是瘦得连一点油都没有。儿子小棠听妈妈读爸爸来信，睁大眼睛说："爸爸吃得真好！"孩子生病想吃挂面，还非得有医生证明才能买到。本来萧珊也曾想到成都去，一则陪陪巴金，二则也很想重游久违了的四川故地。但是因不放心家中的孩子们决定不去了。孩子们最早听说妈妈要去成都，最直接的反应就是"妈妈要到成都去吃好菜！"巴金看见成都公园里种起蔬菜来，得到启发，就写信给萧珊说，家中院子里以后也可以种点菜改善生活。可见生存危机的阴影已经时时笼罩在日常生活中。

上海如此，天府之国的成都又是怎样呢？巴金因为有市政府的照顾，生活是舒适的。招待所先后换过三个，但李宗林都给他安排在环境安静、设备较好的地方，有卧室、书房、会客室、卫生间。本来伙食比较差，就专门给他配备了一个炊事员。饮食所需，有时就从商业局去调拨一些。所以，在那个严冬日子里，巴金意外地吃得很饱很好。但是一到街上，一样萧条和荒凉。有的店门口挂着牌子"本日供应蔬菜"，但却只是一些凉粉而已，每人定量购得的仅仅"一点点"。城里的公共汽车因为缺少汽油大多停开了，只剩下两条线路，人们只好以步代车。巴金最熟悉的演员朋友舒元卉的剧团离得较远，如没有李宗林、张秀熟的车接送，也只好不去看了。市面上连蚊香也没有。李劼人通过巴金托萧珊在上海买，上海也很难买到。偶尔碰上，一人限购五盘，而二十盘才够一盒，李劼人却要二十盒。萧珊只好一点一点给他凑。陈家大舅母要头巾，萧珊发现市面上也没有这东西。巴金写家信，想用好一点的信纸，也需托熟人走后门，只好作罢。朋友们请吃饭，有时就用自家种的菜。因为招待所供给他的伙食好，他就可以请人家吃一点。著名演员舒元卉来访，他请她吃一个包子、一个花卷，或是一碗挂面。有时给侄女们也是留一些这类食物。他去探望姑母，送的也是挂面、点心。那时，只要能吃饱的东西，都是最好的款待，最佳的礼品了。

巴金在这里饮食甚丰，既有招待所的特殊供应，又有诸多亲友的馈赠和邀请。他每每享用这些美食佳肴，就要想到家中瞪大眼睛的儿子，不胜羡慕的妻女。他们都快要"三月不知肉味"了，甚至处在半饥饿的状态。他那份矛盾的不安的心情时时涌现而不知如何是好。他看到大家生活如此艰难清苦，自己却还受到亲友们这么厚重的情谊，从来不愿多麻烦别人、多接受别人照顾的他又是另一番不安。他在给萧珊的信中几次说到这种难过和痛苦：

我每到饭桌,就想到能分大半给你们吃就好了。我到外面跑跑,总觉得自己欠人的情太多,不知道怎样才还得了!

我就是有这个毛病:有好的饮食,总想分给一些需要的人,一个人吃独食,没有味道。可惜你们隔了这么远,无法尝尝这些东西。

我每顿饭都想到你们,我要是能分一半给你们就好了……关于你来不来的事,我有时也矛盾,特别是在吃饭的时候希望你来分享"盛馔";在黄昏时分,希望有你对坐谈谈。但又一想,你来了,小鬼没人照料,你在这里没有人带你玩,住在房里烤火不如在上海还可以做点工作。

国煜(侄女)送来萧荀(朋友)的信,讲到你们特别是小棠要把那一点好饮食留给我吃。我主张你们在我回来之前吃吧。我一直吃得好、吃得少(疑是"多"之误——引者),实在不需要什么,而且我还有可能带点吃的东西回来。我回家,有好饮食,也一定让给你们吃。我高兴看见的是你们的好身体,不是你们留给我的好饮食。

那时小棠还只有十岁,他要省下来给爸爸吃的好饮食,就是照顾巴金名下的每月两斤肉。而巴金却又每逢吃到好东西时感到不安,可谓每饭必思家。于是他开始积攒可以带回去的食品。有时候晚饭有一碟油炸花生米,他就省下来,或待客,或准备带回去。他想带两斤挂面回去,但又怕路上折碎。他留了一些花生米、花生糖和两个罐头。但是花生米也就那么一点点,只够萧珊一个人一次就吃完了。在那个饥荒的岁月里,巴金一家和其他老百姓一样过得很艰难,也在忍饥挨饿。他们相濡以沫,总算熬了过去。

144. 艰难写作

在成都的四个月,正是严寒的冬天,火盆里烧着旺旺的炭火,他独自一人,在这个既陌生又熟悉的环境里,不受任何打扰,可以安安静静地写作。他写了关于朝鲜战争的短篇小说《回家》、《军长的心》、《李大海》、《再见》和一

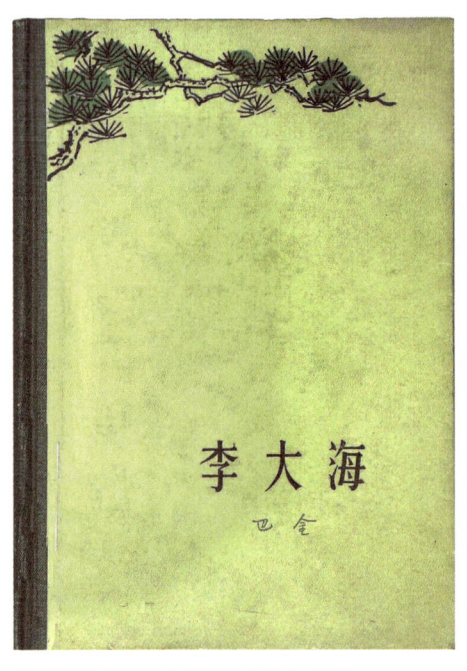

描写朝鲜战争的小说《李大海》封面

描写朝鲜战争的小说集《坚强战士》封面

个中篇小说《三同志》。他最满意的是将《寒夜》作了一次修改，使女主人公曾树生的矛盾心情写得明白些，因为读者对曾树生误解而颇多责难。但是写这些新的作品特别是那个中篇小说，他自己都觉得写得不流畅自如，远不像当年可以不假思索、自然地喷涌而出。过去写作，他从不写提纲，也不用先搭架子后填血肉，更不曾依靠笔记材料。现在却是慢慢地磨出来的，写了以后连自己都不满意。他到成都头六天，就整整写了三天，完成了一个近万字的短篇《回家》，该是比较顺利的。但他觉得"实在不好，比上一篇还差些"。后来在写完《李大海》时，他又说，"这篇小说虽仍不高明，但比以前三篇稍好些"。他写中篇《三同志》的过程显得更艰难些：写了一部分以后，又要再看笔记本中的素材，来启发自己，想把人物写得丰满一点；写了七万字，觉得还"没有写出什么精彩的东西"；等到写完了，他感到前后矛盾的地方不少，结构松散，情节人物简单，若不好好大改，是决不能拿出来给别人看的。沙汀听说以后，主张搁上几个月再拿出来修改。后来在上海只有萧珊看过全文，与巴金意见一样，认为没有达到发表水准。巴金也曾斟酌构思、再三考虑，却终于无从下笔修改，而第一次成为废稿，直到八九十年代编"全集"时才把它收了进去。

短篇小说《回家》写两位志愿军侦察员李萌和汪永在一次战斗中负了伤，与队伍失去了联系，他们靠着顽强的意志，历经艰难，不仅回到了部队，还在途中俘虏了一个美国兵。《军长的心》写了一位抱病坚持在朝鲜指挥作战的军长，对老百姓、对战士充满爱心。其中穿插了两个小故事，一个是卫生员小王从火中救出朝鲜老大娘等三个人，一个是勤务员小朱为救军长而牺牲。写了他们的英勇、机智、崇高的献身精神。《李大海》是写一位被誉称为"无畏战士"的李大海为国捐躯的故事。《再见》是写一位双目失明的战士谢立云随着四川省革命残废军人教养院演出队在上海演出时与作者意外重逢。他们当年在一个坑道里结成很深的友谊。这位战士负伤身残以后，仍然乐观坚强，充满生活信心。

巴金回到上海不久，又写了一篇《团圆》，描写一位志愿军领导干部王东主任，早年在上海做地下工作被捕，三岁女儿为邻居王复标收养。现在王复标的儿子王成、养女王芳都在他的部队里当兵。王成在战斗中牺牲了，但在战前与王主任谈话时说到了家庭情况，使王主任得知王芳就是自己失散多年的女儿，但是想到王复标苦心地抚养教育，就始终不肯说破真相。后来王复标作为赴朝慰问团的一员来到这个部队，才真相大白，老友重逢，父女相认。大团圆使他们感到十分幸福。王主任和王复标都不愿夺人所爱，王芳成了他们共同的女儿。这篇小说影响较大，后来改编成电影，传播更广。它的特点是有一个动人的故事，有较浓的人情味。

但是这些作品，总的说来都没有很多新的创意，对巴金和当时的创作也没有明显的新的超越。如《三同志》就是对自己过去创作的重复，较为一般化、公式化。巴金在九十年代编辑"全集"时，反思这段时期创作情况说：

> 其实写自己不熟悉的生活，写自己不熟悉的事情，对作家来说是自讨苦吃，除非深入生活，把不熟悉的变为熟悉，作家就难写出一个活人，更不要想什么成功的作品了。
>
> 写完了《三同志》，我对自己的前途绝望了。但是我并不后悔为写这

废品花去的时间,和两次入朝的生活体验。这一年的生活我并不是白白度过的,我并不是在替自己辩护,虽然没有写出什么作品,我却多懂得人间一些美好的感情……两次入朝对我后半生有大的影响。①

如果回过头去看看巴金走过的创作道路,最初写《灭亡》时,是将自己蕴藏郁积在心的一股激情、苦闷、思考,以及自己的生活经历和从前人著作中汲取的思想生活营养,融合在一起,没有任何思想束缚,无所顾忌地倾泻出来。那样酣畅淋漓的感情气势,激起了广大青年读者的共鸣。因为那是一种时代的苦闷。他写最后一部长篇《寒夜》时,那些他熟悉的、曾经与他有亲密交往、彼此相互了解的亲友(包括他的三哥)的形象、命运、遭遇时时浮现在他眼前,像借着他的笔在倾诉。那里面有他的感受和经历,所描写的场景和细节多数是从他当时的生活中提炼出来的。因此他写《寒夜》就像打开了闸门,生活和感情的洪流奔涌而出。这样一些创作经验今天已完全不再出现。他对社会生活的观察和思考已被主流意识形态牢牢束缚,他的艺术思维的翅膀已被折断,不会自由翱翔了,作品也就不再是富有激情、灵气和神韵了。尽管他生平第一次亲临战场,与从将军到战士在一起前后生活了长达一年时间,却没有可能面对战争、死亡、苦难、胜败……这样一些重大的命题进行独立思考、诠释和描写,只能按照当时主流意识形态的宣传口径和既定的思想艺术模式去创作。即使这样,他仍还战战兢兢,唯恐写的作品不符合主流意识形态的要求而"犯错误"。他写《三同志》时就已想到定稿后要送给部队文艺编辑看,"免得犯错误,闹笑话"。

正是出于这种心情,他对自己酝酿已久的《群》就不敢轻易下笔。中共上海市委统战部长陈同生、上海作协党组孔罗荪既是代表党的领导,又是他熟悉的朋友,都对此期望殷切,建议他到成都能安心写作,写出一部有分量的大作品来。陈同生原也曾是作家,笔名陈农非,写的回忆录颇有影响,他对萧珊说,"非常希望巴金这次写中篇后,能把写《群》的事彻底考虑一下,

---

① 《巴金书简——致王仰晨》第450—451页,文汇出版社1997年版。

1961年,在上海寓所的巴金与萧珊

需要什么材料我可以帮忙"。陈同生强调第三次文代会精神,说到解放后十一年还没有几部大作品出来,老作家都没有写过大作品。他把希望寄托在巴金身上。孔罗荪还认为如果四川太远,可到无锡、苏杭一带,安静专心写作,这样看材料也方便些。此外,苏联彼得罗夫也说过,等巴金写完了《群》,他就翻译成俄文。上海作家杜宣也鼓动他。萧珊更是这样想,她对沙汀说:"我倒希望他能动手写《群》,他更了解知识分子的思想感情。而且这是欠读者的债,许诺了二十余年了。"人们哪里能体会到巴金内心的恐惧和惶惑,他根本不敢做此奢想。

这次巴金在成都写作,市长李宗林既是东道主、老乡、朋友,又是地方党的领导,对他十分关怀,表示了对他写作的支持。陈同生、孔罗荪对巴金家里又很关心照顾。章靳以的女儿南南也是巴金的义女,得了一种古怪的腿病,巴金、萧珊多方设法寻觅良医治疗,后来就托陈同生帮忙找了好医院好医生。巴金继母邓景蘧病逝,善后丧事只靠萧珊一个人对付,忙得团团转。尤其当时经济困难时期,许多必要的东西都难买到,幸亏陈同生、孔罗荪的帮忙才得到妥善解决。

这一切使巴金夫妇感激在心。萧珊对巴金说:"党和人民对你的期望很高,希望你通过这次能写出长篇来……"巴金说:"我常常觉到党和社会、朋友和读者都对我太好,我有一种欠债过多的歉意和责任感。我总想尽力做一点对人民有益的事情……""政府对我的照顾太多,我真是受之有愧。"说到在成都受到的款待,他更是感动不安:"我在上海哪里能吃到这样的伙食……其实我的需要并不大。""所不安的是为了我的食住麻烦了好些人。但是我又无法使朋友们了解我的心情。"

在这种情况下,他一心努力写作。《群》虽也常在他的考虑中。但是一到具体写作,问题就来了。他现在的想法跳不出流行的意识形态的框框,和以前的完全不同了,要写的内容与自己的实际生活经历不是一回事,于是感到生活(素材)不够,需要重新编创的材料却很多,"若照从前的计划写出来,一定会犯错误。因此写起来很吃力,又无把握……"

离开成都之前,2月1日到4日,他到内江县和自贡市去参观。来回坐火车花去了两个半天。他说,去年去了锡都个旧,今年看了盐都自流井,"看得越多,跑得越远,越觉得我们国家了不起,越觉得总路线、大跃进了不起"。也正是这些建设工程挡住了巴金的视线,使他没有去深思严重饥饿为何而生,给人民带来的又是怎样可怕的灾难。

145. 访问日本

那时,全国正在大学《毛泽东选集》第四卷,上面规定要学三个月。萧珊因为忙了老太太的丧事,耽误了在《上海文学》编辑部的《毛选》学习,还得设法补课。上海作协还作了一次《毛选》学习测验,有的老作家没有考好,颇受人们取笑。所以萧珊也不敢怠惰。她非常热爱自己的工作,总希望《上海文学》能办好,办得有影响、有销路。因为巴金朋友多,编辑部就请萧珊联系约请著名作家写稿,萧珊责任心特别强,千方百计连请带催邀约这些作家,其中包括茅盾、冰心、沙汀、曹禺、欧阳山、李劼人等等。但是她收到许多作家回信都诉一番苦,叫忙不迭,却没有稿子。这是一个很奇怪的有中国特色的现象,作家忙得不可开交,就是不忙于写作。因为巴金是统战对象,上海市召开第四届妇女代表大会,萧珊作为高级知识分子家属也受到邀请,这使萧珊很感意外,因为她从来没有参加过这类活动,所以竟没有去。后来上面通过孔罗荪来动员她,希望她能参加一些社会活动。有一次,孔罗荪还对她说:"你家里还有什么事丢不开?可以正式来上班。"就是说,要让萧珊由义务编辑变为正式国家干部。萧珊曾嘲笑自己现在是"三不像"。但她仍未下决心这样做,因为她还想自己写作。

1961年2月8日,巴金坐火车离开成都。回到上海,还没有静下心来,又于3月8日到北京,准备赴日参加亚非作家会议。

这次访日,巴金担任了中国代表团团长,但由党员副团长实际领导全团工作,无须他太操劳。重要的是经过反右、拔白旗、批巴以后,上面对巴金在政治上仍是信任的,所以才委以重任。对于巴金来说,从年轻时就开始放眼世界，关注国外的历史、社会、政治、文化生活，熟悉外部世界，懂得多种外语，与外国人交往中常常因自己的文化艺术修养和开放的胸怀、真诚友好的态度，结识了众多的朋友。五十年代前半期，他多次访问苏联，与许多作家结成好友；现在去日本，他又一次出色地表现了这方面的才能和特点。

在北京代表团集中住地，做了紧张的准备工作，几乎天天开会，或是关在旅馆里写发言稿。他们住在华侨大厦，有很好的伙食，是外面市场上吃不到的。巴金从成都回到上海家中一个月，几乎每餐饭都把稍好的菜省给家里人吃，使萧珊感到非常歉疚，却又无可奈何。如今住在这里，就像萧珊讲的，"这一下可以补充了"。但是这次出国的任务很重，是一场战斗，估计到了日本工作、生活都会很紧张。仅是准备发言稿，就把巴金弄得"精疲力竭"。当然，他也抽空去看望了顾均正夫妇，与曹禺有时也到外面去吃馆子。

3月8日到北京，直到3月18日全团人马准备飞往广州，又因气候不好，改坐火车于20日晚到达广州，住在爱群旅社，是巴金抗战时期多次住过熟悉的地方。在那里会合了越南、老挝等代表团。在宴会上巴金第一次吃到了"蛇"。22日，动身到香港。24日下午，飞往东京。

那天，天气晴朗。飞机快到东京时，一位朋友指着窗外浮现在云片上的雪白山顶说"富士山！"巴金似乎看到了在蓝天中倒悬的一把玉扇，一顶盖满了雪的斗笠，给了他很深的印象。他在1934年至1935年间在东京、横滨住过几个月，但始终没有去过富士山，留下的遗憾，今天总算偿了夙愿。

后来，他们在日本作家龟井胜一郎陪同下，坐观光车，乘游艇，在富士山旁走了整整一天，到了富士湖、甲府、松本、长野、金泽等处，游了富士湖中的两个湖，还去了"万能风穴"。从京都琵琶湖畔一直看到金泽古城，沿途都是盛开的樱花。巴金用了一个"饱"字来形容，饱看了富士山，也饱看了樱花。

但是，他们毕竟不是来旅游观光的。他们在会议上要团结尽可能多的亚非作家反帝反殖。又因为1960年中共与苏联分歧公开化以后，这时还有一个反修的任务。另一方面，因为中日没有外交关系，会内会外还要应付日本右翼分子反华活动。因此中国代表团的政治任务复杂而繁重，但完成得很不错。巴金结识了不少日本作家朋友，建立了很深厚的友谊。如果从政治角度来说，

1962年,访问日本

民间外交是成功的,争取团结了广大的作家朋友,推进发展了中日友好。

日本文艺家协会会长青野季吉是老一辈著名文艺评论家,正患着胃癌。他在1956年曾访问过上海,与巴金见过面。但这次见面几乎认不出来了,因为疾病的折磨使他明显地衰老了。他热情地接待中国作家,在他窄小而朴素、环屋都是图书的客厅里,他们饮茶谈心,像亲人聊家常一样。青野叙述了到中国、苏联旅行以后的思想变化,不顾个人病体,走上街头,参加政治斗争的情况。

巴金也曾在芹泽光治良在东京小泷町的家里做客,像是久别重逢的知己朋友,品尝拌着奶油的新鲜草莓,饮着清香的绿茶,听芹泽讲他自己在巴黎留学的情况,在中国看到日本侵略军的暴行的经历。他们所以谈得投合,因为都有一个理想,希望用自己的工作帮助人们。芹泽说他和龟井胜一郎等都是属于没有政治派别的中间作家,但他一样对中国人民有深厚感情。他表示自己总是在思考人类的未来、文明的未来。芹泽与法国无政府主义者邵可侣

1962年，巴金在日本

是好朋友，后来还转过邵可侣的信，托巴金帮忙找失散在中国的女儿。邵本人是 1952 年离开中国的。现在女儿不和他通信。邵请巴金劝说女儿与他恢复父女关系，或来探望，或接去巴黎。

中岛健藏更是一位感情丰富的作家学者，对法国文学、中国文学都有很深的造诣。巴金称中岛为兄长，感到他有一颗火热的心，为人特别正直、诚恳、善良。他们的友谊越来越深厚，后来延续了二十多年。还有一位满头白发的三岛一，更是到处奔跑，尽一切可能陪同中国作家游览访问。他刚刚在东京迎接了另一个中国法律代表团，马上又赶到横滨来欢迎中国作家代表团。在镰仓的一个晚上，中国作家参加活动回到旅馆已经是晚上九点了，三岛却已在那里等候多时了。虽然前一天晚上，他刚在东京送中国作家上了去镰仓的汽车，今天却又赶来，为的是他熟悉镰仓的文化历史，他要好好地陪中国作家畅游这个古城。他们还到著名小说家石川达三家中访问。石川身材高大健硕，谈到自己的创作时却十分激动，他讲述他怎样一边流泪一边写小说《活着的兵》，其中描写了日本侵略者杀害中国平民的残暴场面。

巴金和其他几位中国作家还到藤森成吉、川端康成、大内兵卫、土岐善麿、井上靖的家中去访问，谈文学，谈友谊。他也不能忘记藏原惟人、崛口善卫、广津和郎、白石凡、木下顺二、阿部知二……许许多多日本作家的热情面影。在镰仓时，他还接待过青年女作家有吉佐和子的访问。那是一个雨天，但没有妨碍友谊的交谈。他们聊了五个钟头，她特别谈到了广岛原子弹受害者的情况，讲她怎样用小说创作反映广岛惨剧，为受害者呼唤。

还有一位七十八岁的老作家秋田雨雀，因为年老体弱，巴金不敢去惊扰他。后来在旅行途中收到过秋田的一封问候的电报。临别前夕，在东京椿山庄告别酒会上终于见到了，他不容巴金倾诉三十年来对他的仰慕思念之情，却不住地讲他自己对中国的感情，表示健康一旦许可时还想到中国去旅行。秋田雨雀的作品早在二三十年代就已传入中国，为许多中国作家剧作家所熟知。巴金在二十年代留学法国时，就曾在巴黎塞纳河畔的旧书店里买到过秋田的著作，他坐在卢森堡公园里读完时，心里充满了希望，感到春天是决不会消亡的。后来他翻译过秋田的《国境之夜》、《骷髅的跳舞》、《首陀罗人的喷泉》。

现在，当这位已神交了三十多年的老作家出现在眼前时，该有多么激动。巴金一次又一次地为他的健康干杯。

在这次告别酒会上，高朋满座。中岛健藏讲完话走下台时，巴金上前与他握手致谢，看见他热泪盈眶，自己也忍不住要掉下泪来。机场送别时又是一个高潮，比刚到时欢迎的人群要多了许多，休息室都容纳不了。青野季吉老人拄着拐杖也来了。巴金深深地感到这是一次友谊的旅行。他发现他爱上了东京。这是他二十多年前到东京那次所没有的感情。

与日本朋友建立起来的友情，在随后的岁月里越来越深。日本作家到中国访问时，总要看望巴金。平时还有书信往来，或者写文章抒发思念之情。巴金以自己的作品和真诚的人格在日本文学界的影响越来越大。同行中的一位党员作家曾说：老巴有热情，他的讲话，日本朋友很爱听。

回到上海，巴金陆续写出了一批访日散文，写得很美，很真挚，很动人，是他在六十年代写得较好的作品。后来结集出版，书名叫《倾吐不尽的感情》。他把中日两国人民的友谊比喻成汪洋大海，说：

> 人到了海的跟前才认识到海的庄严和海的力量，多跟海接近才明白海能够做多少事情……浪涛的冲击不会使我沉到海底，它却不断地给我力量，让我鼓起勇气向远方的灯火前进。像这么深长的人民友谊一定能够创造许多许多美好的东西。

146. 休养生息

经过多年连续不断的政治运动，以及大跃进带来的全国性饥荒……中共领导人终于提出了"调整、巩固、充实、提高"的方针。为了纠正前几年的共产风、平调风、浮夸风，制定了人民公社六十条。然后推广到各个领域，制定了工业七十条，高等教育六十条，科研工作十四条……周恩来总理在1961年6月文艺工作座谈会和故事片创作会议上作了长篇讲话，批评了流行

在上海寓所

萧珊与小狗包弟

的极端思想，对许多文艺问题和领导作风作了通情达理的解释。中宣部也根据中央精神开始制定所谓文艺八条，其中第一条就是进一步贯彻"百花齐放、百家争鸣"的方针。巴金对于这些情况当然也有所耳闻。

我们可以把这种变化理解为一种宽松，使人民得到休养生息，工农业生产开始渐渐地得到复苏。文艺界也松动活跃起来，仅从1961年开始讨论的问题就比过去任何时候都多，诸如悲剧问题、喜剧问题、题材问题、山水花鸟问题、共鸣问题、对待中外文化遗产问题等等，都是针对过去种种极端化主张而发的。总之，不搞政治运动了，人们似乎也松了一口气，被钳制已久的僵硬了的思想也有所活动了。

也许，正是在这样的气氛下，巴金写的访日散文显得比较自如，感情也比较充沛自然，颇有文采。同样，生活方面也比较轻松，好像是多年来从未有过的。

1961年5月23日，巴金访日后回到上海，半个多月后，就到杭州休息写作。春光明媚，满眼绿色，到处是鸟声，极为安静。萧珊也带着孩子来做伴游玩了几天。这是过去很少有的。巴金在杭州写了《从镰仓带回的照片》等几篇访日散文，还修改写作了关于朝鲜战场的小说。最大的收获是身心舒缓，得到了休息。前几年忙忙碌碌奔走开会，却又提心吊胆唯恐犯错误、挨批判的紧张心情有所松弛。他所住的花港招待所就在风景如画的苏堤南头"花港观鱼"，是著名的西湖十景之一，也是当年苦思冥想写文代会发言稿住过的地方。这次，他还结识了王匡。他们一起游岳庙、饮茶、逛旧书店。王匡虽是高干，是当时广东省委宣传部部长，却亲切诚恳，平易近人。所以两人竟一见如故，有相见恨晚之感。不久，王匡回广东去了，巴金和另一位上海作家任干送他上火车。临别时，王匡又一次真诚地邀约巴金全家去广州过冬。

在杭州时，浙江省文联主席方令孺常来看望。他们是老朋友了，常去一些风景处饮茶、聊天。方令孺还提议与巴金全家一起去游黄山，巴金欣然同意。巴金觉得与方令孺这样善良清寂的人在一起，能感到友情的温暖，好像是在一个和睦家庭里的长姐面前，可以敞开心扉讲话，不必拘束，更毋须戒备。方令孺住在灵隐寺附近，北高峰山脚下的白乐桥，那是一个非常幽静的地方，门前有一条淙淙的溪水，院子里有一株高高的银杏树。巴金和任干一起去方家探望。他们还同游灵隐寺、飞来峰。这样恬静闲适的生活，竟使巴金生出一种无忧无虑的感觉。

在那些日子里，每天晚饭后，他几乎都和任干在苏堤散步，一直走到京剧演员盖叫天给自己修建的墓道才折回来。那墓圹前有一座牌坊，两边有一副对联："英名盖世三岔口，杰作惊天十字坡"，把这位京剧武生的艺术成就画龙点睛地点了出来。有一次，他们在那里遇到了盖叫天正坐在石凳上，还是那样英武。他满意地看着刻有自己名字的墓碑和山下的景色。他们聊得很高兴，很亲切。但没有想到这次意外的邂逅，竟是最后一次的交谈。几年以后，这位于世无害，却有杰出艺术贡献的一代名伶，惨遭残酷迫害而死，盖墓也被砸毁了。当然这是后话了！

一个月后，巴金与金仲华、杜宣、任干上了黄山。此行既是为了写作，也是休息散心。他们于7月25日到杭州，26日上山，因旅行车出故障，沿途下雨，走走停停，到黄山宾馆已是深夜十一点钟了。次日，见到先期到达的方令孺、上海作家孙峻青，于是会合一起游山。那时黄山的旅游设施、道路等都很不完备。但到这里来的旅客却已很多。巴金在这里碰到顾均正夫妇，电影演员金焰。金焰有"电影皇帝"之美称，但这些年忙忙碌碌连一部电影都未拍成，现在病了在这里休养。

他们住在山下宾馆里的紫云楼，可以洗温泉，也有较好的伙食，每餐有馒头、青辣椒，早餐有花生米、豆浆，午晚餐每人一个盘里有四样菜。这在当时可算是相当丰美稀罕的了。但谁也没有想到，以后"文革"时，据说黄山宾馆有服务员曾揭发方令孺用牛奶洗澡。巴金听说后很惊讶，说那时"谁也不曾见过牛奶"，更何来洗澡。方令孺在那里根本没有受到任何特殊待遇。这也是后话，顺便记上一笔。

虽说7月夏天，他们到山上竟像冬天一样穿着棉大衣过了几天，然后下山仍住紫云楼关门写作。直到8月中旬，萧珊带着小林、小棠坐船到芜湖，然后转道到黄山会合。他们见到顾均正夫妇，见到九姑（方令孺），格外高兴。这样，巴金一家在黄山过了一段轻快欢乐的避暑生活。这里太美太幽静了，使巴金常有脱离人世之感。

转眼到了 1962 年 1 月，巴金又奉命作为人大代表去海南岛视察。同行的有方令孺和其他地区的几位代表。他们先在广州会合，发现经过休养生息以后的广东农业生产开始复苏好转。巴金又见到了王匡。王匡热情接待他，还再一次邀请萧珊和孩子们来花城过春节。巴金把这意思写信告诉萧珊，使萧珊好不兴奋。二十多年前，在她少女时代曾在广州住过，如今沧桑变化，有机会重游，对她实在是很大的诱惑。而且全家在外地过春节，也是婚后近二十年没有过的事，现在竟要变成现实了。她感到向往不已，以至比孩子们还要热心兴奋。

巴金等人先飞往海南岛视察，做环岛旅行。他们参观了从荒凉土地上兴建起来的新城，新开凿的青年运河；在华侨农场喝过本地生产的咖啡，访问过归国华侨家庭，听他们讲往事和未来；在华南热带作物学院，看到在乱草丛生、罕有人迹的地方建起了一座新的大学，被评为全国先进单位。有时，他在椰子林里散步，在咖啡园里徘徊，似乎看到了这个国家美好的光明的前景。

在海口住了两天，他们参观了五公祠等名胜。因与方令孺又一次

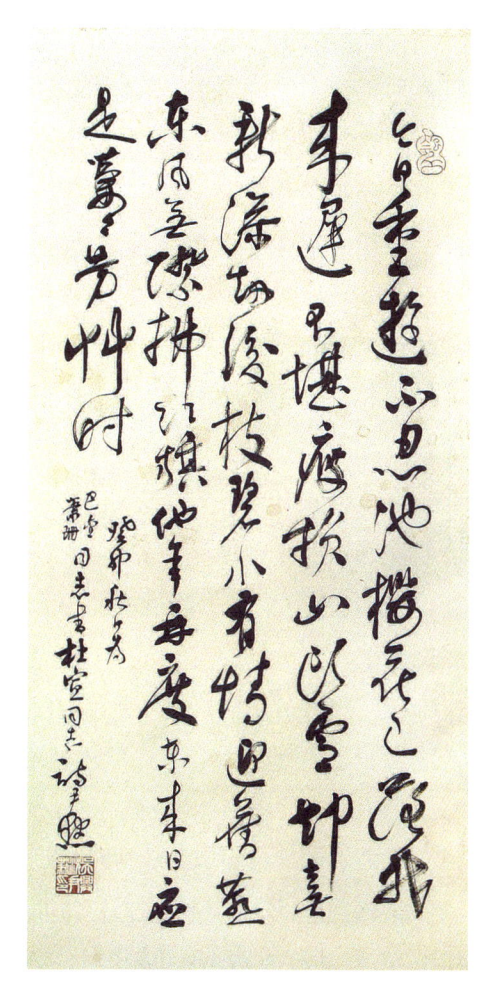

书法家沈尹默书赠巴金、萧珊的作品

朝夕相处，进一步了解了她清寂孤傲而不苟同于世俗的个性。这也正是巴金敬重方令孺，并与她投合的原因。1934年，丁玲被国民党政府软禁、失去自由时，正处于困境。方令孺却几次看望丁玲说，如有什么困难，她愿意帮忙分担忧愁："我非常同情你的遭遇……"大概天下很少有这样雪中送炭的傻子，使丁玲开始时竟不敢相信她是真心的。

巴金等回到广州，萧珊和孩子们已在前一天到达等候。他们到新会参观，在从化洗温泉，在广州看花市。除夕晚上，巴金一家、方令孺都到刚出国回来的冰心房间里去看望聊天。和冰心一起回来的叶君健、杜宣也来了，一直玩到深夜十二点钟。

巴金一家在广州过了一个欢乐喜庆的春节。巴金感到少有的幸福。他在给朋友的信中常常情不自禁地讲到这种愉快的心情。在给彼得罗夫信中则说："前几年我写得太少。最近一年我到几个地方去休养，倒写了二十几万字。以后更要多写。"

在广州的日子里，老友陈洪有来访。当年巴金第一次来广州，正是陈洪有陪他来的，还到陈洪有创办的西江乡村师范去小住过。抗战初期，巴金和萧珊都在广州办文化生活出版社，办《烽火》。陈洪有陪他们一起走过艰难曲折的路到武汉去看望朋友。如今老朋友重逢，确是意外高兴。但陈洪有也带来了令人沮丧的消息：当年巴金在晋江认识的、很敬爱的好友，曾写文章颂赞过的叶非英，在1957年被打成右派，惩罚到农场劳动改造后，惨死在那里。巴金听了，想到他一生献给教育事业，热爱学生；此外，他既没有家，也没有孩子。这样一个忘我无私的人，竟也没有逃脱受迫害的厄运。巴金除了叹气，也无可奈何。

147. "啊！他敢说这个话！"

1961年，在物质匮乏、生活清苦，但又相对宽松的环境中过去了。巴金少了一些会议活动和批判斗争，多了一些休假游览和家人团聚，实是这些年难得的快事。

从广州回来，在上海只住了一个月，他就又匆匆束装北上，于3月20日到达北京，参加每年一度的全国人民代表大会。这次大会也开得少有的活跃。代表们讲了一些对前几年政治经济工作的批评意见，与历次人大会相比，可算是相当开放宽松的了。会议期间，巴金和其他代表都听了中共中央于1月召开的七千人大会的传达，听了3月初在广州会上周恩来、陈毅的报告的传达。这些讲话内容其实很快已在人们中间传播，巴金也有所耳闻，不过这次听到了正式传达。同时，这次人大会上的政府工作报告，也谈了知识分子政策问题，也都是在总结前几年工作中的失误的基础上提出了调整的意见。

七千人大会即中共中央工作会议，是在1962年1月至2月间举行的。毛泽东在讲话中反复强调，"不论党内党外，都要有充分的民主生活。就是说，都要认真实行民主集中制。要真正把问题敞开，让群众讲话，哪怕是骂自己的话，也要让人家讲"。他还表示对这几年工作中的问题承担责任，说："凡是中央犯的错误，直接的归我负责，间接的我也有份，因为我是中央主席。"①对于知识分子，他也有新的说法："只要他们爱国，我们就要团结他们，并且要让他们好好工作。"至于他内心怎么想的，人们难以揣测，但是，他仍然肯定总路线、人民公社、大跃进的伟大胜利；仍然再次强调，"整个社会主义阶段，存在着阶级和阶级斗争。这种阶级斗争是长期的，有时甚至是很激烈的"。这就为半年以后改变调子大搞阶级斗争埋下了伏笔。

周恩来在1961年6月对文艺界报告中已谈了知识分子问题，现在，在广州、在北京，连续又谈，谈得更明确系统了："知识分子中的绝大多数已属于劳动人民知识分子，如果还把他们看做资产阶级知识分子，显然是错误的。"陈毅引用了周恩来的话："你们是人民的科学家、社会主义的科学家、无产阶级的科学家，是革命的知识分子，应该取消资产阶级知识分子的帽子。"同时还形象地说，"今天，我给你们行脱帽礼"。②这个"脱帽加冕"的说法在当时广

---

① 毛泽东：《在扩大的中央工作会议上的讲话》，参见《毛泽东文集》第8卷，第291、296页，人民出版社1999年版。

② 陈毅：《在全国话剧、歌剧、儿童剧创作座谈会上的讲话》，参见《文艺报》1979年7月。

为流传，成为美谈。他们还对粗暴打击知识分子的做法作了严厉的批评。

在这样一系列讲话精神的影响下，空气变得宽松活跃起来。人们不咎既往，希望从此能在政治、文化生活等方面走上一条正常健康的道路。巴金也一样，听了那么多"发扬民主，加强团结"的讲话，似乎觉得四周开始变得一片明媚阳光，近几年来的压抑情绪舒缓了许多，感到国家的前途又有了希望。

他是属于四川省选出的代表，所以参加四川组活动，和四川作家沙汀同室。这次会议气氛平和，不像往常那么紧张，更不像1957年那次成了批斗会。所以朋友间来来往往甚为频繁。那时，文学界对几位大家尊敬的老作家都不呼名字，而是尊称"郭老"（郭沫若）、"茅公"（茅盾）……巴金今年五十八岁，人们称他"巴公"。他的人缘好，朋友多，来看望他的人常常一批又一批。巴金自己也常外出看朋友。曹禺这时不在北京，但顾均正、汝龙、沈从文，这些私交深厚的平民朋友家里，他仍常去探望、聊天、吃饭。有时也和四川作家沙汀、李劼人去附近的陶然亭散步闲谈。他的同乡老友朱梅是位企业家，邀他和叶以群、孔罗荪去他的酒厂参观。成都市长李宗林邀他全家去成都度暑假，游峨眉山。

他看望沈从文时，发现沈从文的生活和心情都很平静踏实，对瓷器、民间工艺、古代服装都有强烈兴趣，成了有精湛研究的专家了。虽然他们各自谈生活近况，但巴金对沈从文却生出一丝羡慕之心，想到自己表面上忙忙碌碌，四处奔波，似乎有说有笑，内心却处在战战兢兢的紧张状态；如果像他这样不问世事，坐下来埋头译书写作，默默工作几年也许会有一些实在的成绩。相形之下，不免有种空虚的感觉。依着沈从文一向的个性和兴趣，似乎正在对自己打问号："你这样跑来跑去，有什么用处？"

有一天晚上，已是九点钟了，巴金从外面回来，看见沙汀正和沈从文、王仰晨（人民文学出版社编辑）聊天。沈从文邀请他们隔天吃饭，巴金婉辞了。他们又到饭店楼下餐厅去喝酒。巴金和沈从文对沙汀的创作又争了起来，沈从文认为沙汀最好写短篇和中篇，巴金则认为沙汀是可以写长篇的。喝酒到十点钟，他们一起坐车送王仰晨回家。然后又到沈从文家去探望三姐（沈从文夫人张兆和）。三姐却已在里屋睡下了，见他们来，又起床沏茶。巴金、沙汀都觉得沈从文的住房实在太窄小了。三个人又高谈阔论了一番，谈创作，谈鲁迅作品。沙汀谈得最多。沈从文又拿出酒来请他们喝，他们已不胜酒力了。坐了半个钟头，他们告辞出来，回饭店路上还在继续谈话，一直谈到上床，还不停地谈着沈从文和他过去的作品。谈到沈从文作品中的某些"色情描写"时，巴金说："这是他自己的苦恼的反映。"还说他曾经为爱情痛苦万状，有时候，甚至一个人躺在床上哭。沙汀听了，觉得对沈从文有了新的了解了。

又有一晚，巴金和沙汀去刘白羽家聊天，又是一大拨人，有中国作协严文井、张光年，上海作协叶以群、孔罗荪，广东红线女。大家谈天说地，聊得很热闹。他们谈川剧唱腔、演员嗓子，还谈到不久前争论很激烈的电影《达吉和她的父亲》。这时沙汀和批评家张光年争论起来，沙汀顺口说到前一晚与沈从文聊天时，沈从文说："按照批评家的意见，是写不出东西来的！"此话一说，举座吃惊。严文井说："啊！他敢说这个话！"严文井显然是高兴沈从文敢敞开思想。因为沈从文一向被看做另册的人，即使讲了这么一句平常的话，但与当时主流意识形态是唱反调的，因为那时的权威批评家就是党的领导，无视批评家无异于反对党的领导，所以也就成了石破天惊一样引得众人震惊了。可见那时的思想束缚、言论钳制之严重了。

他们喝了大曲，又喝葡萄酒，若不是巴金提醒、催促，也许还会聊个没完。当时重视知识分子问题成了一大热点。巴金在文艺界的党外作家中是个重点对象，一些党员领导也来看望他，以示礼遇、重视，倾听意见。周扬专程来饭店看望巴金，沙汀也在场。主要是听周扬谈。周扬谈到对新生力量要信任，放手使用，说："我们搞工作的时候还三十岁都不到嘛！……"他还谈到历次政治运动是为建设扫清道路，现在应该从正面切切实实做一些工作了。一年四季都搞运动总不成的。他还说到翻译介绍外国名著和编辑各种丛书，向巴金谈到这方面人才问题，说：有的人即使政治历史上不好，只要有一技之长，比如钻研过外国名著，与其弄去劳改，不如指定他从事翻译工作。

晚饭后，中宣部副部长林默涵和中国作协书记刘白羽又来探望巴金，谈到了人民文学出版社的出版计划。待到客人散尽，巴金和沙汀各自上了床，还在聊周扬的谈话。沙汀自问："这十二年来做了些什么呀？一想起心里就发慌！"而巴金心里也一样，一点不比沙汀好过。

这时，作为一种重视，还正积极发展高级知识分子入党。巴金在上海的朋友中如唐弢、章靳以等都是五十年代入党的。文艺界党员领导对巴金在政治上一直是信任的，也有意发展他。五十年代末，通过唐弢向巴金提出过，希望巴金主动提出申请。巴金婉辞了。现在，上海市委宣传部副部长陈其五认为巴金有进步，又想发展他。巴金虽然对共产党是尊重的，但他觉得自己自由惯了，不愿受纪律束缚，所以此事仍然没有进展。

148. 勇气和责任心

相对宽松的政治空气，使党内外干部和知识分子受到鼓舞。巴金兼任主编的《上海文学》杂志在这时期连续发表了不少的所谓"摘帽右派"的作品，如邵燕祥、王若望、方之、陈沂等等。这在那时也还是需要一点勇气的，因此颇受人注意。《上海文学》的日常工作是由副主编叶以群、魏金枝主持的，但是重要事情总是和巴金商量的。

当时上海文联正在筹备举行上海市第二次文代会。在这样的空气下，人们当然希望能够开得生动活泼、畅所欲言。周扬等对这次会议似也颇多期望。于是人们的目光集中注视在巴金身上。上海市委书记石西民、宣传部副部长陈其五等都动员巴金带头发言。上海作协孔罗荪前些日子参加了中宣部组织拟写讨论"文艺八条"会议，似乎很知道上面的动向，如今又事先向周扬请示过，所以也积极鼓动巴金带头发言。巴金写了发言稿，请孔罗荪看，孔罗荪说没有问题。孔罗荪向石西民汇报。石西民说，一字不改，让他讲好了。斯时斯地，党内党外，头脑正常的人们都多么想听听巴金讲话啊！大家对前几年的所谓极"左"或极端的意识形态及其造成的恶果是多么深恶痛绝，多么想有所纠正，又多么希望巴金能在这时起到别人不能起的作用。

至于巴金自己，这些年来一方面目睹大跃进带来的灾难，明显是极端思想恶性发展的结果，文艺界同样深受其害。另一方面自己受到无理批判后，深感无所适从，动辄得咎。有些人老是提着棍子盯着，随时就会扣上一大堆政治帽子。连有的读者当了右派、犯了错误，也要追查根子到作者头上，迫使做检讨。这样下去，哪个作家还敢写作？中国的文学事业还有什么前途？他确实有一肚子的话要说。但是，许多熟人朋友都因祸从口出，挨整挨批；自己也有不少挨批受围攻的经验，使他对现在倡导的所谓"民主"并不那么有信心。他有顾虑，他也害怕，"害怕言多必失，招来麻烦"。害怕那些挥舞棍子的人又要来一个"迎头痛击"。想来想去，巴金还是巴金。独立思考的巴金，不安于现状的巴金，坚持真理的巴金，战胜了那个被改造了几年变得胆小、失去独立意志的巴金，决心鼓起勇气去发言，去向这些极端思想，这些整人者提一些忠告。

1962年5月8日，上海市第二次文代会召开。巴金作为上海市文联主席致开幕词。开幕词是别人起草，市委审查过的，题目叫《更高地举起毛泽东文艺思想的红旗》，通篇是套话空话。人们只当作一般例行公事，并没有太重视它。第一天大会发言都是上海重量级的著名人士，有上海作协主席巴金、上海美协主席、画家丰子恺、上海人艺院长、导演黄佐临、上海电影家协会副主席瞿白音，人们满怀兴趣和希望来听他们的发言。

巴金在众人的注视下第一个上台发言，题目叫《作家的勇气和责任心》。前半部分主要内容就是揭露和批评这些年来横行文坛的、阻碍文艺事业健康发展的极端思想和专以整人为业的极端分子。他的发言尖锐、辛辣，也很幽默、形象。他一再坦率地说明自己平时写作和这次发言都是顾虑重重的：

> 我有点害怕那些一手拿框框、一手捏棍子到处找毛病的人，固然我不会看见棍子就缩回头，但是棍子挨多了，脑筋会给震坏的。碰上了他们，麻烦就多了。我不是在开玩笑。在我们新社会里也有这样的一种人……你一开口，一拿笔，他们就出现了。

他给这些框框和棍子勾勒了极为形象的特点：

>他们喜欢制造简单的框框……更愿意把人们都套在他们的框框里头。倘使有人不肯钻进他们的框框里去,倘使别人的花园里多开了几种花,窗前树上多有几声不同的鸟叫,倘使他们听见新鲜的歌声,看到没有见惯的文章,他们会怒火上升,高举棍棒,来一个迎头痛击。他们今天说这篇文章歪曲了某一种人的形象,明天又说那一位作者诬蔑了我们新社会的生活,好像我们伟大的祖国只属于他们极少数的人,没有他们的点头,谁也不能为社会主义建设事业服务……

这句"好像我们伟大的祖国只属于他们极少数的人"是极为尖锐深刻的,他揭穿了那种"朕即国家"的封建特色还在中国存在,借此号令挟制众人,当然是最可怕最厉害的。所以他指出他们是一股势力,才能横行不法,所向披靡:

>他们人数虽少,可是他们声势很大,寄稿制造舆论,他们会到处发表意见,到处寄信,到处抓别人的辫子,给别人戴帽子,然后到处乱打棍子,把有些作者整得提心吊胆,失掉了雄心壮志。
>许多人(我也在内)只好小心翼翼,不论说话作文,都不敢稍露锋芒,宁愿多说别人说过若干遍的话,而且尽可能说得全面,即使谈一个小问题,也要加上大段的头尾,要面面俱到,叫人抓不到辫子,不管文章有没有作用,只求平平安安地过关。

巴金在这里已经由自己有顾虑延伸到当前中国文艺工作者被压制、不能独立思考的精神状态。他还举例说,有一位外国友人到中国许多城市访问,受到热情招待,使他十分感动;但他奇怪的是,从这么多的城市"不同主人口里听到差不多相同的谈话"。巴金对于这些套话空话大话假话实在太厌恶了。

那么,原因是什么呢?他认为是"那些不知从哪里来的框框和棍子"。他说"不知从哪里来",显然是春秋笔法,也算是留有余地吧!但已使人们心领神会,谁都知道是来自上面。

他还不指名地批评了像姚文元之流的"批评家"：写文章"总是把自己放在居高临下的地位……不用道理说服人，单凭一时'行情'或者个人好恶来论断，捧起来可以说得天上有地下无，骂起来什么帽子都给人戴上，好像离了捧和骂就写不成批评文章似的"。

他在发言中强调鼓励"大家站出来说真话"，认为"坚持真理、热爱祖国的勇气是非常可贵的，热爱社会主义文艺事业，并且准备为它献身的勇气也是极其可贵的"。"做一个作家必须有充分的勇气和责任心。"

当然，他也吸取了过去的经验教训，力求发言"全面"，没有忘记多讲正面歌颂光明的话，几乎占了全文的一半。他在讲到最尖锐的"舆论一律"时，也没有忘记说"全国人民思想的一致是我们可以引以为骄傲的事情，但词汇的相同就不值得夸耀了"。但是谁都明白，他讲的远不是词汇千篇一律的问题。

149. 轩然大波

巴金的发言使全场屏息凝神，越听越来劲。巴金不擅言辞，虽说这几年也练出来能即兴讲讲，但毕竟性格如此，不大喜欢在公众场合夸夸其谈。这次登台发言是讲心里话、讲真话、讲自己独立思考的话，是在认真做了准备，写了发言稿以后上台去发言的。他的核心思想其实与1956年至1957年间的杂文随笔、会议发言是一脉相承的，经过这些年更多的严酷事实使他感受更深。他说出了人们压抑在心、想说不敢说的话。他看到的想到的似乎比人们要更深一些，因此也就更发人深思，耐人寻味。人们被吸引住了，被鼓舞了。休息的时候，人们簇拥着他，与他握手致意，表示支持赞赏。会场角落只有一个三十岁出头的青年没有人理睬，神情尴尬而阴鸷，这就是著名的"棍子"姚文元。他当然也听出来，批评的锋芒正对着自己，他是否又在算计如何报复呢！

丰子恺接着发言。他是一个朴素清纯的人，从不会伤害别人，更不知斗争为何物的人。他在发言中表示拥护"百花齐放，百家争鸣"方针；并以此为比喻：希望按照每种花树的特征和个性，即使小花、无名花，也都让其自然生长开放；不能把各种花树与冬青同等看待，用一把大剪刀把它们剪得一刀齐……冬青树会说话，也会抗议的。这个发言是非常通情达理，准确无误，温和而有力的。人们又一次报以热烈的掌声。黄佐临在发言中呼吁，不要对作家艺术家随便扣帽子、打棍子，使剧作家心存害怕而写不出剧本来。瞿白音的发言激烈些，说："听了巴金同志的发言，我非常激动，这是一个几十年来追求真理、追求光明，解放后热爱党热爱社会主义，辛勤从事创作劳动的老作家的心声。近年来，真话是极可贵的。有个著名的导演，他是党员，有一次酒后讲了一句话，说他很想见毛主席，请求他老人家发一块免斗牌，让他想说什么就说什么。"可见许多人想说真话，而又害怕说了真话挨斗。

这些发言的共同特点都是向危害国家利益、文艺事业的极端思想、错误做法宣战。其实要求并不高，不过是希望得到一个平和安全的创作环境而已。但是这却大大地激怒了那些极端分子，第一个迹象就是原来说好市委领导要来参加闭幕式，看望大家表示祝贺支持。但最后，市委领导却一个也没有来。

上海文代会的影响迅速传播各地，巴金的发言尤具震撼力。参加会议的市委宣传部副部长陈其五，当场表示深受感动，而且决定将巴金的发言稿登在当月出版的《上海文学》第5期。巴金的老朋友、诗人王辛笛的警惕性似乎要高一些，劝他不要拿出去发表。巴金本来信心就有限，只是看到陈其五这样热心，也就同意了，但把一些比较尖锐的话还是作了一些删节。

《上海文学》刊出巴金文章时加了一段按语，称："这次文代大会开得成功的显著标志，就是充分地发扬了民主，用民主的方式来解决上海文艺界内部所存在的一些问题。这是一个良好的开端。"实际上，话音还未落地，风向就大变了，"开端"也就成了"结束"了。

但是刊物出版后，在文学界还是引起了很大的震动。一向以宣传党的文艺政策、指导文艺运动为己任的《文艺报》表示要转载。《红日》的作者、老作家吴强正在广州和欧阳山在一起，听到这个发言，高兴得举杯庆贺。其中有一个具体原因是：去年欧阳山曾给《上海文学》写过一篇稿《骄傲的姑娘》，引起了一场风波。有些所谓读者来信指责他别有用心，《上海文学》编辑部顶住了这种无理的指控。像这样的事情,许多作家都经历过。人们无法不感到压抑和苦恼,所以才会有这样强烈的反应。

方令孺看到了刊物,意外惊喜,写信给萧珊说:"看了巴金同志在上海文代会上的发言,前段锋利处,令人惊倒,也喜其痛快。惊倒,是为了巴金同志这样写法的文字之佳,另一风格,前所未见。"

沙汀在成都读到此文后,感慨万分,在当日的日记中记道:"看见新寄到的《上海文学》,一口气读完了巴公的文章。这是他在上海文代会上的发言。前一部分,在谈到作家的顾虑、批评界的框框和棍子时,问题提得相当直率。我觉得他这篇发言,是经过好多苦恼才写出来的。""巴金显然有不少闷气,当他谈到自己白发日增,记忆衰退,而又急于想写东西的时候,我的印象特别深刻。"①

在读者中也有很大反响,有些读者还写信给巴金表示支持。安徽姚静涓就是其中的一位。

巴金的文章也为敏感的外国记者所注意。7月25日,美联社从香港报道了上海文代会上巴金的发言,说巴金"提出了给予中国作家以更多言论自由的要求"。新华社就将美联社的报道登在"内参"上报了上去。毛泽东看了非常生气,批示责问巴金要什么样的自由?是要资产阶级自由!这样的严厉问罪下来,当然惊动了中共上海市委的领导们,当作一件大事来查问。

1962年7月21日,巴金到北京报到,又一次作为团长,准备率领中国代表团于月底到东京出席第八届禁止原子弹氢弹和阻止核战争世界大会。中国作协的一位领导人严文井到机场接他,谈起《文艺报》本来想转载他的发言,因听说巴金原来不想拿到刊物上发表,故阻止了他们。其实,严文井已经知道上面的指责和查究了。

这次去日本,因是与文学无关的政治性会议,所以代表团成员多数是搞国际问题的、民间外交的专家和斗士,因此他这个团长的事情倒不是太多。但是这个会议情况比较复杂。因为中苏分歧也表现在禁止原子弹氢弹和反对

---

① 《新文学史料》1988年第3期。

核战争问题上；东道主日本代表团中间就有两派，观点对立。特别是8月6日闭幕会上，坐在主席台上的日本代表中有两派，台下也有两派。台上的一派，拉着总主席安井郁、执行主席中岛健藏到后台就宣言、建议书等内容谈判，讨价还价。台下另一拨人则冲会场，冲主席台，推倒桌子讲台，捣毁话筒。巴金在主席台上面对这样混乱的局面很冷静。他全力支持安井郁、中岛健藏，差一点挨了打。代表们在这个万人大会场里，气温又很高，但仍坚持着等待通过宣言。这个等待竟是长达五个小时。人们用歌声相互鼓励，用抗议声来制止混乱。巴金这个从来不唱歌的人，这时也和代表团一起，引吭高歌，高举花束，表示自己的意志，全身心投入斗争。

会议最终还是通过了两个文件《东京宣言》、《关于国际共同行动的建议书》。中国代表团还宣读了七个民间团体给日本原子弹受害者的慰问信和七百五十万日元捐款。日本每年都要在长崎、广岛举行集会谴责控诉美国投掷原子弹的暴行，但从不反思导致投掷原子弹的最直接最根本最主要的罪魁祸首是日本军国主义政府；日本老是把自己说成可怜的受害者，却从不因为他们发动了罪恶滔天的侵略战争，给亚洲人民以至世界人民也包括他们本国人民带来巨大的灾难而有过忏悔和认罪、慰问和赔偿。当时中国政府的对外政策是团结一切力量反对美国，才去全力支持这样一些活动。

会议结束后，中国代表团又停留活动了几天。8月8日，巴金和作家杨朔去龟井胜一郎家访问，在龟井的古雅幽静的日式客厅里欢叙了一个多小时，在龟井夫人点燃的摇曳的烛光中离去。他们一起又到秋田家餐厅和中岛健藏、白土吾夫饮酒吃饭畅谈。真诚热烈的友情使巴金陶醉，也给他留下了深刻难忘的印象。

巴金从东京回到北京，仍住在出发时住过的北京饭店，遇到老友金仲华。他也是刚从国外出访回来，住在同一个饭店，当然格外高兴。首都各界人民集会，庆贺中国代表团从东京胜利归来，巴金要参加、发言。他还要和代表团一起作总结。他给沙汀写信说到东京会议："从早晨忙到晚上，生活相当紧张，斗争相当尖锐，但是也有胜利的喜悦。""这次开会经验相当丰富，留到将来见面再畅谈。"可见，他似乎仍沉浸在东京之行的斗争和友情的兴奋中。没有想到，一件意外的麻烦正在向他袭来。

有一天，也住在北京饭店的中共上海市委书记柯庆施要找巴金。巴金就和金仲华一起去看柯。柯不在，却遇到另一位书记陈丕显。陈问了他们一些国际斗争情况后，说到柯找他是因为新华社"内参"登了美联社报道巴金在文代会发言一事，他已打电话给上海问清了情况。陈其五承认是他主张发表的。陈丕显认为不应当发表这个发言；但叫巴金不要紧张，此事责任不在巴金，是陈其五犯了错误。陈丕显还叫金仲华劝慰巴金。

显然，陈丕显想保护巴金，化解这件事。他没有告诉巴金，此事是从最高层毛泽东怪罪下来的。他这样做也是有风险的。果然到了"文革"就成了他的罪名之一：包庇巴金。

陈丕显的处理使巴金避开了一次检讨挨批的灾难，但是对于巴金心灵上思想上所受的打击更甚于前几次。因为他本来就没有信心，是市委某些领导的再三鼓励，为了响应党的号召，本着对国家和文艺事业的责任心，鼓起勇气，满腔热情去发言，最后却惹了这样一场轩然大波，他怎么能不沮丧灰心呢！他给萧珊写信说："我打算到上海后，马上去杭州休息三四天，不然便得不到休息。许多话见面时再详谈。"过了几天，他在另一封短信中又特别叮嘱说："大会(指首都的庆贺会)现在决定在27日晚召开，我28日早晨搭飞机返沪。……照我的打算，我们29日上午（11点？）就动身到杭州去。我需要休息几天。留在上海会有人找我，什么拉稿、讲话，都是我现在办不到的事。"

他真的很累了，他有一点心烦意乱以至紧张，他已很厌烦那些命题作文的约稿、讲话；尤其是在这样情况下，他已不可能再做什么事，他也不想再做什么事，他只想避开人们，独自安安静静，想一想到底是怎么一回事。

第十六章
沉沦之梦

150. 送往迎来

虽然，巴金的发言和上海市第二次文代会没有进一步引发成新的一轮大规模的斗争，但是上面严厉指责批评了这些发言和这次会议，中共上海市委追查此事，撤了宣传部副部长陈其五的职，文艺界也有许多传言，搞得人心惶惶。到了1963年春，上海市委召开思想工作会议，对文代会以及在《上海文学》发表过的作品如王西彦的《湖上》、丰子恺的《阿咪》、魏金枝的《寓言选译》、师陀的剧本《伐竹记》和罗竹风的《杂家》……都指为毒草，大加批判。这使当事人如巴金（他既是发言者，又是《上海文学》主编）受到更大的压力和刺激。人们不能理解，这次文代会是在中共上海市委直接领导下召开的，会议的方针和开法都是上面决定的，或是上面指示鼓动的，可以说是正经八百在党的领导下。如果说出了问题，首先应该是上海市委负起责任来，为什么现在上海市委又以一副正确的姿态出现打下面的板子。

这些事情给巴金等人心里蒙上了严重的阴影。想到巴金在发言中曾说到，

中年巴金

"你一开口,一拿笔,他们就出现了……"真是不幸而言中啊!看来,什么"让人说话,天不会塌下来",什么"发扬民主"……如果说,反右、拔白旗曾经大人挫伤了巴金自我改造的积极性,打击了他对共产党和毛泽东的绝对信任,使他觉得头上像戴上了金箍儿似的,战战兢兢、提心吊胆,那么,这次挫折好像有人又念了一次紧箍咒,使他变得更加沮丧、内向,背上了沉重的包袱。姚文元之流果然拿着棍子盯着他。他就在这样一种"恐惧、疑惑与自我保护"的精神状态下过日子。听从别人指点,你说什么,我都点头称是。这大概正是改造者所需要的。

这时的巴金已无心思写作,把时间都忙于没完没了的迎来送往上。这类礼仪活动不仅有与文化艺术有关的外国人或外国代表团来上海,要他参与;即使有些与文化无关的政治性人物或代表团来,也要他参加。诸如越南南方民族解放阵线代表团,锡兰总理班达拉奈克夫人,印尼首席部长苏班德里约,尼泊尔大臣会议副主席吉里,日本宗教界人士大谷莹润等等,飞机场、火车站、

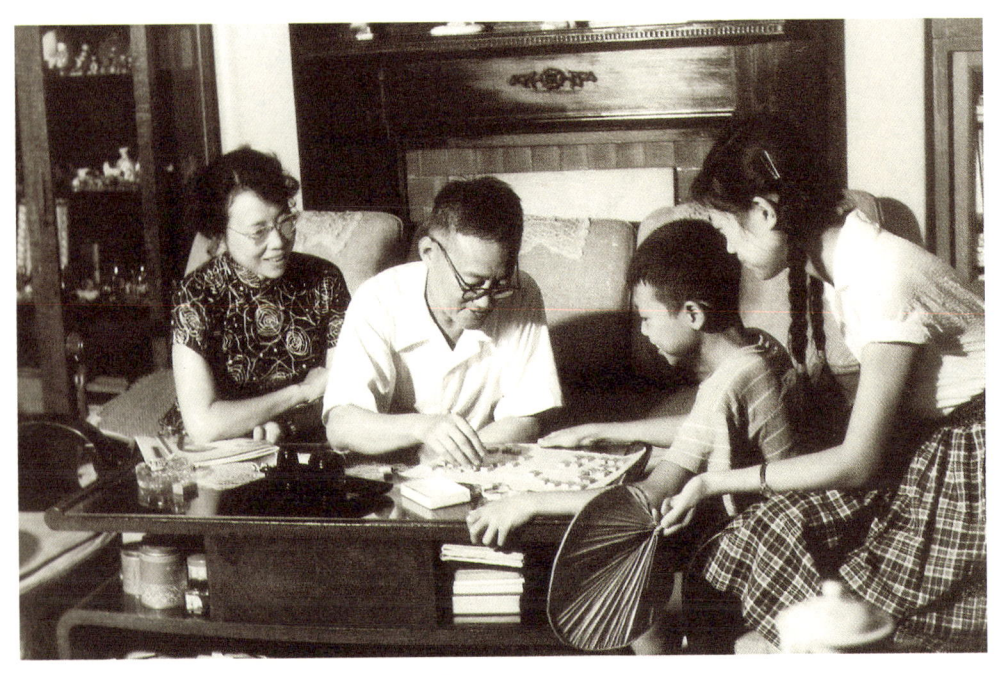

1962 年,在上海寓所。巴金与儿子小棠对奕,萧珊、小林观战

宴会厅……都是他常去的地方。参加接待每一个团，迎来送往，宴会座谈……诸如此类每次至少有四五天时间不得安宁。

像这样的事情，那时在他已成了家常便饭。他扮演的角色只是"礼仪队"里的一员而已。有一个朝中友协代表团来，因飞机延误，巴金在机场白白等了两个半小时。这个代表团离去时，巴金清早五点起身，到机场送行，然后回到家里才七点，小林、小棠都还没有起床呢！有一天，上午在政协开会，下午听关于广岛大会和苏联破坏的报告，晚上参加对加纳作家威廉斯的宴请。又有一天，清早到火车站送走越南党政代表团，回到家里才七点半。上午稍稍做点杂事。午饭后又出发到火车站去欢迎阿尔巴尼亚作家艺术家代表团，一直把他们接到饭店住下，回到家里已是下午四点半。诸如此类，一天一天就这样过去了。

还有一天，他正患感冒，仍抱病去火车站欢迎锡兰总理和印尼部长。月台上人多，风大，天冷，他感到很不舒服，但也得坚持。次日早晨，又去机场欢送印尼外宾。阴历正月的天气正冷，站在机坪列队，冷气扑面，冻得两耳剧疼，还得硬着头皮坚持恭候。当副总理陈毅陪着外宾走过来时，见到巴金好生奇怪，笑着问他："怎么你也来站队？"巴金无奈地只好用幽默来解嘲，笑着答称："我来送你啊！"

还有许多政治、社会活动，也是少他不得的。诸如声援古巴，不仅写文章、参加会议，还和文艺界人士周信芳、熊佛西、沈浮等许多人游行示威到人民广场，再去《解放日报》递交声援信件，请转北京古巴大使馆。巴金还在报馆门前应电台记者要求发表了谈话。声援越南南方的反美斗争，也是这样一系列的活动。至于国内的活动就更多了。上海市政协经常有学习会须去参加。上海市文联、作协也常有各种活动须要参加。有时还要听中共上海市委领导人的大报告，如刘述周、张春桥等，一讲就是半天，好几个钟头。1963年5月，上海文联二届三次扩大会，从20日开到23日。四天会议，张春桥一个人就讲了一天半。第一天上午八点半开始，巴金致开幕词后，随即由张春桥开讲，作传达报告到十二点。下午两点半继续讲，讲到六点二十分。整整一天讲了七个多小时。然后，到第四天下午，张春桥又来作总结报告。巴金听报告历来还勤做笔记，所以十多年来积下了一大堆笔记本。

平时，与朋友们往还欢聚也很频繁。上海市副市长金仲华、统战部长陈同生、作协孔罗荪都是相处多年、很投合的朋友，诗人工辛笛、音乐家蔡绍序（那时正在教小林弹钢琴）以及作家黄裳、老文化生活出版社职工萧荀等都是家中的常客。他们常在一块吃饭聊天。有时相约到市郊去走走。有一次在龙华苗圃遇到刘伯承、徐特立，说起来还都是四川老乡。这样的日子倒也过得逍遥。

11月29日，他和萧珊又去杭州游玩三四天。那里有方令孺接待陪伴。他们到九溪十八涧饮茶晒太阳。乘船到三潭印月游览。到岳庙瞻看，这是他每次来杭州必到之处。离岳庙不远的杭州饭店就是他们下榻的地方。过了一天，他们又到平湖秋月去饮茶。然后又去岳庙，再去灵隐寺，最后转到附近白乐桥方令孺家探访吃饭。在这个山清水秀的美景中他真的散心了。

在杭州，除了方令孺，还有一位在方家见到过的忠厚老实的作家谷斯范。此外没有和当地文学界任何人交往，少去了许多应酬麻烦，完全是他和萧珊两个人的世界。这时他才觉得自己的心境是清静平和的。当他们离开杭州时，方令孺到车站送行，挥手告别时，是那样依恋不舍。方令孺的眼圈都红了。他们的友情没有半点功利，是那样平常和单纯，温暖滋润着双方的心。这在如今的社会是越来越少了。

当他回到上海，就又重新陷入到那个忙乱的，但又无所事事的生活中去。白天被那些活动、开会、交往、应酬等占用了，只有一部分的晚上才是属于他的时间。但也还要用于回答来自各方的来信，尽量做到他一贯坚持的每信必复。这样总要忙到深夜一两点钟才能睡觉。所以他常常有一种疲劳的感觉。

在这些日子里，唯独创作的时间最少。他感到他创作的路子越走越窄，那些极端思想制造的框框已把人束缚得不能动弹。他对长篇小说《群》的构思怎么也不能适应现在的主流意识形态。关于朝鲜战场的题材，除了已写出的许多小说散文外，好像也已难以为继。毕竟只有一年的部队生活，采访所得的材料也已用得差不多了，已经写好的小说《三同志》，自己不满意，萧珊也觉得不理想。他想把它修改好，改来改去，越改越没有信心，感到已不是个别段落、枝节问题可以修修补补解决的。他想大改,又非易事。但又不能弃置不顾,于是再次努力改写,改写了很久仍不满意。他终于承认,这"是一部失败之作"。

后来巴金总结其原因是因为"写自己不熟习的事情,对作家来说是自找苦吃"。这当然是一个原因。但是,当年巴金没有到过个旧锡矿,根本不了解更不熟悉那里的生活,只是听了朋友的讲述,便写成了《砂丁》。虽然在思想艺术上也有许多弱点,但至今也还是一部可读的作品。可见致命的原因还在于思想的束缚,使巴金无法把自己的人生体验和独立思考融入到创作中去。

既然创作已成了一条艰难泥泞的路,那么还是做点翻译工作吧。很久以来,他一直想重新修改旧译屠格涅夫的长篇小说《处女地》。他曾有过编译屠格涅夫全集的计划,现在看来也难以实现了。但是《处女地》是一定要改译好的。他为此作了长期的充分的准备,广为收集屠氏全集的各种版本,托苏联汉学家彼得罗夫代为收购或凑齐苏联出版的十二卷本和十八卷本两种。他在四十年代翻译《处女地》时,主要是依据英国迦尔纳特夫人的英译本。现在他是根据俄文本参照各种版本改译的。在改译过程中,发现原来的译本毛病很多,其中既有英译本本身存在的缺点,也有他自己的粗疏造成的。所以改译的工作量很大,实际上是一次重译。他只能在忙乱的生活中挤时间一点一滴地做,有时一个星期也只能译上一小段,直到后来"文革"后期,才有机会全部译完。

从1962年5月上海文代会以后,巴金除了继续写完访日散文,后来因访越又写过一组散文外,直到1966年"文革"开始,在长达四年的时间里,他没有再写过其他小说、散文。他的创作生涯进入了一种停滞状态。

151. 会海应酬

1963年1月4日,巴金偕萧珊到上海文艺会堂参加文艺界新年联欢会。那天他感冒很厉害,离家时还吃了两颗抗生素药片。中共上海市委书记柯庆施、负责文教的书记石西民也到会了。柯庆施还讲了话。然后,柯又约了一些著名人士到小会议室，一直谈到六点。柯提出"写十三年"的口号，也就是要文艺界写1949年后的生活，这才算是社会主义文艺。他认为，"旧社会只能培养人们自己为自己的自私自利思想。社会主义、集体主义思想只有在社会主义革命成功以后才能开始树立。"①这位所谓毛泽东思想的好学生连马克思主义的基本常识都没有弄清楚，他不懂得马克思主义历来认为先进的思想往往是在旧社会里孕育产生的；马克思主义就是在资本主义内部出现的。然而，柯那时是上海的最高首长，首长讲话就是真理，照样煞有介事地在那里夸夸其谈，教训大家。文艺界包括巴金等这些作家学者除了恭听以外，还要在创作座谈会上专门学习谈体会。这对有数十年创作经验的巴金来说，当然一眼就看穿了它的荒谬，但只敢腹诽而不能言说。文艺创作的路当然因此被规定得越来越窄了。

有一次，一位戏剧界人士熊佛西请柯庆施去看话剧。柯问："是不是写十三年的？写十三年的我就去看。"恰好这个戏写的是比十三年多了两三个月。柯严肃地表示："不是写十三年的我不看！"当时巴金正好在场，目睹了这场"喜剧"，感到可笑而又可悲。

但是，柯的这个口号在上海却被极力鼓吹推行。因为实在过于极端，连周扬等文艺界主流派都不能接受。周扬在1962年初，还强调在政治运动过去以后，要搞正面建设，要发展文艺创作。这也许是他的肺腑之言。但到下半年，毛泽东强调阶级斗争后，文艺界又紧张起来，担心这股风刮起来后又将发展成新的政治运动。1963年4月，在全国文艺工作会议上，人们把这些困惑提到周扬的面前，他的调子也变了，把"百花齐放、百家争鸣"方针与阶级斗争，把文艺界的成绩和问题，把对文化遗产的继承和批判，说得面面俱到，很圆滑；唯独对"写十三年"这样的极端口号嘲笑说："建国还只有十三年，今后过一年，我们要反映的内容也就增加一年，我们的社会主义时代是很长的……要反映的内容也将不断丰富。"②

---

① 《文汇报》1963年1月6日。
② 《周扬文集》第4卷，第287页，人民文学出版社1991年版。

周扬批驳了只有"写十三年"才是社会主义文艺的主张。张春桥却不示弱，在会上继续鼓吹"写十三年"的十大好处。至于周扬是否已经意识到柯、张这些口号是与开始在文艺界进入"角色"的江青相互联系呼应，并得到毛泽东的支持，而自己正一步步走向已经布下的陷阱，那就不得而知了。

不仅周扬，就是周恩来的调子也与去年有很大不同。他在近期的讲话中，就强调文艺家们要"过五关"（指思想关、政治关、生活关、家庭关、社会关）。这次到会更进一步要求文艺工作者积极参加阶级斗争，提出要树立共产主义理想、改造自己等五项要求。这样把知识分子又推回到资产阶级范畴去了，政治空气正变得越来越严峻。人们一方面开始谨慎小心起来，注意着风向的变化；另一方面，刚从近一二年比较宽松环境里过来，也只能抱着得宽松时且宽松的态度。巴金则因为去年上海文代会发言闯了祸。早已打定主意缄口不言了，现在他对创作已没有心思了。

这种复杂的心情在这次会议的过程中也都能感觉出来。巴金是在1963年4月14日到北京参加中国文联三届二次会议的。代表们住在民族饭店。文艺界的人们串门、访谈、聚会不断。巴金每次与会，访他的人总是特别多。开人大会时，沙汀多次与他同室，就深有此感。文艺界开会更是如此。曹禺、沙汀、孔罗荪……几乎是日日相聚，老舍、阳翰笙、佐临、周而复……也常相约一起吃饭，沈从文、李健吾、丽尼……也来看望他，方令孺就住在他的隔壁房间，更是朝夕见到。每次与这些朋友在一起，都使他有"畅谈甚欢"，"都是老朋友，谈得相当畅快"的感觉。

因为所住的民族饭店离汝龙的家很近，有时晚饭后，他就散步过去探访谈天。汝龙对他又是极好，总要拉他到附近的当时很有名的四川饭店去喝啤酒、吃点心。他也去探望了顾均正夫妇，探望了沈从文夫妇。沈从文夫妇对他像年轻时一样亲切，使他既感动又温暖。他还去探望新华社徐成时。如此来来往往，气氛仍然热烈轻快，他的心情也还平和。尽管他和其他代表一起听了周恩来、周扬的报告，他们一讲就是五六个小时，可以感到风向的骤变。巴金听得很认真，还作了笔记，会后常翻出来阅读琢磨。

5月1日，巴金回到上海。2日，就参加上海市人代会。4日，和萧珊以及沙汀等朋友到杭州休息游玩。他们下榻在杭州饭店,出门就是湖滨,常到风雨亭小坐谈天。有一晚,巴金和沙汀散步回来,又到风雨亭憩息,见月色清朗,水平如镜,到了十点多还不肯离去。回到饭店住室,巴金竟把已经熟睡的萧珊唤醒,俩人重又到廊下望月。此情此景,使他们为之神往。但到了十一点半,天黑如墨,雨声大作。巴金为天气瞬息骤变感慨不已。

9日,回到上海。当晚就去参加正在进行的人代会。接着又去参与筹备召开上海市文联二届三次会议。他这个主席还得照例拟写发言稿,参加大会小会。这期间刚好川剧团来沪演出,几乎每晚都去观看。有时全家都去。上海颇多四川老乡,也都来"捧场"。巴金的兄弟李济生最热心,早在川剧团到来之前就帮他们张罗联系。巴金在剧场里经常可以遇到上海市公安局副局长杨光池、翻译家满涛……都是川剧的热心观众。他还请川剧团的朋友吃饭,一起座谈,到家里玩。他给杭州方令孺打电话,请她在川剧团到杭州演出时,多给予帮忙。

日子就在这样忙忙碌碌、来往应酬中过去了,实在有点平庸灰色。也许在别人眼里,这就是名人的丰富多彩的生活方式;但作为作家,却不能坐下来安静思考问题,读书写作,没有新作品,实在不是一种正常的现象。这时,从1958年初开始,到1962年秋陆续出版的《巴金文集》共十四卷全部出齐了。这可说是对巴金在1949年前的二十年创作的一次汇编、一次回顾、一次总结。如果连前二十年的译作也计算在内,将近上千万字的著译,就像浩瀚的海洋一样。1949年后的十多年,如果也做这样一次收集汇编的工作,相比之下,就成了沧海一粟了。那时的巴金正是五六十岁,年富力强,生活阅历丰富,视野开阔,艺术经验愈臻炉火纯青之际,但创作上却无所作为。

八十年代,巴金回顾这段生活时,深深地感到悲哀,说:

> 倘使我也流了眼泪,那一定是在悲惜白白浪费掉的二三十年的大好时光,……我感到可悲的倒是流水一样逝去的那些日子……
>
> 在"文革"到来之前我的确就是这样地混日子,我用一个"混"字,

因为我只说空话，没有干实事。一次接一次开不完的会，一本接一本记录不完的笔记，一张接一张废话写不完的手稿。①

152. 访问越南和日本

就在这时，中国作协安排巴金和另一位山西作家李束为访问越南一个月，是中越两国政府的文化交流项目之一。

6月3日，巴金和沙汀等一起坐火车到北京。10日，他和李束为飞抵越南河内。越南作协、政府对外文委、越中友协等接待他们，热情而又殷勤。吃的是粤式饭菜。游览了还剑湖、一柱寺、巴亭广场，参观了师范大学，和青年作家进行了座谈。巴金在座谈会上作了个把小时的讲话，谈了一些有关创作方面的问题，特别强调技巧为内容服务和作家应该坚持思想改造。后来到越南其他地方访问时，他们也是讲中国怎样培养工农作家的经验，讲政治挂帅和思想改造的重要性，讲中国文艺界反对修正主义斗争的任务……在和越南作家接触谈话时，他和李束为也极力把话题引到政治上来，谈两条道路斗争。这都是出国前上面布置了的。越南作家在谈话时则想用他们的观点来影响中国客人。当时中苏分歧，也影响到中越关系。巴金和李束为这次到越南访问，完全是官方性质的活动，负有宣传中国党的政治观点的任务。

这些，其实并不是巴金所长，就像去年日本禁止原子弹大会那样，完全是政治斗争。但他做得很投入，也很出色，特别是诚恳而又通情达理，感染着外国朋友，建立了很好的友谊。他和阮庭诗、阮公欢、阮春生等越南作家在一起谈笑甚欢。当时越南南北还未统一，巴金和李束为将去南北军事分界的十七度线，那里战火正在燃烧。几位越南作家都很动感情地与他们拥抱送行。巴金大概是中国作家中既到过朝鲜三八线，又到过越南十七度线的极少数人之一。

---

① 《随想录》第715—716、814页。

越南作家的情况也有不同。越南作协书记素友与他们见面十分亲切随意,不谈政治。另一位作家、越南对外文委领导人武国威明确支持中国反对修正主义,主动找巴金、李束为谈天,意见接近,谈得也较深了。巴金高兴地发现,"我们找到一个左派了!"后来多次见面格外亲切。

6月25日,巴金和李束为来到十七度军事分界线的贤良桥畔,以及凇门渡口等处,在当地和附近地区参观访问座谈,听越南同志介绍贤良江两岸战斗的情况。巴金在贤良江边伫立很久很久。他眺望南方,想到一个国家被分割成两半,使他想得很多很多。

他们在贤良江附近活动几天后,又到过兴安、义安、鸿广、洞海等省和地区,看到越南人民在战争环境里仍然热情建设自己的家园。后来,他们还到著名港口城市海防访问了五天,与当地作家诗人见面聊天。晚上,他在下榻的海滨招待所的廊上望海景,看见无数石山,耸立海中,如梦如画;海浪拍岸,仿佛一位老人在絮絮叨叨地讲故事,使他竟生出一种幻觉,像是进入高尔基早期小说中的境界似的。

7月17日,巴金等回到北京,先后向中国作协、对外文委汇报访越情况。像往常一样,曹禺总是日日相伴,还同去探望了老舍。他自己则探望了顾均正、汝龙、徐成时……22日,回到上海后,又向上海市委领导刘述周和统战部作了一次汇报。然后,他又回复到往日那个忙碌生活中去了。不过,他终于可以挤时间写访越散文了。与访日散文不同的是,为了适应现在的政治氛围写的文章都是反美帝国主义的高调,歌颂了在那里战斗的英雄。1964年,他把这些散文结集出版,名为《贤良桥畔》。

这样不到三个月,他又作为人大代表,被派去广西视察。同行的还有方令孺等。他们坐火车出发,路经湖南株洲,当地政府来人说,北京来电通知,要他赶紧回电联系。他们不知发生了什么事,方令孺不放心,索性陪他下了车。经过电话联系,才知道要他去北京,率领中国代表团访日,可见其重要和迫切了。于是巴金送方令孺上了另一班次火车继续去广西,自己折回上海,住了一两天就匆匆忙忙赶到北京。

这是他连续三年第三次访问日本。那时上面经常请一些有国际影响的非党的著名人士出面从事对外交流工作，因为这样较易为外国人所接受。许多年来，巴金几乎已经成为文化交流的专家了。文学界好多外事工作都要他参与，并且担任重要角色。他在10月28日到北京，一天也不耽搁，次日就与全团人员飞往广州，经香港，于1963年11月5日到达东京。中岛健藏、白石凡、龟井胜一郎、三岛一、井上靖、藤井冠次、崛田善卫等许多日本朋友都来机场欢迎。

与前两次访日不同的是，那时参加的亚非作家会议和禁止原子弹氢弹大会本身带有明显的政治斗争色彩，这次专程访日，作为作家间的互访，

1963年11月，巴金、冰心随中国作家代表团访问日本

主题是友谊、文学。临行前，外事方面的负责人廖承志指示他们的任务是：满面春风，团结一切可以团结的朋友。所以，他们有机会到文化古都奈良，参观了古建筑正仓院、东大寺、兴福寺、法隆寺，还有古城遗址平城京。在唐拓提寺瞻谒了鉴真大师的墓。到京都，与大学师生座谈。参观清水寺、龙安寺，游览岚山。到大阪，也与大学师生座谈。著名汉学家伊藤漱平、增田涉等也参加了。到箱根，游山游湖。到镰仓，到聂耳墓献花，先后访问了川端康成、藤森成吉。在东京，除与大学师生座谈外，还与《文化评论》编辑部座谈，游览浅草区，沿着中禅寺湖到华岩泷看瀑布，还逛过神田旧书店，访问过前进座剧团，走访了老朋友芹泽光治良、白石凡、木下顺二、江马修、壶井繁治、水上勉、石川达三、武田泰淳、井上靖……江马修为了等候中国客人，在街口整整等了两个小时。日本人喜欢在家中接待客人，喜欢宴饮相聚，气氛亲切随和。巴金一行，此番既是参观访问，饱了眼福，又广交朋友，发展友谊。现在巴金在外事场合即席讲话已是常事，而且饱含感情，很有感染力，

很吸引日本朋友，中日文化本来渊源相关，心灵也较易沟通。巴金二次访日，在日本文化界结识了许多朋友，建立了很深的友谊，留下了深远的影响。

这些年来，他在国内也不断接待了许许多多来华访问的日本友人。这次去日本前，他和萧珊刚刚接待了井上靖，在和平饭店吃饭，把一瓶茅台酒都喝光了，非常尽兴。1965年11月，中岛健藏夫妇、白土吾夫夫妇来上海，他们尽兴宴饮，中岛太兴奋了，喝得都有点醉了。送别时，中岛夫人眼圈都红了。日本话剧团访华时，他去欢迎，又去观看演出，又到后台探望演员东野英治郎、杉村春子等。到送行那天，车站月台上到处是带着泪痕的脸，东野、杉村都哭了。

在这次访日的日子里，还有几件政治小花絮可记。11月23日清早，同团的冰心来敲门，巴金以为来约他一同下楼吃早餐，就说不想吃了。哪知冰心是来告知肯尼迪被刺的消息，使他大吃一惊，赶紧下楼看电视新闻。

在沿途访问的过程中，受到日本朋友的热情接待和照顾，但白土吾夫对

1963年，巴金在日本聂耳墓前献花，中立者冰心

1963年，在日本

1963年，中国作家代表团访问日本。左起：许觉民、
马烽、林林、巴金……

他们说，外面有传言，日本极右分子图谋暗害中国代表团，故请他们提高警惕。临行前，全团访问了日共中央，由书记藏原惟人等接见。那时日共和中共也有分歧，但都还有团结合作的愿望，访问本身就是这种友好的表现。有一位著名的推理小说作家松本清张主动谈到过中苏分歧，态度恳切，大家就谈得深了。

153. "突出政治"（一）

虽然巴金在外事工作中非常努力，每次都出色地完成了任务，但是他的心情并不因此开朗。一回到上海的日常生活中，他就有种阴云密布的感觉，不时能听到各种政治上越来越严厉的传说。

譬如像毛泽东在1963年12月所作的批示，说文艺界"问题不少，人数很多。社会主义改造在许多部门中，至今收效甚微"。"许多部门至今还是'死人'统治着。"这个批示虽然没有在报刊上公布，但经党内传达，也已在文艺界广为流传。巴金当然也听说了。他和许多人一样不能理解：文艺工作不是紧紧地掌握在党的手里，按照党的领导要求进行的吗？为什么竟然有这样全盘否定的批示呢？大家惊诧不安，预感到一场暴风雨又要来临了。

那时不只是文艺界，几乎各界都处在政治空气越来越紧张的状态。到处布置学习林彪的"政治挂帅"、"突出政治"、"学习毛主席著作"、"大学解放军"的号召。政府机关、企业普遍仿效解放军成立政治部，加紧政治思想控制。"整党内走资本主义道路的当权派"的口号也提出来了。农村开展了"四清"运动。在巴金家里，首先是已是大学生的女儿李小林、在上海文艺出版社工作的兄弟李济生，先后放下手里的学业或工作被派下乡去了。巴金自己也多次到上海郊区去短期参加"四清"运动，有时几天，有时十几天。同行的有好友金仲华、赵超构，有时还有陈同生、孔罗荪等。

开会听报告的事情也越来越频繁。巴金在政协听市委领导陈丕显报告一天。在华东戏剧观摩演出大会听了一系列的报告，有市委书记柯庆施的报告半天，中宣部部长陆定一的报告半天，还有文化部副部长徐平羽、上海市委石西民、张春桥、夏征农等等各种各样的报告和各种各样的政治性的会议活动。内容集中到一点，就是要突出政治，加强革命化。

文艺界的革命化就像1958年"大跃进"一样歌颂先进事迹，搞集体创作。上海作协组织了著名作家茹志鹃、魏金枝以及编辑记者燕平、张熙棠等采写第六医院成功地做了一个"断臂再植"手术。也让巴金参加了一次采访。后来茹志鹃等写出了初稿，也请巴金看过。就这样，集体创作的一篇报告文学产生了。上面署了连巴金五个人的名字。

那时还风行领导人抓一个戏的创作，不断对文艺界作指示、作报告，以示对思想领域里的阶级斗争的重视。柯庆施正抓话剧创作《激流勇进》，就约上海文艺界一批名人巴金、孟波、佐临、孔罗荪、张瑞芳、袁雪芬等商量出主意帮着修改。

在这种所谓浓浓的"革命化"的气氛下，巴金似乎也很亢奋，自称是真心诚意地投入其中，唯恐跟不上形势。他热心听广播、看报纸、学文件。凡遇到《人民日报》等有重要社论、文件，他就先听广播，一遍、两遍，甚至三遍，听完了再看报纸，然后在政协或作协参加学习、座谈。那时中苏分歧，导致有名的论战。中国先后发表了著名的"两论"、"九评"等文章，巴金都很激赏。他那时正记日记。他的日记体例是只简单记叙自己的行踪和往来人员信件等，基本上不臧否人事（除了有一次因为魏金枝和师陀两家争阳台，他颇有微词），不评述时事。但是这些日子，对这些文章几乎每篇都有赞评。

1962年12月15日读社论《全世界无产者联合起来，反对我们共同的敌人》，他说："仔细读了一遍，这篇社论，我已在上午的广播中听过一次了。写得真好，说出了我自己想说却无法说得清楚明确的话。一读再读，教人精神振奋，意气昂扬。我们头抬得更高了，勇气也更大了。高举革命和团结的大旗前进，这是何等的英雄气概。"次日，他又重读此社论，"越读越觉得好"。过了一天，上午到作协，下午到政协，参加这篇社论的学习讨论会。1963年2月26日晚上，先听广播，次日看《人民日报》转载的阿尔巴尼亚党报社论。子夜零点，在床上听广播《人民日报》社论《分歧从何而来》。他评说："理直气壮,逻辑性强,尖锐而能说服人,在一个半小时内,越听越兴奋,真是一篇好文章,两点入睡。"1963年3月6日日记:"重读《红旗》社论,异常兴奋。这是二十世纪的《共产党宣言》!这是气势雄壮、振奋人心的历史文件!这是全世界革命人民今后的行动纲领!"1963年8月29日日记:"今晚一连三次在广播中听到毛主席支持越南南方人民斗争的声明。这又是一篇不朽的文件,还是光辉的历史文件,它一定要产生巨大影响。"1964年7月13日听完《关于赫鲁晓夫的假共产主义及其在世界历史上的教训》(即《九评苏共中央的公开信》),他说:"这篇文章不仅揭露赫鲁晓夫的假共产主义,还有系统地介绍了中国革命和建设实践所取得的关于无产阶级专政的宝贵经验,对世界革命人民有极大的帮助。"

上述只是几个例子,可以有几种推测性的理解:巴金一向关心国际问题,对苏联的变化,接受认同中共的观点,再加上民族爱国的情绪,所以读后确实十分激动,不仅被说服了,而且赞赏之余,还有一种冲动,一定要把自己的感受写下来,不吐不快。但也还有另一种推测,鉴于过去胡风等案件,凡书信日记等物都有被当作查证指控的依据的可能,所以虽是真实的看法,却特意写在这里,是否有出于保护性的安全的意思。

看来这一切还是真诚的。有一次,巴金正在上海郊区萧塘公社参加"四清",早起听说要广播毛泽东支持刚果人民正义斗争的声明,他拿着饭盒急匆匆跑步去食堂听。因为太急了,竟在门槛上绊了一跤,跌倒在地。他想,自己的样子一定很可笑。但听到毛泽东的声明却非常兴奋。对领袖的崇拜迷信,在他已经很深了。

六十年代上半期还有这样一个现象:凡是国内外有重大政治事件、重要政治论文、领导人的报告讲话发表或出现,诸如中苏论战中的文章、赫鲁晓夫下台、毛泽东的声明或讲话以至柯庆施、周扬的报告等等,上海市统战部门或上海作协就会立即派人来找巴金谈话,听取反映。这种谈话有时长达一两个小时,有时前晚刚刚广播了社论,第二天清早巴金刚刚起床,那位了解情况听反映的人就已经上门来了。巴金日记中的那些赞评想必也正是对来人说的内容。1964年至1965年间,这样的谈话有记录可查的竟多达二十次左右。

巴金的政治思想就此及时被收集反映上报到某个地方去了。那时这些著名知识分子的政治思想就是这样被严密监控着。

巴金明知无法推脱躲避的，只能有求必应，凡找谈话都奉陪。上面说什么做什么，他一概称是。他已经决心不再思考，不再质疑，不再不安于现状。他相信伟大领袖，他紧跟党的部署，他要彻底改造自己。最重要的标志就是听话、驯顺。所以他后来说到那时的情况是，"你说写十三年也好，他说写技术革新也好；你说文艺必须为当前政治服务也好，他说英雄人物不能有缺点也好，我一律点头"。有了这一条，什么事都好办，也原谅开脱了自己。年轻时以"大胆"著称、有叛逆精神的巴金，现在却为"一个运动接一个运动，把一个'怕'字深深刻印在心上。结果一切都为保护自己，今天说东，明天说西，这算是什么作家呢？当然写不出东西来"。①正因为自己挨过批判，也看到更多朋友、熟人被残酷斗争，所以为了安全也得这么做。可以说，从1962年上海文代会后，他已经渐渐地从"奴在身者"开始走向"奴在心者"。或者说，他竭力使自己成为改造好了的、过好政治关的巴金。

不只是在政治态度上和上面保持一致，积极响应，而且在写作上，他对那些报刊编辑记者也一样唯命是从，一概照办。因为政治事件多，报刊也要紧跟，于是就拉这些名人写表态文章以示响应。这类稿件往往要与事件密切配合，时间仓促，催逼很紧。对于巴金来说，几乎要应付四面八方的索稿，不仅上海的报纸、电台、机关，还有外地的。连香港的《文汇报》报庆也来要他写稿祝贺，他也照办了。他到山西旅行，《山西日报》也向他索要支持越南人民斗争的短文，他也照办。这时的巴金成了一个写作机器，按照他人的意图要求写些空话套话来应付，成了名副其实的"遵命文章"。

1964年1月13日，《解放日报》副刊某同志来电话一定要他写一篇支持巴拿马人民反美斗争的文章，他推辞，未被允许。于是，只好放下手中正在做的事，从上午十一点写到下午四点半，中间除去吃饭休息两个小时，总算完稿。15日晚写次日将在文艺界座谈会上的发言稿，到了第二天上午，《新

---

① 《随想录》第301、560页。

民晚报》编辑就来坐等直到他把这发言稿抄完取走，才算了事。1964年2月8日，上海的电台要他写对日广播稿，写完后，经电台审定，然后再录音。1964年4月，新华社要他写抗议巴西政变当局无理逮捕中国工作人员的谈话稿。1964年7月，上海举行庆祝击落美国Ｕ２型飞机的胜利大会。15日下午五点，市委宣传部某人来电话要他在第二天大会上致词，今晚十点就要来取致词稿。

这个时期，类似的写作任务多得不胜枚举。一个机关普通工作人员，一个报纸的普通编辑，都可以向他分派任务，限时完成，审查定稿。所以如此，因为都是举着"政治任务"、"党的领导"的大旗，使你不得不从。又因为是政治性的，所以审稿程序也严，他自己似乎也不放心。写访越文章《越南人》，送市委宣传部审后，又根据宣传部意见作了修改。写《答松岗洋子》，也送给上面审。这样的事情在那时已经习以为常了，改造好了的巴金也都很自然照办了。

他的这种态度也表现在对待亲属友人的问题上。女儿小林在上海戏剧学院学戏剧文学，他教育女儿学习、休息要处理好，同时提醒她要学习文艺理论，"要理解毛主席的文艺思想，要懂得文艺战线上两条道路的斗争"。当他得知萧乾已摘掉了右派帽子，非常高兴，就写信叮嘱萧乾，"今后认真改造自己，更要注意：一、多想集体，少想自己；二、做到三个老实。"当沙汀来信说到为行政工作所累，影响写作，因此着急，"再不认真写点东西，是不行了"。巴金去信安慰说："这句话也说到我的心坎上，我也正为这件事情着急，总得认真考虑一下。但是……工作也很重要，过分强调自己的写作，那又是将个人的得失放在第一位了，也不好。"诸如此类都说明巴金是诚心诚意地在接受着眼前的一切，接受这种为党为革命的需要而尽心尽力的生活方式。

154."突出政治"（二）

生活虽然忙忙碌碌，但却不像以前写作那样紧张辛苦，劳心费神，需要整个身心投入进去；相反，有其轻松潇洒的一面。儿子小棠也长大了，已是初中学生，常要拉他下棋，一般是在晚饭前后，父子对弈几个回合。家里的昙花开放了，花香浓似酒，是那样赏心悦目。他一边听德语、世界语的唱片，一边顾盼品赏。后来还摘了一朵上楼，放在茶杯里，又去看赤旗报（日共机关报）。到下半夜两点半准备入睡时，他发现八朵昙花已有五朵开始凋谢了。真正是昙花一现，好景不长啊！

1964年的春天来临时，他又和往年一样和萧珊去杭州休息。这次同行的还有上海作协杜宣、孔罗荪、姜彬、芦芒等几位作家。4月9日，他们乘坐新型的双层列车到杭州。方令孺陪他们游览了两天。然后，又去新安江水电站参观访问了四天。1959年巴金和萧珊来过此地，那还是尚未建成的工地，现在已是大坝、水库、发电厂……屹立眼前。他们和水电厂、工程队的厂长、工程师座谈，听了介绍。归途中，他们又到桐庐，游览了山水如画的富春江，倒也很尽兴。

5月，上海市政协组织一批著名的知识分子下乡参加"四清"运动。巴金和赵超构、魏金枝、罗稷南等许多人到奉贤县，主要是听当地县、公社、生产队干部的介绍，和他们座谈，

作家杜宣书赠巴金

1964年，游五台山

到农田、牧场参观。还听他们介绍怎样活学活用毛泽东著作、发展农业生产的经验。6月，又去松江县，参观田间机械化操作的情况。8月，巴金全家应山西文联李束为、马烽的邀请到那里去度暑假。他们受到了山西文学界朋友们的热情款待。在太原游览了晋祠，观看了当地戏曲"碗碗腔"的演出。到文水县参观了刘胡兰烈士的陵园和纪念馆，拜访了烈士的继母胡文秀。以后，他们又到五台山游访了四天，在佛光寺看到了十余尊侍女像，都是唐代艺术珍品，还有宋金时期的建筑等，使他们赞赏不已。

当他们回到太原，听说劳动模范、大寨村党支部书记陈永贵昨日还在省里，当晚即已离去。巴金为与他失之交臂而感遗憾。他们到大寨访问两天。他们既去探访了陈永贵等几位劳模的家（陈不在家），也上山观看了康家岭、狼窝掌等几处梯田。回到县城听了陈永贵关于思想工作和自力更生的讲话录音。虽然已很疲劳，巴金却还兴致勃勃，萧珊则有点支持不住，只好一边听录音，一边抽烟提神。大寨人的创业精神使巴金感动。他后来写过一篇《大寨行》，长达一万七千多字，歌颂了大寨四代人。但巴金看到昔阳县和大寨大队间，从早到晚，不断有一辆辆大卡车满载着干部社员来来往往，都是来参观学习的，不禁疑惑：这么个小山村能承受得了每天成百上千个参观访问者吗？

然后，他们还到阳泉煤矿，下到矿井工作面参观。又到榆次经纬纺织机械厂。这些都是山西有代表性的重点厂矿。他们还到杏花村酒厂，品尝了著名的汾酒、竹叶青、白玉酒和玫瑰酒。最后到大同云冈石窟参观。在大同煤矿看到"万人坑"，至今还保留了无数风干了的尸体。看矿工生活今昔对比展览会。

这次山西之行前后游览了二十五天，然后又去北京住了两三天，探访了曹禺、顾均正以及沈从文等。也与中国作协刘白羽等领导人见面吃饭。还碰到香港电影界廖一原、夏梦等，都拍过由他的小说改编的电影。他的侄子李致、他抚养过的马宗融的儿子马绍弥等也都来看望他们。因为这次是私人旅行，所以是他许多次来北京所少有的轻快。

11月，上海市政协组织农村社会主义教育运动参观小组，巴金也参加了。同行的有赵超构，还有电影界的陈西禾、陈鲤庭、瞿白音等，到奉贤县萧塘公社住了两个星期。他们旁听生产队的斗争会，斗争富农分子、反革命分子。也旁听贫下中农代表会、社员大会、社教工作组研究工作的学习会等各种会议。还到农民家里去访贫问苦。有几次斗争生产队干部的会，看到群众情绪很激烈，三个干部被群众喝令跪下，有一个干部的老婆也被叫出来跪下。接着，他们又到附近的闵行参观重型机器厂里的一万两千吨水压机。到海通有色合金厂，旁听斗争"不法资本家"董某大会。巴金看到了一个"和平演变"的典型，为之触目惊心。他们还听过一个情况介绍，是关于花园村饭店和杨家渡医院"五反"的情况,被认为是"活生生的阶级斗争"。他们还旁听了公私合营震旦汽火机厂职工大会斗争"不法资本家"薛某,旁听斗争上海手表厂"不法资本家"朱某等。

参加了这些活动以后,巴金觉得"学到很多知识",认识到"资本家的本质是不会改变的"。

1965年3月,巴金再次到奉贤萧塘公社住了两个星期,同行的有金仲华、赵超构等。到了那里,还遇到魏金枝、师陀、赵家璧,以及民主党派、宗教团体负责人等一大批人。他们在那里旁听各种会议,参加摘韭菜、选稻种、敲砖头等轻微劳动。这已是这期社教运动后期,听干部作检查、退赔赃款赃物,评审处理结果,选举新的干部班子等等。但仍还有一些斗争会,有一次,斗争一位女富农,也很激烈,差一点,这个女富农也要挨打罚跪了。5月,巴金和萧珊、金仲华、赵超构等又到奉贤、松江、青浦等县转了三四天,还参观了乍浦海边的清末大炮阵地、一个地主的庄园和佘山大教堂。

那时,整个社会的政治气氛比较紧张。农村、工厂、学校,到处在开展阶级斗争。不仅斗争原来的地主富农资本家,还斗争新揭露出来的"四不清"基层干部。知识界的斗争也正紧锣密鼓,但巴金暂时还在旋涡之外。他积极参加这些活动,接受当时的主流意识形态,努力改造自己,跟上形势。所以在接触一些外国文学作品时,也用革命的批判的眼光去读。他对匈牙利作家、诗人巴基的作品早年非常喜爱,翻译过他的《秋天里的春天》,每次读时心情总是很激动,以至流下热泪。他觉得和平主义者、人道主义者巴基写得很美丽动人,在一个温和悒郁的故事里感受到一种反抗的心情。但是,现在他的感觉不一样了,认为"巴基的生活哲学和人道主义混在一起,再加上他的世界语主义,成了这样一个杂拌儿,实在不高明"。他读美国塞林格的《麦田里的守望者》,认为"写得实在坏。苏联文艺界那样捧它,只能说明修正主义者的堕落"。因为当时苏联有一些有影响的评论家认为,这部小说如实地描绘了现代美国生活,荒凉的精神世界,是一部真正的杰作。巴金也不喜欢卡夫卡,读他的作品似懂非懂。读了《变形记》,"觉得浑身不舒服"。

但是巴金自己的创作却完全处于停滞状态。1962年还写了一些有文采和感情的访日散文。1963年以后，连这样的文章都见不到了。他写的访越文章更像通讯报道，政治性很强，连篇名都很直、很硬，并且重复。如《忆越南》、《越南人》、《永远同越南人民在一起》、《坚决同越南人民站在一起》、《英雄的越南人民必胜》、《三千万越南人民大踏步前进》等等。给越南《文艺报》写的题目则是《革命火炬革命红心》。另外一些奉命应景的文章更属于套话之作。对于自己处于这种状况，他也不是不着急，但是无可奈何。他没有想到，也没有觉悟到，他可以继续1957年杂文、1962年发言中的思想光辉和批判精神，对已经认识到感受到的社会现象作出自己的独特的描写。当然这是不为当时社会所允许的,而且将会带来灾难。但是中外文学史上,是有这样作家的。他们的作品是在身后才有机会公开问世受到重视。他没有这样做。他也就只能过着这样平庸灰色、虚掷时光的生活。

155. 达摩克里斯之剑

毛泽东那时正在运筹帷幄，处心积虑，策划一场大的政治斗争。继1963年12月关于文艺问题的批示以后，于1964年6月又作了第二次批示，称："这些协会和他们所掌握的刊物的大多数（据说有少数几个好的），十五年来，基本上（不是一切人）不执行党的政策……最近几年，竟然跌到了修正主义的边缘……"还有什么比这样的指责更严重，比这样的否定更彻底的呢？

上海市委书记柯庆施紧跟唱和,在华东话剧观摩演出会上说,文艺界"十五年来成绩寥寥，不知干了些什么……所有这些，深刻地反映了我们戏剧界、文艺界存在着两条道路、两种方向的斗争"。①

那个时期，新创作的文艺作品几乎都是写阶级斗争的。前些时候出现的大批的作品如《李慧娘》、《早春二月》、《北国江南》等正受批判。其中的作者如夏衍、阳翰笙等都是巴金的老朋友，也是他历来很尊重的党员领导同志。

---

① 《戏剧报》1964年8月。

他们都是资深的老革命，卓有成就的老作家，如今一下子被点名批判，随着又撤了职，这使巴金深感困惑紧张。

1964年底，巴金到北京参加全国人大三届一次会议，在会场上碰到夏衍。那时报纸上正连篇累牍发表批判夏衍的文章。前几天，老朋友何其芳和沙汀访他，得知何刚发表了批判夏衍的长达一万五千字的大文《小说〈二月〉和电影〈早春二月〉的评价问题》。这些年来，对于政治上遭难的朋友，巴金从心底里同情他们，从不歧视他们，更不躲避他们；不像有些人那样，一有风吹草动，就会划清界限，唯恐避之不及。巴金当年对萧乾，后来见到冯雪峰，在公共场合，他都不避嫌疑，握手问候。尽管已不可能像以往那样再作长谈。现在见到夏衍，他仍称他"夏公"。但是对于夏衍这样熟悉的老朋友、老领导，说任何安慰话、鼓励话、批评话，都会是多余的。所以，他们也只能默默地握手表示友情如昔。这就是那个时代政治压力下的人际关系。

也在这个会场上，巴金还见到邵荃麟。他已受了批判，被撤了职。他还是那样瘦骨伶仃，好像更病弱了，也更加神态严谨，寡言少语。巴金对他一直尊重而心存感激。前几年巴金遭到围攻，处境困难时，邵荃麟多次安慰他，设法为他解围。现在巴金只能祝他早日渡过难关，摆脱困境，慢慢地好起来。其实他心里何尝不明白，这只是一种虚妄的自我安慰的话而已。

在这次会上，他还看到老朋友赵丹在小组会也受到批判。因为他主演的影片《在烈火中永生》已被点名为"毒草"，影片拍摄完成以后就被封杀，不准公开上映。

这时的文化部、中国文联和许多领导纷纷成为被批判的对象。许多受观众欢迎的影片、戏剧作品，包括巴金的老友柯灵编剧的影片《不夜城》、吴强小说改编的影片《红日》等等，都被指控为"毒草"。文艺界人心惶惶，似乎头上有一把达摩克里斯之剑，随时可能落到自己的身上。巴金自从1962年在上海文代会发言闯了祸以后，一直心有余悸，如今更是感到要"大祸临头了"。

这次全国人大会从1964年底开到1965年初，1月3日，选出了国家主席刘少奇等。晚上，巴金在饭店的住室里，和金仲华、赵超构一起喝了一点酒，庆祝新的国家领导人的产生。前两天，1月1日中午，刘白羽代表中国作协在四川饭店宴请一部分文艺界的人大代表。周扬、林默涵也来了。周扬仍然那样侃侃而谈。他们正在领导文艺整风，主持这些文艺批判。被批判的都是他们领导的作家艺术家，在他们领导下产生的作品，而他们却仍然处于领导者批判者的地位。不知他们的内心作何感想。但从表面看，巴金觉得周扬依然谈得头头是道，好像没事似的。

  巴金回到上海，迎接他的当然仍是萧珊的笑脸和亲切的说话声，只有家才是最可安慰的，最亲善的。但是，上海也不平静。越来越多的政治学习会，在作协、在政协；越来越多的因为国际事件而上街游行示威；越来越多的报纸文件要看要学习，像关于"四清"、《二十三条》，不知反复读了多少遍；越来越多的会议活动，使他从早忙到晚。这里信手拈来一天日记为例，1965年4月30日载：上午"出席作协书记处会议。会议刚刚开始，我便坐车去中苏友谊馆旧址，出席了《美国侵略者从越南滚出去》图片展览会开幕式，十点半后又同周熙良一块儿回到作协，继续参加书记处会议"。中午，他和萧珊接待老朋友沈从文夫人张兆和、萧珊大学同学汪曾祺，在一起吃午饭。"两点后

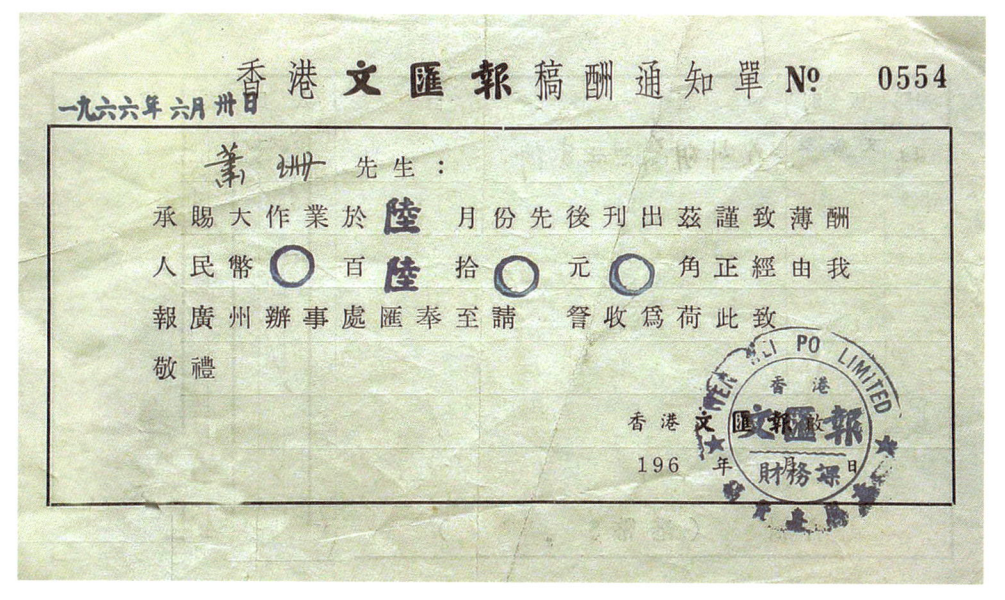

香港《文汇报》给巴金的稿费单

动身去市政协参加学习，仍讨论越南形势，五点休会。在马路上逛了好一阵，又到上海咖啡馆喝咖啡。坐到六点半，才动身去友谊大厅，出席市总工会等九团体举行的庆祝'五一'国际劳动节招待会……我代表市文联做主人。招待会结束，同叶以群坐作协车回家，不过九点多。"这一天参加了四个活动，还不算私人的交往，往返穿梭，连晚饭都没有吃上。这就是巴金那时的日常生活，几乎大多数时间就是这样度过的。

那时的"革命化"还表现在许多方面：人民文学出版社通知今后取消印数稿酬，声称这是限制资产阶级法权的革命化措施。巴金是靠稿费为生的，这将明显影响他的收入，也是对作家劳动的不尊重，甚至是一种变相的"剥削"。但巴金只能复信表示同意。家里的萧珊、小林都下厂下乡参加劳动和政治运动。上海作协、市委统战部不断派人来听他谈对国内外大事的看法，这既是一种政治表态，也是一种政治承诺。日常观看的文艺节目演出也都是阶级斗争内容。写稿也都是奉命写的政治任务，耳提面命越来越直截了当。《文艺报》约他写一篇关于越南的文章，打来长途电话交代"写稿要求"。于是他就当晚动手，翻看参考报刊上有关越南的资料。然后到第二天，竟也写成了洋洋洒洒四千字的文章《三千万越南人民大踏步前进》。如此写作，与他当时的精神状态是一致的：改造自己，俯首听命。

即使这样，仍然有一件意想不到的事情落到他的头上。1965年6月，上海作协负责人叶以群奉市委宣传部之命，要他写一篇批判影片《不夜城》的文章。对于巴金来说，比批判他自己还要难受。《不夜城》的编剧是柯灵。巴金和柯灵是几十年的老朋友，平日相知也深。他们两家住得近，常来常往。柯灵的夫人陈国容是位中学校长，巴金的女儿小林就在她的学校里读过书。如今要巴金来批判自己的老朋友，不正是要陷巴金于不义之境吗？这样的事情在批判胡风、批判丁玲，特别是批判冯雪峰时已经发生过。那是在群起围攻他们的时候，自己被迫滥竽充数，混迹其中。尽管性质一样，但毕竟还不是那么显眼。如今虽然也是全国性的大批判，但要他出头当这样的角色，实在是无法接受的。

对《不夜城》的批判，早在半年前就已听说了。而且他还知道这个电影剧本并不是柯灵个人独立创作的，而是中央宣传部、统战部交下来的任务，统战部部长李维汉等还亲自一起研究过。所以这是一个地道的"遵命文学"，内容是歌颂共产党改造资本主义工商业的胜利。创作过程和完成以后，都是在共产党的领导下，经过有关机关许多次反反复复层层审查通过的，无论从哪个方面来讲，编剧柯灵都是没有责任的，更不应该批判到他头上来。巴金最初得知要批判这个剧本时，还曾安慰过柯灵。现在却要他去批判柯灵，这是万万不能的事。他向叶以群极力推辞。

然而，叶以群也是巴金在上海作协共事多年的老朋友，是作协党组的负责人，是个认真、严谨、善良的人。当时大批判之风正铺天盖地而来，中宣部副部长林默涵正主持文艺批判，亲自抓影片《林家铺子》、《不夜城》的批判文章写作。上面指示叶以群组织巴金、孔罗荪各写一篇，叶以群无奈，必得设法完成这个任务。于是，他百般劝说巴金，既从当时全国批判形势来说明此事必得完成，又动之以情，说明上面命令不好违拗，否则他无法交差。巴金是个重友情的人，叶以群和柯灵两边都是好朋友，都是正派的知识分子，他不知应该怎么应对此事才好。最后，他在叶以群的劝说下含含糊糊勉勉强强地应承下来。事后想想，甚为不妥，又打电话给叶以群推辞此事，仍不许。唯一可以讲条件的是，在文章中不提柯灵的名字，所谓对事不对人吧！

于是，叶以群送来《不夜城》的电影剧本。后来，市政协内部放映了影片《不夜城》、《林家铺子》，巴金也去看了。他又看了一些有关这两部影片的资料，终于写完了一篇三千字的批判文章《谎话一定要给戳穿》，说这部影片"变成了资产阶级的代言人，替剥削者讲话"。因为他做此事心里一直不安，所以先由萧珊到柯灵家打招呼。次日（6月24日），他和萧珊一起到叶以群家交稿。25日晚上，又偕萧珊去柯灵家解释，说明原委。面对老朋友，他无法细述自己那份复杂狼狈的心情。尽管心里满怀歉疚，却不知从何说起。倒是柯灵很豁达，说：与其让不了解我的人来批评，还不如让了解我的人来进行帮助。过了几天，28日晚，也就是巴金将再去越南的前夕，柯灵夫妇又来探访巴金，大家畅快地谈到九点。

两位老朋友在为政治斗争所播弄的恶作剧中竟然友谊依旧。因为他们都是善良的知识分子，深知在这样的恶劣的政治环境中，都是身不由己的。但是更多的知识分子，却在类似情况下为此反目成仇，形成很畸形的人际关系，像巴金、柯灵这样实在是不多见的。

156. 再访越南

就在巴金正为批判《不夜城》而伤脑筋的时候，6月22日接到中国作协党组书记刘白羽的电话，要他去越南访问两个月。巴金当即答应，24日交出批判《不夜城》稿，29日飞抵北京。这次是与另一位部队作家魏巍同行。他们两人都在朝鲜战场生活采访过，并写出颇有影响的作品，现在又联袂赶赴越南前线。对于巴金来说，在中国非部队作家中，先后到过朝鲜、越南两个战场，而且都是两次，前后时间之长（在朝鲜一年多，在越南近五个月左右），次数之多，恐怕他是唯一的一位，是当时许多满嘴革命大话的党员作家未能做到的。而他却很虔诚地实实在在地在实践着毛泽东的文艺路线，一心想改造思想。

巴金在北京住了十天，除了照例走访了老朋友沈从文、顾均正、老舍等，主要是和魏巍听取外交部、对外文委介绍情况，还去拜访了越南大使和越南南方民族解放阵线代表团团长。周扬也来看望他们。出发时，有关中越领导机关都派人来送行。这都说明此行受到重视，比以前两次去朝鲜和去越南都要隆重些。

当时越南战争正成为国际时事的热点。巴金在1963年去越南时，南方是解放军与吴庭艳政府军作战。美国只是派了军事顾问团。现在再去越南时，美国对越南北方进行大规模轰炸已持续四个月了。从这以后，整整轰炸了三年。美国官方承认，"投到越南土地上的炸弹将超过第二次世界大战中投到整个欧洲的炸弹"。[①]另外，美国已决定派遣大量地面部队直接入侵南越。到年底，

[①] 麦克纳马拉：《回顾——越战的悲剧与教训》第186页，作家出版社1996年版。

美军人数多达近二十万。因此越南战争正如火如荼展开,形势也越益残酷严峻。

7月9日,巴金和魏巍到达河内,停留了十天,会见了越南官方和文学界人士,参观游览,并听取战斗英雄介绍战斗事迹。7月20日,胡志明主席专门接见了他们,这是上次访越时没有的内容。胡志明穿咖啡色短衫、长裤,赤脚穿一双抗战鞋,谈话亲切,有时用汉语,有时用越语,从女沙皇叶卡捷琳娜谈到南方解放军副司令阮氏定,谈到越南的战斗和生产双丰收,谈到作家深入生活和中越友谊,谈到巴金上次访越后写的几篇散文。

巴金和魏巍从7月21日起南行直到8月底,到过清化、义安、广平三个省和永灵特区,沿途不断遇到空袭警报,遇到敌机俯冲投弹轰炸,看到越南军民击落敌机的壮观。有时敌机就在他们头上飞过,机身看得清清楚楚;有时敌机的照明弹犹如路灯,一路照着他们前进的路。炸弹声伴随着他们,不绝于耳,有时就在不远处爆炸,体验到了死亡的威胁。有时借着朦胧的月色潜行。他们深入高射炮阵地、农家,访问战士、农民。沿途听到军民与来袭的敌机英勇战斗的故事和辉煌战绩。这时击落敌机数已突破四百架。在经过荣市时,还看到他们击落的第三百架敌机的残骸。巴金拾了一块残片留作纪念。

他们一路跋山涉水,甚是辛苦劳顿。因为昼伏夜行,有时是在吃了晚饭后出发,有时是在凌晨就被唤醒起程,有时露宿荒野僻乡,随时就要转移。又因为许多桥梁被炸毁,遇到小河只好蹚水过去,弄得衣裤湿透,上岸就走,走了两个小时竟也风干了。有时坐小船过河,两岸丛林,景色优美,偶然碰到敌机未来骚扰,一时竟觉得夜晚是如此安静,凉风习习,使他忽发奇想,觉得自己像在泛舟赏月,似乎在杭州游西湖。

又有一晚天黑如墨,出发时正下大雨,走到岸边坐船渡河,头上还有敌机盘旋。上岸后在黑暗中摸索,跌跌撞撞,幸好有陪同的越南青年扶持,走到半夜,就在路边荒屋休息。巴金穿着淋湿了的衣裤,盖着湿淋淋的塑料雨衣,加上另一件越南同志的雨衣,魏巍又让给他一块塑料布,就这样迷迷糊糊做着怪梦睡了一会儿。越南的炎夏,常常酷热难忍,但到雨夜,气温骤降,竟是凉气袭人,住在四壁透风的荒屋里,即使和衣而卧也禁不住被寒意扰醒。鸡鸣狗吠声不停,同行的魏巍却高卧酣睡,鼾声如雷,使他不胜羡慕。

有时夜行数十里路,到一林中空地,挂好蚊帐搭好铺,正准备躺下,忽又要转移继续前进。有时冒雨行进在山路,在越南同志的照顾下才幸免跌跤。山中茂密的树林往往是他们安全的栖息地,睡在用树枝和竹片支起来的小床,外侧就是陡斜的山坡,坡上杂树丛生,古藤遍地,密密匝匝的林中难得有点空隙,露出一点蓝天。他就在这样绿荫下的鸟鸣声中坐在小床上记日记。一时竟然兴致勃勃,以为到了世外桃源,小鸟天堂。

越南同志热情接待照顾他们,而且时时记住中国人的节日。途经第四军区,司令接待他们,为中国同志设晚宴庆祝八一建军节,是在新搭好的茅棚里举行的。后来在庆祝中国国庆时,越南同志和他们在森林的高脚竹楼里一起度过。

巴金在十七度分界线附近活动后,回到河内休整十天。然后又与刚来越南的上海作家杜宣、菌子一起到奠边府、海防市、广平省访问。杜宣曾记述道:"我们的活动不是在森林就是在山岩下……在泥泞小道上一步一滑地走着。他(巴金)老是滑倒,所以每到休息的地方,总像泥人儿一样。但他从来不叫苦,也没有一句怨言。"这年他已是花甲之年六十二岁的老人了,却坚持参与这样危险的艰苦的"行军"生活,在战火纷飞的越南战场整整度过了一百一十天。一直到10月底才结束访越活动回到北京。

在越南的日子里,给予巴金难忘印象的是军民们的顽强斗志和充满胜利自信的英雄气概。他们在贫困落后的物质条件下,敢和世界上最强大先进的美军抗战。特别是那些年轻的女孩子在那样严酷的环境里,也拿起枪抵抗敌人。她们锻炼得十分坚强勇敢,像花一样开遍在越南土地上,使巴金赞叹不已。他回国后写的一些新的访越散文中,有许多篇都是记叙描写这些女民兵的英勇事迹的,不仅在一篇题名为《越南青年女民兵》中详细描写了陈氏理的战斗故事,还在《炸不断的桥》、《一块头巾》里记叙了阮氏芳、阮氏常、吴氏选、胡氏当、黎氏蓉、韦氏金线、韦氏贤等等一系列英雄形象。其中广平省女民兵陈氏理与巴金见面、谈话、接受采访的次数较多。巴金还到陈氏理的家中访问过。后来,陈氏理因公路过河内,又有机会与巴金见面谈天。因此对她印象更深刻,了解更多。这些女民兵都和陈氏理一样年轻,只有十七八岁或稍大些。陈氏理只是一个普通农家姑娘,有一张被太阳晒黑了的孩儿脸,披着又长又密的黑发，身材苗条，一身简单整洁的深色衣衫，脸上漾着诚恳天真的微笑。然而，就是这样一些花季少女，如今挎着枪，背着子弹袋，时刻迎击着敌机；有时扛着比自己体重还要重一倍的武器在田野奔走，有时拿着铁锹修桥补路，有时弯腰在农田劳动，夜间守在防空灯旁或到海边巡逻，抓特务，捉"飞贼"……陈氏理是编草席合作社的社员，除了劳动，她还常常冒着敌机袭击的危险，划船渡过日丽河，送弹药饭菜到阵地，晚上还帮着修理高射炮阵地。敌机来袭时，她和战士一起向敌人扫射。

巴金在旅途中认识了许许多多这样的女孩子，也得到过她们的帮助、护送。他和她们谈话时，女孩子们总是愉快、充满自信、稚气未脱的样子。直到后来写作时，她们仍然使他激荡着豪情和敬意。

在越南战场的生活是冒着生命危险的，也吃了不少苦，但是巴金的心情是愉快的、单纯的、充满着战斗激情的。在这里，他已经完全忘记了上海天天会遇到的那些可怕的批判和极端的呼喊，以及那些没完没了的应酬会议活动。10月底，巴金回到北京，萧珊已在那里等候迎接。回到上海，他又连续向作协、市政协、市委统战部、宣传部、外办的领导，以及大大小小的会议汇报访越情况，还有频繁的外事活动。但他还是尽量挤时间写访越散文，写写停停，停停写写，直到1966年4月终于写完，共十篇，陆续寄送给北京中国作协外委会审定后，把它结集为《炸不断的桥》，交给人民文学出版社上海分社（即今上海文艺出版社），一心希望能够出版。那时北京市委、中宣部的领导开始先后倒台，报纸上天天都是揪人的大批判，稿子当然也是泥牛入海无消息，紧接着"文革"就发生了。这是后话。眼前他还是那么努力工作，但仍然不能不感受到愈益严峻肃杀的政治空气正在向着自己逼近。

第六编

炼狱的梦

(1966—1976)

第十七章

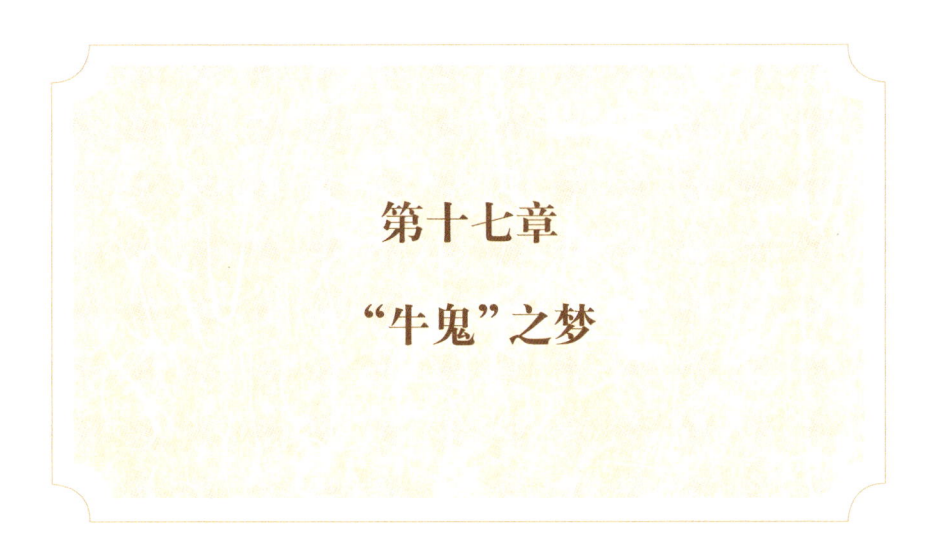

"牛鬼"之梦

157. "烧掉我的全部作品!"

1965年11月10日,巴金回到上海第五天,《文汇报》登载了姚文元的《评新编历史剧〈海瑞罢官〉》,直截了当指责这"是一株毒草"[1]。11月30日,《人民日报》转载此文并加按语,引起了文艺界议论纷纷。巴金忙于写访越文章,却没有注意此事。直到12月,上海作协召开座谈会讨论此文,尤其是12月30日晚上,巴金读到当天报纸发表方求的文章《〈海瑞罢官〉代表一种什么社会思潮》和吴晗的自我批评,才使他感到震惊。方求在文章中指控《海瑞罢官》代表一种反马克思主义、反社会主义思潮。《海瑞罢官》的作者是历史学家、北京市副市长吴晗。十多年来,人们熟悉的置人于死地的最厉害的政治罪名又出现了。过去有多少作家作品就是在这些罪名下惨遭灭顶之祸的。

巴金和别的知识分子一样,这时不由得感到毛骨悚然。显然,一场新的

---

[1] 《文汇报》1965年11月10日。

政治恶浪已经来临。

对姚文元这个文化打手，巴金是很了解的，读到这样的文章，从心底产生一种厌恶。12月11日，上海作协举行《评〈海瑞罢官〉》座谈会。巴金为了应付会议，在前一晚找来一些有关资料翻看，没有想到这个座谈会从此不可收拾，变成每周一次，连续不断直到后来"文革"发生。巴金不仅要去参加，作协还派人来商量这个会如何开下去。这种政治性活动都是作协党组根据宣传部的指示来做的，巴金是党外作家，本无置喙的余地，现在与他商量，因他是作协主席，既是装个样子，又要他来出面主持。这对巴金来说实在是够烦的了，一个姚文元的文章值得这么搞吗？

但是形势越来越古怪，作协开座谈会，政协也开了起来，巴金还得两头参加。所以他也开始重视认真了。有时，还专门跑到邮局去买北京出的报纸看。政协、作协仍然不断来人收集他对会议和文章的反映。他当然不可能对他们敞开心扉说实话。他在私下和朋友谈起时，憋不住还是说了真话。他对老朋友、作家夏景凡就很生气地说过："姚文元批判《海瑞罢官》的文章是无理取闹，是硬塞给吴晗的莫须有的罪名。"

批判吴晗成了全国的政治大事。当人们还没有弄清楚怎么一回事时，报上又公开点名批判了北京市委文教书记邓拓、宣传部长廖沫沙，连同吴晗被称为"三家村"反党集团。这个帽子又是由姚文元文章中最先"宣布"的。那已是1966年5月10日晚上，巴金听到电台全文广播姚文元的《评"三家村"》，使他感到姚文元几乎成了政治权势的发言人了，他的文章被当成中央文件一样看待了。打手的擢升和得势，意味着恶势力的抬头和嚣张，正常生活秩序将被破坏和善良人们将遭殃。巴金听着听着，又想到姚文元在最近的座谈会上眉飞色舞、不怀好意地鼓动人们"畅所欲言"的样子，真有些不寒而栗。第二天，上海作协就来人听反映，谈了将近一个小时。他不可能说出心里话，但也不愿曲意附和，只好七弯八绕，含含糊糊应付。这时的巴金痛苦极了，无异是一种精神上的虐杀，连逃遁的机会都没有。

当他送走上海作协来人以后，匆匆忙忙吃了一碗面，就坐车去机场为巴基斯坦作家代表团送行。到了机场等候好久才得知今夜有雾，航班取消了，只得扫兴回家。这种白白耗费心力和时间已是常事。譬如，越南歌舞艺术团访沪，上海对外友协通知，要他写一篇欢迎的文章。他又去欢迎，又参加招待活动，又赶着写文章。正写时，《文汇报》来电话，要他在当天下午交稿。但他下午要去接待外宾，乃商请推迟交稿，不许。只好匆匆吃一碗面，也不休息，赶着在下午两点多写完，随即去赴会。晚上，在观看越南艺术团演出时，《文汇报》已排出校样给他，请他再加两段关于演出和节目的观感；还希望他改个题目。于是看完演出回家又继续改稿直到凌晨两点，等《文汇报》派人来取走稿子，上床睡觉已是两点半。刚躺下不久，《文汇报》又来电话问通信员取走稿子没有。谁能想到大作家竟是如此任人使唤！

巴金在这时唯一的出路只能随波逐流，求救于毛泽东。他读《毛选》，读著名的"老三篇"，读毛泽东《在延安文艺座谈会上的讲话》，他希望从中寻找指点迷津的启示。他也想从中对照目前所发生的一切以便正确理解对待。他努力用报刊的批判文章来规范自己的思维方式。譬如，上海著名京剧演员周信芳曾上演过《海瑞上疏》，现在凡与海瑞有关联的，一律视作反党，加以批判。巴金读了批判文章，"才感觉到周信芳、陶雄等人问题的严重"。就这点说，巴金不由暗暗庆幸自己在1962年初视察海南岛时曾去谒见过海瑞墓，但没有写过什么文章，讲过什么话，总算不致招惹灾祸。电影《兵临城下》，巴金以前看过觉得还不错，如今看到批判文章，再看电影，"这次才看出了影片的错误"。巴金真心想紧跟伟大领袖

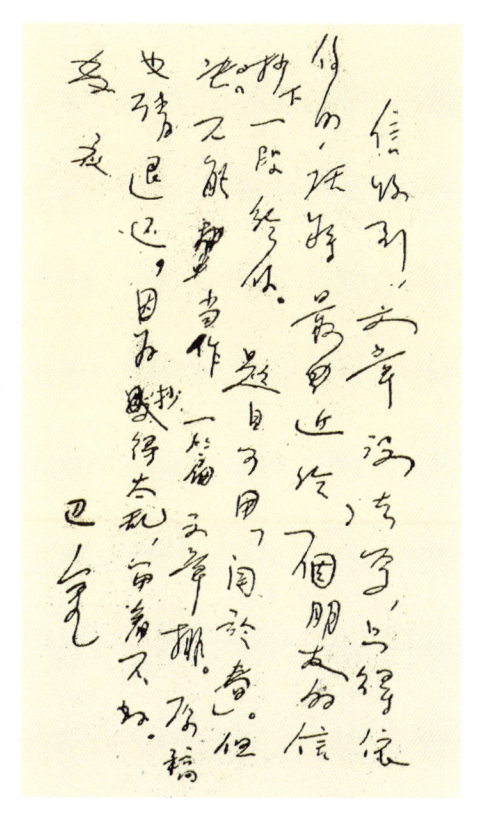

《关于〈春〉》的一封信

毛泽东，努力改造自己。对知识分子改造已经十多年了，那时流行两句话是"洗心革面，脱胎换骨"。但实际上又岂止如此，到了"文革"，连"抽筋剥皮，剔脑剖心"还不能罢休呢！

这位从年轻时就坚持不懈地反对一切威权、迷信的战士，这时已被改造成了求神拜佛的虔诚信徒。过去以法国革命家丹东的话"大胆，大胆，永远大胆"，作为人生格言、不安于现状、为真理而斗争的勇士，已被残酷的政治斗争改造成为战战兢兢、如履薄冰的"精神奴隶"。就像《家》中有叛逆精神的觉慧被改造成了逆来顺受、到处打躬作揖的觉新。这是伟大的思想改造运动的"成绩"。

1966年4月14日，郭沫若在全国人大常委会扩大会上检讨说："几十年来，一直拿着笔杆子在写作，也翻译了一些东西……但是，拿今天的标准来讲，我以前所写的东西，严格地说，应该全部把它们烧掉，没有一点价值。"他还说，自己作为全国文联主席，"对文艺界的一些歪风邪气，我不能说没有责任。"[①]郭沫若的发言是经过毛泽东亲笔批示给《人民日报》发表的。不仅全国，连国外舆论都为之震惊。

郭沫若一直受到毛泽东的重视和信任，也有很好的私交。郭沫若对毛泽东也很忠诚和崇拜。前几年两人唱和的诗广为流传。现在当今文坛第一号人物郭沫若都检讨了，都对自己的著作全部否定了，那么郭沫若以下的人还能幸免吗？他们的作品还能存在吗？郭沫若的自我否定，无异是对整个现代文学的全盘否定。所以文化界又一次议论纷纷。

巴金是在报上看到关于郭沫若发言的报道的，他的心里很沉重。他为郭老，也为自己的处境担忧。他联想到自己在1949年前写的作品，这十几年来不断受到批评和指责。尽管他也作过检讨和解释，现在看来已是远远不够的了，似乎也得跟着郭沫若的著作一起付之一炬了。他还想到1956年至1957年间自己的言论和杂文，尤其是1962年在上海文代会的发言，这次看来也是逃不掉了。从批判《海瑞罢官》以来，批判的声势越来越大，受批判

---

① 《人民日报》1966年4月15日。

丹晨同志：

好久不见，念甚！来信收到。你们要选译我的访越散文，征求我的意见，很感谢你们的好意。我写的访越文章不多，除了陆续出版的小书《贤良桥畔》和后到的"下放"以外，还有三篇：一是在《人民日报》发表的《越南青年女民兵》，二是《炸不断的桥》游记三月底出版的《我以上程表》三是《又重访十七度线》，昨天给作协外委会寄去，作协不妨同他们联系，把那篇文章借来看看，倘使认为可用，由《收获》发表也好。已另寄一些你所到的刊物需要删改或节译，也可以不用。

敬礼！

巴金 二月四日
收获社

的人越来越多，他已看出这个网相当大，自己也在里面。他只能抱着听天由命的态度，反正孙悟空翻不出如来佛的手心。

但是，另外一面，他又不免存着一种侥幸心理，幻想总不至于真的一网打尽，把所有人都打翻在地，那么还得设法从网里逃出去。他继续紧张地写访越的文章，写得竭力符合主流意识形态的要求，所谓"战斗性"特别强，满纸政治口号，并编成集子，让在出版社工作的兄弟李济生转交给出版社争取早日出版，正好以示自己的"革命"。但却石沉大海，根本不可能再出版了。那些日子，正是他惶惶不安的时候。他后悔自己今生不该当作家，不该写那么多的作品，如今弄得不好还会连累妻儿。老朋友、诗人王辛笛诚恳地好心提醒他，要争取主动表态，郭沫若是全国文联主席，你是上海文联主席，他都检讨了，你也要检讨啊！这大概也正符合巴金那时的心态。

于是，在一次学习会上，他检查了1962年上海文代会发言的"错误"，说他"写的全是毒草"，"我愿意烧掉我的全部作品"①。这时，他忽然觉得自己很轻松。他战战兢兢过日子不就背着这个包袱吗？如今完全否定了，一了百了，什么也没有了，他竟没有什么痛苦的感觉。一个人对自己毕生心血努力铸成的成果没有不珍惜的，一旦被逼迫用自己的双手来否定自己，甚至把它污辱成有毒有害的邪恶的坏书，这无异是一种被迫的"精神自杀"。文学死亡了，精神死亡了，他幻想这将是一种解脱，也许因此可以"过关"得救了，可以重新做人了。他哪里想到，暴虐的恶势力正一步一步逼近，更可怕的劫难还在后面呢。

巴金这种表态的心理很像他在《秋》中写的觉新，当高公馆那些险恶的长辈逼迫欺侮他到走投无路时，最终在精神上感情上出现了全面崩溃，他歇斯底里地喃喃地哀求说："我该死，我该死，请你杀死我，请你们都来杀死我……"②

当初，巴金是怀着哀其不幸、怒其不争的心情描写觉新的。他哪里想到许多年后，他自己变成了觉新。这是一个怎样沉重的悲剧啊！

---

① 《随想录》第355、440页。
② 《秋》第358页，人民文学出版社1962年版。

158. 亚非作家紧急会议

1966年5月28日，巴金参加上海作协的学习会。会上，翻译家罗稷南和批判他的人发生争执，愤而中途退场，因此气氛显得特别紧张。当晚，巴金接到通知，要他立即去北京参加亚非作家紧急会议。

尽管巴金参加类似国际会议已有很多次，但这次却与往日有所不同，这意味着在目前形势下上面对他还是信任的，并不想打倒他。何况，去参加亚非作家会议总强似天天坐在这里看着人们斗来斗去、没完没了地谈对批判文章的心得和体会。将来到底如何暂且不去管它，能摆脱眼前这样难熬的折磨人的学习就比什么都强。

那时萧珊正在沪东铜厂劳动，为此专门调换了厂礼拜休息日，在家帮巴金收拾衣物行装。他们怀着复杂侥幸的心情看待这次旅行。6月2日，萧珊送巴金到虹桥机场上了飞机。到北京时，中国作协书记严文井到机场接他到招待所时，悄悄地告诉他说："冰心这次没有参加。人们对我们让她担任书记处书记，让她经常出国有意见，说我们太右了。"又说："我们代表团的名单已经改变了好几次。"严文井离去时又低声叮嘱巴金："你不要随便出去找朋友，哪些人有问题还弄不清楚。"这些话说明北京的气氛更为紧张严酷。巴金听了大吃一惊。他稍稍注意了一下周围情况，果然如此。中国作协已有大量大字报，中国作协的头头们的神情都显得与往日不同。他到北京的第二天，就听到以彭真为首的北京市委被改组的消息，使他十分震动。

巴金给萧珊写信又不便说自己的真实心情，但还是曲折地说："北京市'文化大革命'进入高潮，真是热火朝天。"不久，他就迁入到京西宾馆住了一个多月，除听报告，参加宴会、晚会，此外什么地方都没有去，什么人都没有找。这是他十多年来到北京开会从来没有过的。他的住室左右住的是曹禺等朋友，大家在一起也还能聊聊天，或在宾馆外的小路上散步，但说话都很小心谨慎。有了空闲时间，他就看文件、看材料、读《毛选》。

这时,"文化大革命"的"烈火"也已烧到巴金的家里。萧珊是不领薪酬的义务编辑,现在也和任职的干部一样下厂劳动。厂里忙着贴大字报,开声讨会,几乎每天都有高潮,连劳动时间都占用了。萧珊觉得自己"老是在激动中(度)过去"。女儿李小林所在的戏剧学院,像所有的大学一样成为"文革"最活跃最狂热的地方。周末,小林回来很晚,谈的也都是学校里的事。十六岁的儿子李小棠要母亲写信给父亲时提出"警告","叫你站稳立场"。这使萧珊十分吃惊而感到意外。萧珊有时也抽空到作协看大字报,看见大量的是针对作家王西彦、叶以群,其次是对孔罗荪、魏金枝,也有大量涉及巴金、萧珊的。老朋友、出版家赵家璧已成了重点对象。萧珊在信中告诉这些消息的同时,无奈地安慰巴金说:"我们身上难免不带有旧世界的种种痕迹,但是我们一定能在斗争中逐步改造我们的世界观,让我们互相促进吧!"①

这次亚非作家紧急会议完全是一个政治性的会议。苏联在开罗搞了一个亚非作家会议,中国指责这是一种分裂活动,于是在北京另搞一个亚非作家紧急会议。双方对峙,也就使争取亚非作家成为会议的中心任务。那些作家,反正所有费用都由东道主提供,权当作免费旅行又何乐不为。6月6日,巴金迁入会议驻地京西宾馆,做准备工作十分紧张,整整三个星期。他听了国务院陈毅副总理、外办廖承志副主任以及其他许多人的报告,参与讨论会议方针,听取介绍苏联召开开罗会议的情况。其中仅对团长郭沫若的发言稿,前前后后就讨论修改了近十次。巴金和许广平、刘白羽担任副团长。

会议正式开幕前一个星期,外国代表就开始陆陆续续到达,巴金和别的同志一样,一天要跑好几次飞机场去迎接,陪同吃饭,安排住宿,会见谈话。这些代表中,颇有一些是刚参加了苏方搞的开罗会议后直接来到北京,自然会讲到那里会议的情况。中方就要向代表们宣传本次会议的方针,有的代表主动表示反对修正主义,中方就会很高兴。有时与代表谈完话还要写简报给上面……就这样,白天黑夜忙得不亦乐乎。

那时,到机场、车站接代表,常常要起早赶黑。有一次,吃了晚饭到机

---

① 《家书》第589页,浙江文艺出版社1994年版。

1966年，巴金夫妇在上海火车站为日本作家中岛健藏夫妇送行。左起：杜宣、孔罗荪、巴金、中岛健藏、萧珊、中岛夫人、张瑞芳、秦怡、林林

场接了两批客人，回到宾馆已是子夜两点。又有一次，刘白羽要他以个人名义就苏联的分裂活动发表谈话，"配合战斗"。他久等新华社记者不来，只好先写了书面发言，到子夜零点，记者才来取走。等他刚刚躺下入睡，电话铃声又把他惊醒，他还以为又要到车站接人，哪知是那个记者来电话问文稿上有一个字是否有错。如此折腾，正迷迷糊糊时，又听到铃声，已是五点，赶紧起身下楼坐车去车站接外宾。

在这些外国代表中，有好几位日本人是他熟悉的老朋友，如中岛健藏、白石凡、松岗洋子、依田义贤等。中岛健藏和京子夫人在机场见到巴金特别高兴。到了宾馆再叙谈时，京子夫人动情地说："看见你，我们放心了！"巴金当然懂得这句话的深意，因为那时中国作家的命运都已危如累卵，随时都可能从公众眼中消失。他们已经听说郭沫若要烧掉自己全部著作的消息，担心老朋友巴金也凶多吉少，没有想到他还安然无恙，参加活动，因此真诚地为

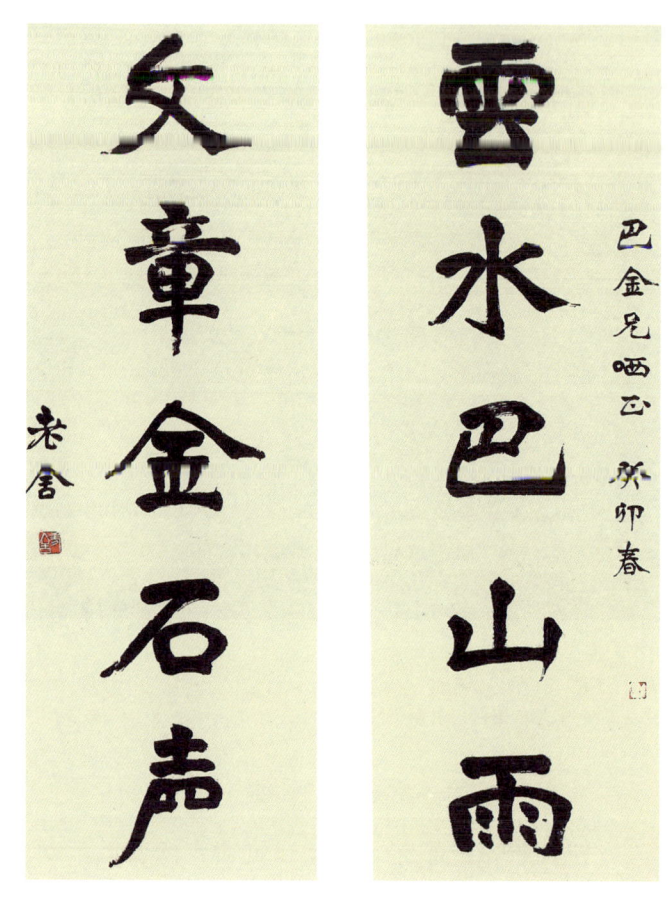

老舍书赠巴金

（书法对联：云水巴山雨　文章金石声　巴金兄哂正　癸卯春　老舍）

他高兴。巴金也十分激动，深深感受到了中岛夫妇的友情。

会议开到7月9日闭幕。次日，巴金到人民大会堂参加首都万人声讨美帝扩大侵越战争罪行大会，在休息室见到老舍、顾均正，感到意外的欣幸，一起聊了一会儿。巴金到北京一个多月，竟没有听到有人提到老舍，很是担心，怕他也出了什么事，又不敢随便打听。现在看见他来参加会议，真是说不出的高兴。老舍对他说："请告诉朋友们，我没有问题，我很好，我刚才还看到总理和陈副总理。"这时，中岛健藏也过来了，看见老舍，眼睛都发亮了，意外的喜悦溢于言表。他们坐在主席台上，还很注意坐在前排的周恩来和陈毅在交谈说笑。散会时，巴金又专门找到顾均正握手告别。顾均正告诉他迁了新居的情况，邀他去玩。他只好说等下次来北京一定去。无论是对老舍，还是对顾均正，恍惚间都显得有点沉重，因为他们不知什么时候还可能再见，但怎么也想不到这竟是最后一面。

当天下午，巴金就奉命陪同外宾进行参观活动。说是突出政治其实是扰民。巴金与严文井陪了九十七位外宾去参观号称"当代活愚公"的沙石峪生产大队。先到唐山，当地官员迎接，车站上张灯结彩，敲锣打鼓，载歌载舞，十分热烈。那些外宾都是普通作家，何曾受用过这等当作国宾的盛大场面。次日，一百多人坐了十四辆大轿车，在雨中浩浩荡荡开往沙石峪，先听大队支书介绍情况。中午十二点，大家踏着泥水上山参观利用原来的大石坑挖成的大蓄水池，并看村景。然后吃午饭回唐山车站。站台内外，又是一片锣鼓声，除了歌舞，还有耍狮子、翻筋斗的，比昨天还要热烈。

7月15日，巴金和郭沫若、许广平、刘白羽以及一部分外宾坐专机飞往武汉。他们出发时，绕机场一周，向冒着细雨，手挥花束，喊着口号，又跳又唱，清早赶来欢送外宾的两千女青年挥手致意。上午十点十分到武汉，又有大批欢迎的人群，其中又有穿红着绿的两千女青年。然后参观长江大桥，看五千运动员横渡长江；还参观了乒乓球厂、牙刷厂等等。17日，是访武汉的主要目的，也是全程的重点：毛泽东主席接见和合影。巴金看见毛主席笑容满面，精神焕发。

然后，去中南、东北、西北参观的各路外宾先后到杭州会合，当然又是女青年的载歌载舞和热烈欢迎。29日晚，在西湖举行湖上大联欢，只见湖上彩船无数，岸上彩灯辉煌，两处锣鼓声不绝。中外宾客坐着彩船缓缓驶到白堤上岸，又受到歌舞队伍的夹道欢迎。巴金陪同外宾活动，事先事后要与当地接待人员联系，繁忙劳累可知。这次会议和会后活动搞得如此规模，主要是为了与苏联争夺亚非作家。巴金作为副团长，还常常要和外宾谈话，做他们的"思想工作"。

在这两个月里，巴金一边在会上紧张工作，一边心里也不踏实。他被眼前正在疯狂发展的"革命"弄得迷惑不解。当他陪同外国作家到武汉时，出面接待的是当地党政官员。到了杭州，又是如此。一路上竟没有看到一个作家的身影。他总以为浙江省文联主席、老朋友方令孺一定会出来接待的,他无论如何不能想象这样一个单纯善良、与世无争的人也会受到打击。当他听说这里的作家都有问题、都不能出来参加活动时,不免悲愤恐惧交加,他不敢也不想再追问下去。这种怪现象也为外国作家所注意。有一位菲律宾诗人问巴金:为什么在这山清水秀、风景如画的地方看不到一个诗人和作家?巴金吞吞吐吐,无言以对。

这时巴金已经知道,当他到北京后的一个多星期,即6月10日,上海市委就召开万人大会,动员进行"文化大革命"。市委书记兼市长在会上一口气点了上海文化界八个著名知识分子为"反党反社会主义分子"。其中有巴金熟悉的朋友、作家王西彦,京剧演员周信芳,音乐家贺绿汀以及大学教授周谷城、周予同、李平心,电影编导瞿白音,中华书局编辑所长李俊民等等。从武汉到杭州之间,他曾在上海逗留了两三天,他还去作协参加过两次批判叶以群、孔罗荪的大会。这两位都是他熟悉的、在作协共事多年的老朋友。他还听说四川已把沙汀揪出来了。到了杭州,方令孺又被打倒了。他眼睁睁看着自己熟悉的了解的那些善良正直有才华的知识分子,一个一个陷于万劫不复的地狱里。他自己呢?上海作协也已有不少大字报点了他的名字,批判他在1962年文代会上的发言是大毒草。

在浙江的一个晚上,副省长宴请中外客人后,已是十点多了,巴金还不想睡,他一个人慢慢地走到苏堤散步,月光如水,柳浓似雾,夜很静,西湖风韵依旧,却已物是人非。巴金心里乱极了。他想到不久前,在武昌机场送别日本友人中岛健藏夫妇,他不停地向他们挥手致意,心里却沉甸甸地想:这也许是我和他们的最后一面了吧!这时泪水使他的眼睛模糊了。

159. 上海文学界最大的"罪人"

8月初,巴金在上海陆续送走了外国代表。接着又送走了来自北京的代表刘白羽、严文井、李季、曹禺等。在送别时,大家竟有一种不知何时再见的惶惶然的样子，相互关照对方"保重"。内心的沉重似乎都包含在这简单的两个字里面了。就像与中岛健藏送别时一样，有一种茫茫然的不祥的预感。连一向不曾受到过"批判"的曹禺都有这种感觉。巴金看见他们上了飞机，只剩自己一个人，似乎像一个离群的旅人迷失在旷野里，感到特别凄凉孤独，既空虚，又恐惧。他知道自己已经无路可走了。

8月7日，在送走最后一批客人的当晚，巴金接到通知到文化广场听刘少奇、周恩来、邓小平、陈伯达、康生、李雪峰、江青对北大师生的讲话录音。第二天又听关于"文化大革命""十六条"的广播。

也许因为参加一个多月的会议过于劳累辛苦，没有得到休息之故；也许因为乱哄哄的"革命"形势使人深感压抑；再加上天气炎热，连续几天，他老感到晕眩、恶心。本来他是不上班的，现在连身体不适也还要每天去巨鹿路上海作协参加运动，看大字报，开会。作协大楼一层有大厅、东厅、西厅，平时是用来开会讨论文学问题的场所，现在挂满了大字报，主要是揭批、声讨王西彦，以及叶以群、孔罗荪，都是杀气腾腾，像判决书一样。昔日的著名作家、领导都已变成了万恶的"敌人"。也有一些大字报是批判巴金的。

10日下午，上海作协开会批判叶以群。但是，叶以群却没有到会。巴金坐在最后一排，抬头就可以看见一张批判他在文代会发言的大字报。他听见主持会议的人和发言批判的人都在没头没脑地大骂叶以群，说他"自绝于人民，罪该万死"。"对叶以群最后的行为表示极大愤慨"。这话的意思好像叶以群已经不在人世了。可是巴金明明在前几天还看见他坐在这个大厅里听人们批判他，他低着头记别人批他的话。主持人骂得糊里糊涂，下面群众也就糊里糊涂跟着慷慨激昂地举手喊口号："打倒反党反社会主义分子叶以群！"其实他们都曾经是叶以群的熟人、"同志"，他们绝大多数是作家、诗人、编辑，属于"上层"的"文化精英"。有的人还义正词严地、用恶毒的词句辱骂这个缺席的知识分子。巴金也跟着举手喊口号。这时他只希望不要引起别人的注意，不要让人们联想到叶以群与他曾是好朋友。当他走出会场时，女作家茹志鹃走近小声地对他说："以群在自己家里跳楼自杀了。"他听了感到全身发冷，像是被什么东西击倒了似的。

那时上海作协的"文革"运动,由一些工人作家和党员作家主持。巴金被编入小组"学习"。组长是工人作家唐克新和部队转业作家孙峻青。工人作家平日见到巴金总是恭恭敬敬的,现在显得很冷漠的样子,似乎要与他划清界限,这也使巴金感到害怕。有一天,他忽然接到一封不相识的读者的来信,"严正地"指出他的笔名是"四旧",是要不得的,是"崇洋媚外",应当"砸烂"。巴金看得胆战心惊,立刻回信表示同意,说今后决不再用。那真是一个风声鹤唳的恐怖年代,巴金只觉得自己"罪孽深重",你们怎么说都行。反正自己早就已经表态承认,所有的旧作都是坏作品,可以一把火烧掉,还有什么比这更舍不得的呢!

这几天,几位交往较多的朋友仍还有一点联系,副市长金仲华来看望他、安慰他、鼓励他。有一天晚上,金仲华又打电话给他,巴金说:"我可能马上就要'靠边'了,请你不要再来电话了,等我的问题解决,我会立刻打电话给你。"金仲华听了感到有点意外,只是"啊"了一声,不知道再说什么好。上海市政协副主席、统战部长陈同生这一阵正在生病,却还拄着拐杖,满面病容,送来两个陶瓷人形的灯座给他。过了几天,巴金在马路上遇到他。他的儿子扶着他,病得这样却还要起早去接受"审查"、"批判"。他自己处境危难,但还惦记着巴金,嘱咐巴金"要保重啊"!巴金和他一起走完了一条街,上了电车。但却不敢与他并肩走,更不敢与他说话,仿佛四处都有眼睛、耳朵,在监控着他们,唯恐多说一句话会给彼此带来更多的麻烦。巴金无论如何不会想到,这竟是他和金仲华、陈同生最后的交往。不久,这两位,一个著名的国际问题专家、记者、副市长,一个资深的有传奇式身世的老革命老干部,却都死于非命。这样悲惨的事,巴金还是后来才知道的。

这时已有许多大字报批判巴金。也有人在会上责问巴金,要他交代与孔罗荪、叶以群的关系。要他揭发他们怎么反党的。他不知道如何应付。他写了一些说明情况、不着边际的鸡毛蒜皮的事。他确实也只知道这些。他何尝知道他们怎么"反党"的?但造反派对他越来越不满意了。萧珊不是作协的正式工作人员,但也有"揭发批判"她的大字报。从这时起,作家们那支写文学作品的笔,为人们创造精神财富的笔,开始改为写揭发批判、攻击辱骂别人的大字报了，写检讨羞辱自己的思想汇报、交代问题的材料了……一篇又一篇，没完没了，整整写了十年。

形势一天一天在"发展"。两三天前，黄宗英还在小组会上给巴金提意见。两三天后，她却被电影厂的造反派揪回去批判了。

对巴金的"待遇"也在迅速升级，从不上班到上半天班，到上全天班，到勒令接受惩罚性劳动，到关进"牛棚"，前后也就十来天，完成了从人变成"牛鬼蛇神"、从堂堂著名作家变成阶级敌人的全过程。和其他所有受迫害的人一样，没有通过任何法律手续，没有通过任何政法部门，仅仅是那些造反派随心所欲罗织的罪名和上海作协学习组的某些人的旨意，就制造出一个个阶下囚来了。当然，他们也是有根据的。毛泽东的"最高指示"、关于"文化大革命"的决定、《横扫一切牛鬼蛇神》等社论就是他们遵奉的旨意。巴金也就被认定为资产阶级反动权威、革命对象以至所谓"黑老K"、"无产阶级专政的死敌"等等。

巴金蹲的第一个"牛棚"，设在作协的资料室。和他在一起的有作家柯灵、白危。与另一拨设在食堂里的"牛棚"比，他们似乎属于罪行较轻的。他们每天清早到作协，打扫大厅，倒痰盂，洗烟灰缸等等。到了8月31日、9月15日，毛泽东和林彪两次接见数十万来京的"革命师生"。林彪讲话中竭力吹捧、煽动"群众的革命洪流，正在荡涤着旧社会遗留下来的一切污泥浊水，改变着我国整个社会面貌"①。随之，社会动乱更加扩大，遍及全国。9月3日，巴金、柯灵得到通知，下午留在家里写揭发孔罗荪的材料。当晚，柯灵就被秘密逮捕投入监狱了。

当然，巴金并不知情，他还以为柯灵的失踪是被造反派揪到电影厂去了。但他自己的遭遇也变得严重起来了。学习组领导对他说，他的态度不老实，革命群众要对他采取行动。接着就把他和所谓问题严重的王西彦等人关在一起，同时开始对他进行大大小小的批斗会。不仅作协的造反派批斗他，外地外单位任何人都可以跑来批斗他。作协一大批"牛鬼蛇神"中，巴金自然成

---

① 《人民日报》1966年9月1日。

为其中最大的重点对象。当时与他一起的难友、作家王西彦曾记叙说：

> 巴金是最重要的目标，被造反派押到小楼前面的花园里去接受批斗的次数也就最多。"打倒巴金！""巴金不投降，就叫他灭亡！"的口号声阵阵传到小楼上来。……因为巴金已成为上海文学界最大罪人，红卫兵的兴趣都集中在他身上。每次看见他接受批斗后回到小楼上来，浑身被汗水湿透，坐在位子上不住地用小毛巾揩拭脸，我心里比自己被揪斗还要难受。在我同时代的作家中间，巴金是一个最勤奋的人，几十年来写了那么多热情洋溢的作品，当代年轻人谁不曾从那里吸取生活的勇气呢？可是，现在这些红卫兵战士们竟然把他当作罪人来诬蔑他、侮辱他、控诉斗争他，究竟是怎么一回事？这个世界为什么会变得这样颠颠倒倒呢？当我想到这一点时，涌现在心头的已经不是悲愤，而是一种近于晕眩的感觉。①

160. 被侮辱与被损害

上海作协办公楼原是一所私人住宅，1949 年后收归公有拨给作协办公。它是一座豪华的三层大洋房，有宽大弧形的楼梯，华丽彩釉的玻璃窗。一层有大厅和东、西两个小厅，当年是会客、娱乐、舞会派对活动的场所，现在改为会议室。楼上作为办公室用。楼外有一座精致的花园，1956 年在花园里置立了一座鲁迅塑像。其华美可说是各地作协会址中不多见的。

现在文联、作协被毛泽东指责为"修正主义边缘"、"裴多菲俱乐部"（"策划反革命暴乱"的同义词），也就成了"文革"的重点目标，所谓被"彻底砸烂"之列。作协大楼一下子变得乱哄哄、脏兮兮，像个闹市屠场似的。不仅本机关里有一批造反派起来"革命"，本地的、外地的造反派、红卫兵也一批

---

① 王西彦：《焚心煮骨的日子》第 91 页，香港昆仑制作公司 1991 年版。

一批地轮番到作协来寻找"黑帮黑线人物"、"牛鬼蛇神"进行批斗。在毛泽东、林彪于8月31日第一次接见红卫兵后，人们更要用行动来响应号召。第二天就有一批复旦大学的红卫兵闯进作协，将王西彦、魏金枝、吴强、师陀等几个所谓"罪大恶极"的"黑帮"作家，从花园里一直批到食堂，罚他们站在凳子上，用墨汁涂抹他们的脸以示"黑帮"。这以后几乎每天他们都要向来串联揪斗的红卫兵、造反派示众认罪，自报身份罪行。有的红卫兵还用棍子劈头盖脑打他们，有的罚他们下跪请罪。谁都可以跑来随意训斥辱骂他们，或是审问他们。巴金很快也被勒令加入到这个"罪人"行列。

因为巴金的作品流传广，影响深，名声大，身份高，这时更是成为人们注意的重点，外面来的人都要揪他出来看看是个怎么样的人。所以被批斗的次数也特别多些。有一次，巴金正在作协厨房里劳动，一个初中学生拿着一根鞭子抽打他，还要巴金带他到家里去造反。巴金知道这会殃及全家，但又不能反抗这个学生的鞭打，只好东躲西逃。学生就追着打他，弄得他狼狈不堪。最后还是作协造反派把巴金拉到大厅去接受大批红卫兵批斗，但巴金还听到这个学生恶狠狠地说："对这些坏人就是不能讲人道！"

在这样的情况下，造反派不仅不许他辩解，还一定要他认罪，要他写思想汇报，要他表示批斗他是为了挽救他。即使已经非常劳累疲惫，也要马上就写。这使巴金想起了童年时代看做知县的父亲审案，那些被打了板子的乡民还要向知县老爷磕头谢恩。现在，这种精神上的摧残和人格上的侮辱，比封建时代还要更甚。揭批巴金的大字报这时也有"发展"。作协机关里多得铺天盖地，大字报作者中也颇有一些熟悉的朋友。马路上也有"打倒巴金"等大标语。作协造反派或与复旦大学，或文艺出版社，或工人造反派……一起前前后后编印过七八种巴金"罪行"资料，到处散发，广为宣传。有的封面上的题目就很吓人:《打倒无产阶级专政死敌巴金》、《彻底批判反共老手巴金》。有的还骂他是"汉奸卖国贼"等等。这些资料还公布张贴在街上，在繁华的淮海路上搞了一块很大的大批判专栏，不仅连篇累牍编造了巴金种种可怕的"罪行"，还连巴金的身世、历史以至家人也被一一歪曲丑化，辱骂为"狗"、"狗群"……上海报纸也配合发表了许多造反派写的批巴文章。这时巴金已成

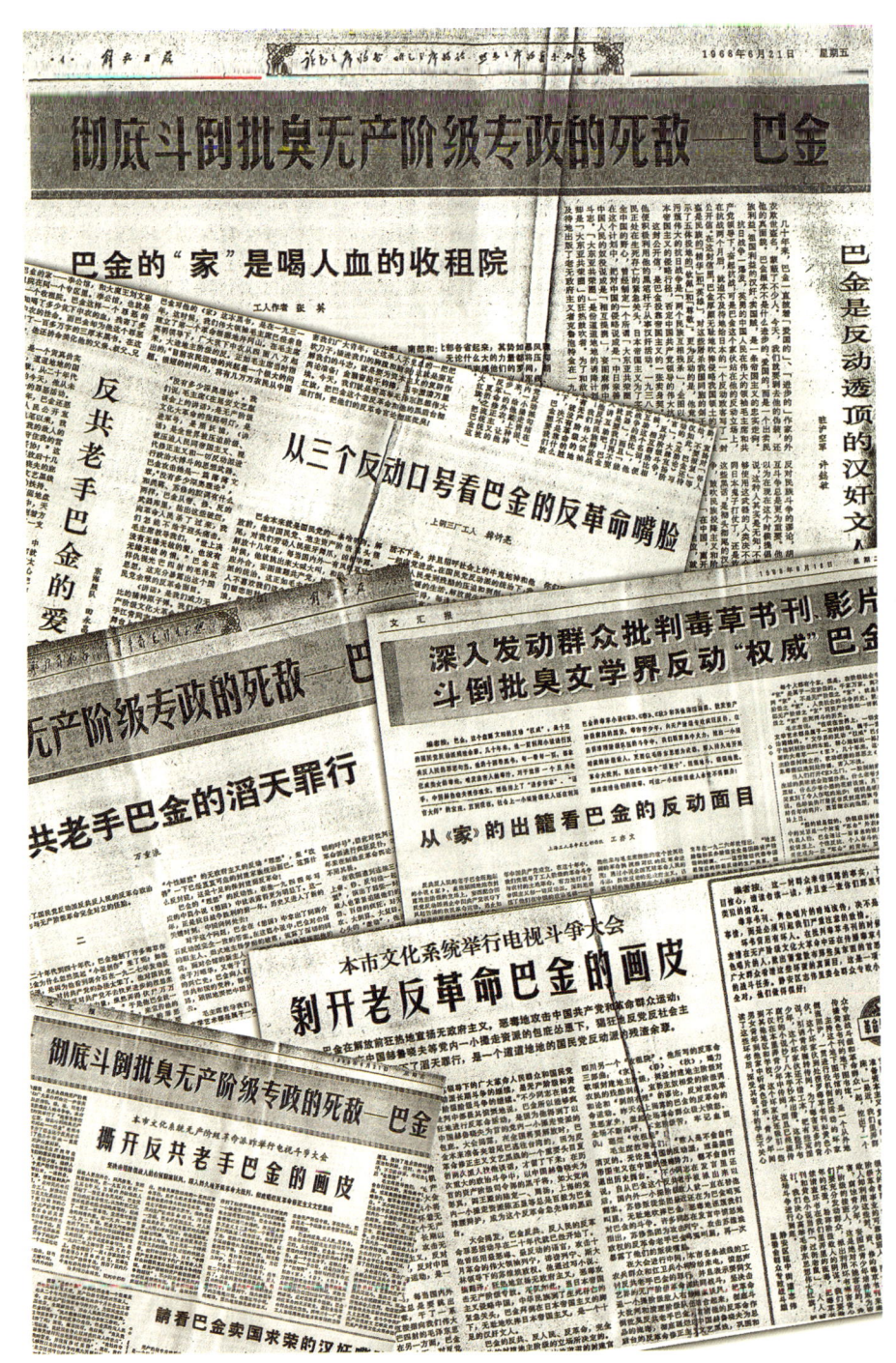

"文革"期间,上海报刊批判巴金一览

了上海无人不知的"黑帮人物",连造反派丑化他的绰号"黑老K"都是家喻户晓的了。

每天除了接受批斗,还有一个"功课作业"就是写检查、写思想汇报。造反派常要找他谈话,"教育"他,谈完后要他写思想汇报。每次批斗后也要写。写什么"打中了我的要害,批斗真是为了挽救我,'造反派'是我的救星"云云。"文革"一开始,巴金就对学习组长表示:"愿意听党的话,在'文化大革命'中改造自己";对大字报的揭发批判采取虚心接受、认真检查的态度。所以那时他已决心放弃自己的思考,完全按照造反派天天高呼的口号和毛泽东的"最高指示"作为真理来规范自己的言行。当批斗会上人们大喊大嚷"打倒巴金"时,他也很顺从地跟着举手喊"打倒巴金"。从宣称要烧掉自己所有的旧作开始,他的精神世界实际上已经崩溃,他有意无意地用麻木的态度对待眼前发生的一切。

除了批斗和写思想检查,其他时间就是惩罚他们劳动。造反派叫他们在花园里拔野草、掏阴沟,到厨房里择菜、洗碗、揩饭桌,到楼厅里擦窗子,打扫厕所。这几位"牛鬼"作家中,数魏金枝的年纪最大,已经六十六岁,巴金也已六十二岁,最年轻的是王西彦也已五十三岁,都或多或少有些老年人的疾病,特别是长期习惯于脑力劳动,在室内做工作的人,一下子在烈日曝晒下,或是长时间蹲踞,就相当吃力累乏,而不能支持。王西彦有腰椎间盘突出症,拔野草时只好跪在地上,一边拔,一边匍匐往前。魏金枝有气喘病,连上楼都有困难,现在被迫爬上爬下擦楼梯的玻璃窗,或是趴在地上擦洗厕所的地砖。相比之下,巴金算是比较能够胜任,而且做得特别认真。他擦洗厕所时,总是把每个污垢都擦干净;拔野草,也很仔细。他从年轻时起,就相信托尔斯泰的"苦行主义","通过苦行赎罪"。现在这个思想好像也派上了用处,遇到再大的困苦惩罚,也都默默忍受。巴金认为原因还是在于他"迷信神",所以他"不斗争,不反抗",听凭"神"的主宰和摆布。

当时造反派中一些人有虐待狂的心里,便挖空心思变着法惩罚他们。有一段时间,造反派宣布"牛鬼"们每天学习劳动时间长达十五六小时,比作协工作人员上班多一倍时间,还不许迟到早退,晚上要到十一点才能离开回家。

临走时,还得向造反派交一份"思想检查"。所以除了路上往返,在家里休息的时间就非常有限了。有时到食堂买饭,造反派故意不卖给他们,让他们挨饿。有一次,巴金和魏金枝被派到厨房洗碗端菜,被一个极端分子狠狠训斥了一顿,说:这种罪大恶极的罪人不配也不能相信他们做这种劳动。于是把他们赶了出去,折腾得他们脸色发白,气喘吁吁。魏金枝气得小声发了一通牢骚。巴金却只是默默擦净脸上的汗水。

造反派中有一个退伍军人,在作协做勤杂工,现在响应伟大领袖的号召起来"造反",反对"温良恭俭让",坚决要把敌人"打翻在地,再踏上一只脚""叫他永世不得翻身"。这一切都"好得很"。……诸如此类都是从"红宝书"中学来的。所以他对这些"牛鬼"特别凶。有一次,他心血来潮,"勒令"所有"牛鬼"一律剃平头。这些"牛鬼"不敢违抗。巴金刚刚理过发才两三天,无奈回家和萧珊商量,萧珊就拿起剪刀在巴金头上加工剪去了一些,这样才算应付过去。又一次,这个极端分子又出花样,不许"牛鬼"们在午休时间打瞌睡,一定要他们继续学习写检查。王西彦不服,认为这是故意整人,不想照办。巴金劝说:"既然改造,就要服从监督组的规定,不要怕吃苦。""牛鬼"们上医院看病,也要先得到监督组的批准。巴金一般不敢去看病,怕他们在医疗证上加上"反动权威"、"反共老手"一类话,到了医院还要到所谓群众专政登记处去登记。这样就怕病没治好,反受了一场气。

至于在批斗时,随意殴辱,更是常事。王西彦有一次给极端分子打掉了一颗门牙,满嘴流血。当时巴金刚好站在王西彦的身后,清楚地看到了这样惨不忍睹的情景。但谁都不能出来反抗。因为人们心里明白,这一切都是在"神"的支持鼓励下发生的。不然,这些人又凭什么如此猖獗用暴力虐待他人。晚上离开"牛棚",巴金特意陪王西彦一路回家,劝慰说:"你要保重啊!"王西彦痛苦地说:"你说,我怎么保重?"巴金听了心里非常难过,他是怕王西彦受不了这样的毒打,所以劝王西彦不要和这些造反派硬顶,尽量减少造反派来折磨他们的借口。

事实上,这些极端分子是无理可喻的。十多年来,你再驯顺接受改造,最终还是逃不脱被打倒的厄运。

"文革"的发展像一部情节曲折、高潮迭起的长篇电视连续剧。随着时间的推移，权力斗争不仅在上层，也遍及各地各单位，也越来越残酷激烈。上海作协与其他地方一样，揪出来的"阶级敌人"越来越多。开始时，揪斗批判别人的作家、诗人中，有一些也变成了"牛鬼"，一个一百多人的机关，被关进"牛棚"的竟有二十人左右。但是最早被揪出的六个"牛鬼"则被认为"罪大恶极"，所以待遇最差，勒令他们集中在一个已经废弃的不满五平米的煤气灶间里。他们挤坐在一张桌前。魏金枝年纪最大，坐在最里面，巴金坐在靠门边的位子。这是难友们自己分配谦让的。因为这间小屋紧挨着厨房，由两个炊事员和一个工友监督他们，稍有动静，哪怕一声轻咳，都可能招来一顿训斥。造反派还让他们在胸前佩带一个纸牌，上写"牛鬼蛇神某某某"，因此外来的人一走进作协就能分辨其身份，这就更便于外单位的红卫兵、造反派的揪斗。他们被勒令每天早上、中午、晚上三次，都要到花园里的鲁迅像前站队请罪。有时萧珊也被揪来一起请罪。这是当时全国流行的一种仪式。即使那些自命不凡的造反派也定时举行这样的仪式，不过名称不同，是向着毛泽东的像"早请示，晚汇报"。他们都要高呼祝愿毛主席"万寿无疆"，诵读《毛主席语录》。不同的是，巴金等"牛鬼"被指定诵读的总是"在拿枪的敌人被消灭以后，不拿枪的敌人依然存在……""你们现在已经到了山穷水尽的地步……"等等诸如此类的训诫。这使很多人想起宗教仪式中的早晚弥撒、祷告、诵经等功课，只是面向的是天主、菩萨的像，却没有那样杀气腾腾的气氛。在这时，也是造反派折磨他们的一个机会：凡是背错了语录，或是声音不够高，都会遭到训斥或惩罚，甚至殴打。

在这样严酷的准囚犯的生活中，难友们还是互相照顾安慰，找机会窃窃私语，交换一些情况。那时红卫兵喜欢编印一些小报，传抄毛泽东和江青等人的讲话、报道各地造反派揪斗造反的消息。上海作协造反派也编印了一种叫《文学风雷》的小报，倒也还允许"牛鬼"们购买阅读。那上面就有批判他们的各种恶毒诬陷和深文周纳的罪状。有一次，王西彦悄悄地问巴金："他们几乎把你所有的作品都看成反党反社会主义的毒草，好像你是一个天生的反革命分子，你读了有什么感想？"巴金回答说："我相信历史！"王西彦从

上海作协造反派编印的小报《文学风雷》　　《文学风雷》批判巴金专辑的目录

他这句简单的回答中看到了他心灵深处的秘密。他并没有真正认罪，也不是真心认为他的作品都应烧掉，恰恰是他相信历史将证明他是无罪的，他的作品也不是反人民的毒草。

那时，巴金在造反派的淫威下显得比较驯顺，他也确实迷信着毛泽东，只想"通过苦行赎罪"。王西彦却不那么相信，也不大肯认罪，对造反派的反感也时有流露。他认为："对暴虐的驯顺忍受毕竟是一种对暴虐的鼓励。"巴金对西彦既同情难过，又有一点不满意，以为这样会带来更多的麻烦，吃更多的苦头。他们有了分歧，又各自以为自己有理，却又不能痛快争辩。直到这段黑暗历史过去以后，巴金才认识到，"他比我清醒……当时我的言行比他笔下描写的更愚蠢、更可笑。"

161. 抄　家

在这个史无前例的黑暗年代，除了到处私设公堂、"监狱"，私刑拷打、打砸抢，还有最疯狂最暴虐的一幕，就是在1966年8、9月间刮起的一阵全国性的抄家风。历来被称为"首善之区"的北京城，一夜之间，满胡同、沿街堆满了从所谓"地、富、反、坏、右、资"的家中抄出来的衣柜、箱笼、什物……显然这是一场有统一指挥的有计划的行动。上海也不例外。

抄家，使人们想起了封建社会，当一个人犯事以后，可能会株连九族，财产人员都被抄没、变卖……无法设想，在二十世纪六十年代竟又重演，而且遍及全国，涉及到成千上万的家庭，其规模比纳粹袭击劫掠犹太人的暴行更大更疯狂。巴金一家当然也未能幸免。

1966年8月24日，巴金的近邻先被抄家。那是一家企业主的住宅，与巴金家相隔一道竹篱笆，有什么动静，这边都能听得清清楚楚。从篱笆的缝隙也能窥看得清清楚楚。那时这条街道上被抄家的当然不止这一家，都是在所谓破"四旧"的革命名义下进行的。这是巴金六十多年来经历了晚清、民国……许多朝代后，有生以来第一次看见"抄家"是怎么一回事。自红卫兵闯进这户人家搜查以后，整天整夜人来人往，进进出出，川流不息，他们翻检搬弄着家私什物，有一些人大声斥骂，也有一些人在摔玻璃瓷器之类的东西，嘈杂的叫喊声哭泣声一阵阵传了过来。这使巴金心惊肉跳，预感到这样的灾难很快就会降临到自己的头上来。

那时，他们家里养着一头小狗包弟，是1959年一位朋友因工作调离上海时送给他的。多年来，巴金全家都非常喜欢它。但这时街道上的小孩们却常来打门，叫喊要杀小狗。巴金和萧珊怕小狗的叫声招引来更大的麻烦，他们商量来商量去，只好把它送给医院去做实验、解剖用。为了这件事，巴金心里非常难过，觉得自己很无能，连一只小狗都保护不了。当他从外面回来，看不到昔日包弟作揖相迎的可爱情景时，只得暗暗流泪。他和萧珊一起检点家里的东西有什么违禁有碍的，但一时也很茫然，无所适从，就把保存了四十年的大哥李尧枚的一百多封信和大哥的绝命书统统烧毁了。这是他非常珍惜的亲人遗物，现在也顾不得了。还有《金瓶梅》等书也一起烧掉了。后来听说在虹桥公墓三哥的墓也给砸毁了，遗骨也给毁弃了。这是他和萧珊为三哥修建的，几乎每年都去祭扫的地方，现在也都完了。

在那些日子里，他听到打门声就会紧张颤抖，但他又抱着幻想："不会这样对待我吧，对我从宽吧……虽然我'有罪'，但几十年来的工作中多少总有一点成绩吧。"①但是史无前例的"文化大革命"风暴还是无情地袭击了他，而且很快就来到了。

9月10日，他刚到上海作协的"牛棚"，就有一位造反派作家来通知他说，因为你的态度不老实，革命群众要对你采取"革命行动"。于是造反派们押着他回到家里，进行翻检搜查，从上午抄到下午，抄了六七个小时。中午，革命群众就在巴金家里吃饭，饭菜由街道食堂送来。最后将一些手稿、日记、信件以及其他被认为重要的东西，装了满满的几大麻袋带走了。还将所有的书柜都贴上了封条，不得取用。临走时，又将一张揭发巴金罪行的大字报贴在门廊的入口处。一位造反派的头头威胁说："你再不老实交代，我们就把大字报贴到大门口，看你以后怎么过日子！"

后来巴金听说，这还只是一种"保护性的抄家"，避免外单位的人来"趁火打劫"；贴了封条以示"版权所有，不得再抄"。此说颇为新奇，姑且录以备考。后来还是不断有红卫兵闯进来骚扰，巴金就请求他们不要撕掉书柜上的封条，不要再拿走书和别的东西了，因为本单位已经抄过检查过，作了处理了。但是那些没有贴上封条的，他们照样随意取用。他们晚上来，白天也来，巴金一家实在疲于应付，苦不堪言。

12月的一个深夜，有一批北京来的红卫兵特别凶悍，据说多为高干子弟，翻墙进来。巴金一家惊骇万分，看着他们疯狂地到处翻检、砸抄东西。这些来路不明，且又来势汹汹的青少年，使萧珊非常紧张，害怕他们会把巴金抓走，

---

① 《随想录》第381页。

弄得下落不明，这就更严重了。所以她趁混乱之际，悄悄地溜出大门，跑到附近派出所去报警，希望民警能够出面来干预一下。那时只有一个民警在值班，也许这样的事情在当时已经司空见惯，民警不以为是什么大事；也许是民警胆小，对红卫兵高举毛泽东的"造反有理"的大旗，不敢阻拦，以免惹祸引火烧身。所以正在含糊推脱的时候，那些红卫兵发现萧珊逃脱了，竟追踪到派出所来，当着民警的面，用铜头皮带狠抽萧珊，打伤了她的眼睛。然后押她回来，把巴金夫妇、巴金的两个妹妹、女儿小林都关在卫生间里。这群红卫兵楼上楼下放肆折腾抄检了好几个小时，然后劫掠了一批东西而去。

第二天，萧珊还是向作协报告了，毫无反应。上海作协的造反派自己就已先查抄过，又能说什么？何况，在他们眼里觉得这是革命行动。所以，后来的一段时间里，继续有红卫兵来骚扰，照样大摇大摆地敲门进来，随意乱翻乱拿。如果用当时红卫兵在街上刷的大标语"红色恐怖万岁"来形容实在是非常准确的。人们生活在这样的恐怖环境里，毫无人身财产安全可言，真有朝不保夕之感。巴金完全绝望了，再也没有幻想和希望了，他只有一条路，"死心塌地做起'奴隶'来"①。

这期间，还发生过这样一个"插曲"。1966年11月，上海的电影院又放映根据巴金小说《团圆》改编的电影《英雄儿女》。这是一部反映中国人民志愿军生活和英勇献身的作品。那时中外电影统统被封杀了，只有少数几部老掉牙的被认为思想内容是"革命"的旧电影还在电影院里反复来回放映。现在又增添了《英雄儿女》，确实比较引人注意的。尤其是萧珊更是关心。她虽然也被贴了大字报，也被揪斗，也被劳动惩罚，但毕竟没有像巴金那样被管得严，天天要去作协报到干活受批判。她误以为这是一个好的信息，就找了一个机会去电影院看了一次。当巴金深夜回来时，她兴奋地告诉巴金这个好消息：影片片头上仍保留着巴金的名字。看来巴金的问题不太严重。于是，他们又重新滋生了一点希望和幻想。萧珊要巴金认真做检查争取过关。哪里想到，上海作协造反派也得到这个信息了，就敲锣打鼓、气势汹汹地到电影

---

① 《随想录》第381页。

公司和放映这部电影的电影院去造反，贴大字报，刷大标语，声称这是长资产阶级的志气，灭无产阶级的威风。他们还用大毛刷蘸着浓墨汁把《英雄儿女》的电影海报打上了很大的叉，指控这部电影和作者都是"反革命"，勒令电影院不准再放映。电影公司和电影院只能唯命是从，影片当场停演。

造反派从电影院造反胜利归来，又把巴金叫去，狠狠地训斥了一顿，警告他不要有幻想，必须老老实实交代罪行。萧珊听说后，刚刚生出的一点希望也完全破灭了。

在这个风雨如磐的日子里，巴金和所有正直的善良的知识分子一样，经受着苦难的煎熬。他们随时随地可以被任何人训斥、羞辱、使唤、勒令，甚至殴打。他们的言行都要遵守造反派任意制定的规定，他们的生命财产都掌握在造反派的手里。造反派们想抄家就抄家，要拿走什么就拿走什么。他们明火执仗打着毛泽东和"革命"的神圣崇高的旗子，所向披靡。巴金觉得，他已经完全失去了最起码的做人的权利和尊严，更不必说什么自由和真理了。他眼睁睁地看着他一生苦苦追求的这一切都在这些红色"革命者"的脚下被践踏被凌辱，而不能有什么抗争。这使他有一种沉沦于万劫不复的黑暗地狱里的感觉。这也使萧珊更加身心交瘁而无法继续承受下去。

162. 一个伟大的女人

在那些日子里，巴金和萧珊常常一起到上海作协去接受"审查"。每当走近巨鹿路路口看到作协的大门时，或是晚上回家走近湖南路路口时，萧珊总是步履艰难，像是一步一步挨过去的。因为她怕见人，怕见到同事和邻居。她的精神压力特别大，似乎抬不起头来。昔日曾是她兢兢业业献身社会工作的地方，如今像是成了受苦刑受凌辱的地狱似的；昔日与她亲近友好的同志朋友同事邻居，现在划清界限、冷嘲热骂、造谣诬陷，这是萧珊几十年人生从未经历见识过的。尤其是巴金的遭遇，对她的打击更是沉重得无法承受。

因为萧珊毕竟不是作协正式的工作人员，造反派除了诬陷她是巴金派到作协的"坐探"、巴金的"臭婆娘",实在编派不出更多更严重的罪名来。所以规定她每星期去三次,接受批斗或劳动。每逢巴金单独去作协时,萧珊总是送他到电车站。因为上班高峰时间,公交车特别拥挤,乘客把车门口堵得严严的。巴金何尝经历过这样的场面,于是看着一辆一辆车驶走,却上不了车;但又怕迟到受训斥挨罚,心里更是着急。好不容易挤上了一辆车,身体有一半在车外,萧珊就在车下使劲帮着巴金往里挤,以免他又被挤下来。

萧珊到作协也和巴金一样,挂着"牛鬼"的牌子站队请罪受批判。后来造反派又通知街道,罚她打扫马路。天不亮,她就要起床,拿着大扫帚出门,扫得精疲力竭回来。两个月后终于支持不住病倒了,只好由巴金的妹妹代她去扫。

萧珊在五十年代前半期,在相夫教子的同时,还挤出时间学习俄文,从事文学翻译工作,帮助巴金核校译稿,处理读者来信。她充满着柔情,幻想每天晚上和巴金一起写作、翻译,不时交谈切磋。这是她最幸福的时光。可惜这样的日子并不太多,就被巴金越来越多的外出开会活动所代替了。五十年代后半期从"跑步进入共产主义"起,社会上的"革命化"气氛,把人们的"政治热情"一次又一次地煽动起来。萧珊从年轻时开始,就是一个富有革命理想和热情进取的女性,即使后来有了家庭,到了不惑之年,也仍不甘落后,抱着满腔热情走出家庭到社会中去。她无论到《上海文学》杂志做编辑,还是到工厂劳动,都是义务的,不取任何报酬的,但都做得认认真真。这一切都是她主动争取的,没有任何人勉强迫使她这样做。她仅仅是想跟上时代的步伐,投身到轰轰烈烈的"革命洪流"中去。她无论如何没有想到这样美好的愿望如今被丑化侮辱成一种"罪恶"。

萧珊的个性,在某些方面似乎比巴金更坚强些,对神的迷信似乎也要少些。她不能接受这样莫须有的惩罚,不仅为她自己,更是为了巴金。她从心底对眼前的一切有一种抗拒和反感。当红卫兵来抄家时,她不愿听凭这种暴行的摆布,也为了巴金的安全,向派出所报告,第二天还向作协报告,尽管这一切都是徒劳的无效的,反倒遭了毒打,但她至少委婉地表示了自己的抗议和呼吁。也许正因为这样,日复一日的羞辱诬陷、冷嘲热骂、批斗抄家……

在这位倔强的女性心里引起的冲击伤害更为严重，长期郁积在心，像虫子一样在蚕食着她的健康。

那时的巴金可以敞开心扉毫无顾忌地倾诉、抚慰正在流血的内心伤痛的，也只有萧珊了。从"文革"一开始，巴金就感到自己正陷入一个可怕的"网"里。小林、小棠还年轻，正为"崇高的神圣的"口号所迷惑，被"革命"的狂热所煽动裹胁，一时还不能理解自己的父亲。在茫茫人海中，唯一可以信赖，得到理解和支持的就只有萧珊了。无论在作协受到怎样可怕的凌辱、批斗、劳动惩罚，无论受到怎样的委屈、痛苦和折磨，只要回到家里，走进家门，一见到萧珊就会感到有说不出的亲切和温暖，一天的乌云似乎都消散了。家是他的避难所，从萧珊那里得到的是生活下去的力量。

当然巴金也和小林、小棠谈，和兄弟李济生、两个妹妹琼如、瑞珏以及像自家人一样的老友、原来文生社的老职工萧荀谈，谈"文革"形势，谈社会上发生的事。当全家安睡以后，他们还无法安心入睡，萧珊就陪着愁绪满怀的巴金在廊下坐着谈着到深夜。那些深文周纳、造谣诬陷、杀气腾腾的大字报，像刀子似的在割他们的心。巴金有时激动得睡不着，就只好向萧珊诉说心里的不平和愤怒、痛苦和烦恼；或是商量怎么应付第二天造反派的逼迫。他和她，几乎每晚都要靠服用眠尔通才能入睡。天不亮时，就又醒了。他唤她，她也唤他。他叹着气说："日子难过啊！"她也叹着气说："日子难过啊！"她劝慰巴金"要坚持下去"，"坚持就是胜利"；要相信自己是没有罪的，总有一天会弄清真相，还以清白的。但是日子一天一天过去了，巴金的问题好像越来越严重，一点没有解决的征兆。这又不能不使萧珊内心焦虑，精神上更加感到沉重的负压。

当"巴金罪行资料"到处散发，关于巴金的大批判专栏长期在淮海路上展出，全上海都知道巴金是"大文霸"、"黑老K"、"反动权威"时，只有萧珊坚信巴金是好人。萧珊给在北京的、他们曾抚养过的马绍弥写信，明确地告诉他说："我不相信李伯伯是坏人！"有一次，萧珊告诉巴金说，有一个朋友带着孩子到机关来，看见那些挨批斗或在劳动的"坏人"都是头发白了的、秃了的，孩子问妈妈，怎么坏人都是老头子？巴金听了，和萧珊为此感到悲哀，纯真的童心都对这幕闹剧提出了疑问。

正是出于这样的深情，每当萧珊到作协接受批斗时，她内心都存着与巴金生死与共的感觉。她早已把自己的命运和巴金紧紧地联系在一起，她任何时候都愿意分担巴金的苦难。她天真地想，让自己多受点罪，多受点精神折磨，可以减轻点巴金的压力。所以，那时"牛棚"里的难友王西彦看到这样感人的一幕，竟联想到俄罗斯十二月党人的妻子们的形象，想起涅克拉索夫歌唱这些伟大女人的忠贞坚忍意志的诗篇《俄罗斯女人》。

巴金和萧珊过去对十二月党人的妻子的故事是非常熟悉和向往的。十九世纪二十年代，沙皇尼古拉一世镇压十二月党人起义，大肆逮捕、流放党人，而党人的妻子们却表现了大无畏的气概。就像巴金后来所翻译的赫尔岑的《往事与随想》中描述的那样："社会的舆论显著地改变了，迅速的道德堕落可悲地证明在俄国贵族中间个人尊严的意识多么不发达。没有人（除了女人）敢于表示同情，敢于替那些昨天还同他握过手，可是夜里就给逮捕的亲戚、朋友说一句好话。相反，倒出现了野蛮的狂热拥护奴隶制的人，有的是由于卑鄙，有的却是出于私心，这就更坏。只有女人不曾参与这种抛弃亲近的人的可耻行为……只有女人单独地站在十字架跟前，而且在血迹斑斑的断头机前面出现了……那些给判处苦刑的流放人的妻子被剥夺了一切公民权利，抛弃了财富和社会地位，动身到西伯利亚东部去，一辈子忍受那里的可怕的气候，和当地警察的更加可怕的压迫……"[①]现在这种精神好像正在萧珊的身上流溢。

萧珊曾经两次被造反派气势汹汹地从家里揪到作协去批斗。第二次揪去时，还在他们家的大门上贴了一张所谓揭发她的罪行的大字报，当然都是一些恶毒的诬陷。晚上，小棠回家看见了，气得随手就把它撕掉了。因此，使刚强的萧珊没有看到，否则又是沉重的一击。

1968年2月的一个晚上，巴金和萧珊意外没有遭到造反派的为难，和机关里的人们一起按时回家。萧珊也因此比较高兴，到厨房里去烧菜。巴金则翻看报纸，忽然发现《文汇报》上登着作协造反派头头、两位工人作家写的

[①] 赫尔岑：《往事与随想》第67页，上海译文出版社1979年版。

批判文章《彻底揭露巴金的反革命真面目》，连篇累牍都是恶毒的辱骂……巴金自己也许已经麻木了，因为这位工人作家过去已写过好多文章在《人民日报》、《文汇报》批判他，他似乎有点见怪不怪了。但是他马上想到萧珊看到了会受不了，于是赶紧把报纸收藏起来。吃饭时，萧珊还显得有点高兴，带着笑容。吃完饭，萧珊找报纸看，而且还是找到了。她的笑容一下子消失了。她早早进了卧室，一夜无话。巴金发现她躺在床上正在小声啜泣。因为她不愿让自己的哭泣加重巴金的苦痛，却又忍不住悲伤，只好偷偷地流泪，默默地吞咽。

巴金虽然有过丰富的人生经验，却从未经历过现在这样黑暗恐怖的日子。他一生探索美好的社会理想是，"我的生活的目标无一不是在：帮助人，使每个人都得着春天，每颗心都得着光明，每个人的生活都得着幸福，每个人的发展都得着自由"。却从未想到眼前这些正在整人的人竟好像一群野兽那样失去理性，变得那么残忍野蛮。到处都在斗争，打砸抢，杀杀杀，要杀出一个什么"红彤彤的世界"来。被整的人连最起码的做人权利、尊严，都被践踏蹂躏完了。巴金从1966年5月在学习会上被迫否定过去几十年的创作到现在沦为阶下囚、罪人，也就是说从作品到人都彻底完了。巴金也曾幻想过有什么"救星"会来拯救他，像左拉、伏尔泰那样一些人曾经为别人的冤屈站出来说公道话，今天是否也会有人为他主持正义呢？他还曾幻想，今后再也不写作了，就是平平安安坐在作协传达室里工作也是幸福的。但是那些造反派们却训斥说，他连做这样的工作都不配。

在这个噩梦一样的日子里，巴金看不到希望，又无法忍受这种屈辱和迫害，他想到了自杀。他已经断断续续听到了一些熟人自杀的消息，他是不是也该走上这条绝路呢？他想到身边的萧珊，想到还未成年的儿女……为了他们，他还不能死，不能因为寻求自己的解脱而把痛苦转嫁到自己最亲爱的人身上。他觉得他一定要尽力保护他们，他对他们永远负有责任，他的全部感情也紧紧地维系着他们而不忍离去，似乎耳边时时听到萧珊的深情呼唤，他要竭尽全力避免家破人亡的惨剧发生。为了这一切，他要活下去！他后来很多次谈到过当时的思想感情：

人们正在想出种种方法残害同类。为了逃避这一切恐怖，我也曾探索过死的秘密。我能够活到现在，原因很多，可以说我没有勇气，也可以说我很有勇气。那时候活着的确不是容易的事。

虽然中间有过很短时期我曾想到自杀，以为眼睛一闭就毫无知觉，进入安静的永眠的境界，人世的毁誉无损于我。但是想到今后家里人的遭遇，我又不能无动于衷。想了几次我终于认识到自杀是胆小的行为，自己忍受不了就让给亲人忍受，自己种的苦果却叫妻儿吃下，未免太不公道。

有一个时期我的确相信别人所宣传的一切，我的确否定自己，准备从头做起，认真改造，"脱胎换骨，重新做人"。后来发觉自己受了骗，别人在愚弄我，我感到短时间的空虚。这是最大的幻灭。这个时期我本来可以走上自杀的道路，但是我的爱人萧珊在我的身边，她的深厚的感情牵系着我的心。而且我还有各种要活下去的理由。

倘使要我讲出自己的真实思想，那就是：没有希望，没有前途，我忍受不了阎罗殿长时期的折磨。我不曾走上绝路，只是因为我不愿意同萧珊分别。除了我对萧珊的那份感情外，我的一切都让"个人崇拜"榨取光了。①

在那地狱般的环境里，活下去是要有勇气的。确实要有很大的勇气和毅力，才能战胜暴虐，走出幻灭的阴影。在这个苦难的旅程中，他并不孤独。他有萧珊的爱、理解、鼓励和安慰，使他重新鼓起勇气和信心，去迎接更加严峻的考验。

---

① 《随想录》第 298、281、77、743—744 页。

第十八章

炼狱之梦

163."游斗"了三四年

1967年1月,上海造反派在张春桥、姚文元的操纵唆使下,发动了所谓"一月风暴",夺了上海市委书记陈丕显、市长曹荻秋的权。张春桥、姚文元当上了上海人民公社的主任(后来改为"革委会")。上海成了极端分子肆意纵横的地方,也因此把权力斗争推到了更加激烈疯狂的地步,遍及全国各地大大小小的单位。因为事关权力,斗争更加残酷,以至动用真刀真枪,拼个你死我活。那些造反派为了证明自己是最革命造反的,最忠于毛主席的,就极力表现对阶级敌人的强烈仇恨,加强对敌人的猛烈批斗。江青也不断煽动造反派把目标对准敌人。《人民日报》《红旗》杂志连续发表社论,号召造反派"掌握革命斗争的大方向,深入开展革命的大批判"[1]。于是,批斗活动越来越多,花样百出,手段更为残暴。

---

[1] 《人民日报》1967年9月11日。

巴金说："从1967年第4季度开始我就让各方面揪出去'游斗'了三四年。""所谓'游斗'，好些人享受过这种特殊待遇，我也是其中之一。当时只要得到我们单位的同意，别的单位都可以把我带去开会批斗。我起初很害怕给揪到新的单位去，颈项下面挂着牌子接受批判，我不愿意在生人面前出洋相。但是开了一次会，我听见的全是空话和假话，我的胆子自然而然地大了起来，我明白连讲话的人也不相信他们自己的话，何况听众！以后我也就不害怕了。"①

巴金在这几年被揪去"游斗"的准确次数已经很难统计。地点有华东师大、复旦大学、上海戏剧学院、文化广场、杂技场……有以他为主的，有陪斗的（有陪陈丕显、曹荻秋的，有陪石西民的……），批斗最多最凶的是在1967年至1968年间。每次批斗会照例是在歌颂毛泽东的《东方红》乐曲声中宣布开场。巴金很熟悉这个乐曲，这个时期成了条件反射，一听到这个乐曲声就会浑身战栗。然后出场，用当时流行的所谓"坐喷气式"，即反剪两臂，由两个年轻的壮汉押着进场。"牛鬼"中很多是上了年纪的，而壮汉们又都像京戏舞台上的龙套一样快步疾走，像巴金那样瘦小的，几乎像提着一只小鸡一样，两脚都沾不了地，给拖进来的。到了台前，下面革命群众按例就已"怒吼"起来："打倒巴金！""低头！低头！"于是壮汉早已狠按着巴金的脑袋，强迫他弯腰低头到九十度罚站几个小时。

巴金初次挨斗时，因为紧张小心，还带着圆珠笔和笔记本上台，即使弯着腰，也还努力记着批判者的发言要点，表示虚心听取群众意见。有时造反派还会因此训斥他说："你记得这么详细，是不是准备将来反攻倒算？"有时巴金停下了笔，造反派又会吼叫："你为什么不记下来？"这本记录了许多次批斗会的本子，用了不到一年还是被造反派们没收了。

因为参加批斗会的次数多了，巴金也逐渐积累了一些经验。譬如，在批斗会上，凡给准备板凳的，他必坐下。只要造反派不吼叫"站起来！"他就坐着。如果叫站起来，稍过一会儿，当人们不注意的时候，他就又悄悄地坐

---

① 《随想录》第441页。

"文革"期间,批斗上海市委领导的现场,巴金陪斗

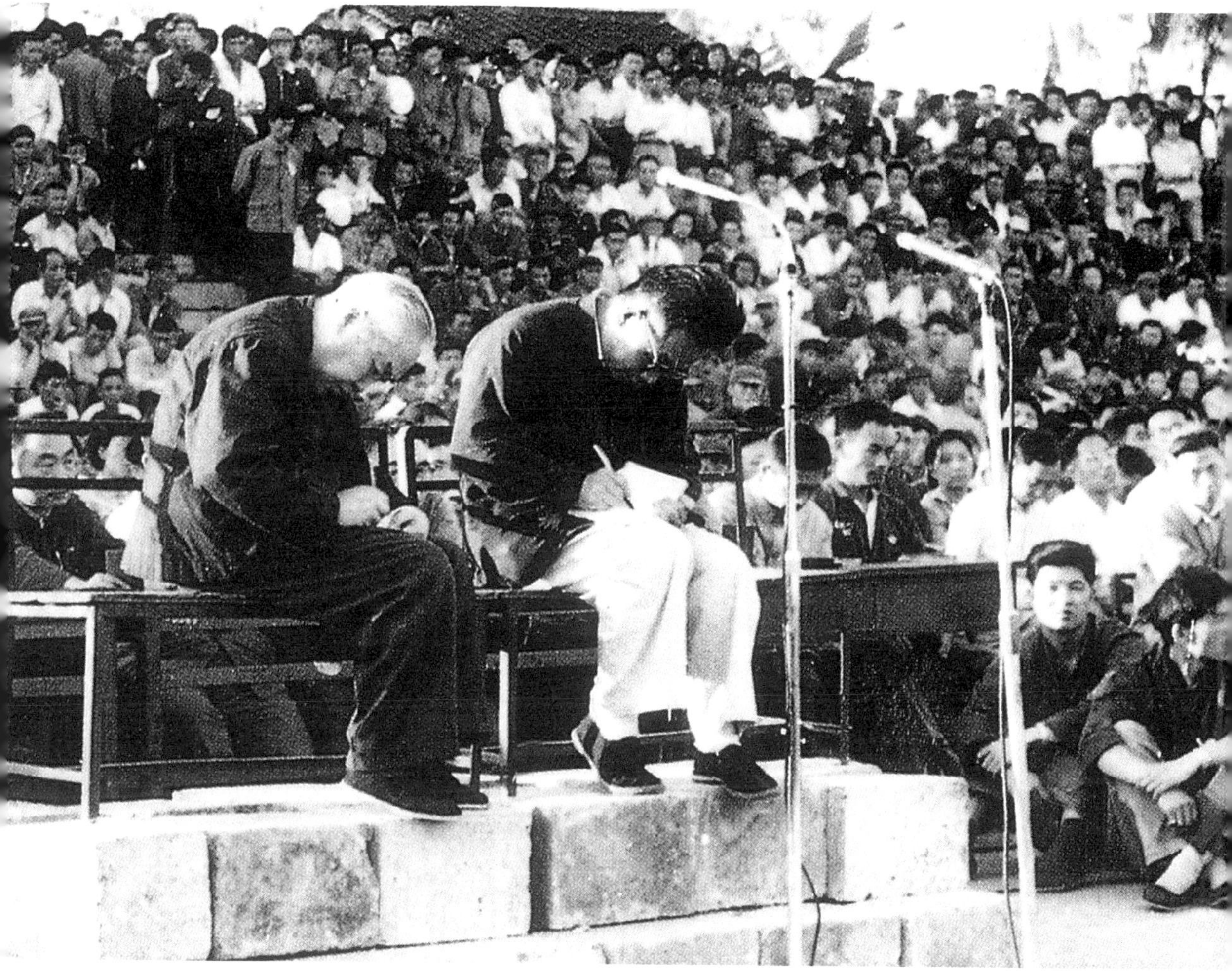

下了。现在他也开始明白,对付这些失去理性的造反派,实在不必太温驯了。前几次,因为站着听完整个批斗会,造反派吼叫"把他押下去"时,他却腿酸得提不起脚,迈不开步了。

1967年4月底,上海市革委会决定将批判巴金和吴强的任务分别交给复旦大学和华东师大两个学校的造反派负责进行。7月11日在文艺会堂批判巴金。市革委会认为批判不够力,再次令复旦大学和上海作协要加强火力批判。接着,在华东师大操场上,造反派受命召开批斗"反革命修正主义分子"吴强大会时,还将巴金拉去陪斗。批斗会的海报贴在上海大街小巷。有一位到上海办事的外地青年目睹了这场批斗会。他记述说,那晚,"偌大的操场上,黑压压地挤满了人,临时搭起的批斗台上,灯火照耀如同白昼"。先是批斗小说《红日》的作者吴强。他拒绝回答问题。经过一阵激烈批斗,吴强又把所有的罪名照单全收,弄得会场气氛有点尴尬。这时一声吼叫:"把反动文霸巴金押上来陪斗!"只见"几个彪形大汉架着一个中等身材的老人冲上台来。由于推得太猛,老人步履踉跄,身子向前倾斜,差一点扑倒在地"。这位青年继续记述说:

> 在雪亮的灯光下,巴金瘦弱的身子苍松般傲然挺立,灰白的长发,蜷曲而蓬乱,宛如一团燃烧的烈焰;一张四方脸涨得通红,眼睛凛然直视前方,仿佛要喷出火来……
> 于是他们(造反派们)下决心要把他的"反动气焰"打下去。在一片震耳欲聋的口号声中,押他上台的大汉狠狠地揪住他的头发往下按。谁知刚按下,他的头又倔强地昂了起来;再按,再昂,如此反复,巴金的脖子上仿佛装了个强有力的弹簧,造反派无论如何也无法使他低下头去。①

因为要加大火力,市革委会又令复旦大学和上海作协联合作战。8月底,

---

① 养和:《我所见到的巴金》,《新民晚报》1998年12月3日。

作协批巴组里有几个复旦大学学生勒令巴金搬到上海作协三楼走廊上过夜，不准回家，搞所谓"隔离审查"。一住就是两个星期，虽说夏天，尚无挨冻之虞，但把走廊当宿夜之地，其狼狈困苦也就可想而知。这些青年以虐人为快的变态心理在那个时代得到了膨胀和发泄的机会。

然后，他们又把巴金揪到复旦大学批斗。把他关在学生宿舍6号楼406室一个月，又是批斗，又是罚劳动。但还是有些学生同情他，有一位学生趁人们不注意时，悄悄地对巴金说了几句敬重他的话。有的人找机会与巴金聊天。有一个姓李的学生与巴金说起，最近参加过一次批斗赵丹的会，还同赵丹说过话，说赵丹毫不在乎，抽烟很多，抽的是劣质烟。赵丹说，没有钱，只能抽劳动牌。那学生被他的气度神态所折服，不无赞叹地说：他到底是赵丹啊！巴金也因此得知了一些赵丹的情况。

有一位当年的复旦大学中文系学生作为当事人对此也有一段回忆。他住在412室，说："9月26日'批倒批臭反动权威巴金大会'召开，我们四年级学生过半数没去参加，我也没去。"他分析其中原因之一是"复旦中文系的学生，谁没读过巴老饱蘸血泪、充满爱憎的大作，谁没受过巴老思想艺术乳汁的营养。'文革'爆发前，在议论毕业论文选题时，我们班有四人选的便是巴金专题。这一份渗透血液中的'毒素'是暴雨冲不净，狂风刮不走的"！

这位青年记述巴金每天三次，手持长长的竹帚清扫着6号楼的洗手间。他第一次见到巴金正在扫地，没有认出来，还问他："你是？"巴金答称："我？清洁工。"就在这一个月里，他们在同一栋楼同一层楼面，相隔两个房门，天天见面，天天看到他在打扫。几位学生担心巴金会受不了这种惩罚而走上老舍的路。因为复旦校园里已有好几起自杀事件发生了。有一次半夜里，忽然传来"巴金不见了"的呼叫，十多个学生从床上跃起，到校园里四处寻找，最后回到宿舍才知是一场虚惊。那个看守巴金的学生不好意思地说，巴金上洗手间去了。可见那时人们的紧张心情。据那位学生说，一个月的时间里，不是复旦学生通过批判加深对巴金的仇恨，恰恰是友好地同情地走近了巴金。一天，他和几位同学找巴金聊了很久，因为是紧挨着的"邻居"，那看守的学生也不干涉。谈话使他们觉悟到，这样"一个从旧营垒里冲出来，条条皱纹

"文革"期间,上海批斗巴金大会现场

都注满抗争、探索、奋斗的老人……起码应该握笔而不是握竹帚"!①

就在这时期,造反派在作协揪斗原市委书记之一的石西民,也把巴金揪去陪斗。会上,杭州来的造反派责问石西民是怎么把方令孺拉进共产党内的。石西民没有正面回答,巴金在旁却很注意听,因为方令孺是他交往多年的好友,他很担心她的情况。去年6月他到杭州时,方令孺已经不准出来参加外事活动了。11月,女儿小林到杭州特意去看望过她,得知她正受到一些莫须有的罪名的批判。如今一年过去了,她的情况又怎么样了呢?巴金虽然自己身系"囹

---

① 安文江:《想起巴金和那把竹帚》,《西湖》杂志1991年第7期。

圈",却还为朋友担心。

也就是在巴金被关在复旦的时候,1967年10月10日在上海市革委会授意下,造反派召开了全市性的批斗巴金大会,称"巴金是上海文艺界头号'反动权威',老牌的无政府主义者,漏网的大右派"。这也是巴金第一次受到全市性的批斗。地点是在南京西路新建的杂技场。这个本来是杂技演员表演的场所,给人以艺术的享受和愉悦的地方,如今像杀气腾腾的"罗马斗兽场"一样,演出了一场场残酷整人的闹剧。当天,两个所谓巴金专案组里的复旦学生押着巴金,从僻远的复旦大学赶赴市区会场。进场前,一个学生奉命再三警告巴金:不准在台上辩解。也就是说不管别人强加给什么罪名,都必须承认。因为巴金第一次经历这样全市性的批斗会,心里本已有点紧张,这么一来更加不知所措。对台上那些胡说八道、血口喷人的罪名统统认了下来,将来岂非更加洗刷不清了吗?他就在这样头昏眼花、思想混乱的情况下,在一片"打倒巴金"的叫喊声中给拖进了会场。当时,他站在杂技场那个圆形舞台前,觉得那高喊的声音,高举的胳臂、拳头,好像来自四面八方,击打着他的脑袋,真使他感到可怕。他站在那里,感到这两三个小时恐怕很难挺过去。

当巴金被关住在作协走廊和复旦学生宿舍时,家里人都急坏了。尤其是萧珊日夜惊恐。因为得不到巴金的具体消息几乎愤怒得要发疯。萧珊本来身体是很健康结实的,现在却常闹病,越来越消瘦。在这种任人宰割、毫无抵御的情况下,萧珊完全生活在无助的痛苦呻吟之中。

巴金从复旦大学被放回家来，全家人就像恍若隔世，几乎不能相信这是真的。那份苦难中的喜悦，又该是多么复杂而难以言喻！但是，他们惊魂未定，作协造反派们却又接踵而至，像凶神恶煞一样把巴金家中楼上的房间全部贴上封条，不准使用，命令全家人都集中住在楼下一层。

这已是1968年1月的事，造反派之间继续杀来斗去不可开交；对"牛鬼"们也更加疯狂凶残。上海戏剧学院"革命楼"造反派就是其中最凶暴之一。它的下属有一个所谓"狂妄大队"，到处冲击，几乎遍及上海各个文艺团体。因此声名最显赫，也最狼藉。据说人们谈及它如同谈虎色变。这时，这个"狂妄大队"也冲杀到作协来了。

他们先造声势，到处张贴"老朽滚蛋"、"庙窄妖风大，池小王八多"等大标语，把大厅布置成审判所，勒令作协"牛棚"里的大大小小二十多个"牛鬼"统统到大厅现场跪下受审。巴金、吴强、孔罗荪、王西彦、魏金枝、师陀等重点对象跪在毛泽东画像的前面。这对自尊心极强，把人格、尊严看得极重的知识分子无异是奇耻大辱。但造反派就是残忍践踏打击他们最起码的尊严。这时，作协有几个工友组成的监督组在旁帮腔，挨个点名，稍有不顺，就往"牛鬼"头部猛击。王西彦那天生病发烧在家休息，也被传押到现场，被其中一个工友打得门牙掉落，满口是血。审问结束后，一个造反派头头意犹未尽，又把他们叫到室外草地上训斥了一顿。

他们还搞突然袭击，把萧珊也从家里揪到作协批斗一番。并宣布长期进驻作协，占用了西厅作队部。对巴金等几个所谓重点"牛鬼"，监督更严。他们还联合文化出版界其他造反派把全市近四十个作家翻译家都弄到上海作协集中，押着他们游街示众，到戏剧学院广场上召开大规模的批斗大会，挨个点名上台。第一个受审的就是巴金。

同月，巴金和吴强被揪到上海杂技场陪斗。这次大会是批斗上海市委书记陈丕显和已调北京的原文教书记石西民，就把上海文教界主要"牛鬼"差不多都揪来陪斗满满地坐了一小屋。正月是严寒的季节，他们被罚坐在冰凉的水泥地上。巴金看见赵丹正和白杨说话，问她现在住在什么地方。看守在旁就厉声训斥，不许他们说话。巴金想起不久前在"牛棚"里听难友们说起赵丹的事。据说，他以前在一个会上讲过，想请求毛主席发给一面"免斗牌"，这次就被别人当罪行揭发出来了。巴金想，大家都害怕、厌恶斗争批判，可是这个可怕的批斗什么时候才算完呢？

4月，巴金等又被押往文化广场，参加一个对所谓现行反革命罪犯的公审大会。文化广场在法租界时，原是一个作博彩的跑狗场，后来还作足球场用。1949年后，改为半露天的会场，是经常举行大型会议或演出的地方。如今成了批斗整人的场所。那次公审的罪犯中，有一位上海交响乐团著名的指挥陆洪恩，被当场判处死刑，立即执行。一片恐怖气氛笼罩在人们心头。

稍后，他们又被命令在作协大厅看电视直播杂技场批斗贺绿汀大会。贺绿汀是上海音乐学院院长。这个学院的造反派也非常凶暴。后来成为江青的亲信的于会泳就是该院教师。"文革"以来，已有十多人被迫自杀。巴金等看到贺绿汀对那些诬陷不服，当场顶牛。这在公开的批斗会上是很少见的，所以看得巴金等惊心动魄，大概弄得造反派也很尴尬，电视直播的画面中途忽然停播了。

6月20日，又是经过上海市革委会批准，召开全市性批斗巴金大会电视直播。这一次又一次的批斗会，说明迫害巴金不仅是造反派们自发的行为，

"文革"期间，上海批斗巴金大会通知

而是上海市革委会直接指挥和掌控的，是在党的领导下进行的。会名曰："高举毛泽东思想伟大红旗，彻底斗倒批臭无产阶级专政的死敌——巴金电视斗争大会。"上海作协其他几个老"牛鬼"陪斗。那天，从上海作协把他们押往杂技场，沿途贴了许多大标语、大字报，都是关于"打倒巴金"的。会场上坐满了文化出版系统的"革命群众"。照例在《东方红》、《大海航行靠舵手》的歌声中开始。主持人一声吆喝，几个壮汉照例把巴金等像挟持一样押进了会场。因为是电视大会，到了台前，壮汉们还猛揪他们的头发往后一拽，让"牛鬼"们的脸迎向摄像机，所谓"亮相示众"。然后是挨个发言，照例百般歌颂毛泽东，百般诬陷咒骂巴金。对于这一套，"牛鬼"们经历多了，慢慢地也习惯了。难友王西彦记述这次现场情形说："巴金显得很沉着，连原是低着的头也稍稍抬起。因为就站在旁边，我看到他额上的汗珠子在不住地滚落。这场电视批斗大会持续了两个多小时……我们这些'老牛鬼'的腰腿都已经不能支持，连神态也有些迷糊了。"

王西彦又一次想到批斗贺绿汀的大会。贺绿汀不认罪，还与造反派抢话筒，针锋相对地反驳他们的诬陷。"那种绝不肯在邪恶势力前低头屈膝的铮铮铁骨，给了我很强烈的刺激，也给了我鼓舞和希望。"今天批斗巴金大会，"我是以一个陪斗者的身份参加的，身临其境；更由于不久前他曾经对我说过'我相信历史'那句出自内心的话，他那种冷静沉着的态度则是另一种对邪恶势力的抗议。"他甚至想到，会场上跟着喊口号的群众中是不是有很多人回到家里，将"以更大的激情去阅读巴金的《激流三部曲》"！①

164."幽灵"依然在徘徊

王西彦的这些想法倒也不是无稽之谈。从"文革"以来，巴金被关进"牛棚"，备尝人间苦难的同时，却也常能感受到另外一面，那就是善良人们的关注、

---

① 王西彦：《焚心煮骨的日子》第149—150页，香港昆仑制作公司1991年版。

同情和温暖。在那个恐怖的年代，这种人性和真情也许表现得很委婉，或只是在一些细微处，但也足以说明人们的良知并没有消失。

王西彦就曾亲眼目睹过这样的一幕：有一天，他们几个老"牛鬼"正在上海作协的花园里拔草，一大群外地来串联的红卫兵站在旁边围观。王西彦和巴金相隔几米，他无意中忽然瞥见一位穿军装戴着红卫兵袖章的二十来岁的女孩子站在巴金身旁，默默地注视着他，眼中流露着明显的忧伤和同情的目光，仿佛要与他说些什么，却因为围观的人多而没有机会。过了一会儿，造反派把巴金带到大厅去批斗了，她也跟随而去。第二天，那位女红卫兵又出现了，仍然站在巴金身旁，默默地注视着他，像是在陪着他似的……

王西彦在旁边看得清清楚楚，感受极深，因此感叹说："人总是依仗希望才能在这个充满阴霾的天地间活下去，觉得在遥远的地方有着一盏照亮世路的明灯。"①

又有一次，食堂造反派惩罚他们，不卖晚饭给他们吃，又要让他们饿到十点才能回家。有一位难友就把自己带来的面包分一半给巴金充饥。这半块面包使巴金的心都颤动了，竟久久保留在他的记忆中。

以后，还有一些间接传来的消息，使巴金也深感安慰。他听说，上海市革委会领导徐景贤曾经在一次会上说："现在还有人给巴金写信，可见批判不够，还没有把他批臭。"巴金初听到此事时，还有点莫名惊诧。从"文革"至今多年，他不曾收到过一封读者来信，徐景贤的话从何说起？继而一想也就明白了，在他沦为"牛鬼"失去自由、人权以后，外界来信也就落到造反派手中被扣下了。显然，来信是友好的、同情的，才会引起极端分子们的恼怒，觉得批斗了许多年，巴金在人们心中仍还不臭，岂非证明他们的失败吗？何况在那样险恶的环境下，公开同情巴金这样的"牛鬼"也是有罪的。这位或这些读者敢冒风险表示自己的看法，必是出于对邪恶势力的极端痛恨。这也说明暴力和欺骗是不能真正征服人心的。

又有一次，巴金在报上看到一则报道：在上海火车站候车室，一个女青

---

① 王西彦：《焚心煮骨的日子》第146页，香港昆仑制作公司1991年版。

年在专心看书，这本是很平常的，但在那年头却成了受人关注的事。有好事之徒问她读的是什么书？一看是巴金的《家》，就有极端分子站出来说，这是一株大毒草，"说服"她当场烧掉，而且就地开了一场批判会。报道是想表扬这些人的觉悟高，但却透露了巴金的作品继续在民间流传、为青年人喜爱的信息。巴金说他看完这则消息后，似乎梦见了"希特勒复活"，在那里搞焚书坑儒呢！

在香港，巴金的书继续在出版，尽管有许多是盗版书。南国出版社在当地作家余思牧主持下，从六十年代起就一直出版巴金的著作。1970年，又依照大陆的十四卷本编印出版了《巴金文集》十四卷，广泛流传海内外。有些日本读者就是从这些版本中认识了解巴金的。极端势力虽然猖狂，却还伸展不到那里。

至于日本友人，像年近九十高龄的土岐善麿到中国时，指名要见巴金。结果因不让见而深表不满，说他想不通。日本、法国都有许多友人多方打听他的下落，担心他是否遭到不幸。尽管这些消息都是以后才知道的。

巴金和他的书像一个"幽灵"，在红色恐怖弥漫的中国大地上，依然在飘忽徘徊，在海外飘忽徘徊，继续滋养着读者，唤醒读者，为读者所牵挂关注。正像他年轻时爱引用的一句《圣经》里的话："一粒麦子不落在地里死了，仍旧是一粒；若是死了，就结出许多籽粒来。"对于巴金来说，读者就是他的大地，他的书继续在结出许多籽粒来。

在这时期，巴金"苦行赎罪"、逆来顺受的态度也开始有了变化。那些极端分子本以为毛泽东的"最高指示"一到，批斗会一开，就会战无不胜。哪里想到，人们恰恰是从这些谎言和迫害中看到了破绽，看到了光轮后面的阴谋和邪恶。

譬如，当时流行的是"早请示，晚汇报"，唱红歌，跳忠字舞，剪忠字花；一句"最高指示"传下来，哪怕是半夜也要从被窝里爬起来敲锣打鼓上街游行欢呼万岁……人们都像疯了似的。巴金不知道是怎么一回事，他想不通。

再譬如，多年来无休止的批斗，从机关到学校，到农村田头，到全市性的，各种各样大大小小的批斗会，他都经历过了。以前他曾称抗战时的经历为"身经百炸"(指日寇的"轰炸")。后来他把"文革"的经历称之为:"身经百斗"。他从恐惧批斗到对批斗"习以为常",从对批斗怀着认真听取意见的态度到看出那是在做戏、整人,因而感到厌恶,反感。他跟那些戴着红袖章,讲起话来慷慨激昂、气势汹汹的造反派、革命左派,以及工宣队、军宣队……打交道多了,从他们高高在上不断教育他、训斥他、批判他、斗争他的过程中,却看出来他们的内心世界远非嘴上讲的那么革命、那么崇高、那么真诚,甚至觉得他们张牙舞爪更像要把他吞吃掉的野"兽",有更多的"兽"性。他们也不过是像他父亲审堂时站在两旁吆喝动手的差役,是一些小人物而已。

有时,外地外单位来人调查,审讯巴金的态度也很凶恶。他们要巴金揭发交代朋友的情况,巴金却只知道朋友是好人,没有什么可说的,于是又会招来一顿训斥。一次,一位来外调的工宣队师傅要他讲出1931年到苏州时认识的一位年轻朋友,当时讲了些什么话。巴金实在想不起三四十年前讲过的话,这也被认为不老实,被狠狠叱骂了他一通。巴金对此已经领教得多了,冷眼观察他们这些"表演",只觉得可怜可笑又可恨,但决不会因为他们的逼供瞎编材料。

但是,那些造反派在台上还是那么神气,好像他们会永远占着历史舞台,真的会万万岁似的。所以,他们在批斗巴金时,常常会威胁说,要对巴金一直批斗下去,"一直批到共产主义社会"。那番凶相使巴金很久很久不能忘记。现在巴金一看见造反派的面孔,一听到"样板戏"的声音,一碰到诸如歌颂伟大领袖的"宗教"似的仪式……就会有一种说不出的反感。而这些东西又都是他日日要面对的。他不相信会永远这样下去。世上毕竟还有良知和同情。他想自己好像是在炼狱里受罪,总有一天会有诗人领他走出这人间炼狱之门。

165. 辰山劳动

1968年9月,在"文革"进行了两年多以后,上海的文化系统几乎近于瘫痪,基本上停止了各种业务活动,大批人员领着国家工资却被迫放下手中工作终日无所事事，没完没了地"学习"、批斗，也已搞得人们厌烦。只有一些极端分子仍在那里争权夺利，打斗不休。大概为了便于管理，上面下令将文化系统中的作协、人民艺术剧院、青年话剧团等三个单位的"牛鬼"集中在市区石门路的一座楼房的底层，像是一个"集中营"似的，总数约有五六十人，每天无非还是向毛泽东像早请示、晚汇报，学习毛泽东的"最高指示"，经常听管理人员的训话，以及在大楼花园里做些清扫的劳动。对于这些"牛鬼"来说，暂时摆脱了作协那几个凶神恶煞似的造反派的虐待，"游斗"的高潮似乎也已过去，因而稍稍感到松了一口气。只是巴金从武康路家中到石门路的路程比原来要远了一些，每天要更早出门更晚回家。

10月，毛泽东思想工人宣传队和解放军宣传队联合进驻文化系统。报纸社论又宣扬了一通"工人阶级占领上层建筑发挥领导作用"云云。但是人们发现这些宣传队除了代替了无法无天的造反派的独霸权力以外，并没有什么新的作为。

不久，工宣队就将作协的近二十个"牛鬼"派到郊区辰山农村，参加为期一个月左右的秋收劳动。这年巴金已是六十四岁的老人了，也一样被勒令前去。对于劳动，巴金倒不害怕，而且一直非常认真，无论在作协机关，还是在复旦大学学生宿舍、石门路"牛棚"，他都是做得很好的。连管理他们的造反派背后也承认巴金劳动不错。其实这与巴金一生做事认真有关。是他为人处世的基本态度。现在派他们去农村劳动，虽是一种惩罚，他也已经不在乎了。

于是，巴金和孔罗荪、师陀、王西彦等一起，各人手提肩扛行李，在造反派们高呼"打倒……"（挨着个儿喊着他们的名字）的口号声中离开了石门路，坐大卡车到了辰山，给安排在一间小屋里，泥土地上铺了一层薄薄的稻草，就算是他们的铺位了。劳动项目先是割稻子。收完稻子以后是深翻地。这些平日坐在室内写作的人，突然每日在烈日曝晒下干活，当然是很艰苦的。更何况像巴金等都已年纪大了，所以每天收工时，巴金总是连走路都很困难。即使在这种情况下，带领监督他们的工宣队和造反派也没有忘记大批判，而且花样翻新，搞所谓田头批判会，主角又是巴金。一则他是所有"牛鬼"中名气最大、身份最高、群众最熟悉的；二则抓住他出身地主家庭，正好做文章发挥。

批斗巴金时，就叫孔罗荪、王西彦、师陀等在旁陪斗，有时还把当地的地主揪来一起陪斗。他们还动员农民来听会，但农民却来得稀稀拉拉。批判的内容也还是老一套：地主如何剥削农民，你巴金的罪恶又是如何滔天，你必须低头认罪，等等，对这些批判者和被批判者都已很熟悉。批判者只剩下空话恫吓，被批判者也已刀枪不入。有一次，有一位造反派诗人在批判发言中，凭空捏造了一个谎言，说巴金每月向上海作协领取一百元房租津贴。他说时义愤填膺，像真有那么一回事似的，想煽动在场的人们。巴金却在那里为这位诗人可惜，何必用这样的谎言来整人，与诗人应有的品格是多么不相称啊！

有时，工宣队和造反派还搞"忆苦思甜"，用糠和野菜做成的"忆苦饭"强迫他们吃，每人两大碗，盛得严严实实，当着工宣队和造反派的面，必须全部吃完。如有哽噎、呕吐，就会招来一顿呵斥。有的工宣队员可能初当管理别人的领导，且对方又是一些大知识分子，自我感觉特别良好，喜欢滔滔不绝宣传一番"革命道理"进行所谓教育。巴金等"牛鬼"当然只有恭恭敬敬地聆听。

辰山劳动一个月后，巴金等又回到石门路"牛棚"。据报纸上讲，全国各地都已成立了革委会，标志着"无产阶级文化大革命的全面胜利"。于是传来了要对揪出来的"牛鬼"们作处理的消息。工宣队也开始找一些"牛鬼"谈话，似乎要作什么结论了。过些日子，却又杳无音信了。然后又有传说，据说文艺界的问题特别复杂，是被毛主席定性为黑帮黑线，所以不能像一般单位那样来处理解脱干部。据说江青、张春桥一伙，说上海作协是三十年代黑线人物的老窝，一个也不能"解放"。过了一些日子，巴金等又奉命回到作协的"牛棚"。

随着社会形势的变化，上海作协也不能把私设的变相的监狱"牛棚"永远维持下去，于是也搞了几次所谓的"宽严大会"。把"抗拒的"从严处理。巴金、魏金枝、师陀、王西彦等则先后被宣布"从宽处理"。但所谓"从宽处理"，既对个人的问题没有明确的说法和结论，实际生活中也无明显变化，唯一不同的是终于走出了"牛棚"，日常学习和群众在一个小组里活动。但是在人们的眼光里，总还是视为异类，造反派们照样可以任意摆布叱呵他们。所以，他们自己也觉得身份不明，低人一等，仍还要写"思想汇报"，受着管制。

1969年5月，江青等大搞纪念毛泽东《在延安文艺座谈会上的讲话》的活动。上海作协当然紧跟。巴金也奉命写了一篇关于学习毛泽东讲话的"思想汇报"，却意外地受到了宣传队领导的表扬。这大概是巴金自"文革"以来没有碰到过的好事。他们把他的"思想汇报"挂在墙上，还加了按语，说巴金能够认罪服罪，向人民靠拢，有诚意。这本是要向"牛鬼"们当作示范的意思。哪里晓得报到上面，上海市革委会领导们张春桥、姚文元等却非常恼怒。他们一向仇视巴金，岂能容忍对巴金的宽容。于是，过了几天，上海作协的领导们又秉承上面的旨意，马上换了一副面孔，又把巴金揪出来批斗，指控巴金写的"思想汇报"是假意认罪，目的是骗取信任，企图蒙混过关。对于这种政治把戏，巴金早已看够了，所以他完全不在乎。

那时江青为了吹嘘自己，捞政治资本，又进一步鼓吹"样板戏"，下令在报纸上逐个发表"样板戏"剧本，而且是全国各报一律拿出好几个版面登载，供举国上下亿万群众学习。上海作协当然又是紧跟，每发表一部戏，他们就得像学习中央文件似的学习一阵子。巴金等这些"牛鬼"现在与群众一起学，就会被逼着发言，照例是把江青大捧一通，把这个"样板戏"大吹一通，然后把自己大骂一通，最后是表决心好好改造，重新做人。这时，主持学习的造反派们又照例把"样板戏"作为最高范例，把他们大训一通："样板戏"是多么神圣、伟大、崇高，在它的光辉照耀下，再一次证明他们是多么反动、卑微。

"文革"前夕，巴金看过《红灯记》等几个后来被江青封为"样板戏"的戏，那时他也曾被感动过。现在他却产生了新的感受：这都成了"政治把戏"了！

166．"批巴"新高潮

1969年秋天，巴金等人又被派遣到上海郊区辰山劳动，大致和上次一样，几个人挤在一间窄小的平房里。还是天天劳动，割稻、翻地。后来天气冷了，没有那么多农活时，就改在厨房里做杂活。还有必不可少的学习、思想检查、批判会。不只学毛泽东著作、语录，还学"样板戏"。农村高音喇叭里早早晚晚不断播放"样板戏"唱段。

这次下乡秋收结束后,上面却没有像上次那样准许他们按时回到市的意思。于是,工宣队不得不安排人们轮休,回家取过冬用的衣物。巴金当然很想念家里,已有一个多月没有看见萧珊和孩子们了,不知他们近况怎么样。那种渴望和思念显然是不言而喻的。他期待着和亲人见面团聚的时刻,尽管只有两三天的时间。

当轮到巴金回家前的一天学习会上,上面布置学习"样板戏"《智取威虎山》。主持会议的又是去年在田头批判会上谎称巴金领房租津贴的那位诗人。他又逼着巴金发言歌颂江青、吹嘘"样板戏",并且对照自己再辱骂一遍。巴金原以为照例说一些套话就可以应付过去,没有想到这位造反派诗人存心与他为难,一定要巴金承认自己的"罪行"是"反党反社会主义"。此人平日在小组学习时,也常常点着巴金的名字任意羞辱漫骂一通;此时他那得意狞笑的样子似乎在说:你算什么大作家,如今还不是得听我发落吗?

虽然前些日子搞了所谓"从宽处理",巴金等仍然和以前一样是"罪人"、"敌人",可以由他们随意欺凌虐待。因此,尽管巴金对这样的小人、极端分子厌恶之极,但却毫无反抗、评理的可能。四十年代抗战结束后,巴金在作品中多次发出过尖锐的质问:为什么这个社会变得"坏人当道,好人受苦"?如今却连这样的呼喊质问都不被允许,都没有可能了。巴金只能忍气吞声,任凭这位造反派诗人滥施淫威。但是,本来满怀着对回家的欣喜期待的情绪,却给完全破坏了。散会后,他回到住处发怔,又痛苦又愤怒。直到第二天回家途中,他还是那样怔怔的。走进家门见到萧珊时,他也只能强颜欢笑来掩饰自己的心头隐痛。他不知道这样颠倒黑白的日子什么时候才是尽头。

像这样故意寻衅的所谓批判,后来又连续发生过。上海作协造反派中颇有一些工于心计的人,善于制造事端。有一次,在农村住处的墙上忽然贴出大批吓人的标语口号,声讨"牛鬼蛇神"。首当其冲的又是巴金。造反派中有人翻检巴金旧作,从字里行间寻找巴金的罪行,竟有一大发现。就把巴金揪来恶狠狠地逼问:你在文章中叫青年到中国的"腹地"去,什么叫"腹地"?"这完全是蒋该死的语言,蒋该死把中国共产党领导的中央苏区视作'心腹之患',日夜妄想铲之、除之,巴金号召青年'顾念''腹地'的'灾害',就是为蒋该死招兵买马,动员反共力量。"①是鼓动青年到苏区去搞破坏活动。当他们振振有词罗织这样荒唐吓人的罪名时,"巴金必须老实交代"的口号声就像和声一样伴随而起。

这些造反派还是在号称高级文化机关里的人,竟连"腹地"两个字都解释错了,也许是故意曲解,然后牵强附会引申出一个可怕的罪名来。巴金当然不能接受,并向他们解释"腹地"是"内地"的意思,这可以从任何一本字典中找到这样的解释。但是,他的辩解却不断被责问声、训斥声、口号声打断。那些造反派气势汹汹的样子好像他们编造的罪名已经确凿无疑了。

巴金说的"腹地"是在1931年《给一个中学青年》的通讯中谈到的。那是说在当时黑暗动乱的社会里,青年应该尽可能争取读书求知的权利。当这样的权利都要被迫放弃时,他说:

> 我们的工作是到民间去,到中国的腹地去,尤其是被洪水蹂躏了的十六省的农村。在那里,在那些真正负担着整个中国的生存的人民中间,我们会知道他们真正需要的是什么,他们的幸福怎样才可以获得……如果他们还是处在水深火热之中无人过问,那么中国是绝不会得救的。

这些话本来是很清楚的,与反共毫无关系。但一切事实和解释都是徒劳的。有虐待狂的造反派居心不良,哪里肯听。他们自以为得计,还故意逐个审问别的"牛鬼":"你说'腹地'是什么意思?"当问到孔罗荪时,孔罗荪明确回答说:"是内地。"这就把造反派弄得恼羞成怒,把他也狠狠地连批带斗辱骂了一通。

这些低智能的造反派到了这个时候还不省悟自己的谬误,继续认定巴金这个老"牛鬼"态度太坏太顽固,在"事实"面前还不肯低头认罪。于是就

---

① 《高举毛泽东思想伟大红旗彻底批判反共老手——巴金》(批判资料)第17页,1970年2月编印,无署名。

召开全体大会批斗。会前,先由两个造反派找他谈话,教训他要老实交代,承认罪行,否则就要从严了,不许回家了……巴金对此厌恶透了,但仍不愿屈服,坚持说"腹地"就只有一个解释:"内地。"于是批斗大会召开了,还是吼叫、辱骂和逼问。巴金实在厌倦了,不想再徒然耗费自己的精力,终于在一次又一次的逼问下:"腹地是不是心腹之患的地方?"巴金答称:"是的。"这反倒引起造反派的好奇:"你以前为什么不承认?"巴金觉得很可笑,想了一想,答称:"以前我害怕。"于是,造反派高兴了、胜利了。巴金心里却想:"我疲倦,我甘愿倒下去,不起来了。"什么批判会!"明明是造反派在台上表演,一层层地剥下自己的面具,一个个都是骗子"①。

批判会之后,造反派又照例找他谈话,要他谈感想,谈自己怎样受到了教育。巴金看着他们那副嘴脸,心里却在想:中国难道会让骗子们长期横行下去吗?这个想法从此就在他心中一直在盘旋思索。

这场批判会后的几天,巴金看见报纸上有一条国际消息,说到"以色列腹地"如何如何。过几天又有一条类似的消息。巴金特地把这两条消息抄录在笔记本上以备下次斗争会上好派用处。奇怪的是,这以后除了在批判资料中继续罗织罪状外,不再有人提起这场闹剧,好像从来不曾发生过似的。

但是类似的闹剧也还是连续出现。有一次,巴金在"思想汇报"中作为"自我批评"说道:"不劳动就丧失生存的权利。"不想又惹恼了嗅觉特别的造反派,指控巴金想要翻案。为此又开了一场批判会,还写成文章在上海一家报纸上点名批他。

造反派对巴金所以这样严厉苛刻以至到了歇斯底里的地步,除了极端思想以外,还由于上海是张春桥、姚文元两个极端分子直接严密控制的地方。张、姚又与巴金有宿怨,本身又是睚眦必报的小人,得志便猖狂的政治暴发户。在这几年的批斗会上,造反派在发言时也常会透露出一点信息,不只诬陷他反党反社会主义,还指控他反对张春桥、姚文元;把过去巴金对姚文元的批评也都上纲说成是"疯狂攻击毛泽东思想","反对思想战线上的无产阶

---

① 《随想录》第288页。

级专政"①，又说张、姚对批斗巴金是怎么怎么指示的。如有一个造反派在批判时说："文革"前，有一次某个刊物发表了巴金的文章，张春桥很恼火，就以市委领导的身份批评了这个刊物编辑。从而透露了张春桥早已对巴金怀有恶意了。

所以，当别的单位开始对干部、知识分子进行所谓"解放"、"处理"的时候，上海作协因为张、姚坚持认为是黑线单位而迟迟不动。相反，在1969年到1970年间，造反派和工宣队又连续对巴金进行批斗，又一次勒令巴金写交代，所谓重新系统交代历史问题；由"文化系统直属四连"署名编印批判资料，把巴金的政治帽子由"上海文学界最大的反动权威"升级为"无产阶级死敌"、"反共老手"，并且声称要"全力讨伐之，彻底战胜之"，"反共老手巴金，连同他的反动思想，在伟大的毛泽东思想的威力下，已被打倒，并将被彻底打倒，永远打倒！""巴金明明白白的是一个猖狂反对马列主义、毛泽东思想的反革命无政府主义恶鬼，是一个张牙舞爪反共反人民的老手，是一个地地道道的帝修反的忠实走狗，是一个刘少奇、周扬黑司令部妄图复辟资本主义的急先锋。巴金就是一个不折不扣的无产阶级专政的死敌，打倒巴金，彻底打倒巴金！"②

虽然，罗列了这么一大堆可怕的罪名不过是虚张声势而已，但却充满血腥味、杀机毕露，反映了当时官方的旨意。据说那时张春桥对巴金的处理曾经恶狠狠地说：对于巴金，不枪毙就是落实政策。造反派、工宣队正是奉了张春桥这样的旨意卖力执行。显然这个批巴的高潮与这样的背景是有关的。

167. 对"神"的幻灭

八十年代，巴金在回忆思考当年那段"牛棚"生活时，曾经谈到1969年

---

①② 《高举毛泽东思想伟大红旗彻底批判反共老手——巴金》（批判资料）第17、22页，1970年2月编印，无署名。

至1970年间又一次批巴的高潮，使他的思想有了一个很大的转变。他说：

> 67、68年两年中间我多么愿意能够把自己那一点点"知识"挖空，挖得干干净净，就像扫除尘土那样……
>
> 我当时认为自己有大罪，赎罪之法是认真改造，改造之法是对"造反派"的训话、勒令和决定句句照办。……我自称为知识分子，也被人当作"知识分子"看待，批斗时甘心承认自己是"精神贵族"，实际上我完全是一个"精神奴隶"。
>
> 在那两年中间我虔诚地膜拜神明的时候，我的耳边时时都有一个仁慈的声音：你信神你一家人就有救了。原来我脑子里始终保留着活命的哲学。……
>
> 从1969年起，我那么一点点"知识"就作怪起来了。迷药的效力逐渐减弱。我自己的思想开始活动。除了"造反派"、"革命左派"，还有"工宣队"、"军代表"……他们特别爱讲话，他们的一言一行，我都看在眼里，听在耳里，记在心上。我的思想在变化，尽管变化很慢，但是在变化，内心在变化。这以后我也不再是"奴在心者"了，我开始感觉到做一个"奴在心者"是多么可鄙的事情。
>
> 在外表上我没有改变，我仍然低头沉默，"认罪服罪"。可是我无法再用别人的训话思考了。我忽然发现在我周围进行着一场大骗局。我吃惊，我痛苦，我不相信，我感到幻灭。我浪费了多么宝贵的时光啊！但是我更加小心谨慎，因为我害怕。当我向神明的使者虔诚跪拜的时候，我倒有信心。等到我看出了虚伪，我的恐怖增加了，爱说假话的人什么事都做得出来！无论如何我要保全自己。我不再相信通过苦行的自我改造了，在这种场合连陀思妥耶夫斯基的道路也救不了我。我渐渐地脱离了"奴在心者"的精神境界，又回到"奴在身者"了。换句话说，我不是服从"道理"，我只是屈服于权势，在武力之下低头，靠说假话过日子。同样是活命哲学，从前是，只求给我一条生路；如今是，我一定要活下去，看你们怎样收场？我又记起1966年我和萧珊用来互相鼓舞的那句话：坚持下

去就是胜利。①

在巴金这些自述中，除了他从天天接触到的监管他的造反派、革命左派、工宣队、军代表……之流看出"革命"的破绽外，最重要的是对"神"的迷信的幻灭，使他的思想开始挣脱了镣铐；他苦苦追求的美好理想曾经完全寄托附丽在这个"神"的身上，现在却变得那么陌生、可怕，而难以理解。

那么多的革命元勋都变成了"罪人"、敌人"，遭到如此悲惨的下场，那么多的民众呻吟在贫困、迫害、动乱之中；倒是像张春桥、姚文元之流却凌驾于亿万人之上，把一个国家弄得支离破碎，不像样子；还有天天要人们高喊吹捧的"万寿无疆""永远健康""旗手"更使人感到厌恶和怀疑。这样的"革命"给人民带来了什么好处与进步呢？这样的"革命"与宣传中说的"伟大""崇高"有什么关系呢？

从巴金自己的经历遭遇来说，十多年来努力真诚地改造自己，听党的话，写革命的书……为什么到头来还是要被置之于死地呢？他确曾有过几次批评文艺工作中的问题，那也是为了中国的文艺事业的健康发展，出于一片忠诚，为什么就不能允许，反倒被看成罪恶？这个国家是不是出了什么问题了呢？

二十世纪下半期，中国老知识分子大致上有三种情况：第一种是极个别的，采取不认同、不合作，坚持在学术专业岗位上。第二种是受了打击就退守在学术家园不复介入世事。第三种是最大多数，巴金是其中很有代表性的一个。他们欢迎中共的胜利和新政权的建立的同时，觉今是而昨非，把过去探索了半生的社会理想与今天中共革命对接承续起来，从此一心跟随共产党建设一个美好的新中国。他们希望把自己的文化艺术科学技术创造贡献给新的国家建设。至于思想改造之类，只要是符合国家民族利益，也是乐意接受的。他们中间的有些人，好像也曾受到过很多很高的礼遇和关心，但更多的是无穷尽的迫害和打击，更富有悲剧意味。

他们在"文革"期间是生活在这样一个特殊的生存环境中：因为言论、

---

① 《随想录》第384页。

思想而获罪。如果说，这是一种"文字狱"，那么罗网之密布，罹祸人数之多，都是古今罕见的。不仅公开的会议、报刊、图书中的思想言论可能获罪，连个人书信、日记，以及家庭、朋友间的谈话等私人空间都成为追查论罪的依据。"舆论一律"、"思想统一"，把任何一点不同声音挤压到了消灭为止。正如马克思所说的："没有出版自由，其他一切自由都是泡影。"①

量刑治罪不依据法律条文，不经过政法机关和司法程序，而是由一个单位的当权者或政治运动中的所谓"群众"，就可以公然进行非法的体罚、逼供、隔离审查、批斗、抄家……以至家破人亡。

发动整个单位或社会，以至家庭亲属都参与声讨批斗，直至全党共诛之，全国共讨之，人人喊打，在人世间无立足之地。从精神上摧残羞辱到人格尊严全无，连本人都觉得自己真的成了"罪人"、"敌人"、"坏人"。

没有任何申辩抗诉的机会、渠道、场合，更没有正面抗争的可能。这也正是每次政治运动都会发生许多自杀性事件的原因。"文革"期间知识界自杀人数更是达到史所未见的惊人的地步。否则，只有忍辱负重，期待历史将会昭著是非于天下。

所有这一切都是在崇高的伟大的革命的名义下，在国家的民族的利益的名义下进行的。这对于大多数向往革命、热爱祖国和人民的知识分子来说，是最容易被接受的。识破其虚伪、欺骗、谎话，则需要时间和过程。

中国知识分子是在这样一个非常特殊的社会历史环境中生成、活动，因而也就磨练了一种特殊的生存方法来应付。由此才可以理解巴金在"文革"中走过的曲折的路，他的精神状态和思想变化。一个生平最痛恨极权专制的知识分子，曾经用自己的笔呼喊了大半辈子的作家，譬如他在1935年就说过："自从我执笔以来，我就没有停止过对我的敌人的攻击……一切旧的传统观念，一切阻碍社会进化和人性发展的不合理的制度，一切摧残爱的权力，它们都是我的最大的敌人。我始终守住我的营垒，并没有作过妥协。"②到了1957年，

---

① 《马克思恩格斯全集》第1卷，第94页，人民出版社1980年版。
② 《巴金文集》第1卷，第4页，人民文学出版社1982年版。

他仍还这么说过。然而,这十年以至更长的时间里,他却无法继续坚持,因为在这样环境里已完全失去了坚持的可能。

巴金后来对自己的这种状况有过多次的剖析。他说:

> 那些时候,那些年,我就是在谎言中过日子,听假话,说假话。起初把假话当真理,后来逐渐认出了虚假;起初为了改造自己,后来为了保全自己;起初假话当真话说,后来假话当假话说。十年中间我逐渐看清楚十座阎王殿的图像,一切都是虚假!"迷魂汤"也失掉了效用,我的脑子清醒,我回头看背后的路,还能够分辨这些年我是怎样走过来的。我踏在脚下的是那么多的谎言,用鲜花装饰的谎言![1]

168. 炼狱之门

巴金等在辰山稀里糊涂、日复一日地等待了四五个月之后,终于在1970年3月有了一个去向:统统被发落到上海郊区奉贤县"五七干校"。

这几年,巴金有过几次与萧珊分别的时候,譬如给揪住在上海作协三楼的走廊两个星期、给揪住在复旦大学学生宿舍一个月,都是不许回家,失去自由,属于所谓"隔离审查"性质,与蹲监狱没有太大区别。这两年秋天又被勒令派遣到辰山农村劳动。这许多次离家,都使萧珊特别担心牵挂,因为不知道他将会遇到什么意想不到的坏事,受到什么样可怕的折磨。即使巴金的起居饮食劳动等等也都让萧珊牵肠挂肚,非常不放心。她还要惦记他会不会生病,干活吃得消吃不消……过去出门开会、出国旅行都曾使她思念万千,如今已是六十多岁的人,老来遭遇苦难,连生命安全都没有一点保障,这就更使萧珊惊恐忧心。她每次送巴金走出家门时,总是用最大的毅力克制自己不要哭,但还是忍不住泪流满面。一个健康丰腴、性格开朗的人,现在却

---

[1] 《随想录》第281页。

一天一天消瘦憔悴下去，巴金看在眼里，心里像刀割似的。这个从来希望多帮助别人，为别人多付出的人，却连自己最亲爱的妻子也帮助保护不了，反倒使妻子为自己所累、所害。巴金内心的痛苦可想而知。

萧珊一直在等待，幻想上面会发善心，给巴金落实政策、解决问题。但盼来盼去，却看到巴金的问题反倒一天天严重起来，压力也一天天在增加。巴金在身边，遇到麻烦，好歹还能互相商量、安慰、诉说、分担，现在派去农村了，去干校了，这又如何是好！萧珊的焦虑苦恼又不敢向巴金倾吐，怕引起巴金更大的不安。巴金也不愿把自己受的苦和对家里的牵挂向萧珊细叙，怕更增加萧珊的精神负担。于是，只好用空洞的话来宽慰对方。就这样，巴金又一次肩扛手提行李，走向了那个所谓的"五七干校"。

在巴金的行李里，有一本小练习本，里面有他手抄的但丁的《神曲·地狱篇》第一曲。前几天，他在家中走廊的旧书堆里无意中发现一本居·堪皮的汇注本《神曲》（意大利文版），他像找到了一件宝贝似的，读了起来。在这种情况下读《神曲》中的《地狱篇》，就像身临其境，时时引起共鸣。但是自己要到干校去了，这本书太厚不便携带，但他又舍不得放下，于是想了一个办法，把第一曲抄在一本薄薄的小练习本上，然后带在身边，随时可以取出来阅读背诵。以后每次休假回家，他就抄录一些，一本一本地抄下去，一直抄到第九曲还没有完时，因为萧珊病危离开干校为止。

他在干校，在地里劳动，在菜地边，在开会被批斗时……常常默诵但丁的诗句。他觉得自己现在像诗人一样正在地狱里徘徊，经受煎熬和考验。但丁的诗句给了他勇气。读读《地狱篇》，看看那些造反派，日子似乎好过些。然而，巴金现在却连《神曲》中的诗人维其略这样的引导者也没有。他只有靠自己一个人在黑暗中摸索，咬紧牙关忍受着一切非人的折磨和迫害。倒是但丁的《神曲》却像维其略一样引导着他在地狱里前行。那地狱的大门上黑沉沉地写着一段话：

从我这里走进苦恼之城，从我这里走进罪恶之渊，从我这里走进幽灵队。正义感动了我的创世主：我是神权，神智，神爱的作品。除永存的东西以外，在我之前无造物，我和天地同长久：你们走进来的，把一切的希望抛在后面吧！①

巴金常常背诵最后这句话：走进地狱之门的人，丢开一切的希望。他现在不正是这样吗？这几年来，他身处的，他经历的，就像《神曲》中描写的，"这里，叹息声，抱怨声，悲啼声，在没有星光的空气里面应和着。……千奇百怪的语音，痛苦的叫喊，可怕的怒骂、高呼或暗泣，拍手或顿足，空气里面骚扰不已，永无静寂，好比风卷尘沙，遮天蔽日。那时，我毛发悚然……"

巴金想起自己经过这些年的折磨，已经心灰意懒。他好像在《神曲》中的地狱里，正走到阿刻龙特河岸上，看见白头发的卡隆立在船上，在大声喊着："不幸的你们，罪恶的灵魂！不要再希望看见天日了！我来引你们到彼岸，走进幽乡，走进火窟，走进冰城。"是啊，身陷地狱，还有什么可以指望的呢？

他像书中的主人公那样，一步一步艰难地走着，遇到过三头怪兽、黑色魔鬼、蛇发女怪、赤热沙地……他都经历过来了，他终于经受了多年可怕的考验，他要拾回已经丢开了的"希望"。

在"牛棚"里，巴金和王西彦也曾谈起过《神曲》，谈起过那里描写的地狱、炼狱和天堂。毕竟他们对于生活，对于历史，对于祖国的命运，并未轻易忘怀；他们仍然怀着执着的希望，相信正义必将战胜邪恶。巴金觉得当自己还在地狱里徘徊的时候，王西彦已经走向炼狱了。因为王西彦对于"神"并不那么迷信，对迫害和折磨也不那么顺从，常要顶撞和反抗。

但是王西彦认为，他和巴金，"在'文化大革命'中，我们都相信神，又都'并不那么相信'，因此彼此都不忘记但丁的诗篇，不忘记《神曲》在描绘地狱的悲惨景象时，写到诗人引导但丁走下地狱，看到一班郁郁不乐的男人、女人和孩子，就对他说：'你想知道这些灵魂吗？我愿意提前告诉你：他们并没有罪过。'我看巴金同样是这样，……正因为这样，他才去阅读《神曲》，才去

---

① 《神曲》第12页，田德望译，人民文学出版社1980年第2版。

关心从'地狱'通向'炼狱'和天堂的道路。"①

王西彦引述的这段故事,在原著《神曲》中是指那些生于耶稣之前,没有受过洗礼,也可以说是不信上帝的异教徒。他们没有罪过,但却被罚在地狱受苦。在《神曲》里,地狱是那些犯有各种罪恶的人所住的地方。他们在这里接受各种苦刑和惩罚。炼狱则是通向天堂的必经之途,人们在这里忏悔、洗涤灵魂中的污垢。虽然也经受痛苦,但却是为了接受教训,磨练意志,得到净化,趋向至善之境。也就是说,地狱是罪人、恶人所住的,炼狱是一般人经过的。巴金在这个时期抄录、背诵《神曲》,正是意味着他开始有了省悟,开始摆脱"奴隶哲学"的桎梏,再也不做神的奴仆,匍匐在神的面前去祈求宽恕了。他想,他应是在炼狱里,虽然也饱受煎熬,但没有罪过,更不是罪人。

于是,从表面看,巴金仍像以前一样驯顺,认真对待劳动,一丝不苟,但在内心里却正滋长着一种新的希望,萌动着一个新的自我,回归到本来的巴金身上。虽说"我是我自己。我回到我自己的身上了"②还有待时日,但确实是一个转变的开始。因此,当他在报纸上看到日本友人中岛健藏正在中国访问的消息,不仅伤感地想到了"文革"初期在武汉机场分手时的情景,回忆起往昔在一起饮酒畅谈的欢乐。而且竟然相信有一天还会重聚,他盼望这一天的到来。他不仅想到中岛健藏,还想到日本更多的友人。他想得很多很多。

---

① 王西彦:《焚心煮骨的日子》第237页,香港昆仑制作公司1991年版。
② 《随想录》第385页。

第十九章

生 死 之 梦

169. 干校噩梦

奉贤县的塘外"五七干校",住的是上海文化系统有关人员,都按军队编制,上海作协被编为文化系统直属四连。工宣队员担任连长、指导员。

所谓"五七干校",是"文革"的一大创造,那时遍及全国。机关、学校大批人员都被遣送到这种干校去。名为"校"而无其实,如说是"劳改营"也一点不过分。因为干校里的日常内容就是劳动、批斗、搞政治运动。奉贤县干校集中了几乎整个上海的文学艺术工作者上千人。虽然也有相当多的所谓"革命群众",但也有一二百个被揪斗过的"牛鬼"。因此形成了鲜明的等级,常常把脏活累活派给"牛鬼"做,生活上把最差的让"牛鬼"受用,政治上则是一拨人监管批斗另一拨人。总之,巴金等在这里继续受到歧视、虐待和迫害。

巴金到达干校的第一天,就遇到一桩看似小事其实说明处处不放过对他的迫害。

奉贤干校地处东海之滨,一望无际的白茫茫的盐碱地,杂乱密布的芦苇丛,又凉又潮湿的海风吹来，显得特别荒芜凄凉。人们住的是四面透风的芦苇棚。在狭窄的棚屋里，还是住双层铺。"学员"们到校后，由工宣队、军代表、造反派头头指派住宿位子。他们指定巴金睡上铺，让一个年轻力壮的"革命群众"睡下铺。六十六岁的巴金就得每天爬上爬下好几次。这明显是一种故意迫害的做法。但巴金又能说什么呢？过了几天以后，有一位老工宣队员实在看不下去了，才让巴金搬到下铺睡。

"文革"以来，巴金在迫害中过日子，精神上受到很大的摧残和折磨，噩梦般的生活到了晚上入睡以后也还不能摆脱，常常梦见恶魔鬼怪来找他打架，使他发出恐怖的叫喊，两手乱舞，有时还会把床头边的灯打破。到了干校仍然如此，同屋的人说他的叫声非常可怕。有一天就因为做噩梦，竟从床上摔了下来，头撞在板凳上擦破了皮。他庆幸自己已经换睡到下铺，若是睡在上铺，不知会摔成什么样子了。

在干校初期，劳动的内容是造房子，也就是搭建这种芦苇棚作宿舍用。芦苇棚顶是用油毡和稻草铺成的。看管人员实在不便于叫巴金等这些老"牛鬼"爬到棚顶去干活儿，于是在照顾老弱的名义下分派他们运送稻草等材料。那个海边盐碱地一年到头永远像泥浆一样，如果是阴雨天就更加泥滑难走。所以，这个看似轻活儿，却也让巴金、王西彦这些老弱病残干得上气不接下气。稻草很轻，成捆成捆的也照样沉甸甸的；走泥滑的路比走平坦路要加倍费劲，何况还有看管人员的监督吆喝，更加心慌意乱，一不小心，就会滑上一跤，跌得全身是泥。巴金的脚本来就不大灵便，因此摔跤最多。据说，有一次他把眼镜都摔掉了，后来还是在水沟里摸索找到的。王西彦也曾记述说：

> 给我印象特别深的，是严冬的风雨之夜，开会也好，上厕所也好，在昏暗中一脚高一脚低地踩着泥泞而滑溜的道路，经常听到有人摔跤的声音，十有八九总是巴金。他的衣裤上，老是留着左一块右一块的泥印。①

---

① 王西彦：《焚心煮骨的日子》第204页，香港昆仑制作公司1991年版。

建造芦苇棚以后，巴金还曾被派与王西彦一起抬运粪桶，把宿舍后面公厕的粪水运往耕地的化粪池里。他们两人合抬一桶粪，头上淋着雨滴，脚下踩着泥泞，晃晃悠悠要走里路。这时需要特别小心，唯恐摔跤，打翻粪桶会弄得不可收拾。即使打滑，也会使粪水溅得一身一脸。对此，王西彦也有记述：

> 大概为了照顾老年的巴金，他经常被派到化粪池畔倒粪水。当粪水哗的一声往池子里倾泻下去时，池子里的积粪也相应地喷溅上来。因此，干完一场运粪水的活儿，巴金的脸孔就成了"花猫"。这个印象也深刻在我的记忆里，只要一想起那段经历，脑子里就会浮现出巴金那副透露微笑的面容。也许"微笑"这个字使用得不完全确切。我的意思是，不论碰到什么窘迫的事情，巴金总是默默地忍受，很难见到他惊慌或是激愤的表情。①

到了1971年，文化系统四连（即上海作协）被分配种蔬菜。巴金也就随着在菜地里干活。比较前面几项劳动似乎要相对稳定和轻些。种菜需要技术和经验，巴金只能听凭看管人员的调遣分派照办就是。在菜田里干活，巴金也常和王西彦拍档合作，也就常有机会闲聊谈天。他们谈《神曲》，谈对"文革"的看法和各自不同的应对方式，谈对各自作品被否定批判的感想。因为彼此信任，当然也会对干校里的人事发些牢骚。

巴金有时就坐在菜田边用外文默诵《神曲》，深深地思念家里正在为他担惊受怕的萧珊和小林，也深深地思念已去安徽农村插队的小棠。对于一向重感情、亲情的巴金来说，这无异是刻骨的相思。尤其是在这样苦难的乱世，更是悲哀沉重。

巴金也还下过水稻田，做过搓草绳的活儿，有时也被派到食堂里去打下手做杂活。巴金并非生于农家，对于农活并不擅长，初学时不免也会闹点笑

---

① 王西彦：《焚心煮骨的日子》第206页，香港昆仑制作公司1991年版。

"文革"中的萧珊

话，做出的活儿不大精巧合格，但慢慢地也都适应学会了。他做任何事情从来都是认真对待，所以连工宣队、造反派们对他的活儿也没有很多可挑剔的。从城市到这个荒凉的海滨，过着餐风饮露、日晒雨淋的日子，巴金的身体反倒显得结实了一些，面色也红润了些。

当然，在干校，批斗会仍是必不可少的。在这个上海文艺界人士集中的地方，巴金仍是个重要的目标。城里的"革命分子"也没有忘记他，常常点名要揪斗他。今天这个工厂，明天那个学校。所以巴金仍然常常要被押着奔波于上海与奉贤海滨之间。不管巴金是在干活，还是在吃饭，只要上面一声令下，就得马上启程，赶赴会场。

有一次，根据他的小说《团圆》改编的电影《英雄儿女》又在电影院上映了。1966年为了这事，造反派曾大闹了一阵；没有想到这次又招来了对巴金的批判。军代表摆出一副"权威"的架子，大批一通巴金的小说是鼓吹和平主义的"反动战争文学"，是渲染战争恐怖等等诸如此类的帽子。有的造反派还找他谈话，问他对放映《英雄儿女》一事的感想。巴金不无讥讽地答称：这是演员、编导的创造和成绩，我的"小说还是毒草"。但仍有人向连队领导打小报告，说巴金为此"翘尾巴"。于是，干校军代表又出面把巴金教训了一顿："你不要以为电影上演了它就没有缺点，我看它有问题。"这些话本身就很混乱，不值一驳。巴金心想："随便你怎样说吧，反正权在你手里，你有理！"

使巴金更为惊奇不解的是，当他在干校时，工宣队和造反派又一次跑到他家里去抄检了一番，最后拿走了几本张春桥和姚文元的旧作。巴金轮休回家听说此事，大家都感到事情有点蹊跷离奇，想来想去，想不出原因来。

那时大规模抄家风早已过去，所以到这时仍然随意闯入他家里抄检拿走东西，说明继续把他当作没有公民权利的"罪犯"看待。1971年9月，他又因轮休回上海的前夕，工宣队领导找他谈话说："根据你的罪行，判你十个死刑也不多。"巴金不知道他们为什么突然说这样恶狠狠的话。过了许久才听说，上面传达了张春桥对巴金问题的"指示"：对于巴金，"不枪毙就是落实政策"。从这样非置之于死地的凶恶声音里，也透露了张春桥们对巴金是多么仇恨了。工宣队鹦鹉学舌，把巴金也更看得罪不容赦了。

巴金油画像（俞云阶作）

在干校，阶级斗争的血雨腥风比劳动要更严重更突出。文化系统其他部门中有几个所谓问题严重的，都被关在"隔离室"内，连劳动的资格都没有。同时还终日在工宣队、军代表、造反派的严密监管下，没有行动自由。人们在这样的环境下动辄得咎。有一次开批判会，是为了批斗音乐界的两个"反革命"。其中一个人的罪行是，用越剧曲调歌颂江青；恰恰江青是反对越剧的，认为是靡靡之音；用靡靡之音歌颂江青，用江青反对的越剧来歌颂江青，这就是侮辱江青，这就是攻击无产阶级司令部，所以就是现行反革命。这种荒谬的逻辑在那时就这样堂而皇之、通行无阻，使巴金感到实在"古怪、滑稽"。

这种血腥高压的生活，大概延续到1971年9月林彪事件发生以后，出现了一点变化。也许可以说，林彪事件对"文革"的发动者、领导者是一个致命的打击，老百姓被禁锢已久的思想大墙崩塌了一个缺口，看到战无不胜、洞察一切的光辉神像的金箔开始剥落。虔诚迷信的人也有了怀疑，受压的人也变得不那么驯服了。人们的心里都在问：林彪这样的坏人怎么会得到如此信任，成为唯一的最亲密的战友，最最忠于的副统帅，写进党章里的指定了的接班人？如今做出这等叛逆的事来，"伟大的""文化大革命"还有什么可以让人信服的呢？！

奉贤干校和其他许多地方的干校一样，从此开始越来越松散，越冷冷清清了，再也不像当初那么"轰轰烈烈"了。

170. 萧珊之死

有一次，巴金被揪回上海批斗后的次日，又被勒令到作协机关作检查。他刚坐定下来，有一位不相识的女孩子走进来，称是沈从文的亲戚，她自己是音乐学院附中的学生，现在与巴金在同一个干校。她告诉巴金有关沈从文的近况，并说沈从文很关心巴金，想知道巴金的住址。被"专政"了五六年的巴金，很久未和陌生人接触了，所以变得特别谨慎小心，不敢多说一句话，只是简单答称：仍住在原址。过了一些日子，在干校，巴金又见到这位女孩子。

她已与沈从文通了信，告知了巴金的近况；但沈从文却记不得巴金的原址了，故要巴金再写一个地址给她。巴金总觉得多一事不如少一事，迟疑犹豫了好几天，才勉强写了地址给这位女孩子。

巴金一生都不断说自己是"靠友情生活，而且正是友情使我几十年的生活有了光彩"①。然而，"文革"以来，已不允许他与朋友们继续来往。造反派们把过去正常的人际关系都诬称为"黑串联"、"黑关系"，随意剥夺了人们起码的公民权利。同时，他自己也因沦为"罪人"，过着低头弯腰、朝不保夕的日子，根本不敢也无法打听朋友们的情况，也不愿因为自己而株连别人。当然也有别人害怕牵连而不敢与他交往的。当年家中从来是"座上客常满"的，现在则是"门前冷落车马稀"了。有一位有几十年交情的老朋友，在"文革"前期因顶不住造反派的逼供，编造了很多"材料"揭发巴金。造反派就据此来狠狠批斗逼迫巴金交代问题。"文革"把人际关系、人心扭曲得非常可怕。这也正是巴金对待这位女孩子顾虑重重之故。他怕工宣队知道了，又会惹出不必要的麻烦来。

使他和萧珊感到意外的是，不久沈从文就来了信，而且写得很长，满满五页，依然那样亲切真诚地关心着巴金，也告知了不少北京朋友们的近况。最后说，"熟人统在念中，便中也希望告知你们生活种种，我们都十分想知道"。

沈从文的信，在巴金陷身变相的"囹圄"、几乎孤立无援的岁月里，无异是空谷足音，给巴金和萧珊极大的温暖和鼓舞。他又一次感受到友情的可贵、友情的光彩。他这个从来挚爱珍视友情的人在这些年都感叹"我现在也没有几个朋友"了，沈从文的信却唤醒了他压抑已久的感情。

那时的萧珊已经卧病在床，拿着沈从文写来的五张信纸翻来覆去地看，含着热泪自言自语地说："还有人记得我们啊！"她说得多么沉痛，又是多么欣慰啊！

巴金每月轮休回家，看到萧珊脸色一次比一次难看，病势越来越重，自己却不能伴守在她身边照顾，两天休假一过，就得按时返校。巴金精神上的

---

① 《再思录》第140页。

负压是那么沉重,心里的悲苦又无处倾说。每次,他都像带着一颗流血的心回到干校,坐卧不安,心乱如麻。好不容易挨到下一次轮休日,与萧珊重聚时,他总是极力宽慰她,两人常常谈些过去的岁月,想念旧时的友人。沈从文的信又把他们带到抗战时在昆明的日子里,萧珊还是一个大学生,沈从文是她的老师。他们还想念那时的一些老同学,像诗人穆旦(查良铮)、杜运燮、巫宁坤,还有杨苡一家。萧珊很想知道他们的近况,相信总有一天会得到他们的消息的。她还知道杜运燮、巫宁坤都是爱书的人,就想像以前一样给他们寄一些书去,巴金就照她的意愿,给杜、巫寄书。当谈到这些往事,她的眼里就会闪烁出一种欢乐的神采。

沈从文的信,使她激动之余,还是挣扎着坐在病床上写了一封回信,这也成了萧珊最后的绝笔。

萧珊在病中忐忑不安牵挂在心的,当然是最钟爱的一对儿女小林、小棠。小林已在上海戏剧学院文学系毕业,与同学祝鸿生结了婚,正等待分配工作。最关键的是能不能留在上海,这只是有希望而无把握的事,命运掌握在别人手里,于是只能翘首等待。小棠到安徽农村插队已有多年。那时大学开始招收所谓的"工农兵学员",下乡青年争相通过这个渠道得到学习回城的机会。但是名额有限,粥少僧多,再加上强调政治条件,黑箱操作,弊端极多。小棠虽也在争取报考大学,但也只能听凭人家的主宰。这些有关儿女前途命运的事,几乎成了萧珊的一个心病了。

使萧珊精神上压得喘不过气来、日夜惊恐放心不下的,当然还是巴金的问题。她总是有一种幻想,只要巴金的问题得到解决,不再成为"敌人"、"罪人",做什么事情也都可以顺当了,至少可以抬起头来做人了。她多么希望自己一生最敬重最亲爱的人能够过上正常的生活。这几年眼看着巴金受到没完没了的残酷的摧残和迫害,她的内心比巴金更痛苦,她宁愿自己多受罪多吃苦也不希望巴金受到伤害。所以她常常问巴金:"你的问题什么时候才能解决呢?"巴金对形势当然比萧珊看得清楚得多,但又不忍心打破她的幻想,只能苦笑回答:"总有一天会解决的。"于是,萧珊就会沉重地叹息说:"我恐怕等不到那个时候了。"

当萧珊病势日益沉重时，也不忍心叫巴金回来照顾自己。她总想不惊动巴金，不打扰巴金。更何况听说巴金又在写检查，以为这次有可能"过关"，解决问题，就更不愿意在这个时候去影响巴金。当巴金轮休回家时，萧珊还问他：检查写得怎么样了？这些年巴金已经写过无数次的检查了，大概不比过去几十年的创作少，但那只是一种消耗摧残人的意志和尊严的手段，巴金无法与萧珊讲清楚个中奥秘。

因为萧珊的病没有得到及时的正常的检查和治疗，所以全家都不知道她究竟得了什么病。他们也想送她到医院里去做一次认真的检查。但在那个年头，老百姓的医疗都难得到保证，许多有经验的医生或被打成"敌人"，或遭批判，医学院也停办了因而没有新毕业的医生，医院里现有的医生和别的行业一样，心情不舒畅，应付差事。除非走后门，有熟人，找到好的医生，才能认真治疗。所以萧珊的病就这样拖拖拉拉耽误了。平日看病，连交通工具都难找到，只好由女婿借了人家的自行车，让她坐在上面慢慢推去。有一次，找到一辆三轮摩托车，由朋友萧荀陪去；看完病，那三轮车已不知去向了。她只好硬撑着坐公共汽车，下车后萧荀扶着她一步一步地往回走。走到半路实在走不动了，坐在街沿上，萧荀先跑回家找人帮忙。正好萧珊的表侄来探望她，连忙赶来，把她背回家。在这许多次看病过程中，她要求拍一次X光片查查肠胃，但也都因X光片紧缺而没有如愿。

就在这样的情况下，巴金趁轮休回家的机会，向工宣队请假留在家里照顾萧珊。当假期满时再去续假，却被工宣队头头拒绝，一定逼他次日就回奉贤干校去。巴金回到家里，萧珊问他请假结果如何，听说未能准许，叹了一口气说："你放心去吧！"自己就掉过头潸然泪下。女儿、女婿看到这种情形，又去作协机关找到那位工宣队头头，请求让巴金在家里多留几天。这位头头铁板着面孔，说："他不是医生，留在家里有什么用？像巴金这样的人，留在上海家里对他改造不利！"两个年轻人被这种蛮横无理、冷酷无情的回答，弄得毫无办法。

当晚，在安徽农村插队的儿子小棠得讯赶来，意外地出现在巴金面前。巴金只好把萧珊托付给儿子。次日，女儿小林送父亲出门到车站。一个在车上，一个在车下，父女俩都强忍悲痛，只能泪眼相对。巴金又一次怀着沉重的心情回到干校，一天又一天，像在受刑似的煎熬着，更为得不到家中消息惶惶不安。五天以后，恰因全体人员回上海市区参加一个批斗大会，会后巴金得了机会回家探望。这时，萧珊得到一位亲戚帮忙，到医院"开后门"拍了两次X光片，诊断为肠癌；又得一位朋友多方设法"开后门"可以住进中山医院了。家里人没有把真实病情告诉萧珊，所以萧珊正满怀希望，觉得自己可以得到正常治疗，有救了，也就特别希望在进院前见到巴金。而巴金恰恰在这时赶到家里，正是意外的喜悦。巴金劝慰她："你就安心治疗吧！"这时，萧珊双目失明的年迈的父亲也赶来探望女儿。

萧珊的病情终于使工宣队的头头也动了"恻隐之心"，竟主动通知巴金：不用再去干校了。那头头明知故问地问巴金："你知道萧珊是什么病？"巴金说："我知道。"萧珊进医院二十天后去世。在住院期间，巴金每天都陪伴在她身边，有时大半天，有时整天；有时说说话，有时照料她。"文革"时，这样的大医院，对病人的护理、生活照料等大多不管，都得由家属来担当。巴金就这样陪伴着萧珊走完了人生最后的时刻。"文革"以来的六年中，他们还没有过这么长的厮守在一起的时光。在这个苦难不幸的日子里，巴金感到一种难以名状的复杂的情绪，既是痛苦的诀别，又为相濡以沫的亲近而幸福。他再也不能忘记这段生活。

萧珊住在医院里，癌细胞已经扩散，从肠癌转成肝癌，连动手术也已无济于事。半月后，却又因肠堵塞必须开刀。祸不单行，小棠又罹染了急性肝炎，幸亏医院里有一位护士长侠义心肠，对这家陷入巨大困境的人伸出了援助之手，把小棠安排到传染病房得到及时的治疗。但这又使病危中的萧珊多添了一份忧愁：棠棠是她的命根子。她不断地问："棠棠怎么样？"儿子则在传染病房里牵挂母亲的病情。这样几件灾难同时袭击这个家庭，使巴金精神上面临崩溃，晚上回到空落落的家里，几乎要叫出来："一切都朝我的头打上来吧，让所有的灾祸都来吧，我受得住！"

萧珊躺在病床上，看到愁容满面、憔悴消瘦的巴金每天奔走来陪伴她，又非常过意不去，常常怀着歉意对巴金说："苦了你了！"有时又含着眼泪望

> 报告
>
> 我爱人萧珊近年多病，去年3月下旬起卧病倒在床发烧到摄氏三十八度左右有时起过三十九度。曾到医院挂急诊号检查治疗，并不断看中医服中药，两天前还到地段医院拍过片子。但至今尚未查出病源。三十几天中高度始终不退。现在一面继续服中药，一面还准备继续进行检查。需要医药费较多，全从生活费中挪用，今后开支相当困难。拟请另发医药费壹百元，以便继续给萧珊治病。这一要求希望得到批准。
>
> 文化系统直属四连连部
>
> 巴金 1972年7月2日

萧珊病重，巴金要求干校领导允准他多取自己存款作医药费用。这是他当时写的请示报告

着他说："我不愿意离开你。没有我，谁来照顾你啊！……"

巴金和萧珊工作这么多年，从来不领工资。"文革"后，没有稿费收入，存款又被全部冻结。每月要去请作协工宣队签发条子，才能到银行里凭此从自己的存款里取用限定的三百元，其中一半用来缴纳房租。所以，萧珊又不能不为住院开刀输血等费用着急。平时，萧珊和巴金一样的脾气，从来只喜欢帮助而不愿意麻烦别人，如今却事事遇到困难，这又使她深深不安。

手术后的第五天，1972年8月13日，因心力衰竭，五十五岁的萧珊静

静地告别了这个苦难的人间。巴金记叙说：

> 她非常安静，但并未昏睡，始终睁大两只眼睛。眼睛很大，很美，很亮。我望着、望着，好像在望快要燃尽的烛火。我多么想让这对眼睛永远亮下去！我多么害怕她离开我！我甚至愿意为我那十四卷"邪书"（指《巴金文集》）受到千刀万剐，只求她能安静地活下去。①

萧珊的丧事办得很简单，没有悼词，没有吊客，只有一片伤心的哭声。除了自己家里人，只有少数几位最亲近的亲友和小林的同学，还有从北京赶来的马绍弥。他是马宗融的儿子，父母双亡后，曾得到巴金和萧珊的抚养。

1972年，巴金向萧珊遗体最后告别

---

① 《随想录》第27页。

这次听说萧珊病危前来探视。马绍弥的妻子说："你去吧，你不去一趟，你的心永远安定不了！"

丧事结束后，巴金就要把萧珊的灵盒接回家里。小林夫妇怕父亲睹物伤情，经过劝说，最后在火葬场存放了三年。然后，巴金还是把它接回家里，放在卧室的五斗柜上，书桌上则放着萧珊的遗像，萧珊将仍然伴随着他度过未来的日子。

萧珊的死，对巴金的打击比"文革"中任何的苦难迫害都要沉重。它几乎要把巴金击倒了。这么多年，巴金忍辱负重，都是为了自己的亲人，为了保护萧珊和儿女，为了他们免遭更大的灾难，他希望一切的不幸都由他独力承担。但是萧珊还是没有能够逃脱这个旷世未有的劫难而走了。

对于六十八岁的巴金来说，这样的苦难和摧残实在是太深重了。巴金怎么能不悲痛欲绝呢！他的头发完全白了，更加沉默寡言了。看到他的人都很惊异：巴金怎么一下子变得形销骨立，这么衰老瘦弱了？王西彦"发觉他已经变成了一个稻草人，至少他老了十岁"。连批巴组里的人都说，巴金好像换了一个人似的。人们一提起萧珊，他就眼泪汪汪，就心痛。

但是，巴金把一切悲痛和眼泪都默默地吞咽。他还是要坚强地活下去。他永远不会忘记萧珊，即使到了将来，"在我丧失工作能力的时候，我希望病榻上有萧珊翻译的几本小说。等到我永远闭上眼睛，就让我的骨灰同她的掺和在一起"。

冰心对好多朋友讲到过这样的话："巴金对萧珊的爱情是严肃、真挚而专一的，这是他最可佩处之一。"①

171. 跋涉在暗夜里

萧珊去世以后，巴金只好强忍着悲痛，悉心照料儿子小棠。小棠患肝炎住院一个半月才回家休养。巴金自己在9月初得到工宣队的同意，不再去干校，但仍须到作协去上半天班。所谓"上班"，也就是自学毛泽东著作等。那里有

---

① 《冰心近作选》第174页，作家出版社1991年版。

> 人活着不单是为了自己；
> 我们写作也不单是为了自己。
>
> 巴金 九三年四月九日

巴金手迹

    一个比他因病先回来"上班"的王西彦和十多个"靠边"等待"结论"的人，再有一两个"看家"的工宣队员同时监管他们。所以，在偌大的作协大楼里，实际上只剩下他们几个人。王西彦和巴金就看看书、聊聊天，使他们享受到了关"牛棚"以来不曾有过的"自由"；不像以前那样总是受训斥、挨批斗。因为是天天如此，两人就天南地北，什么都谈，谈沙俄时代，谈俄罗斯文学，谈屠格涅夫、赫尔岑、但丁，也谈"文革"……他们已经敢于向对方明白表示对"文革"和毛泽东的怀疑了。

    过了一些日子，作协的工宣队和"革命群众"也都从奉贤干校撤回来了。巴金也总算正式结束了两年半的干校生活，回到上海市区。这一切都是在林彪事件发生以后。一向爱惜时光的巴金也重新部分地恢复了读书写作的生活习惯。那时可读的书也不多，读的也很杂。他又坚持学外文，主要是学俄文、英文、日文、世界语，有时还大声朗读，像年轻时那样。他还通读了一遍《鲁迅全集》。从1973年夏天起，他又捡起了九年前校改过的旧译屠格涅夫的《处女地》，开始了重新校译的工作。

    这部译作原是在抗战时根据英译本转译的，当时受环境限制，参考书少，巴金对自己的译文并不满意。五十年代他苦心收集了多种有关的完备的俄文版本，开始重译。但因为开会、活动太多，断断续续只译了全书的三分之一。现在他每天坚持，无论炎热或寒冬，躲在汽车间的楼上小屋里，竟然只花了四个月的时间，就把全书译完了。然后又把这部二十五万字的译稿重新抄了一遍。这是以前多年想做未能做成的一个夙愿，没有想到在现在这样环境下倒完成了，真是苦难中的一件幸事。他并不幻想可能出版，只是想借此温习外文，使自己的精神和感情有所寄托。他确实在工作中心情平和宁静起来。中国优秀的知识分子就是这样，只要有工作做，无论环境如何险恶，照样会从中汲取精神力量，获得乐趣。

年底，他开始了赫尔岑回忆录的翻译工作。他最早读到这部百万言的巨著是在 1928 年留学法国的时候，当时他就非常喜爱，而且有了翻译介绍它的想法。三十年代，在一次文学界聚宴的时候，他还曾向鲁迅说起自己想把这部巨著全部翻译过来的宏愿，得到了鲁迅的赞许和鼓励。1940 年，他把已经译成的部分用《一个家庭的戏剧》为名出版过单行本。现在，他把它当成自己这一生最后的一件工作来做。他准备花五年的时间译完全书。他不想张扬此事。他清楚在"文革"这样的政治环境下，赫尔岑的书不可能被容许，他巴金的每一个字也都不可能出版的。他寄希望于将来，

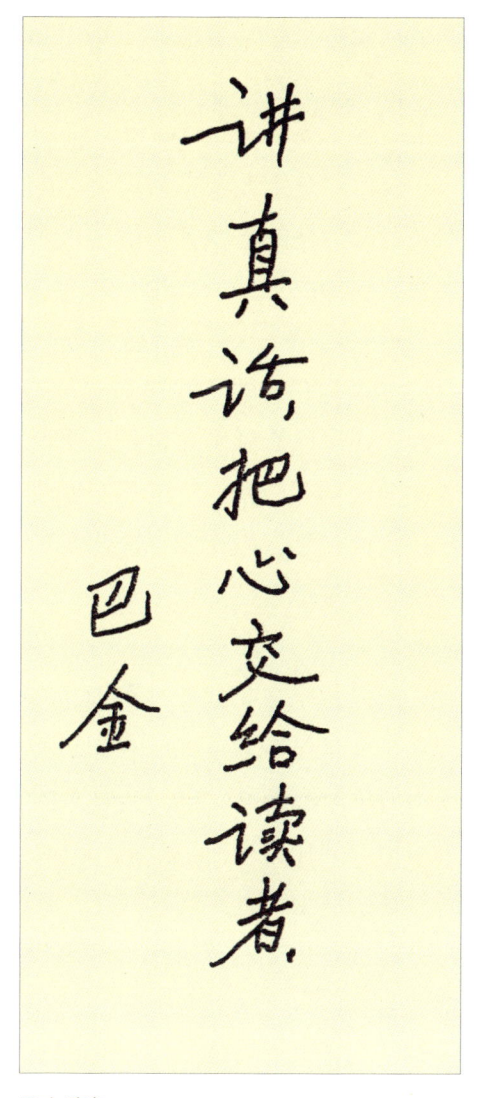

巴金手迹

其至只是留下一部誊清的手稿给后人。他要隐姓埋名，躲开张春桥、姚文元这些极端分子的注意。他只求默默地完成这个工作。他每天坚持，直到"文革"结束，在不到三年的时间里，已译完了第一、第二两卷，约三十万字。

赫尔岑是十九世纪俄国著名的作家、政论家。他是俄国贵族，后半生流亡在西欧。他的著作曾唤醒了俄罗斯民众。列宁曾高度评介他是"通过向群众发表自由的俄罗斯言论，举起伟大的斗争旗帜来反对这个恶棍（指沙皇君主制度）的第一人"①。赫尔岑在这部书中，把个人的生活经历和重要的社会历史事件有机地结合起来。人们不仅从中了解赫尔岑的生平、思想感情和个性，还可以看到十九世纪上半叶俄罗斯政治、社会、文化生活，好像在读者面前展示了一幅宽广的历史画卷，里面活动着各个阶层众多的人物，从贵族、官僚、贵族出身或平民出身的知识分子，以至农奴、佣仆……全景式地反映了沙皇尼古拉一世从镇压十二月党人开始的黑暗、恐怖、血腥的专制统治历史。

所以，巴金在翻译过程中，总觉得自己好像置身其中，与赫尔岑一起跋涉在十九世纪俄罗斯的暗夜里。那时许多荒唐、怪诞的社会现象，在现实生活中似乎时有所见。今天某些人的嘴脸和所作所为，在书中也可以找到影子。书中记叙的那些逮捕、屠杀、流放、迫害等等细节，使巴金时时感到似曾相识，时时在感情上产生共鸣和寄托，在思想上得到启示和深化。

这部著作比起普通小说的翻译要困难得多。它涉及到很多历史事件、细节和人物，以及彼此关系等。为了帮助读者理解，就需要加好多注解。这些注解又必须言必有据，不仅要靠知识和记忆，还要查阅大量参考资料。当时在巴金的大量书刊都被封存的情况下，做这件事是非常艰难的。在已经译出的两卷译稿中，巴金写的注解多达一千多条。有的注解写得很详细，长达数百字。所以巴金为此付出的心血可想而知。

赫尔岑还是一位出色的文学家，行文优美，富有感情和色彩。所以，要将赫尔岑的原著传神地表述出来也是需要相当高的中外文功底的。巴金在

---

① 《列宁选集》第2卷，第289页，人民出版社1995年版。

1928年第一次读到这部书时，正是他在创作第一部小说《灭亡》，就曾在不知不觉中受了赫尔岑的影响。翻译这部书，本身就是一个学习过程，"学习作者怎样把感情化成文字"，"学习作者如何遣词造句，用自己的感情打动别人的心，用自己对未来的信心鼓舞读者"。所以，巴金常有一种精神享受的感觉。

  1973年7月，工宣队领导和文化局的人一起找巴金谈话，说是他的结论上面批下来了。那个领导拿着笔记本念给巴金听："市委王洪文、马天水、徐景贤、王秀珍、金祖敏、冯国柱六人讨论决定作人民内部矛盾处理，不戴帽子，发生活费。这是根据张春桥、姚文元的指示精神决定的。"从1966年把巴金打成敌人揪斗、审查了七年，现在说是作结论了，却没有任何书面文字性的东西，就凭口头说说，既未说明事情原委，也不说清他到底是敌人，因宽大而作人民内部矛盾处理；还是本来就是人民，斗错了如今还其清白。总之，完全是一个糊里糊涂的葫芦案①。据一位曾是巴金专案组的成员说：在这几年里，对巴金的历史和现实表现曾作过反反复复多次的调查，但始终查不出什么问题②。可见现在这样处理，其用心是非常险恶的，无非说你是不戴帽的敌人，使你永远处在另册。这也是当时掌权者可以为所欲为的特点，并不是个别工宣队员可以做得了主的。所以，巴金即使想问明白，也不可能。工宣队领导还说，要巴金做点工作，问巴金本人有什么意见。巴金说：自己身体不好，年纪大了，只能在家里翻译一点东西，打算翻译赫尔岑回忆录。本来所谓征求意见也只是装个样子，巴金这么说，正好符合上面的意思，也就顺水推舟同意了。不过，巴金也还提了一个要求：女儿小林毕业分配，希望留在上海照顾自己；儿子小棠正要报考大学，请按政策予以支持。工宣队领导和文化局的人总算答应研究研究。

  过了几天，工宣队领导在作协机关学习会上，又把笔记本里的记录念了一遍。只是在"发生活费"之后，又加了一句"搞翻译工作"。从此他每周到作协三次，每次半天。他原以为既然问题算解决了，属于人民内部矛盾，封

---

① 葫芦案，另册。参见《红楼梦》第四、第五回。
② 这位朋友是在1973年7月，在南京附近梅山矿区招待所对笔者说的。

存的二、三楼房间总该开放使用了吧，冻结的存款总可以自由取用了吧，哪知一切照旧，毫无进展。据工宣队回答说：已打报告请示上面，一直没有批复。直到"四人帮"垮台后很长时间才逐渐解决的。

像这种莫须有的政治判决，在赫尔岑回忆录中就有类似情况，不过比诸于"文革"还是要文明一点，至少当年赫尔岑被捕后在判决时，倒还是由检察官来宣读的：第一类人，"以侮辱皇帝陛下的罪名，无限期监禁在席吕谢尔堡要塞监狱"。赫尔岑属于第二类人，"是大逆不道唱亵渎圣上歌曲的罪人，应当判处死刑"，至少，"也应当判处流放作终身苦役。然而皇上恩德无边，并不这样判刑，却赦免了大部分人的罪，允许他们在警察的监视下居住原地。对于其中罪行较重的人，则用感化的办法处理……"总之，都是因为对皇上不敬之故，就要杀、关、管。

那时处理巴金，据说也是在落实政策，是宽大处理，是给重新做人的出路。只是罪名竟一字不提，因为确实拿不出来，也拿不到桌面上来。这种用伪善来掩盖迫害的手法，正是"文革"政治的特点。

172. 故旧重叙

一方面因为"文革"进入后期，恐怖政治破绽百出，人们已有冲破摆脱的要求，所以，萧珊生前读到沈从文来信可算是远道朋友中第一个恢复联系的，以至使萧珊感慨万分；另一方面，在她故去之后的一年，由于巴金的问题无论如何算是"人民内部矛盾"了，巴金自己和别人也愿意和可能相互联系探视，于是亲友间谨慎适当的交往就渐渐地多了起来。

1974年6月，沈从文到上海看望亲友，特地到巴金家中探望。那时，女儿小林正住医院待产，儿子小棠还在安徽农村，家里冷冷清清。两位老朋友将近十年未见，如今经历了这样大的劫难以后重逢，更是倍加亲切和欣幸。他们坐在廊庑下的藤椅上，谈了好些朋友的情况。他得悉沈从文有了心脏病，健康情况也差了一些，但情绪还好。他们倾心交谈，使巴金忘了自己还是一个"不戴帽子"的"反革命"。

就在萧珊去世不久，1972年10月，巴金收到杨苡来信。杨苡是巴金三十年代的读者，与巴金一直保持联系。他们间的通讯直至"文革"前夕因各自挨批判而被迫中断。这年4月，杨苡在南京师院刚刚被宣布"解放"，就想寻找巴金、萧珊，但又不知他们的近况，无从联系。后来辗转得知了孔罗荪在干校劳动的消息，就写信给他，托他转一封信给巴金。孔罗荪很有情义，随即复信，告知萧珊已病故，巴金仍在原处。但他叮嘱杨苡："如写信去，也不要提到曾要我转信一事，陈（指萧珊）去世一事，也不要提是谁讲的，免得麻烦。"并将附信寄还。最后，孔罗荪又再次叮嘱："我仍在干校，因问题尚未最后解决，通信多所不便，请不要再来信，容俟解决，当再奉告，以谢关怀。"[①]从这个细节可以感受到当时恐怖统治的气氛，普通人的正常权利完全被剥夺的严峻情况。

于是，杨苡就采取了迂回的办法，把信寄给李小林。巴金随即复信告知近况。1973年5月1日，也就是巴金"解放"前的两个月，杨苡到上海探视巴金一家。她看见多年不见的巴先生已是满头白发、憔悴委顿的样子，辛酸感伤之极，只好强忍着悲伤，不让眼泪流出来。她发现巴金好几次摘下眼镜擦拭着眼角溢出的泪水。巴金却说是眼睛不好，牙齿也不好，并自我解嘲似的说："我还好，我还好，没有像老舍那样挨打。北京搞得厉害，这里还好，还好。"

虽然已有三十多年的友情，经过如此苦难而重逢，但大家说话仍然谨慎小心，不敢敞开心扉，只是说些各自在农场或干校劳动的情况。巴金又叮嘱杨苡："你来是作为李瑞珏的朋友，是来看她的。你住在这里，不要去看孔罗荪，不方便，免得有误会。他们叫他挖防空洞，很苦。我，我还好，反正是学习。"

李瑞珏是巴金的十二妹，李琼如是巴金的九妹，和巴金一直住在一起。那天，巴金还专门到菜市场去买了一只老母鸡请杨苡吃。九妹琼如说："四哥锻炼得能干了，他在花园里自己种了些蚕豆，你来了，我们正好请你吃新鲜蚕豆。"杨苡在巴金家里住了一个星期，和巴金两个妹妹同住一室，晚上听

[①]《雪泥集》第38页，生活·读书·新知三联书店1987年版。

李氏姐妹讲萧珊的事，使她久久不能入睡，她思念挚友萧珊，想到她最后时刻是多么的痛苦，不禁又悲从中来。

与萧珊在西南联大同学的，还有诗人查良铮、杜运燮等，当年都是一起参加学校文艺团体活动，很要好的朋友。巴金到昆明探视萧珊时，就已认识了他们。1972年以后，他们也与巴金陆续恢复了通信联系。当得知萧珊不幸去世的消息后，都写信安慰巴金。

巴金知道他们爱书，"文革"时期又无书可买，萧珊生前也曾想给他们寄一些书，所以他就把封存以外的书挑选了一些寄给他们。

黄源在1972年底也来了信，告知巴金，他正在研究鲁迅著作。这两位在三十年代就一起编《译文丛书》，一起受鲁迅关怀影响的老朋友，重新又开始联系。巴金的女儿李小林、女婿祝鸿生后来分配到杭州工作，常去探望黄源，也得到了他的关照。巴金还叫他们去看望方令孺，这也是他一直牵挂的。黄源在研究鲁迅著作的过程中，还常和巴金交换意见，介绍有关搞鲁迅著作注释的人来访问巴金。黄源当然是出于好意，但巴金却持慎重态度，不想多谈，能推则推。他在给黄源的信中说："关于周先生（鲁迅）的事我谈不出什么，更谈不出合乎目前研究者需要的东西。"显然，他已看到当时的鲁迅研究是受"文革"政治直接控制的，所以他不愿意介入其中。

这时，巴金还与茅盾的表弟、在浙江省图书馆工作的陈瑜清，人民文学出版社的楼适夷有了联系。他们都是有四十年友情了。李小林在杭州想看书就去找陈瑜清设法代借。黄源还数次邀请巴金去杭州。杭州是巴金喜爱的地方，但现在他一点没有这个兴致。

1975年，黄源到上海在女儿家住半年，才有机会多次与巴金晤面叙谈，想起年轻时团结在鲁迅周围工作的情况，不胜感慨。

这期间，巴金陆续听到一些关于冯雪峰患了癌症的消息，很为他担心。人民文学出版社编辑王仰晨是巴金四十年代的老朋友，五十年代曾负责编辑《巴金文集》（14卷本），1972年起就与巴金恢复了联系。他与冯雪峰同单位，所以在信中常告知冯雪峰的情况。巴金非常关心这位从1957年起就受难落魄的老友。所以，在给王仰晨的信中多次嘱咐代为问候，"请他好好保养身体"，或是"见到雪峰，要劝他保持好的情绪，保重身体，免得病恶化"。当听到冯雪峰动了手术病情有好转时，就很高兴；听说"近况不好"时，就很难过。文友韩侍桁从北京回来，说见到冯雪峰，备述种种病痛情形。冯雪峰则从王仰晨处得悉巴金非常关心他，因而感激地说："想到南方一次，看看巴兄和其他朋友。"但是，这个愿望已不可能实现了。

不久，传来了冯雪峰去世的噩耗，使巴金伤心了好久。他对朋友说："我1936年就认识他，他是个正直的人，也做过一些工作。""我觉得他是个好人，只是书生气太多。"事实上，这时冯雪峰的冤屈也还根本没有得到昭雪。

因为巴金与陈瑜清通信中常谈及和关心茅盾情况，茅盾得知后，于1974年1月也写信给巴金，对其丧偶颇多劝慰，还以自己也有此经历为例，给予鼓励，十分亲切。叶圣陶也来了信。在这之前，叶圣陶和胡愈之到上海来，曾提出要见巴金、丰子恺、周予同等，但上海市革委会徐景贤却不准许，理由是这些人是"反革命"。结果只见到复旦大学教授周予同，他是上海最早被揪斗的一个，现在已经双目失明，瘫痪在床上，见面时，旁边还有人陪同（实为监视）。叶圣陶、胡愈之也无可奈何，但总算知道了巴金仍还活着。巴金对茅盾、叶圣陶、胡愈之一向非常尊敬，视为师友，所以得到他们的关心，使他感到温暖和鼓舞。

老朋友李健吾、汝龙都辗转听到巴金丧妻以及有了"结论"的消息，纷纷来信。用李健吾的说法，"一晃又是八年了"，老朋友间音信全无，生死下落不明，这只有在大的战乱时期才可能发生的事，竟然出现在社会主义的中国，因而莫不唏嘘感叹。虽然如此，彼此间一直牵挂在心，友情依然，并未因"文革"野蛮恐怖政治而泯灭。李健吾的大女儿维音、二女儿维惠先后到上海出差，汝龙和李健吾都叫她们捎了几百元钱给巴金，因知道巴金存款被冻结，生活困难，这无异是雪中送炭。

李健吾、汝龙都是重友情的侠义心肠之人。汝龙后来告诉巴金："文革"初期，社会上抄家打人之风最盛时，汝龙一家人挤在两间小屋里战战兢兢过日子，李健吾却跑来看望，还留了二百元钱给他，然后就默默地走了。那时汝龙和所有的亲友都断了来往，李健吾自己也是岌岌可危，却不怕风险去关心帮助别人。汝龙曾深深地感叹说：这位老友有一颗"黄金般的心"，"人能做到这一步不是容易的啊"！

巴金不仅在那时，即使多少年后讲到这些事情时，仍然会激动得流泪。至于汝龙对他的关心更是细致，想得周到。他知道巴金翻译赫尔岑回忆录，想到此书篇幅大，有一百多万字，所以在热情支持的同时，还表示：如果巴金因故没有译完的话，他会接着做完它。他还想从经济上帮助巴金，他告诫巴金要保重身体，要想到年事已高。萧珊去世了，没有人细心照顾巴金，他就建议巴金再婚。……这一切，都使巴金感动。他知道汝龙是个老实人，真心诚意为他着想。但他还是辞谢了汝龙的经济帮助。还告诉汝龙："我不想再找麻烦，再找事做，因此我不想找老伴。而且我也没有那种兴致和劲头。"

汝龙原名汝及人，比巴金小十二岁，初见巴金时还是个流亡青年学生，因为勤奋、踏实、执着于文学翻译事业，译文流畅而讲究，得到巴金的赞赏和鼓励。他在极艰难的环境中长期坚持完成了契诃夫全集的翻译，还想继续翻译陀思妥耶夫斯基的选集。虽然他是个大翻译家，但在中国并不受到重视，不过一介平民文人而已，但却与巴金私交极好，巴金每次到北京开会几乎必看望汝龙多次。汝龙敬重巴金亦师亦友。如他所说："我这样做，是跟他学的！"想当年抗日战乱时期，汝龙一家逃难到大后方，自己又患了肺病，生活极为艰难，巴金闻讯就托人送来数千元的法币，纾解了他全家的困境。但是，他们从来只想对方的情义，不谈自己的作为。也正因为他们都是宅心仁厚的人，才能成为几十年的挚友。

也是从有了所谓"结论"之后，巴金与家乡，主要是大哥的儿子李致有了联系。因为他们是一家，大哥去世后，这家人的生活先是由三哥李尧林，后是由巴金负担的。以后也一直保持联系，直到"文革"才中断。因为李致是党员干部，也被批判审查，巴金不想因通信而给他添麻烦。萧珊病危时，李致来了信，由此得悉了家乡的一些人事情况。李致转来了沙汀的问候。青年时代的朋友卢剑波也来了信。

其他还有许多朋友陆陆续续与他有了联系。北京的作家唐弢、老报人黎丁、企业家朱梅，上海的诗人王辛笛、剧作家佐临，等等。有的是得知了巴金的情况后来信的，有的是自己的问题算有了"结论"，不致再影响别人才来联系的。巴金一生看重友情，把友情看成能滋润自己的生命，使生命有了光彩。他曾说过：

> 我和别的人一样，我在生活里也有过快乐和痛苦，也有过眼泪和欢笑。但是在这些时候，总有什么东西激动着我的心，这就是同情。通过广大的空间，朋友们从各个远近的地方送来了眼泪，送来了安慰，甚至送来了笑和祝福。我的眼眶里至今还积蓄着朋友们的泪，我的血管里至今还沸腾着朋友们的血。在我的胸膛里跳动的也不止是我一个人的孤寂的心，而是许多朋友的暖热的心。我可以毫不夸张地说一句：我是靠着友情才能够活到现在的。①

这样的友情即使在"文革"期间受打击压制下，也未被毁灭沦失，反倒更经淬砺而见真情。巴金也曾感叹过，在被关进"牛棚"坠入地狱般的日子里，只看见一些熟人翻脸无情，百般揭发辱骂诬陷，可谓落井下石者有之；却不见哪位作家朋友站出来仗义说话，为受害者昭雪冤案。他想到法国作家伏尔泰、左拉等都曾不顾自身的安危，为许多冤案抗诉奋争。左拉还为此受到迫害而流亡国外，但最终还是平反了冤狱，使含冤者重见光明。因此人们高度评价说他"挽救了法兰西的荣誉"。但是在中国的现实生活中，钳制之严，罗网之密，又有其史所未见的特点。当你想为别人说几句公道话，或稍稍表示不同意见或还没有来得及开口，你自己就早被人揪出来打倒了。这就是巴金只能在梦中见到伏尔泰、左拉，而梦醒以后只能看到更为残酷的现实。他开始懂得了，如果伏尔泰、左拉活在"文革"中的上海，也一定早被关在"牛棚"里，也只能无奈地摇头叹气。

巴金在重温故旧友情的珍贵时，也对今天的处境实质有了一点新的感知。

---

① 《巴金文集》第11卷，第105页，人民文学出版社1961年版。

173. 韬晦将息

自从1972年萧珊亡故、1973年有了所谓政治"结论"以后，巴金每周去作协两三次上午学习，此外都在家里作翻译工作，这是得到工宣队同意了的。翻译工作做多做少以及翻译的内容，都由自己安排。这样，终于有了一个相对的休养将息的机会。

有一次，原《收获》编辑现在《摘译》编辑组工作的萧岱来找他，说是他们的领导想要巴金为《摘译》翻译点稿子。因是老朋友，萧岱又是忠厚老实人，巴金就据实告诉他：自己年老体衰，视力减退，做不了什么事。现在翻译赫尔岑回忆录，也只是因为过去就熟悉的，慢慢地搞一点而已。另外再做什么就力不从心了。萧岱很理解巴金的心情，也不勉强他，就此回去复命了。

事实上，在当时的政治背景下，这些有组织的翻译工作都是为"文革"当权者服务的。巴金显然不愿意与其有任何联系，萧岱也心知肚明，于是很容易就推掉了。这是1974年底的事。实际上巴金已经译了赫尔岑回忆录十二三万字了。但是巴金并未因闭门隐居而不关心世事。当他获得了现在这一点点"自由"以后，在当时图书文化荒芜的情况下，他又旧习不改，尽可能买起书来。像别的商品一样，稍有点价值的书也很难买，他就托朋友帮着设法买。诸如《艳阳天》、《沸腾的群山》、《红楼梦》、《水浒》、《四部古典小说评论》、《红楼梦新证》、《鲁迅手稿选集》、《唐诗别裁》、《第三帝国兴亡》，以及工具书《英汉文成语辞典》……显然他的兴趣很广泛。这样买书，又和以前一样不再中断。只是没有买得那么多，因为没有那么多书可买。他还帮着别的朋友买书，又把家中没有封存的书慷慨地寄送给亲友们。

除了上述寄给诗人杜远燮、查良铮许多中外诗集外，还寄给王仰晨，其中就有很珍贵的鲁迅生前编选的《苏联版画集》精装本，最多的是寄给侄子李致。所以这个时期他又忙忙碌碌包装书、跑邮局。

此外，他还常从邮局买各种报刊，包括仅有的外国左派报刊。1974年初，"文革"当权者在全国发动批林批孔运动时,还搞了一个声势不小的批判意大利电影导演安东尼奥拍摄的纪实影片《中国》。巴金从意大利左派刊物上读到批判文章。后来《人民日报》发了评论员文章《恶毒的用心,卑劣的手法》,把安东尼奥原来意在赞美中国的一番苦心骂得狗血喷头。巴金看了,对这种辱骂非常反感厌恶,同时觉得这些外国左派也很可怜,看不到真相,受了骗,还挨了骂。

1974年6月,李小林生了一个女孩,家中就热闹了,平添了许多生气。巴金十分疼爱这个外孙女。这时,李小林毕业分配去向迟迟未能落实,李小棠在农村想考大学未成,想回上海也迟迟没有解决。他们只有耐心等待,时间就这样一天一天过去了。直到1975年底,李小林才被分配到杭州做编辑,与丈夫团聚;1976年5月,李小棠才调回上海,先在街道打杂,后到益民食品厂当装卸工人。两人工作解决前后延宕了三年之久。在那个年代,时光的荒废几乎是所有人普遍遇到的最可怕最无奈的事情。但巴金家的这些心事总算暂时有了着落。

李小林去了杭州,就把女儿端端托付给父亲和两位姑姑照料。于是家中过起了三位老人和一个婴儿的日子。当然还雇了一个保姆帮忙。巴金有时也上菜市场买菜,也买食品、日用品,还帮忙做点家务,照看婴儿。那时物资匮乏,百物紧缺,许多东西都要托人设法去买,包括婴儿吃的奶粉之类,也都很难买到。有一次,巴金路过一家商店,买到一包平时很少见的肉松。但到下午再去买时已经连影子都看不到了。

在老人们的细心照顾下,外孙女一天天成长起来,跳跳蹦蹦,给家里带来很多乐趣。有一次,因为抱端端,巴金弄伤了腰,就拔火罐、贴膏药,折腾了半个多月才好。沪杭路近,李小林也常回家探望,帮着处理解决一些困难。那时,社会上正发生着一波又一波的政治事件:诸如批林批孔、邓小平复出搞整顿、毛泽东指示批邓反击右倾翻案风、周恩来去世、天安门事件……巴金虽然也关心注意,但基本上过着闭门隐遁的平民生活。

1975年9月,已经停止业务工作九年的上海作协,将工作人员分别安插到各个单位。巴金和茹志鹃、菡子、芦芒等分到上海人民出版社。那天,还是那个工宣队头头找他谈话,告知分配去向。年过七十的巴金本来就不是拿工资的工作人员，不属于这种分配范围的，但这时又和谁说得清这番道理呢？所以也只好默默接受。但要求在介绍信中说明"年老多病"。

到出版社报到，则被安排在编译室英文组。那位负责人想分配他做具体任务，这次他不那么顺从了，坚持以自己眼睛不好身体有病为由，暂时不能接受任务。这位负责人还算通情达理，也就同意了。仍像以前那样，每周去两个半天，说是参加学习，其实也就是消磨时间。譬如，学习会上，人们东拉西扯，天南地北，讲些小道消息，说些假话套话，把报纸上的老调重弹一遍。巴金一般只是做陪客，只听不说，只有当会议主持者点名不得不说时才说一遍套话应付。但有时也会招来七嘴八舌的"围攻"。别人发言，大家有时也会起哄。乱哄哄，时间到了，这次学习也就混过去了，几乎没有人认真对待，所以气氛倒也不算紧张。即使在工作中，人们也是用"出工不出力"，即消极怠工来对付上面。大家就这样白白虚耗着时间和生命。

因为换了一个环境，到了出版社也算多少接触到了一个社会层面。但是巴金仍是采取谨慎小心的态度，尽量不主动与人打交道，谁知道对方是怎么想的，直到这时仍然有路遇熟人看见自己就转身躲开，或视若无睹的。因此他总是很沉默的。

当然也并不都是这样。他刚到出版社，就遇见丰一吟，才知道她父亲丰子恺患肺癌正住医院里。1962年上海文代会，巴金和丰子恺的发言以及丰子恺发表在《上海文学》杂志上的小说散文都曾受到批判。这些年，这位德高望重的文化老人吃尽了苦头。因被摧残迫害致病。不久，巴金就听说他逝世的消息，感到非常意外和感慨。

巴金第一次到出版社参加文件传达会议，在弄堂口就遇见翻译家张满涛。张满涛以翻译俄国著名评论家、作家别林斯基、果戈理等著作而著称。他非常亲切热情地招呼巴金，有说有笑，和"文革"前他们常在川剧来沪演出的剧场里见到时一样。如今还很少有人这样对待巴金，使他感到非常温暖。后来，他们也常有机会见到，总是随意地聊上一会儿。

但是过了一些日子，发生了一件怪事：巴金在学习会上听到组长宣布说张满涛是反革命分子。后来又听说，这是二十年前张春桥领导的小组钦定的。

这次事情经过，原是出版社领导认为张满涛工作积极，想给他摘掉"胡风分子"的帽子，就打报告请示上面，哪知不仅没有摘掉帽子，反倒批回来一顶"反革命分子"帽子。这位领导吓得不敢再去说明真相原意，就布置编译室开会批判张满涛的"翻案活动"。

事情是这样的：当年反胡风斗争时，张满涛因与胡风有一面之交，就被打成"胡风反革命集团一般分子"，但只属于"内控"而没有向本人说明。所以到了这时他方才恍悟，原来自己十多年来都被上面暗地里当作"反革命"呢。当工宣队向他宣布"应批判教育，使其认罪"时，这个好脾气的人也无法容忍了，就争辩说：他"不是反革命分子，不会乱说乱动"。这样几句话就被认为是"翻案"。"文革"已经进行了十年了，类似的大大小小的荒诞剧还在继续发生、"演出"。巴金虽然一声不吭，却看得很清楚，心里只能强忍着愤怒。

有一次，在一个听报告的会上，巴金遇到了老朋友林放（即赵超构）。他原是《新民晚报》总编辑、杂文家，当年他们常在一起参加人代会、下乡等活动。现在他又新当上了全国四届人大会代表，但对巴金仍很亲切，约他到红房子西餐馆吃饭，只是说话都很谨慎小心。当他们谈到共同的朋友金仲华、陈同生的不幸自杀一事，非常感慨，为他们走上这条绝路深深地惋惜。

在出版社工作期间，巴金也还免不了要遇到一些麻烦。这个出版社的负责人原是市委宣传部的一个领导，也是巴金的熟人，如今在台上就摆出一副"革命"的官架子，翻脸不认人了。有一次在会上使劲地鼓吹江青们宣扬的"三结合"创作方法，即领导出思想，群众出生活，作者出技巧。并说，今后要在出版社大力推广这个方法。这与巴金本来也不相干，但此人讲到最后，却话锋一转，点着巴金的名，把他奚落训斥了一顿。还有一次，这个人传达上海市革委会徐景贤的"指示"说，出版社的"首要任务"是"出人"而不是"出书"。这样的谬论却还要大家学习、贯彻，吹嘘说是马列主义、无产阶级革命理论的新发展，这使巴金非常鄙夷此人。

那时，巴金走出家门，接触到的就是这样一些荒诞可恶的现实。

第七编

人间的梦

(1977—2005)

第二十章
人 之 梦

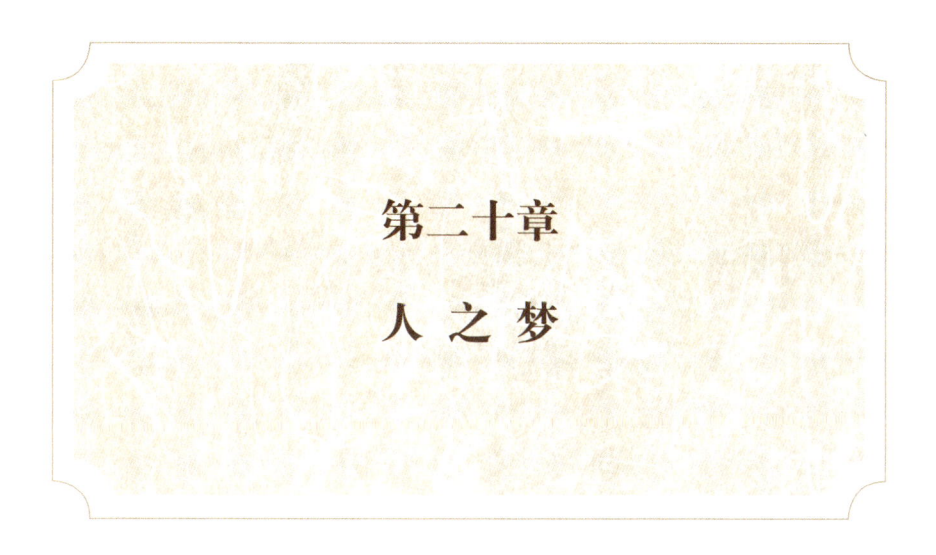

174. 不再担惊受怕

1976年1月9日凌晨,收音机里传出了哀乐,使巴金很震惊。他和睡在邻床的儿子小棠,很快就意识到是周总理逝世了。在这个动乱不定的岁月里,周总理是人们最信赖并寄予希望的领导人。他的去世使人们感到的悲痛和绝望是无法形容的。巴金后来对一位老朋友说:"我宁愿自己死去换他多活几年。"[①]

巴金的这份感情是真挚的。他想起1940年底从大后方辗转漂泊来到重庆,在中华文艺界抗敌协会举行的欢迎近期到渝的作家会上,第一次见到了周恩来。他那紧紧的握手和亲切的笑容,给巴金留下了深刻而美好的记忆。从此到"文革"的二十五年中,他与周总理有过许多次见面、谈话,听他作报告或演讲;他也受过周总理的许多关心和鼓励。也许,正因为认识了像周总理这样的一

[①] 《巴金书简——致王仰晨》第63页,文汇出版社1997年版。

1979年，巴金在写作

些共产党人，才吸引着自己走上社会主义道路。

现在，周总理去世了，上面又在紧锣密鼓地搞什么批邓（小平）反击右倾翻案风。接着，发生了震惊中外的天安门事件。在这样恐怖镇压的时期，巴金从心底发出无声的诅咒和愤怒的抗议，但在公共场合却只能保持沉默。他后来为此曾忏悔说："为自己的怯懦感到惭愧。"①

9月，毛泽东主席去世了。人们又紧张地注视着政局新的变化和动向。10月6日晚，江青等"四人帮"就擒。但是这个消息传到上海老百姓中间却已迟至14日晚，交通大学学生走上街头游行，高呼打倒"四人帮"的口号，使行人惊疑不止。15日街上遍贴针对"四人帮"和上海革委会领导的大字报、大标语，游行的人越来越多。巴金直到这时才听到此事，又一次感到震惊，但更多的是兴奋。那晚，他到出版社编译室听有关逮捕"四人帮"的正

---

① 《巴金近作》第25页，四川人民出版社1978年版。

1979年，在上海寓所书房

式传达。16日下午,出版社又开全社庆祝大会,会后巴金和人们一起去游行。这时巴金感到内心的喜悦是十年来不曾有过的。他觉得压在头上的大石头给搬开了,他可以睡安稳觉了。17日午后,他给小林写信说:"上海人民也把'四人帮'恨之入骨,不亚于外地。消除'四害'是今年的一件大喜事。"月底,他给王仰晨信中说:"除了'四害',人心大快。'四人帮'是毒瘤,是祸国殃民的害人虫,是最大、最坏的反革命两面派,是巧伪人,人民绝不会饶过他们的。"①

巴金一方面继续静心埋头译述赫尔岑回忆录,另一方面密切注视着时局的发展。中央派了新的领导班子进驻上海,开始整顿上海的局面。但是,深受"文革"灾难祸害的上海老百姓却觉得他们行动迟缓,进展太慢。在江青等被捕后的一个半月,上海开庆祝大会时,原来的市革委会领导竟然还坐在主席台上,这就很伤老百姓的感情。巴金在给亲友们的信中谈到了这些现象。他说:"……但运动开展也并不快。上海是'四人帮'经营了将近十年的黑据点,爪牙不少,问题很多,要搞彻底,搞清楚,需要相当长的时间。""上海的运动在慢慢地进展,但是慢。……至今许多人还是在照'四人帮'的思想办事。不花大力澄清思想,不认真苦干一场,收效不大。这几天上海市民就在抢购东西,糖果、火柴、味精、毛巾。凭主观想法办事。……'四人帮'毒害新中国到这种程度,真是罪该万死。"谈到写作,"我们这里管得紧些,就是怕你写作品、写文章,除非是歌颂'四人帮'的东西。"

正因为这样,巴金等一些"文革"受害者的问题很久没有人来过问。头上戴的"反革命"、"阶级敌人"的帽子照样戴着,被封存的房间照样被封存着,被扣押冻结的存款(或工资)照样被扣押冻结着……一切照旧,没有动静。许多朋友劝巴金自己提出申诉,他表示不着急,相信"过一段时期一定会改变的"。他那时更多的是想加把劲,把译述赫尔岑回忆录做得更快些。这时,王西彦却等得不耐烦了,就自己动手把封存的房间打开了。他同时给上面写了一封信说明原委,上面也不置可否。这大概就是当时有些领导们的精

---

① 《巴金书简——致王仰晨》第89页,文汇出版社1997年版。

神状态。

1977年春节，巴金全家过了一个热热闹闹、欢欢喜喜的节日。他的弟弟李采臣五十年代结束了平明出版社后，作为支援边远地区到了宁夏银川工作，现已退休，这次和妻子一起回上海住在巴金家里。小林夫妇也从杭州回来过节。小棠已于1976年5月正式调回上海。在上海的弟弟李济生一家也来了。再加上九妹琼如、十二妹瑞珏，真是济济一堂。这是十年来第一次欢聚在一起，这么心情舒畅，不再担惊受怕。尤其是多了一个新生代——不到三岁的外孙女端端，在巴金笔下，是个"活泼调皮、嘴动个不停，吃东西、讲话、管事、指挥人"的"生龙活虎"的孩子，这就更加增添了喜庆和热闹的气氛。

但是谁都意识到，席上少了一个最重要的人物萧珊，只是大家不愿意点破这件伤心事。巴金也是默默地把它存在心底深处。"文化大革命"搞得成千上万的老百姓家破人亡，巴金的家就是其中的一个。许多年后，十二妹瑞珏与朋友说起巴金的家庭生活，仍然会抑制不住激动说："说来说去，还是因为这个家少了一个萧珊。"这是永远无法挽回和弥补的。一个温馨幸福的家，从此变成残缺的了。对这个家，一直怀着热情的、美好的、挚爱的梦想的巴金，这时只能面对着书桌上的萧珊遗像和五斗柜上的灵盒，仿佛又看到了萧珊的面影，那双泪汪汪的眼睛，那副前额紧锁的愁颜……

过了不久，要求"解放"巴金的舆论终于渐渐地多了起来，这推动了问题的解决。上海市委统战部派人来了解情况，并对巴金说：你的问题上面已经知道了，要解决的。这是好意安慰，但也有叫他不要急，慢慢来的意思。新华社记者也来采访，还看了他的居住情况，回去写了"内参"报了上去。他现在所属的出版社编译室领导也向上面反映。

1977年4月20日，出版局新的领导洪泽、马飞海到巴金家中看望，并说：他们是代表党来看望他的，上海市委也关心这件事。又说：1973年的"结论"是"四人帮"搞的，已经撤销，另作新的结论，现正在办理这件事，时间不会很久。目前先把封存的房子打开，生活费也可以多取一些。作协过去拿去的东西也要退还。几天以后，作协用车子把抄家拿走的东西送了回来。还有许多原稿、书刊有待慢慢地清理出来再退。

至此，巴金在"文革"中受诬陷批斗整肃，算是正式得到了平反。如果说，"文革"把他从人变成"鬼"，现在总算重新又把他从"鬼"变成了人。

　　巴金从来都是靠稿费收入为生的。"文革"中造反派把他的存款全部没收，每月只许他从工宣队领了批条到银行限定取用三百元。也就是说，巴金取用自己的存款必须得到别人的批准；银行不保护储户权益，却去听从作协的命令。这样荒诞的事情，大概只有中国"文革"时才会有的。巴金取来的钱，有一半是缴房租；但房子却又被封存不许使用，这又是中国式的荒诞。现在落实政策了，巴金政治上有了新的结论了，总该把存款还给巴金了吧，哪里想到，这样荒诞的事情还在继续进行。上面交代只是把取用的钱数增加了一点，取用的手续仍然照"文革"时的做法：到作协领了取款条，凭单位印章，再到银行领取。有时为了领得这张取款条，因管事的人不在班上，或办事的人有变动，或又说由作协改到文化局了等等诸如此类的原因，巴金往往要往返奔跑多次。这让他感到屈辱和反感，但他仍然克制着自己，心想："且看他们怎样结束，怎样落实政策！"

　　这时，巴金已经开始参加社会活动，接待来访的外宾，先后恢复了上海市文联主席，新担任了上海市政协副主席等职务……但是他的公民权利却仍然被侵犯。直到1978年3月27日，才把全部存款退还给了他，离撤销了"四人帮"作的"结论"已有十一个月了，离"四人帮"的覆灭则有一年半的时间了。这才"算是政策完全落实了"。可见，巴金批评上海工作进行得慢不是没有道理的。

175. 重新拿起笔

　　1977年4月下旬，巴金的"政治结论"被撤销的消息传开以后，亲戚朋友登门探访的络绎不绝，报刊编辑记者也开始纷纷来邀约写稿。最多时，一天到访的人数达三四十人次，从"门前冷落车马稀"又渐渐变成"车马盈门"了。

　　上海《文汇报》是最早得到巴金的稿件的。这就是写于1977年5月18

日的《一封信》。巴金重新拿起写了半个世纪却又被剥夺了十年的笔，写了一篇五千字的文章。他用自己在"文革"中的亲身经历感受沉痛地控诉了"四人帮"的罪恶；无论他们怎样迫害他，"我即使饿死也不会出卖灵魂，要求他们开恩，给我一条生路"。他同时回顾了1949年后怎样真诚地接受思想改造，热情地歌颂新的时代，"用我那支写惯痛苦和黑暗的秃笔为新社会服务。我就这样地继续写了十七年"。但"四人帮"却照样要把他置于死地，至少要赶出文艺界。他说："十年中间我没有写过一篇文章，只写了无数的思想汇报，稍微讲了一两句真话，就说你翻案。连在日记本上写几句简单的记事，也感到十分困难。我常常写了又改，改了再写，而终于扯去，因为害怕连累别人。我知道我只有隐姓埋名地过日子，让人们忘记，才可以躲开黑帮们的大砍刀。他们用种种的精神折磨和人身侮辱对待我，处心积虑要我以后永远不能再拿笔。"对于"文革"，巴金第一次作了这样尖锐的批判：他说在翻译赫尔岑回忆录的过程中……

> 我越译下去，越觉得"四人帮"和镇压十二月党人起义的尼古拉一世相似，他们妄想在伟大领袖毛主席亲手缔造的无数先烈为之洒热血、抛头颅的新中国，在上海创造一个尼古拉一世统治那样的黑暗、恐怖、专制的时代，这是绝对办不到的。我每天翻译几百字，我仿佛同赫尔岑一起在十九世纪俄罗斯的暗夜里行路，我像赫尔岑诅咒尼古拉一世的统治那样诅咒"四人帮"的法西斯专政，我相信他们横行霸道的日子不会太久，因为他们作恶多端，已经到了千夫所指的地步了。①

《一封信》在《文汇报》5月25日刊出，在文艺界、在读者中间引起了强烈的反响。它第一次正式传达了这样一个信息：巴金仍还活着，巴金又重新拿起笔来战斗了。人们对他对"四人帮"的分析和控诉发出由衷的共鸣，对他在"文革"中的遭遇寄予了深切同情和敬意。几乎每天都有读者来信寄

---

① 《巴金近作》第6页，四川人民出版社1978年版。

到报社，然后转到巴金手里，陆陆续续多达一百多封。

这时，上海市委以纪念毛泽东《在延安文艺座谈会上的讲话》发表三十五周年之名召开文艺座谈会，历时一周，巴金也应邀参加了。他已有十一年没有在公共场合露面，没有参加这样的活动。不知是由于生疏了，还是有点过于激动了，5月23日那天，他早早起身，七时一刻就离家来到出版社，才得知上午的会是在十时举行。于是他又回家休息，九时半再出门到出版社，听党委马飞海讲下午由市委召开的会议有关注意事项。可见郑重其事，才这样再三叮嘱关照。

下午文艺座谈会在上海展览馆开幕。他一下公车就遇见电影导演张骏祥和音乐家周小燕夫妇，到了会场遇到许多几年未见的熟人，几乎个个精神振奋，开怀畅谈。开会时，他和复旦大学教授郭绍虞坐在一起。后来编组又和茹志鹃、王西彦、师陀、任干等在一起。

会议开得很热烈，他听了文艺界朋友们对"四人帮"的血泪控诉。他自己也作了发言，并在《文汇报》上发表，题为《第二次的解放》。从此他又开始忙碌起来，不仅朋友、读者纷纷来信或来看望他，其中还有一些本来不相识的。更有新闻媒体纷纷来采访、约稿。《人民日报》约他写稿，新华社记者采访他，文化部来人找他座谈，上海政协邀他参加学习，还请他担任《毛选》学习委员会委员，邀他到政协学习会上去发言……他一下子忙得团团转，一天到晚有做不完的事，总要忙到深夜十二点左右，在疲乏不堪的情况下才能上床睡觉。

朋友们的来信，都充满了炙烈动人的友情。他和胡愈之相识五十多年了，"文革"中，胡愈之和叶圣陶同到上海要见巴金，被革委会阻挠；如今闻讯来信，巴金看到那熟悉的笔迹格外高兴。胡愈之在信中说："今天从《文汇报》上读到你的《一封信》，喜跃欲狂。尽管受到'四人帮'十多年的迫害，从文字来看，你还是那样的清新刚健，你老友感到无比的快慰。先写这封信表示衷诚的祝贺。中国人民重新得到一次大解放，你也解放了！这不该祝贺吗？"巴金当晚就写了复信。叶圣陶不仅来信，还赠诗说："诵君文，莫计篇，交不浅，五十年。平时未必常晤叙，十载契阔心怅然。今春《文汇》刊书翰，识与不识众口传。

晚年的巴金

挥洒雄健犹往昔，蜂虿于君何有焉。杜云古稀今日壮，伫看新作涌如泉。"这些深厚滚烫的友情是怎样温暖着巴金的心啊！

诗人臧克家、邹荻帆，企业家朱梅，女作家赵清阁，文洁若（和萧乾）……许许多多老朋友都来信致意问候，使巴金时时处在友情的鼓励中。

这时外事方面的活动也渐渐地多起来了。美籍华人时钟雯教授来访，中旅社安排她和巴金、黄佐临、袁雪芬见面座谈。瑞典共产党《星火报》代表团来访，又由巴金和另外两位戏剧家接待。复旦大学又来邀他和西欧留学生座谈；他想起十年前被复旦学生揪到宿舍一个月的情况，不胜感慨。"七一"党的生日，青年宫邀他参加赛诗会，他再三推辞未成。会上有两位青年朗诵长诗一首赠他，要与他"共同前进"，他听了很感动。

这时的巴金，已是七十多岁的老人了，每天忙忙碌碌，开会来去或参加这类活动，很多时候是自己坐公交车，所以也很辛苦。文艺座谈会期间，中午就在会场门外长椅上休息一会儿。诗人林林是对外友协的领导，到上海公干，约巴金到下榻的锦江饭店见面。巴金到了那里，守门人因为巴金是"一般人"，不准进入楼内访客。于是林林下楼来请巴金上去，仍不准许。两人只好在楼下略谈了一会儿，巴金就告辞了。林林很过意不去，一直送巴金到电车站。这件事给巴金很深的刺激，他只好归咎于"'四人帮'的流毒作怪"。其实是旧的政治体制和意识形态在各方面的表现，处处都有对一般老百姓的歧视和防范。

至于巴金自己的思想精神状态，也还停留在"文革"前的水平，连1962年上海文代会发言时的精神也还远远没有恢复；和大多数人一样还没有从"文革"和现代迷信的浓重阴影下走出来。他还没有完全觉醒。所以，他开始写的头几篇文章中，仍然遵循上面规定的口径，毛泽东仍继续被供奉在神坛上，"文革"仍被尊为"伟大的革命"，把一切历史功劳归于领袖，不断提到"领袖"，且必颂之为"伟大的"、"英明的"、"敬爱的"，不断提到"领袖著作"，又必颂之为"光辉的"等等。同时，对自己却全盘否定、严加谴责和过分地羞辱。这很像"文革"时写的思想汇报的模式。如果说他政治上得到了"解放"，那么在思想上、精神上、人格上，他还远远没有昂首挺立起来，甚至还有点委顿怯弱的样子：

> 二十年中间（指1949年前）我写了那么多的痛苦和黑暗。我在旧社会里接受了种种资产阶级思想，这些思想贯穿着我的全部作品。我没有给读者带来光明，指明出路。……用我的痛苦折磨读者。……我对读者的确欠了一笔还不了的债，我每次回顾过去都感到内心不安。为了这个，我在无产阶级文化大革命中受到多次批判，我都心甘情愿，何况我还犯过这样那样的错误，写过坏的东西。严肃认真的批判使我头脑清醒，能够更清楚地认识自己。
>
> ……我也犯过这样或那样的错误，说过错话，写过坏文章。在无产阶级文化大革命中接受审查，我认为冲击和批斗都是对我的教育，良药苦口，却能治病。我身上从旧社会带来的垃圾，不扫除干净，就会发臭。我只有在受到多次的批判之后，才感觉到头脑清醒，才重视自己世界观的改造。……①

巴金的这种态度在《〈家〉重印后记》中也可以看到。1977年8月初，人民文学出版社编辑王仰晨来信告知准备重印《家》，在征求巴金同意的同时，还希望他写一篇《后记》。巴金随即写了一千多字的短文，他在文中反复检讨说：

> 我在旧中国半封建半殖民地的社会里写作了二十年，写了几百万字的作品，其中有不少坏的和比较坏的。即使是我最好的作品，也不过是像个并不高明的医生开的诊断书那样，看到了旧社会的一些毛病，却开不出治病的药方……让寒冷的长夜笼罩在读者的心上。……在我的小说里却找不到他们要求的东西，他们只好丢开它们朝前走了……至于今天，那更明显，我的作品已经完成了它们的历史任务，让读者忘记它们，可能更好一些。

---

① 《巴金近作》第3页，四川人民出版社1978年版。

我承认，我反封建反得不彻底，我没有抓住要害的问题，我没有揭露地主阶级对农民的残酷剥削，我对自己批判的人物给了过多的同情，有时我因为个人的感情改变了生活的真实……①

巴金这些自我谴责的话在当时还是真诚的，但也更加说明"文革"对于人们的思想、精神、意志的麻痹、摧残和毒害是多么残酷和深重。即使像巴金这样一个长期习惯于独立思考、追求自由的大知识分子，也被扭曲到这样萎弱的状态。因此，这些文章发表后，颇有几位朋友来信表示不同意见，提醒他对自己应有足够的估计，不要这样彻底否定。他在复信中是这样解释的：

一、自己讲得彻底，免得读者中毒；二、彻底否定了，还可以从头做起。对自己的过去作品，要求应当严格，自己多多批判免得读者受到坏的影响。我是这样看，否定自己越彻底，越有利于从头做起。

关于《家》，自己要求严一点，或可少产生一点副作用。

事实上，像他这样彻底否定，"从头做起"，也就只能走那条为主流意识形态所规定的、已经被历史证明失败了的路。所以，他还是承认朋友们的话"当然也有些道理"，而《家》只是一棵小草，但绝不是毒草"。这说明巴金当时心情是很矛盾的。被主流意识形态甚至极端思想束缚已久，被改造了近三十年的巴金，仍还升浮在生活的表层，那个富有独立思考和探索精神的巴金，却还被严严地埋压在厚雪之下。

176. 又忙了起来

那时，巴金作为"一般人"的轶事，还颇有一些可记述的。譬如，他接

---

① 《巴金近作》第46页，四川人民出版社1978年版。

到通知，要他去北京参加瞻仰毛泽东主席遗容代表团，10月3日启程。那天清早，小林夫妇送他到电车站，他坐电车到友谊电影院集合。然后编队去火车站，坐的是软席卧铺，次日下午两点多到达。走出车站意外地见到《世界文学》杂志的两位朋友：诗人邹荻帆和俄国文学专家高莽。因为赫尔岑回忆录的稿子刊用问题，他们之间有过通讯，巴金顺便讲到过这次活动。邹、高都是热心人，就赶来接他。但因集体行动，彼此竟没能说上两三句话，巴金匆匆接过他们递回的译稿，只听见他们叮嘱本月10日要寄回定稿的话，就随队而去。

到了下榻的西苑旅社，打电话约王仰晨晚上见面。恰好那天下雨，王仰晨准时来旅社，像上次在上海锦江饭店巴金不能上楼见林林一样，也不准进入。巴金只好淋着雨出院子来见。那个旅社会客室像个茶馆，人声嘈杂，烟雾腾腾，人来人往，连个座位都很难找到，大雨又不断飘洒进屋，弄得两个十多年没见的老朋友无法细谈，只好在雨中道别。王仰晨冒雨归去，巴金在雨中小跑回楼。

10月5日上午，巴金随队瞻仰了毛泽东遗容。下午来了一批客人，因为王仰晨回出版社一说巴金来了，严文井、沙汀、韦君宜等就来看望他。傍晚巴金坐火车回上海。像这样在北京只住一夜的闪电式行程，随队活动而没有半点自由支配的时间，在巴金的经历中似乎还不多见。

那时会议多，约稿多，有从上面来的，有从报社来的，几乎都像任务一样派了下来。上海政协学习会，庆祝"十一大"召开大会，纪念毛泽东主席逝世一周年大会……都安排他发言，于是都得一一完成。北京的、上海的，报刊的、电台的……都来约他写稿。有时，同一天，上海电台来人找他谈学习三中全会公报的体会，录完音刚走，接着，又来了北京电台的人，要补录原来已经录好的谈话中没有的有关三中全会的内容，他都一一照办。也还有写的稿子不符合编辑要求的，就被废掉，要他重写，他也都答应再试一次，如对台广播稿就写了两次。

当然也有推辞了的。三中全会公报发表，报社就来要他当天写完当天交稿，次日发表。他实在赶不出来，只好对不起了。有时身体不舒服，还是勉强挣扎着去参加活动，譬如，9月9日日记记述他一天来回奔跑多次都是为了一件事：

> 六点后起。略感不适。取牛奶。七点三刻离家去泰兴路（指上海政协——笔者注）。八点半在小礼堂举行纪念毛主席逝世一周年大会。十一点半结束，我也发了言。同佐临夫妇搭十五路换二十六路电车到家。下午辛笛来，三点同看了电视台转播的北京纪念大会实况。听了华主席的讲话。三点半电视结束。四点后辛笛辞去。更感不适，两点一刻又服了药。五点半前吃晚饭。六点三刻前统战组派面包车来接我去文化广场参加全市纪念毛主席逝世一周年大会。听了彭冲（市委书记——笔者注）的报告，并看了文艺演出，十点半结束。乘原车回家已近十一点。十二点睡。

在"四人帮"覆灭以后，巴金与全国老百姓一样，政治热情是很高的，他也很愿意做这些事，因为都是为了揭露批判"四人帮"的罪行。所以忙一些他也是乐意的。在这些会上，揭露出来的"四人帮"种种暴行和罪恶，确实是惊心动魄的。即使像巴金那样亲身经历了"文革"全过程的人，听了以后，仍还感到闻所未闻，为之发指。譬如，京剧演员李玉茹讲到京剧大师周信芳的太太被造反派烧掉头发等暴行，巴金听了不由毛骨悚然。

那时还有海外朋友来访，他想，一则可以让人家了解中国"文革"的真相，像英国BBC记者、日本《每日新闻》记者、芬兰、法国的记者、瑞典文化代表团、香港学生代表团……都轮番来访……他都与他们座谈；二则也有许多老朋友，如中岛健藏夫妇、井上靖、司马辽太郎、东山魁夷、木下顺二、西园寺公一一家……特别是在上海虹桥机场迎接中岛一行时，他与中岛健藏彼此含着眼泪紧握着手，说了一声"你好"就激动得说不出话来。十一年前在武汉机场分别时的情景又清晰地浮现在眼前，而这十一年间自己经历了一场多么可怕的灾难。今昔沧桑变化太使人感慨了。送别这些日本朋友时，他又与井上靖谈到送他的著作《壶》中关于老舍之死的反映。他也是感想多多。

来访者中，华裔作家学者也很多。於梨华、韩素音、林达光……是最早见到的。几十年来中国对外交往少,"文革"中更是严密封闭,巴金又长期与外隔绝,所以在接待过程中颇有新鲜怪异之感。他觉得有位学者有一种"西方人的腔调";与香港学生座谈,觉得他们很活泼、朴素、可爱,但感到服装有点古怪。

他还常在经济上接济一些处境困难的读者、同事、朋友。东北有一个读者,几乎在许多年中不断得到他的资助。这种情况在1949年前也是常有的,但现在他做这些事时,却常怀疑自己是不是属于"资产阶级人道主义"呢!再想想,既是自己的读者,总希望他们能够走上正路,积极工作和生活。他只是做一些力所能及的事而已。

在来访者中,使他深以为苦的是一些不速之客。因为是不相识者,又常突然跑来提出一些要求,使他非常为难,不知从何说起。有时正是他疲劳一天很想休息之时,还不得不强打精神来接待。有一天,他刚从外面回来,还未喘一口气,就有一位外地读者登门要与他谈谈对周恩来总理的看法。有的青年发表了一篇作品,送来请他指教,要与他谈谈创作问题。有位大学生跑来说想参观他的藏书。那时,在"文革"中被封闭的楼上房间刚打开不久,正混乱一片,也就无法满足他的要求。还有跑来要求他介绍翻译工作,他当然没有办法。还有向他来调查造反派情况的,有的他根本不认识;有的不仅认识,在"文革"中也确有诬陷迫害他人之事,但他也不愿多说;还有来了解鲁迅史实的,来谈现代文学史编写问题的……如此这般,各种各样,使他实在不胜应付。他又是一个重情面的人,无论熟悉、陌生的人,总是以礼相待。对有求于他的人,从不说"不",更不会端架子、挡驾,下逐客令,结果却苦了自己。直到那年除夕,也不得闲:一家报社的编辑刚把约稿取走,另一家刊物的编辑又突然来访索稿,而且反复劝说,颇有不达目的不罢休的样子。他又实在无法允诺。如此纠缠,他当然"颇以为苦",弄得自己拿笔的时间很少,连翻译工作也停了下来。

对于这位以友情为重的作家来说,最愉快的又莫过于与劫后重逢的老朋友相聚。那时的巴金是身心轻松欣喜的。10月,汝龙来上海,住在巴金家里。他们朝夕相处,促膝谈心,几乎整整谈了一天。他们有十多年没有这样畅谈了，真是非常高兴。他们谈到如何设法将汝龙翻译的契诃夫作品推荐给出版社。多年来,汝龙把自己的心血都倾注在这些译稿中,已经积累了十二卷之多。但却没有一家出版社有心推出这部有重大文化价值的多卷本的大书。所以巴金极力设法帮忙,向上海人民出版社的编译室力荐;让新创办的《上海文学》杂志选登了两篇;让女儿小林工作的《杭州文艺》杂志也选发了两篇。虽然,他几次敦促编译室接受此稿,因迟迟不决,就又介绍给了他的侄子李致主持的四川人民出版社,四川方面很愿意出版《契诃夫全集》,也因此倒促进上海方面下了决心。巴金对汝龙说,他所以这样热心,是因为"目的在于在中国出个《契诃夫全集》。多一些借鉴,有什么不好呢?""总之,尽可能印得早一点好一点。出了再说。读者需要。"汝龙身体健康情况不大好,巴金就嘱咐他做工作要"细水长流",要"保重身体,要坚持(轻微的)锻炼。要争取多活,不要为了几本契诃夫就拼掉老命"。

11月,沙汀因为思念老友,专程到上海探望,在巴金家里住了五天。巴金与沙汀相识于三十年代,又是四川老乡。巴金对沙汀的文学才华一向非常推崇。沙汀最早的一些短篇小说和三部长篇中的两部《淘金记》、《还乡记》都是在巴金主编的丛书中出版的。五六十年代,他们都是从四川省选出的人大代表,每次开会,两人常同住一室,无话不谈,感情很深。他们在对待思想改造、社会工作和创作方面,无论是见面时还是在通信中,也总是互相鼓励劝慰,在生活中互相照应帮助。即使在"文革"中,彼此也很牵挂。沙汀到上海来,与汝龙不同的是,他与上海文学界很熟悉,所以在上海的日子里,几乎每天都有朋友热情相邀款待。巴金的小弟李济生与沙汀也是几十年的老朋友了,陪着沙汀看望朋友、逛街。巴金在沙汀到达的当天,约了李济生、孔罗荪一起吃饭,还专门打开了一坛存放了二十年的绍兴老酒来款待老友。正是酒逢知己,才会这样兴致勃勃。沙汀看到巴金和李济生两家人的生活,留下了深刻的印象,回到成都后几次来信,都会关心地问及:小棠上大学有无消息?端端成长如何?济生太太病情好否?济生在云南插队劳动的女儿国燦有否调回上海?……

"文革"想把中国知识分子统统打入地狱不得翻身,"文革"想把人们的

"文革"后，巴金重新拿起笔写的第一篇也是唯一的一篇小说手稿

心灵、精神、道德、感情、思想……扭曲、压制、摧毁，但是人们经过坚韧曲折的斗争战胜了它。知识分子还是要用自己的知识来思考、创造，人们仍然热情地呼唤和张扬人性的复归。在这些老朋友重聚中，深深体现出人性的力量是多么的伟大。

当被封闭了七八年的房间被打开以后，巴金面临着繁重的整理收拾工作。如果萧珊健在，她就会一手操持，无须巴金烦心了。然而现在却完全要他自己来做。大量书籍要整理归位上架，在楼下的许多生活用品要搬上楼去，被抄家取走的物资送回来又要整理，尘封已久的房间需要打扫。而房间因多年失修而漏雨……每逢下雨天就会漏得满地是水。有一次，半夜两点，巴金被雷声惊醒，发现漏雨，赶紧和九妹琼如一起用拖把拖，用三个脸盆积储，忙

1978年初，上海文学界老友第一次重聚在巴金家中。
左起：师陀、巴金、孔罗荪、张乐平、王西彦、柯灵

得不亦乐乎。这样情况有好几次。还有卫生间也坏了，电线也断了……这一切也耗费了他不少时间、精神和力气，有时还弄得满头大汗，十分劳累。说起来，也是"文革"祸害的。没有"文革"的动乱，没有抄家、批斗，过着正常生活，哪有这些麻烦和毁坏。

然而，无论如何，作为作家的巴金又重新拿起笔来写作了。《上海文艺》复刊，催促巴金供稿。巴金原想从未发表稿《三同志》中节选一段，但是翻阅一遍，还是不满意，只好重新写一篇。在忙乱之余，夜深人静时，断断续续写完了一篇短篇小说《杨林同志》，其实是从《三同志》中脱胎而来的，也是关于志愿军的故事，这也是巴金最后的一篇短篇小说。

使他感到欣慰的是，赫尔岑回忆录的部分片断在《世界文学》上发表了，引起文学界、翻译界的注意，第一、二卷也已由上海人民出版社编译室接受，后于1979年10月正式出版。他译的屠格涅夫《处女地》由人民文学出版社于1978年2月出版。《家》于1977年底重印出版，成为当时的畅销书。巴金

自己先后买了二百多本分送给朋友，仍还不够。他是把赠送此书作为酬答友情。1978年初春，柯灵、孔罗荪、王西彦、师陀、张乐平以及李济生一起到巴金家里聚合，祝贺《家》的重新出版。客厅里又像以前一样洋溢着热闹欢快的笑语声。

巴金习惯把送朋友的书，自己打包，自己到邮局邮寄。他包的书方方正正，有棱有角，非常专业。这是他在文化生活出版社工作养成的习惯，那时他常和职工们一起做打包发书的活儿。

《家》等书出版后，有一个上午，他就包封了八个大小的邮包，然后自己提到邮局去寄发。他这样亲自跑邮局寄书的习惯，一直持续到八十年代初他病倒以后。每当朋友们收到这些邮包时，不仅为他的赠书感到欣喜，也还为他亲自打的整齐方正的包裹而感动。因为这方正的包裹里，不仅是一本书，还有巴金的一颗心。

177. 恍若隔世

1978年3月24日，巴金到北京参加全国人大五届一次会议。从严格意义上讲，这是"文革"后第一次来北京（去年10月到京瞻仰毛泽东遗容，实在很难算是一次），距1966年参加亚非作家紧急会议已是十二年了。记得1949年他初到北平开会，距抗战前1935年那次有十四年之久，都是因为时局动乱之故。如今，经过多年屈辱苦难生活之后，又重新来到人大会堂参与国事讨论，这种沧桑之感难以言表。

当他一到下榻的会议驻地西苑旅社（也就是去年住的、不让王仰晨进入的那个地方），就不断遇到熟人，大家恍若隔世，却又以彼此还健在为欣幸。他最早见到的是唐弢、吕叔湘。后来在人大会堂开会时，又先后遇到许多朋友。曹禺十二年不见，巴金发现他也老了，身体也差了。叶圣陶老人家紧紧握着巴金的手，就像1949年第一次文代会上见到一样，巴金又连连感谢他的关心。因为叶圣陶总是在关键时刻关心他鼓励他。他还见到胡愈之、茅盾、冰心……

1981 年在北京，巴金与叶圣陶

都是思念已久的老友，终于见面了，大家都很激动。

　　他的朋友太多了，在会上只能匆匆一见，总感到还有好多话要说。还因为会议规定不会客、不外出，所以还有好多会外的朋友要探望。于是他给女儿小林发了电报，嘱她来京。会议一结束，3月8日，父女俩就迁到前门饭店住了十天，到处看望朋友，以慰思念之情。北京的朋友也热情欢迎他，不断相聚畅谈。几十年的文学情谊，绝不是那些极端分子残忍迫害打击所能损伤的。

　　巴金先去看望了叶圣陶，把从上海带来的陈年花雕黄酒送给他。两位老朋友亲切地谈了很久，然后他们又去看望了顾均正一家。顾均正在"文革"前夕搬迁到中国青年出版社宿舍楼，巴金还是第一次到这"新居"。想起1965年10月，他从越南回北京，萧珊从上海给他送衣服来，就住在顾家诵君文莫计篇交不浅五十年平时未必常晤叙十载契阔心怅然今春文汇刊书翰识与不识罪口传挥洒雄健犹往昔逢蠹蚀于君何有焉杜云古稀今日壮伫看新制涌如泉 芾甘兄两正 一九七七年秋 叶圣陶

叶圣陶赠巴金诗

1978年4月,巴金在北京看望茅盾

等他相聚。那样的欢声笑语仿佛还在眼前耳边。如今却只有女儿小林陪伴他上楼了。老朋友久别重逢,格外亲切,但也因为巴金失去了亲人萧珊,顾家有一位女儿遭到不幸,大家说话时总是小心地避开这些伤心事,只是谈些近况,已足以使人感到安慰了。这种看似平常的友谊却像陈年老酒一样醇厚纯洁,毫无杂质和虚饰,与一般社交中的往来是不可同日而语的。如果不是要去探望别的朋友,他是不想马上离开的。

在顾家吃过午饭,他们就近去探望了姚雪垠,然后去看望了草明,再去曹禺家,把沙汀也邀来了,吃过晚饭,直到九点多才告辞回去。

第二天,他约沙汀一起去看望张天翼,张天翼正生病,说话有困难。他们又去看夏衍,夏衍的住处很狭窄凌乱。到了臧克家那里,臧克家约了萧涤非、徐迟、沈从文夫妇,一起欢迎巴金父女和沙汀,请吃晚饭。酒酣耳热,交谈甚欢,巴金觉得心里很舒畅。

他们又去看望汝龙夫妇、徐成时夫妇。到李健吾家时,两人见面像是做

几度芳菲亦鹅鹅一书风雨仓庚斜阳
腐草起流萤牛鬼蛇神弄剧可笑
沐猴而冠刮惊指廪乜诞五洲怒
大旦奔腾齐唱东风更劲

西江月 一九六四年旧作录奉

巴金兄指正 茅盾 一九七七年九月北京

了一场梦,紧紧握着手不放,李健吾还没有说话就已经老泪纵横了。巴金想到"文革"最艰难时,健吾还一再关心、送钱来帮助、叫女儿来看望,这样的友情再一次使他热泪盈眶。李健吾是个豪爽侠义的山西人,特别重感情,对巴金这个有近半个世纪交情的老友情谊极深,因此刚坐下就滔滔不绝地讲了起来。相隔十多年,真是有说不完的话啊!

他们还与唐弢相聚,一起去看望曹葆华。曹葆华因白内障几近失明,哪想到这次见面时他已经过手术恢复了视力。他仍是那样乐观愉快。"文革"时,曹葆华也是多方设法打听巴金的消息,非常关心老友。曹葆华要巴金把近期发表的文章寄给他看。他说,当读到巴金的《一封信》时,竟是那样的激动和喜悦。

他还去看望老朋友、企业家朱梅,看望茅盾,看望何其芳夫人牟决鸣、老舍夫人胡絜青,老朋友们都宴请他。周扬、刘白羽也先后来看他。十天的探亲访友,欢聚宴请,也使他感到疲劳。有一天,回到旅馆时,困得连眼睛都睁不开了。以后,又因感冒嗓子哑了。但是这是一次友谊的旅行,是"文革"后一次难忘的旅行,它把中断了的友谊重新恢复了,而且更加深厚了。在以后的日子里,回想到这段生活,就会使他想念大家,感到留恋。他想看望的人太多了,十天时间也还没有一一都看望到,许多朋友也只是匆匆一面。他觉得自己虽然已经年迈,但感情仍然那样炽烈,对于友情依然珍惜,并不比年轻时稍减。

回到上海总算得到了休息,感冒也慢慢地好了。家里有两件好事接踵而来,先是小棠考取了复旦大学中文系;过些日子,小林夫妇也调回了上海工作。一家人总算又团聚了。两位年轻人的学习、工作都有了着落。想到萧珊弥留之际,最放心不下的就是儿女的前程。巴金的问题现在总算完全解决了,中国也有了变化,这都可以告慰于她了。去年底开始,武康路寓所进行了大修。这所房子又旧又漏,大门都东倒西歪,经过整修,焕然一新。5月初,巴金和小林夫妇到杭州休息了四天。他与杭州阔别十多年了,如今重游,大有物是人非之感。西湖还是那样美,他们到湖滨散步,到平湖秋月、柳浪闻莺喝茶闲坐,到灵隐、六和塔、虎跑、三潭印月等地游玩,但就是少了一个人,方令孺。这位正直善良的女诗人,在"文革"时受尽屈辱和迫害,七八十岁的老太太还被强迫下水田劳动。"四人帮"垮台前夕,她孤寂地默默地死去了。所以,当巴金重游灵隐,车过白乐桥时,只看到眼前一片绿色中,似乎仍然有位清清爽爽的老太太挂着手杖向他笑着挥手。当然也少了一位萧珊。五六十年代,他和萧珊常来杭州休息。现在西湖依旧,萧珊却永远不能再现了。尽管有这样的伤悲和怅惘,但还是得到了舒缓的休息,是多少年来所没有过的。

5月下旬,他又到北京先参加全国人大常委会,然后又作为副主席参加中国文联全委会。这次会议宣布文联和各协会恢复工作。会上,十年来受尽迫害的文艺家们重新扬眉吐气,对"文革"的罪行作了强烈的控诉。那些法西斯暴行一经揭露,都是骇人听闻的。文艺家们和老百姓一样都在深思,提出这样的问题:这样的暴行为什么会在我们国家发生,应该怎样总结教训,采取措施,使这样的悲剧不再重演。

因为这是"文革"后第一次全国性的文艺界聚会,各地著名的作家艺术家都来了。四川的艾芜、任白戈,在朝鲜一起工作过的魏巍,广东的欧阳山、陈残云、黄新波,香港电影界的廖一原、吴楚帆……都是老朋友了,见面时自有一番激动和欢喜。他又去探访了汝龙、李健吾、戈宝权,以及正在医院养病的郭沫若。也参加接待日本、法国的代表团,特别是和井上靖、水上勉几位老朋友又见面了,他们频频碰杯欢叙。

8月,巴金又到北京参加全国人大常委会议。这样,他这一年连续三次到北京。在上海,社会活动和接待外宾等事情连续不断。还比过去多了一个内容:参加陆续举行的追悼会。都是在"文革"时被迫害致死的人们的骨灰安葬或悼念仪式,向死者默哀行礼。他在北京参加了老舍的,在上海参加的有:与他当年交往密切、颇得到他们帮助的金仲华、陈同生,还有原来上海市长曹荻秋,电影导演郑君里、应云卫,京剧演员周信芳,历史学家李平心,翻译家张满涛,文史专家沈尹默,生物学家朱洗,诗人闻捷、芦芒,作家魏金枝,文艺理论家叶以群等等。在这期间,还不断传来朋友逝世的消息,如郭沫若、曹葆华等;传来朋友生病的消息,像周而复手术没有做好(后来恢复挺好），周立波癌症扩散……都是一些令人不快的消息。刚听到时会有一种突然以至茫然的感觉。他又因此想到以前教小林弹钢琴的著名音乐家蔡绍序去世四年了，他很怀念这位四川老乡，也是他们家的常客。这些都使他有时整日闷闷，以致拿起笔来不知从哪里写起。想到这些中国社会的精英不能再献出自己的智慧和才华，却被活生生地折磨迫害而死去或病倒，他感到非常痛心。

就在他经常参加朋友们的葬礼活动时，在哀乐声中，他总是要想到萧珊，想到六年前她在医院里去世的情景，想到和萧珊一起生活的往事。记得那时，从火葬场回来以后，他也曾想写一点什么，但是枯坐终日，却不知从何写起，满腹感情无法倾吐。近来，有许多朋友建议要为萧珊举行一个悼念仪式，巴金辞谢了。他觉得这些形式不足以表达他内心的哀思和怀念。尽管在萧珊去世六周年时，他似乎没有做什么事，但他永远深深地记得她、爱她，永远忘不了那些日子里她经历的痛苦。他想写一篇怀念萧珊的文章，要亲自为她昭雪冤屈。更重要的是，只有通过写作才能宣泄和倾诉他对萧珊的深情。

178. 用自己的脑子思索

虽然，一天天在忙碌中度过，但是巴金并没有停止思考。如果说，1976年至1977年间，巴金的思想精力比较集中在对"四人帮"罪行的批判和控诉，比较关注于政治问题的解决，还我清白的本来面目，但却还肯定了"文革"时对他的批判是有教育意义的，甚至继续赞颂了"文革"的发动者、领导者，同时也对三十年来许多社会现象大惑不解，很自然地引起他深沉的思索。他在翻译赫尔岑回忆录时产生的共鸣和联想，他在阅读但丁的《神曲》过程中获得的启示，他从"奴在心者"渐渐地变为"奴在身者"……都说明他的思想正处在矛盾中，并开始发生变化和省悟。

1978年，这种变化进入了一个新的阶段，那年年底他开始写作《随想录》就是一个标志。他渴望思想的自由翱翔和社会的变革，他正挣脱许多年来强加于他的思想锁链。一个"独立思考"的、大胆的巴金复活了，在经过炼狱之火的锤炼以后，他比过去任何时候都更有力、更有锋芒，也更深刻。

首先，在日常生活中他就表现了一种进击的姿态。譬如，前面说过汝龙关于契诃夫译作出版的事情，按照过去的旧规定，只有北京、上海两家出版社可以出版外国文学作品。长期来对外国作品严格设防，要出版这样一套大书，更是困难重重的。巴金却不考虑这些旧习，一心积极地向各处推荐。他认为在中国能够系统出版契诃夫作品，对读者对文化发展都是需要的、有意义的。"在八亿人民的大国，多印几本书，总有好处，不会嫌多。"然而，他发现人们头脑中"仍还存在着许多旧的东西，以致许多事办不了。谁也不愿多迈一步，当个闯将"。他决心打破这种墨守了几十年的、阻碍进步的作法，力促此事的成功。

同样，南京杨苡要求有关出版社重印她的旧译《呼啸山庄》遭到拒绝时，巴金热情鼓励她说："我赞成你早日把《呼啸山庄》交给江苏人民出版社。一本名著有两种译本是可以的。不能因为一家出版社不要你的译本，就给判处死刑。"①这种想法，在当时却是空谷足音，非常难得，非常开放的。

巴金对于当时有些社会思想状况是不满意的。他说："现在的问题是，没有出过的书，谁也不敢决定出；没有做过的事，谁也不敢决定做。""'四人帮'虽已粉碎，但人们头脑中的枷锁还在，要印拜伦、济慈等人的诗选，有些人似乎想不通。"②所以他就到处鼓吹他的想法，对新华社徐成时讲，是希望他能向上面反映；对人民文学出版社编译室编辑讲，是想推动他们的工作。这是文学上的对外开放，巴金是看得很重的，并且大力鼓吹，身体力行。

但是，在七八十年代，有些人把文学上的对外开放看得比经济上的对外开放要严重可怕得多，更不能容忍，唯恐被人"渗透"、"演变"、"俘虏过去"。有人就提出"设防"的观点。这一切无非还是把传统文化统统看成是封建的地主阶级的，把西方文化统统看成是资本主义的，把苏俄文化统统看成是修正主义的，也就都在排斥之列。"文革"时，正是据此扫"四旧"，进行大规

---

① ② 《雪泥集》第70、69页，生活·读书·新知三联书店1987年版。

"一个小老头,名字叫巴金。"(高莽作,巴金题词)

模的抄没、禁绝、烧毁。巴金痛感到这种无异于秦始皇、希特勒的"把戏"，是一种"愚民政策"，是造成中国人无知、落后的原因。所以巴金就把这个思考已久的想法写成文章呼吁"多印几本西方文学名著"。为了"老老实实，承认落后，咬紧牙关，往前赶上"，就"先要了解别人怎么会跑到我们前面。即使我们要批判地学习外国的东西，也得先学习，学懂了才能够批判"。

巴金想得更深的是，中国过去只有封建的渊源，没有民主传统，"太不重视个人的权利。缺乏民主与法制"。他痛感到，"今天在我们社会里封建的流毒还很深、很广，家长作风还占优势"。就像《家》中的高老太爷的鬼魂还在到处出现。"文革"中，人们在受到残酷打击迫害的同时，还被逼不断认罪检查，感激、歌颂这种批斗是革命，是对自己的挽救。巴金由此联想到儿童时代看做知县的父亲审堂，乡民们被打得鲜血淋漓，还要向大老爷磕头谢恩。世上有一种人生来注定就是挨打的，一切都是上面给予的恩赐，包括对你的惩罚。历史的车轮已经转动了半个多世纪了，中国舞台上演出的似乎没有什么变化，因为"他们的戏箱里就只有封建社会的衣服和道具"。因此，他呼吁，"要实现'四个现代化'，必须大反封建。""我们需要社会主义的民主。"①

巴金在这个时期写了许多关于反封建问题的文章，集中批判了所谓"长官意志"，一切都相信"长官"，听命于"长官"，"把自己的命运交给别人，甚至交给某一个两个人，自己一点不动脑筋，只是相信别人，那太危险了"。这是他对个人迷信、造神运动的批评，也是他一生反对专制强权的新的继续，是总结了个人惨痛的经验教训、回顾了严酷的历史后才感悟到的道理。五十年代，他提倡过"独立思考"，碰了钉子就偃旗息鼓了。现在他又重新提出来，说：

一个人倘使不用自己的脑子思索，一个作家倘使不照自己思考写作，不写自己心里的话，那么他一定会让位给机器人，这是可以断言的。

这些年来我的经验是够惨痛的了。一个作家对于自己的作品竟然没

---

① 《随想录》第62页。

有一点个人的看法，一个作家竟然甘心做录音机而且以做录音机为光荣，在读者的眼里这算是什么作家呢？我写作了几十年，对自己的作品不能作起码的评价……这难道不是信神的结果？①

这次的省悟是建立在深刻的历史反思的基础上的。所以，他"敢于挺起胸来'独立思考'，讲一点心里的老实话"。这不只是在文章中说说，提倡一下，首先是巴金自己决心身体力行，遇事认真思考，无论写作短文还是小说，决不再屈从于权势、棍子、迷信权威、长官。他说，他最近写的文章，常有两三句不合"长官意志"的话，但是他将坚持这样走下去。"我想写的是我真正看到、感受到的东西，我想反映真实的生活，不过如何反映，得好好考虑。我决不写表面的东西。我没有几年可以工作了，因此我不想浪费时间。我忙，但是我常常在考虑这个问题，怎样写一两部长篇来结束我的写作生活。"他也真心诚意地将这个意思来劝说他的朋友们。

他对曹禺说：

……我要劝你多写，多写你自己多年来想写的东西。你比我有才华，你是一个好的艺术家，我却不是。你得少开会，少写表态文章，多给后人留一点东西，把你心中的宝贝全交出来，贡献给我们社会主义祖国。

他对萧乾一再说：

我希望你写点能流传久远的作品。不然，翻译几本能流传下去的书也好。……总得搞点更有意义的东西。

珍贵的时光，要好好地、合理地使用，不要再浪费，做你最擅长的事情，做你最想做的事情，有计划地搞点东西出来。不要随便听指挥，随便按

---

① 《随想录》第231、256页。

巴金与萧乾

照"长官意志"办事,弄得一事无成。

写吧,把自己心灵中美好的东西贡献出来。

巴金曾说,三十年代朋友中有三个人的才华超过他若干倍,他们是沈从文、曹禺和萧乾。现在他对曹禺、萧乾寄予殷切深沉的希望,是企盼他们多写,写出自己想的、感受的、真实的东西。这将是闪光的美好的东西。他特别强调的是,要拒绝人云亦云,无论哪个人,是长官,还是别的什么。这正是巴金当时的想法和精神状态。

巴金有这些思想飞跃,一方面有他的内在原因,因为"文革"的经历、体验和认识,更因为他一生所追求所积累的思想基础,如人类之爱,人道主义,互助正义,爱国爱人民,生命之花的盛开在于付出……另一方面,社会现实也正在发生巨大变动。1978年至1979年间是中国人民共同经历的一次思想解放。"实践是检验真理的唯一标准"的讨论,极大地推动了人们的思想解放。人们从"文革",从迷信神,从对领袖个人崇拜,从旧的体制,从极端思想……的束缚下解放出来,反思"文革",反思历史,也反思自己……在这样的历史潮流中,独立思考的巴金,挣脱了思想枷锁的巴金,坚决摒弃被几十年改造扭曲成了精神奴隶的巴金,从炼狱中走出来的巴金,像火中凤凰开始舞动翅翼,翱翔在蓝天中。

179. 怀念萧珊

香港《大公报》在"文革"后力图革新,使报纸面貌有所变化。这时,老编辑潘际坰重返报社执掌老牌副刊"大公园"的编辑工作。他向内地作家广为约稿,也向老朋友巴金约稿。巴金建议他开辟一个"随想录"专栏,将陆续寄稿给他。潘际坰当然非常高兴,一口答应,还托黄裳帮忙敦促巴金。

1978年底,一部新的日本电影《望乡》在中国上映,引起了轰动,也有各种议论。巴金写了两篇短文,交给黄裳转给了潘际坰,很快就在"大公园"头条加花边刊登了出来。当时这些文章都没有标题,只是用"随想录"序数代替。

巴金说:

> 我最初替《望乡》讲话,只觉得理直气壮,一吐为快,并未想到我会给拴在这个专栏上一写就是八年。从无标题到有标题(头三十篇中除两篇外都没有标题),从无计划到有计划,从梦初醒到清醒,从随想到探索,脑子不再听别人指挥,独立思考在发挥作用。拿起笔来,尽管我接触各种题目,议论各样事情,我的思想却始终在一个圈子里打转,那就是所谓十年浩劫的"文革"……起初我摊开稿纸信笔写去,远道寄稿也无非为了酬答友情。我还有这样一种想法:发表那些文章也就是卸下自己的精神负担。后来我才逐渐明白,住了十载"牛棚"我就有责任揭露那一

场惊心动魄的大骗局，不让子孙后代再遭灾难。我边写，边想，边探索，越写下去，越认真，也越感痛苦……这只是说明作者思想感情的变化。①

巴金的自述大致上说明了后来完成的五卷《随想录》最初写作的缘起和想法。而且，他从在《大公报》发表这些短文过程中发现了几个好处，一是写这些短文不需要花费整块大段时间，在当时活跃、剧变的社会环境里，内容材料信手拈来，随时即可涉笔成文，因此渐渐地他喜欢上了，也更加重视了这个专栏的写作。二是《大公报》编辑尊重作者，对稿子不随意增删，且由于地处香港，言论比较开放，巴金自由思考的结晶，大胆犀利的批判色彩都能为该报所接受，受到读者欢迎，因此写作时思想更为开放活跃，没有太多顾忌，不会出现吞吞吐吐、言不尽意的现象。

有一次，孔罗荪约他为《文艺报》写稿，他复信说："在《文艺报》发表文章，不能像写《随想录》那样随说一通，内地的读者对'随说'久已不习惯了。为《文艺报》写文章，总得慎重些，我试试看，若写不成，就算了。"他在给萧乾信中，说到现在各处都来向他索稿，几乎是在催"逼"他，使他"实在难应付"。但是他声明只有给《大公报》写稿，"际坰那里不是逼，是我自己要写的"。事实上，他现在写的文章，几乎常有不合长官口味的话，使内地的编辑为难，要费神删改，以致最后还是没有能够发表。这就是他在香港《大公报》连续写了八年《随想录》的原因之一。

他最初写的文章中，所表述的思想主要是上节谈到的，关于文学出版工作的开放问题，长官意志，封建余孽流毒等等。最重要也是最引起人们广泛关注的是《随想录》之五，即《怀念萧珊》一文。这篇近万字的文章是一篇血泪之作，是巴金郁积在心近七年的闸门打开后汹涌迸溅的感情激流。他在文中以萧珊之死为中心，控诉了"文革"对于这个善良无辜的女人的残酷迫害和摧残，眼睁睁地看着她一天天憔悴下去，看着她的生命之火逐渐熄灭，当萧珊患病以后，得不到及时正常的治疗，得不到巴金的照顾陪伴，这种延

---

① 《随想录·合订本新记》。

怀念萧珊

——随想录之五

(1)

今天是萧珊逝世的六周年纪念日。六年前的光景还非常鲜明地出现在我的眼前。那一天从火葬场回到家中，一切都是乱腾腾的。过了面天，渐渐地安静下来了，一个人坐在书桌前想写一篇纪念她的文章。在五十年前我就有了这样一种习惯：有感情无处倾吐时我经常求助于纸笔。可是一九七二年八月里那几天，我每天坐三四个小时望着面前摊开的稿纸却写不出一句话。我痛苦地想道：给关了几年的牛棚真的就变成"牛"了？头上仿佛压了一块大石头，思想好像冻结了一样。我索性放下笔，什么也不写了。

六年过去了。粉碎"四人帮"反革命爪牙的时候我搞得很狼狈，但我还是活下来了，而且偏偏活得比较健康，脑子也并不糊涂，有时还可以写一两篇文章。最近我经常去火葬场参加老朋友们的骨灰安放仪式。在大厅里我想起许多事情。同样地挨着家属，我的思想却从挤满了人的大厅转到只有三十个人的中厅去了，我们正在用哭声向萧珊的遗体告别。我记起了家里面没对谁讲过的一句话："你怎么就成了这样？"也是一个不祥的兆。四十七年前我写这句话的时候，怎么想得到我是在写自己！我没有流眼泪，可是我觉得有无数锋利的指甲在搔痒我的心。我就站在遗体旁边望着画那张芥误本身就是人为的迫害。最感人肺腑的是在这样地狱般的环境中巴金和萧珊相濡以沫的坚贞爱情,是惨无人道、灭绝人性的"文革"所不能摧毁消灭的。

巴金写道:当他在上海作协被当作"罪人"、"贱民"作践以后,晚上九十点钟才回到家里。

> 我进了门看到她的面容,满脑子的乌云都消散了。我有什么委屈、牢骚,都可以向她尽情倾吐。

当偶然有一个晚上,他们可以安安静静吃上一顿晚饭时,萧珊却看到了报纸上登的一篇杀气腾腾的批巴文章,她的笑容一下子消失了。

> 今天回想当时的情景,她那张满是泪痕的脸还在我的眼前。我多么愿意让她的泪痕消失,笑容在她那憔悴的脸上重现,即使减少我几年生命来换取我们家庭生活中一个宁静的夜晚,我也心甘情愿!
> ……
> 医生对我们谈起,病人的身体经不住手术,最怕的是她的肠子堵塞,要是不堵塞,还可以拖延一个时期。她住院后的半个月是1966年8月以来我既感痛苦又感到幸福的一段时间,是我和她在一起度过的最后的平静的时刻,我今天还不能把它忘记。
> ……
> 开刀以后她只活了五天。谁也想不到她会去的这么快!五天中间我整天守在病床前,默默地望着她在受苦……她非常安静,但并未昏睡,始终睁大两只眼睛。眼睛很大,很美,很亮。我望着,望着,好像在望快要燃尽的烛火。我多么想让这对眼睛永远亮下去!我多么害怕她离开我!我甚至愿意为我那十四卷"邪书"受到千刀万剐,只求她能安静地活下去。

这个最后的印象给予巴金的实在太深刻太悲惨了,使他在酝酿写作新的长篇小说时,拟的题目就叫《一双美丽的眼睛》。萧珊是他最挚爱的妻子,也

在寓所庭院中

是他最亲密的朋友。他说：

　　她是我的生命的一部分，她的骨灰里有我的泪和血。
　　这就是她的最后，然而绝不是她的结局。她的结局将和我的结局连在一起。
　　我绝不悲观。我要争取多活。我要为我们社会主义祖国工作到生命的最后一息。在我丧失工作能力的时候，我希望病榻上有萧珊翻译的那几本小说，等到我永远闭上眼睛，就让我的骨灰同她的搀和在一起。

　　1978年底，巴金在寓所整修完工后，回到被封闭了近十年的二楼住宿时，也把萧珊的灵盒一起搬了上去，让她仍然伴着他度过漫长的日日夜夜。现在他就是面对着萧珊的遗像和灵盒，把他多年来的思念、无数次梦见她的呼唤和哭泣……和十年历史结合在一起，用血泪写下了这样一篇祭文，倾注着他的刻骨铭心的生死之情和深沉的历史思考。

　　《怀念萧珊》发表后，内地报刊转载报道颇多，引起了读者和文学界的广泛关注和赞评，被认为是新时期优秀散文的代表作。

　　那时的巴金创作欲望极为强烈。他劝萧乾、曹禺把心中的宝贝献出来，专心写作，实际上更是勉励自己这样做。他写《随想录》，也写创作回忆录，他还开始构思长篇小说。小说写一对知识分子夫妇在"文革"中的遭遇，显然是以他和萧珊的经历为基本素材，并开始动笔写了开头的章节。他想在两年之内写完，并与法国华裔译者李治华相约，写完此书将交他翻译。他清醒地看到自己已经年过七旬，工作时间不是很多了，必须争分夺秒地写作。根据自己的健康情况，再写五年时间还是有把握的。他想写《随想录》五卷，创作回忆录一本，短篇小说若干篇，长篇小说一部，完成赫尔岑回忆录的译述（也许早些时候他还想完成得更多，如短篇小说两集、长篇小说两部）。这个计划对于这位高龄作家来说，显然是过于庞大了一些，但却反映了他那时渴望工作的热切心情，想补回过去被政治斗争耽误剥夺了的时间，想用最后的时间为文学事业尽心尽力，把积累在心的思想感情统统倾吐出来。

当时文坛有这样一个值得注意的现象：新涌现的引起社会广泛注意的作品，几乎都是出于"五七年"的"右派"和下乡知青以及一些不知名的作者之手，他们不顾各种阻力和议论，直面描写严酷的社会真实面貌，批判、反思"文革"浩劫。许多资深的有成就的有丰富的艺术经验的老作家，在"文革"中普遍遭到可怕的迫害和苦难，但却很少写出有锋芒有新意有冲击力的反映当代生活的作品。可能是因为年迈体衰多病之故，也还可能有一部分老作家又忙于党政工作、社会活动，无暇顾及创作。更深层的原因是过去受极端思想的桎梏太深至今还不能摆脱。因此就有"娘打儿子，不应有怨言"、"儿不嫌母丑"等荒谬之见出现，无非是自己不写"文革"，不批判"文革"，也不赞成别人写"文革"。

相比之下，巴金在这时迸发出来的创作生命力却是老作家中少见的。因为巴金的身体健康状况也并不是很好，社会活动也相当繁重，把他搞得也很疲劳。当时他在给友人信中和日记中屡屡提到这种劳累不堪的情况。但他还是坚持写作，尽量多写。他确信作家是用作品来说话的，是离不开作品的。更因为他的思想经历了一场深刻的变化和解放，他把一切置之于度外，不再瞻前顾后，不听闲言碎语，更不想听"长官训诲"了。

> 我一刻也不停止我的笔，它点燃火烧我自己，到了我成为灰烬的时候，我的爱我的感情也不会在人间消失。①

这像是誓言，贯彻在他未来的岁月里。他也成了这个时期继续坚持写作、产生深刻影响的少数老作家之一。

180. 再访巴黎

1978年11月，著名旅法翻译家李治华翻译完了《家》后致函巴金，并

---

① 《随想录》第88页。

1979年访问法国,在巴黎公社墙前。左起:巴金、李小林、徐迟、孔罗荪、高行健

转来法国爱伯尔书店邀请巴金访法的信。这个时期,法国先后已出版或将出版的巴金著作有《家》、《憩园》、《寒夜》等。巴金欣然接受了邀请。为了便于长途旅行,生活上需要照顾,七十五岁的巴金就让女儿小林陪去。同时,中国作协派出作家代表团访法,成员有徐迟、孔罗荪等,与巴金同行。

1979年4月10日,巴金到北京会同徐迟、孔罗荪,作访法的准备。24日离京飞巴黎。这是巴金在"文革"后第一次出国访问,也是1949年后第一个访问法国的中国作家代表团。青年时代游学法国距今竟已有五十多年了。他对法国的风土人情,巴黎的名胜古迹、出色的雕像和纪念碑……有着深刻、美好的印象。他很怀念在塞纳河畔和玛纳河畔度过的那段生活。那正是他苦苦探索人生之路、青春年少激情满怀的时候。现在半个多世纪过去了,在耄耋之年有机会旧地重游,实在是感慨万分的。

到达巴黎后,巴金等开始了繁忙的参观访问、与法国朋友会面交流的活动。当天下午,他们就到拉丁区哥得弗洛街参观了周恩来故居。那是在一条狭小的街道,原是一家小旅馆,周恩来当年在法国勤工俭学,组织共青团旅欧支部,在中国学生、工人中间展开活动。巴金和他的朋友们在这条花岗石铺就的小街漫步,寻找周恩来当年的历史足迹。

他们访问了巴尔扎克故居。这里已是一个小小的纪念馆,陈列着巴尔扎克的遗物、手稿和著作,还保留了他写作用的工作室。巴金一行伫立在巴尔扎克头像前,被他那充满活力的壮美的形象所打动,想到他写了上百部小说《人间喜剧》,为人类文化做出的巨大贡献,再联系到中国作家近几十年所处的困境和写作的贫乏,不免浮想联翩,触动很大。

他们还到用花岗石构成的宏伟建筑先贤祠。这里是专门纪念法国历史伟人的地方。大厦两侧有两座花岗石雕像,是伏尔泰和卢梭,都是十八世纪启蒙运动先驱者。这是巴金熟悉的地方,当年他常常来此,有时还是在蒙蒙细雨的夜晚。他站在卢梭像前,似乎在向他倾诉自己的寂寞和苦闷。那时他已读过卢梭的《忏悔录》,从中得到安慰,学习他说真话的精神。这次他发现他熟悉的卢梭铜像已被德国法西斯毁掉,后人又新建立了这个石雕。虽然,在卢梭像前只伫立了片刻,不能像青年时代那样久留或常来,但给巴金思想上的冲击依然是强烈的。那时,他正追求自己年轻的生命之花什么时候才能盛开,五十年后的今天他还在这样诘问自己。他深感到自己的工作时间不会太多了,已经逝去虚掷的也不会再返回了。在这个有限的时间里他该怎样充分利用呢?他要一刻也不停止自己的笔,让它变成熊熊燃烧的烈火,再给人间增添一点温暖。

巴金一行受到法国文学界的热情接待,在国际笔会法国中心的招待会上,法国笔会名誉主席乔治·爱玛纽埃尔·克朗西埃在欢迎词中高度评价巴金是"一位同旧的封建社会进行斗争的反叛者",认为他的名字和作品本身"就意味着对正义和自由的热爱"。巴金在答词中说,要"向法国老师表示感谢,因为爱真理、爱正义、爱祖国、爱人民、爱生活、爱人间美好的事物,这就是我从法国老师那里受到的教育"[①]。

他还接受了法国《世界报》记者比·让·雷米的采访。后来雷米在文章中说,"巴金介于托尔斯泰和亨利·詹姆斯之间","是同代人中三四位不朽的伟大作家之一"。法国是一个文学历史悠久、对世界文学有深远影响的文学大国,法国人一般不轻易高度评价别的国家的作家。他们对巴金的热情实在是不多见的。

巴金等到法国著名作家维尔高尔乡间别墅出席招待会,与法国作家们交流中法文学情况。到巴黎第三大学出席中文系师生的欢迎会,观看中国电影《家》,听两位法国同学分别用汉语和法语朗诵巴金的作品。使巴金感到意外的是,他们朗诵的是他刚刚发表不久的新作《随想录》第十则《把心交给读者》中有关在法国学习、写小说、思想探索等片断。听着,听着,巴金把他们每一句话都听进去了,都听懂了,听得十分激动。他没有想到在巴黎也有《随想录》的读者。这说明他的读者,不仅有中国的,还有外国的,都在期待着他,关心着他。他说:"我明白了。这是对我的警告,也是对我的要求。第一次从法国回来,我写了五十年(不过得扣除被'四人帮'夺取的十年),写了十几部中长篇小说;第二次从法国回来,怎么办?至少也得写上五年……十年,

---

① 《随想录》第86页。

也得写出两三部中长篇小说啊！"

他们还应邀到凤凰书店与读者见面。凤凰书店是法国唯一经销中国书刊的书店。老板贝热隆原是法共的一位重要人物，现在是法中友协主席。他说：几天来，不仅巴金的书是热门的，其他中国作家的书也受到了广泛的注意。他还说：中国作家代表团的访问引起了法国读书界对中国现代文学的兴趣。过去法国读者对中国的了解是不够的。他们较多是通过少数古典作品来了解中国的。只有近年来陆续翻译了包括巴金在内的现代作家作品，才开始引起读者的重视。

那天，许多读者手持巴金作品的法译本，请巴金签名，把这个小书店挤得水泄不通，热闹的场面使这条小街都轰动起来了。

使巴金最难以想象的、像做梦似的，是在法国朋友的热心安排下，他有机会重新找到了五十多年前开始写作《灭亡》时寓居过的小旅馆，而且还重访了他居住过一年多的沙多－吉里小城。他走进拉封丹中学大门，走进当年的餐厅和厨房，还上了楼走进他住过的房间……他仿佛回到那些宁静的日子，看见自己正埋头在书桌前写字。他走到后院那棵枝叶繁茂的苦栗树下，仿佛又回到昔日清晨在此散步的情景……接待他们的是现在拉封丹中学女校长和当地的副市长，以及一位诗人作家也是当时的老同学。拉封丹中学已是焕然一新了，历经五十年的岁月，在巴金眼里仍然那样熟悉和温馨。

沙多－吉里市政府举行了欢迎会，赠给巴金一枚沙多－吉里市徽和大诗人拉封丹像章，巴金为这样珍贵的礼物和友谊感动。

即使在这样的时刻，他也没有忘记当年中学看门人古然夫人的恩情。所以他在招待会上致辞表示感谢时，特别提到古然夫人慈母般的关怀带给他的温暖。虽然他没有来得及到古然夫妇墓前祭扫和献上一束鲜花，但他永远不会忘记。古然夫妇的墓就在他的心里。

在法中友协贝热隆和马纪樵夫人、李治华的陪同下，巴金一行还访问了尼斯、里昂、马赛。使巴金感到像是进入了友谊的海洋，像是在读者中间旅行。在尼斯，有一位法国老太太拿了法译本《寒夜》对巴金说：她喜欢这本书。后来在一次招待会上，又有两位女士与他讨论《寒夜》和《憩园》里的两位

1979年访问法国，在尼斯赫尔岑墓前

女主人公的命运，说：我们理解她们，一点也不陌生，尽管写的是几十年前旧中国的生活。她们说："我们理解心是一样的。她们是好人啊！"巴金一直对这几部作品有自己的看法，认为是给读者带来力量和希望，但在过去极端思想的抨击下，都指责这些书写得太阴暗、低沉、悲观……没有想到却在法国得到读者的理解。因此，他又想起他常说的："读者们接受我的作品就是我的最大荣誉。"把"读者们的期待当作对我的鞭策"。

马赛是他当年到巴黎来去路过的地方，现在他竟然重新找到寄寓过的海滨旅馆。当年因为海员罢工，他在此滞留了十二天。这里依然是安闲的鸽子，湛蓝的海水，只是海滨的游人更多更拥挤了。他们坐船渡海来到地中海的伊夫堡。他像年轻时一样，遇到坐船在海上航行就高兴。他说，他爱海，更喜欢看见海的咆哮，"海使我明白许多事情。"

伊夫堡是一个有名的监狱，建在大海中的一个小孤岛上。大仲马的《基度山恩仇记》写主人公爱得蒙就是被关在这里度过了二十年后逃出去的。历史上著名的革命家米拉波也曾被囚禁于此。看到这个阴沉的地狱，过去囚禁政治犯的囚室，巴金又不禁想到但丁在《神曲》里的话，也是他在"文革"中关在"牛棚"里常想到的：

你们进来的人，丢开一切的希望吧！

巴金掉头四顾，看到那厚厚的墙，高高的铁窗，窗外就是汪洋大海，囚徒们真是插翅难逃。他像梦幻似的站在囚室里，想到法国人把它当作历史遗物保留下来，向公众开放，无非是作为历史的教训和见证，警示后人这样的悲剧不容重演。但是，在中国现在就有人喊着要忘记"文革"的悲剧了。不知是这样的思想，还是这个阴暗的牢房，使他感到压抑。直到走出古堡，重见阳光，迎面吹来潮湿的海风，才使他的呼吸舒畅自由起来。

他们还到里昂，参观了中法大学旧址、教堂、古罗马剧场废墟等，然后又回到巴黎。

这次访法，给巴金最深刻的感受是，他不再像五十年前那样寂寞，而是仿佛在友谊的海洋里游泳，有那么多的朋友，那么热情的接待，那么倾心坦率的交谈，让他感动而铭记。还有一个意想不到的收获：赫尔岑的外曾孙、在巴斯德学院工作的诺·利斯特博士夫妇两次访见。利斯特从报上得悉巴金访法的消息，也知道他翻译了他们先祖的巨著，于是主动到巴金下榻的旅馆来看望。两人一见如故，非常亲切融洽。利斯特赠送了一些资料和书籍，还介绍赫尔岑回忆录法译者达·奥立维叶见面，赠送了法译本。他们同样热爱赫尔岑，赫尔岑把他们联结在一起了。

后来利斯特又送了一本书给巴金，书名叫《浪漫的亡命者》。巴金读过，也知道里面有些内容涉及赫尔岑的所谓"家丑",在中国人看来是不宜示人外扬的。但是利斯特却在赠书的扉页上写道:"这本书对我的先人讲了不太恭敬而且刻薄的话,但是书中有很多《回忆录》所没有的资料。"巴金感谢他的深情,告诉他读过此书,认为,"那些故事并不损害赫尔岑的名誉,倒反而帮助我们了解了一个伟大人物的复杂性格、他的不幸遭遇和家庭悲剧"。尽管如此,法国朋友的坦白、直爽以及用宽容尊重的态度看待别人的批评意见,使巴金特别受到启示,又一次联想到"我们的一贯做法,家丑不可外扬",恨不得"掩盖起来,瞒住大家,另外编造一些假话,把丑当美,骗人骗己……"

当巴金在尼斯拜谒赫尔岑墓时,似乎又一次看到赫尔岑像照片里一样穿着大衣,凝望着茫茫的地中海在思索……他的苦难经历并没有压垮他,他留下的闳富著作,至今还像火一样在鼓舞着人们。

十八天的法国之行结束了。离开法国前夕,他们在旅法画家赵无极家里度过。赵无极与徐迟过去就认识,也是老朋友了。他们愉快地谈艺术、谈中国,直到深夜。离开巴黎那天清晨,在罗曼·罗兰、海明威住过的拉丁区地纳尔旅馆七层阳台上,巴金迎着扑面而来的清凉空气,用留恋的眼光望着巴黎的天空和四周,"我就要走了,但是我不会空着手回去。我好像还有无穷无尽的精力。我比在五十年前更有信心,我有这样多的朋友,我有这样多的读者,我拿什么来报答他们?"

第二十一章

讲真话之梦

181. "文革"博物馆

当时巴金一心一意想全力投入写作。他多次对采访的记者、作家，以至在自己的文章中谈到他的写作计划。他想借此给自己一点压力和督促。

那时的写作内容很自然会写到"文革"。他构思中的长篇小说是写"文革"中一对知识分子夫妇的遭遇。他写的《随想录》本是"记录我随时随地的感想"，而接触到的各种事物、社会现象，又莫不与"文革"有千丝万缕的联系。如他自己所说："我的思想却始终在一个圈子里打转，那就是所谓十年浩劫的'文革'。"这本来是非常合乎历史和现实的发展逻辑的。"文革"的发生并非天上掉下来的偶发事件，它是几十年历史发展的必然结果，有其深刻的政治、思想、文化土壤，对于中华民族的命运休戚相关，其为祸之烈，影响之深远，将波及到好几代人。这样重大的社会历史现象，不仅现在的中国人有责任总结、反思、研究，而且将为子孙后代，未来的历史学家、思想家、文学家、社会学家……不断研究、思考，就像已经过去了的千百年的历史为我们现代人研究那样。所以巴金这样专心谈论它、研究它，正是表现了一个富有使命感责任感的作家的严肃态度。他明确地说："因为我要人们牢牢记住'文革'。"①

但是，社会上，或者文学界，有些人却有另一种看法，认为过去了的事情不宜多说，也不宜完全否定。当一些富有现实批判意义的小说问世以后，颇使某些人惶惶不安，甚至一心想打压下去，又习惯性地扣了许多政治帽子："暴露文学"、"伤痕文学"、"向后看文学"、"缺德文学"……1979年第6期《河北文艺》刊出一篇文章：《"歌德"与"缺德"》。虽然只是一个普通作者，文章也写得很蹩脚，却很

巴金速写（丁聪作）

有代表性地反映了这部分人的心理。这位作者说："中国的三十年社会主义征途中，虽然'四害'造成了十年灾难，但从根本上讲，我国的历史是前进了的，祖国人民的生活较之旧社会是提高了的，现代的中国人并无失学、失业之忧，也无无衣无食之虑，日不怕盗贼执杖行凶，夜不怕黑布蒙面的大汉轻轻叫门。河水涣涣，莲荷盈盈，绿水新池，艳阳高照。当今世界上如此美好的社会主义为何不可'歌'其'德'？而那种昧着良心，不看事实，把洋人的擦脚布当作领带挂在脖子上，大叫大嚷我们不如修正主义、资本主义的人，虽没有'歌德'之嫌，但却有'缺德'之行。"

这篇文章满纸谎言和谩骂，激起了人们的公愤，纷纷撰文痛斥。巴金在好几篇《随想录》里谈到这个问题。他很奇怪，"'四人帮'吹牛整整吹了十年，把国民经济吹到了崩溃的边缘，难道那位作者就看不见，就不明白？"因此，

---

① 《随想录·合订本新记》。

他进而指出,"他们就是看不惯'文学艺术创作自由',他们就是要干涉'这种自由'"。话虽简单,却打中了要害。后来又发生的一系列"斗争"也大致上没有逃脱这个判断。

正因为这样,巴金的《随想录》在《大公报》连续刊出以后,不断出现一些指责。他本人也听到了"各种各类唧唧喳喳传到我的耳里。有人扬言我在香港发表文章犯了错误,朋友从北京来信说是上海要对我进行批评;还有人在某种场合宣传我坚持'不同政见'……"这些人无非是因为巴金反思和批判"文革"才这样恼怒,他们想维护旧体制、旧历史的通体光明形象,维护既得利益。这些观点后来在某些长官、文件中都有说法,如:"揭露和批判阴暗面,目的是为了纠正,要有正确的立场和观点。"但是写光明面却从不要求什么立场和观点,哪怕通篇谎言;更何况判断正误,还得由长官说了算,如:"今后这些题材还可以写,但发表过多,会产生一定影响。""这些题材,今后当然还可以写,但是希望少写一些。因为这类题材的作品如果出得太多,就会产生消极作用。"后来索性总结为"少写或不写",其意图也就昭然了。巴金对于这些说法非常反感,认为这种人以为"只要掩住伤痕不讲,伤痕便可不医自愈,因此不怪自己生疮,却怪别人乱说乱讲"。

但也有一些海外的人对写"文革"的作品表示了担心,如科学家杨振宁在1980年初访问巴金时就谈起过。他相信百分之九十五以上的海外华人都热爱祖国。他们从"伤痕文学"中看到祖国的缺点有点担心,但他还是主张有病就得医治,治好了便是恢复健康。巴金对他说,每个中国人都有责任把祖国建成人间乐园,但是"未治好的伤痕比所谓'伤痕文学'更厉害更可怕,我们必须面对现实,不能讳疾忌医"。

1980年,香港《开卷》杂志9月号登出一组香港大学学生关于《随想录》的笔谈。原来是香港大学中文系讲师黎活仁选用了巴金的《随想录》作为当代文学散文部分的教材;经过教学后,让学生各自写一篇"短评"。这些短评几乎都表示失望,认为这位享有盛名的作家的作品,"确有一点历史意义,但没有文学价值"。他们就文字技巧方面作了过于偏激苛刻的品评;也还认为,"难道'文革'带来的痛苦就只应归咎于'四人帮'?""我们更关心的,是巴金经历过这么长的险境后,曾否摘到一点哲理的星光?""对'四人帮'的责难,常常流于公式化。"……刊物的主编在发表这组短评时加按语说:"我们认为他们比较多是从文字上作批评。提出的要求和观点,我们也不尽同意。但本刊是以开放为宗旨的,故仍加以发表,欢迎开展讨论。"

这些意见着重在两个方面:一是关于文字技巧,二是对"文革"反思批判并非不赞成,而是要求深刻些。平心而论,还不能说这些意见没有道理。何况香港青年不曾经历过"文革",不处在内地的政治社会环境里,没有切肤之痛,对《随想录》也就难以有一个真切的理解。

巴金读到这些文章后,联系内地某些人的言论,反应比较激烈,说:"他们不让建立'文革'博物馆,有的人甚至不许谈论'文革',要大家都忘记在我们国土上发生过的那些事情。"巴金说的这些情况都是事实,都是前面说到的那些人的思想和态度,但不是香港大学学生们的原意,巴金错怪了他们,把两者混淆在一起了。因为当时写《随想录》引起的反面反应和压力确是够大的,甚至够令人愤慨的了,所以学生们的短评一下子把他压抑已久的愤怒引发了出来。

其实,他们的批评也还是推动了巴金进一步的思考,譬如关于"文革"所以发生,他也认识到"绝不是'四个人',它复杂得多。我也不是一开始就很清楚,甚至到今天我还是在探索"。"在总结十年经验的时候,我冷静地想,不能把一切都推在'四人帮'身上……""文革"后,巴金是最早认识到并提出要对自己言行进行反思和解剖:人们在这场大的灾难中为何未能阻止它发生,对国家、民族和历史负有什么责任。他分析"文革"期间,自己怎样沦为"奴在心者";他呼吁讲真话;他谈知识分子问题;他也谈"噩梦"与"牛棚";他怀念亡友……直到提出"文革"博物馆,都说明他始终坚持探索"文革"这段历史所包含的复杂内容和深层的社会文化根源。

更重要的是,他还鲜明地谈到他所以坚持探讨"文革"的原因,是因为"那十年浩劫在人类历史上是一件大事。不仅和我们有关,我看和全体人类都有关……在这一点上我们也可以引以为骄傲。古今中外的作家,谁有过这种可怕而又可笑、古怪而又惨痛的经历呢?……它像一根鞭子在抽我的心,仿佛我又遇到五十年前的事情。'写吧,写吧。'好像有一个声音经常在我耳边叫"。

在中国，正是巴金第一个把"文革"置于人类历史来考察，指出与全人类有关（又说："这个大灾难同全世界人民都有很大的关系"），"文革"是反人类的大劫难。他联想到当年在波兰参观纳粹德国建立的奥斯维辛集中营的深刻记忆，一直浮现萦绕在他心头，这时很自然地把两者联系起来。所以他才不遗余力、坚持不懈地进行历史的反思，还进一步提出建立"文革"博物馆的设想。

关于"文革"博物馆，巴金是在 1986 年 4 月写的《随想录》第 140 则《纪念》一文中最早提出的。因为"现在天天开纪念会，这也纪念，那也纪念，是不是也要开一个纪念'文革'二十周年或者庆祝'四人帮'垮台十周年"。但是，事实上，对于"文革"恰恰什么也没有表示，毫无动静，显然因为上面讳疾忌医，不想提这件事。巴金说：因为"有人说，'我们应当忘记过去'，有人把一切都推给'文革'，有人想一笔勾销'文革'，还有人想再搞一次'文革'。有人让'文革'弄得家破人亡，满身创伤，有人从'文革'得到好处，至今还在重温旧梦，希望再有机会施展魔法，让人变'牛'"。所以，巴金说：

> 二十年之后痛定思痛，总得严肃地对待这个问题，严肃地对待自己，想想究竟我们自己犯了些什么错误。大家都应当来一个总结。最好建立一个"博物馆"，一个"文革"博物馆。我终于把在心里藏了十年的话说出来了。

巴金说自己这个想法酝酿已久。他认为十年"文革"历史，也应当收集材料，展览出来，毫不掩饰，"让大家看得清清楚楚，牢牢记住。不能允许再发生那样的事"。"这只是提醒我们要记住自己的责任……不这样，我们怎么偿还对子孙后代欠下的那一笔债，那笔非还不可的债啊！"

这个建议一出，振聋发聩，立刻引起人们强烈的反响。过了两个月，巴金又专门写了一篇题为《"文革"博物馆》的文章，进一步说明必要性。他用八十年代的见闻证明，"这几年我反复思考的就是这个问题，我希望找到一个明确的回答：可能，还是不可能？……但是谁能向我保证二十年前发生过的事不可能再发生呢？"他坚信：

> 建立"文革"博物馆，这不是某一个人的事情，我们谁都有责任让子子孙孙、世世代代牢记十年惨痛的教训。"不让历史重演"，不应当只是一句空话。……只有牢牢记住"文革"的人才能制止历史的重演，阻止"文革"的再来。①

巴金的话绝非故作惊人之语，哗众取宠，而是为事实已经证明了的。有人说，中国人有一个弱点，就是健忘。健忘，确有其人。有的是真忘，有的是假忘，还要推销给别人，让大家都健忘，要文艺界不写或少写"文革"；"文革"结束十年、二十年，都若无其事，一言不发。巴金的一篇随想录《鹰之歌》被编辑删去了所有与"文革"有关的话，连引用鲁迅的话"我是一条牛，吃的是草，挤出来的是奶和血"都被认为是忌讳、影射而给删去了……这说明确实有人力图让大家忘得干干净净。巴金偏偏抓住这个"文革"不放，追根究底。如他说："唯有我不让人忘记过去惨痛的教训，谈十年的噩梦反反复复谈个不停。几乎成了一个大逆不道的罪人。"因此，也就引起有些人的恼怒甚至施压。

直到1993年，他为《新民晚报》写了一篇《没有神》的短文，仅三百字，刊于该报的《"文革"轶事》专栏。这个专栏因此奉命被关门大吉了。但是，巴金的呼吁和建议教育了人们，得到广泛的同情和支持。那家报纸的编辑说，当初开辟《"文革"轶事》专栏正是为了响应巴金这个"呐喊"（指建立"文革"博物馆），"想为此做点什么"而开设的。这个专栏中的某些故事也曾被中学老师们选作"文革史"的辅助教材讲给学生们听。孩子们听了表示"极大的怀疑。他们曾经认定，那不过是借用中世纪野蛮的一种创作。当然最后他们还是明白了他们的父辈祖父辈们经历过的那个时代是千真万确的"②。

从反思"文革"到呼吁建立"文革"博物馆，巴金走过的是一条不平坦的路，有呼应和支持，也有误解和阻力。二十多年来，这个"文革"博物馆的呼吁也还难以成为现实。甚至到了巴金去世后两年的2007年，还有一位大学副教

---

① 《随想录》第823页。
② 《新民晚报》1993年7月15日。

授、文学博士撰长文批判说:"巴金先生的'文革'叙事是一种体味着个人自慰心理、饱蘸着个人复仇行为的极端叙事,是蔓延近半个世纪的政治性仇恨哲学的现实回响。"①

182. 又访日本

1979年初,"右派分子"得到改正。巴金的朋友中如萧乾、黄源、黄裳等的错案也得到解决,巴金非常激动。因为1957年反右派斗争给他印象和影响太深刻了,他自己虽然侥幸"逃生",但一直为此感到压抑,郁积在心,做人也变得战战兢兢起来。这页可怕的历史在改革开放的年代总算也得到了解决,不仅使这些曾经饱受迫害的"右派分子"恢复了做人的正常权利,也使广大的知识分子看到了希望。巴金闻讯在连续给萧乾写的两封信中都说:"这是我十分高兴的事情,连我也想不到会有这一天。这是伸张正义!"也就是说,这不是什么恩赐,而是正义取得了胜利的结果。

也正因为这样,巴金更加珍惜时光,要好好地使用,再也不能任其浪费虚度。同时,再也不能随便听从别人指挥,最后弄得一事无成。他把这个意思再三劝告好友萧乾等,也用来勉励自己。他说,对他来说,"只要有时间,我整天坐在书桌前写都高兴"。

然而,那时的社会活动仍然很多。1979年,除了四五月份访问法国外,2、4、6、10月四次赴京参加人大会和文代会等。至于在上海的活动就更多。

1980年4月,巴金率领中国作家代表团访问日本,一行十二人。这是巴金第五次到日本;也是"文革"后第一次重访日本。对于日本,巴金有很深的感情,那里有很多熟悉相知的老朋友。在巴金受尽苦难的岁月里,许多日本朋友关心他的遭遇,打听他的下落,到中国要求与巴金见面;现在恢复

---

① 惠雁冰:《意识形态粉饰下的平庸:巴金〈随想录〉》,参见香港《二十一世纪》杂志2007年第12月号。

1980年4月,访问日本。左一日本作家水上勉,
左二冰心,右一巴金

自由以后,又能重访日本,他是很高兴的。

这次在日本十七天中,巴金作了两场演讲。第一场是事先安排好的日程中的一项,巴金带着讲稿去的。4月4日,在东京朝日讲堂里,听众挤得满满的,甚至有人坐在过道地毯上听讲,有的人还是从外地赶来的。因为不是节假日,有的人还是请假来的。这样盛况,连日本朋友都感到意外,觉得这是很少见的。巴金作了题为《文学生活五十年》的演讲。主要内容是讲自己的经历,文学生涯,

1980年4月,在日本。左起:冰心、巴金、日本剧作家依田义贤、林林

对社会、人生、文学的基本看法,博得了潮涌似的掌声。散会以后,听众们挤到他身边与他握手致意,急得日中友好协会清水正夫、西园寺一晃等团团转,既不愿挫伤读者们的热情,又怕年迈的巴金累出病来。

女作家丰田正子是已故作家江马修的夫人,三十年前就声誉鹊起,曾被誉为"天才少女"。这次巴金演讲,协会临时决定请她在第二天担任译员。于是当晚她赶着整理抄录讲稿,顾不得患有高血压,工作通宵达旦。她被讲稿内容、真诚的语言所震撼,一边读写,一边流下热泪,以至泣不成声。

4月11日,巴金在京都文化演讲会上又作了第二次演讲,题为《我和文学》,着重讲了自己曲折的写作生涯。

他还会见了许多新老朋友。使他伤感的是他再也见不到中岛健藏了,这位与他有二十多年友情的知交已于不久前因病去世了。病危时,还念念不忘朋友,讲到的几个名字中,就有巴金。他与井上靖相识也有二十三年了,你来我往,多次见面,共同为中日友好、文化交流做贡献,结成很深的友谊。

在日本电视台安排下,他与作家水上勉在新大谷饭店花园里作了一次电视对话，长达四十分钟。著名剧作家木下顺二与巴金也是有二十五年友情的老朋友了，这次应《读卖新闻》的要求，他们两位作了一次长谈，谈巴金的创作，谈"文革"，谈当前中国文坛情况，等等。木下后来将对话在日本报刊上发表。

他还会见了池田大作，这是他们第一次见面，却也一见如故。后来池田夫妇到上海时，巴金再来日本时，两人都曾多次见面畅谈。

日本政府对巴金等的访问也很重视，首相大平正芳会见了中国作家代表团。

在日本十七天的活动中，巴金一直被美好的友情滋润着激动着。在由广岛去京都的途中，火车曾在一个小站停靠一分钟。突然站台上出现了一条大的横幅标语，上面写着斗大的字"欢迎中国作家巴金先生"。列车徐徐开动时，站台上迎送的人们冒着细雨深深地鞠躬送行。巴金站在车上，隔着车窗，也深深地鞠躬还礼。到了长崎，日本朋友中川和夫拿着两本县立图书馆收藏的五十年代出版的日译本《寒夜》、《憩园》。书已很旧，发黄，封面也因破损换成牛皮纸重新装订的，借阅卡片已换过不知多少次了。中川和夫请巴金在上面题字留念，宣布这两本书不再出借，将作为长崎的一份财富永远珍藏起来。巴金的两次讲稿，也应清水正夫的请求准备捐给日本文化博物馆珍藏。

巴金刚到日本时曾说，这次来日本是为了偿还友情的债。但他很快发现，这笔债是无法还清的，而且越还越多。因此，他笑着说，我真想把心分成两半，一半带回祖国，一半留在日本。他在一次招待会上说："当中国作家由于种种

在杭州阅读日本作家井上靖新著《孔子》

原因保持沉默的时候，日本作家井上靖先生、水上勉先生和开高健先生都先后站出来为他们的中国朋友鸣冤叫屈，用淡淡的笔勾画出一个正直善良的作家的形象，替老舍先生恢复了名誉……我从日本作家这里学到了交朋友、爱护朋友的道理。"这的确是巴金的由衷之言，是他想了很久、极为感动、在许多文章中多次谈过，如今讲得更是充满深情。所以，他在长崎告别酒会上说："朋友们的关怀和帮助，深深地留在我的心里。在友情这个字眼中，我是倾注了深切、真诚的感情的。没有真诚，也就没有友情。我们要走了，但我们的友情是长存的……"①

在这次旅行中，巴金不仅加深增进了与日本朋友的友情，而且代表团内部作家们相处也十分友好，特别是与冰心的多年友情也加深了。有一晚，代表团的人们都上街去游玩了。两位老人坐在客厅里谈天说地，一直到深夜十二点。

那年8月上旬，巴金又率领中国世界语代表团到瑞典斯德哥尔摩出席第65届世界语大会。他从十四五岁时开始学世界语，后来也用世界语翻译过文学作品。现在他来到这个有一千七百多人的会场上，感到非常兴奋，觉得世界语工作者都很年轻，富有朝气。因为世界语虽然是人工创造的语言，但经过近百年的传播，得到了丰富、发展，"成了活的语言"。

8月17日，巴金返回上海，几乎还没有安定下来，又奉命在8月30日到北京参加第五届全国人大会十天。9月14日回上海。又过了十天，9月24日，又来京参加人大常委会。他就这样奔波于京沪之间，当然花费了不少时间。但是，他内心燃烧着写作的欲望却是那样强烈和炙热，再多的活动也不能阻止他的写作决心。正因为这样，他在日本与木下顺二对话时，在两次演讲时，都当众特别宣布了自己的五年写作计划："我要写两部长篇小说，一部《创作回忆录》，五本《随想录》，翻译亚·赫尔岑的《回忆录》。十三本中的两本已经出版了……我还要为其余的十一本书奋斗……"

他对此解释说："本来作者写作品用不着到处宣传，写出就行，我大张旗鼓，制造舆论，就是希望别人不要来干扰，让我从容执笔，这是我最后一次

---

① 陈喜儒：《异国家书》第16页，陕西人民出版社1987年版。

晚年巴金

为争取写作时间而奋斗。"他动情地说：

> 我快走到生命的尽头了，我不愿意空着双手离开人世，我要写，我绝不停止我的笔，让它点燃火狠狠地烧我自己，到了我烧成灰烬的时候，我的爱、我的恨也不会在人间消失。①

183. "无为而治"

1979年至1981年间，是巴金在"文革"后，也是他在1949年后写作生命力最旺盛的时期。虽然，出国访问、各种大小会议、社会活动占据了他不少时间和精力，但他却顽强地拼命地写作。到1980年底，他已写完出版了《随想录》两集，《创作回忆录》一本；同时他也开始了长篇小说的写作，继续抽时间翻译赫尔岑的《回忆录》。每当来访的客人较少，或是大雪天，正好闭门写作不辍；有时即使在北京开会，住在招待所，到了晚上也像青年时期在旅舍的昏暗灯光下照样文思泉涌，很顺畅地写作长篇作品。他对五年之内完成这样庞大的写作计划充满了信心，但也清醒自知年龄、健康情况的局限必须经过拼搏奋斗，分秒必争才有可能。

这个时期，巴金写的《随想录》，在探讨"文革"历史经验的同时，较多地谈到长期以来遇到的一个文艺创作自由的问题，实际上与中国政治体制、人文传统密切相关。还在1978年人们都在热烈讨论"实践是检验真理的唯一标准"时，文艺界提出了艺术民主的问题，认为过去大批的文艺工作者遭到肆意的迫害，大批作品被扼杀，作家艺术家不能自由驰骋艺术想象，进行创造性的劳动，都与没有正常的民主政治生活有关。巴金对此尤有体会，他更尖锐地鲜明地指出：

---

① 《随想录》第319页。

> 一部作品的价值不是少数几个人点点头说两三句话就可以决定的，正如一部现代文学史也不是几个人关起门就可以随意编造出来的。因此我有一个意见：文艺创作的主管部门不要抓得太紧，管得太死。……要繁荣社会主义文艺，就要有个艺术民主的局面；这里设"禁区"，那里下"禁令"，什么都由少数人说了算，不见得很妥当。……总之，当前最重要的事还是让人多讲话，多听别人的意见。①

到了1979年初，在人们谈论"长官意志"时，他的思考就更深入，批判更尖锐，因而发人深思。他说：

> 我最近翻了一下中国文学史，那么多的光辉的名字！却没有一首好诗或者一篇好文章是根据"长官意志"写成的。我又翻了一下俄罗斯文学史，尼古拉一世统治时期出现了多少好作家好作品，试问哪一部是按照"长官"的意志写的？
>
> 为什么在国民党反动统治时期，三十年代的上海，出现了文艺活跃的局面，鲁迅、郭沫若、茅盾同志的许多作品相继问世……②

显然，这些思想与稍后《文艺报》重新发表的中共领导人陈毅在1962年广州会议上的讲话精神是相通的。陈毅说："……所以有很多事情，看来是可以无为而治的。什么事情都去领导一番，反而会领导坏了。有些不去领导，反而好一些。……而我们有很多人就是不懂这个道理。"③文艺界对"无为而治"一说赞同的颇多，一时间谈论得也很多。巴金更是由衷地赞成，因为这完全符合他一贯的主张。1980年10月，人大会议期间，他索性提出了"多鼓励，少干涉"的口号，写成文章发表在《文艺报》上。④1981年12月，在一次

---

① 《文艺报》1978年5月。
② 《随想录》第44、45页。
③ 《文艺报》1979年9月。
④ 《文艺报》1980年10月。

1981 年，在北京西黄城根国务院招待所。
左起：吴泰昌、谌容、李小林、巴金、陈丹晨、冯骥才夫人

作协部分理事座谈会上，他又强调"无为而治"、"爱护作家"等，引起意识形态领导人胡乔木当场的无理反驳，以后还多次进行规劝、批评、施加压力，要他放弃"无为而治"的主张。巴金不为所动。

因为这个问题触及到权势者的痛处，历来要求在绝对的领导、统一思想指导下进行创作；至于作家独立思考，摒弃别人的干涉，这是绝不能容许的。当年胡风稍稍涉及这个想法，就被斥为"敌人"，现在也有人认为，是想"取消党的领导"，当然也就罪莫大焉。甚至说现在的形势与1957年很相像，恨不得再来一次反右派，把刚刚开放的局面打压下去。巴金却明白地说："我无法按照别人的意志写作，哪怕是长官的意志。……我要讲我自己心里的话，来表达我自己的意志。""一个人倘使不用自己的脑子思索，一个作家倘使不照自己的思考写作，不写自己的心里的话，那么他一定会让位给机器人，这

是可以断言的。"①所以，当赵丹弥留之际讲了一段遗言，几乎是痛心疾首地指出："管得太具体，文艺没希望。"又引起当权者的痛骂时，巴金毫不犹豫地公开撰文表示站在赵丹这一边。

著名电影艺术家赵丹是在1980年10月逝世的。巴金在不久前的7月，也因病住院，早起在医院的花园里常看见赵丹在水池边徘徊看花，形容很憔悴。赵丹对巴金说："吃不下东西。"他还不知道自己已经身患绝症。巴金也没有想到他那么快就离去了。后来，巴金连续写了两三篇文章悼念赵丹，回忆过去与赵丹交往的情况，同时着重谈了两个意思：一个是赵丹在"文革"中受到残酷的迫害，后来一心想投入电影艺术创作，多拍几部影片。他想扮演闻一多，扮演鲁迅，扮演周恩来……而且为此下了很大的功夫，做了许多艺术上的准备，但是这些愿望都因一些人为的障碍而未能实现。巴金深深地痛惜说："让他再拍一两部好片子吧！""请多一点关心他们吧，请多一点爱护他

赵丹画赠巴金

---

① 《随想录》第231页。

们吧,不要挨到太迟了的时候。"这是一个关于重视、爱护知识分子,使他们的才能得到自由、充分发挥和施展、有机会报效祖国的问题。这样真诚的意见竟然也会激起某些人的恼怒。有位作家黄钢说:"赵丹同志临死前没有演成三个角色,不能怪任何人……"说是因为赵丹把他要演周恩来的事透露给香港报刊发表了,"这样的人,在行动上,组织纪律上,是这样子,就根本不能扮演周恩来……怪罪谁谁谁……这不是明明违背了事实吗?"①因而不点名地指责巴金是"假设一种空洞的论点"、"虚假的捧场的论点"云云。显然,这种把演员扮演角色当作"国家机密"似的,借此制造罪名本身就是荒谬之极,不值一驳的话,竟然会堂而皇之地到处演讲宣传。

巴金讲到的另一个意思,是关于赵丹的临终遗言:"管得太具体,文艺没希望。"这是一个大艺术家在经历了太多的磨难以后,语重心长地倾吐出来的心里话,是对今后文艺事业发展的关键性的意见。他知道这个意见是与历来的极端思想相悖的,将会触犯某些权势者。所以赵丹又说:"对我,已经没有什么可怕的了。"巴金几乎是含着痛苦的激愤说:"我坦率地承认我同意赵丹同志的遗言","我提倡讲真话,倒是他在病榻上树立了一个榜样"。当时,赵丹遗言确是引起某些权势者的攻击和痛骂,甚至诬为"反党遗言"。那位黄钢就威胁说:"你们不害怕,你们这些赵丹的宣传者和没有边际的鼓吹者……你们不觉得这样做太过分了?"

巴金根本不理会这类恫吓,在以后的岁月里仍然不断地呼吁自由不息。他一生都在孜孜追求自由,反对强权专制。即使在1949年以后的几十年里也没有放弃,只要有机会,他就会鲜明地坦率地说出自己的主张。五十年代,在众人唯唯的时候,他公然强调"创作是个人的劳动,作品是有个性的",应该"独立思考"。在五七年短暂的"鸣放"日子里,他要求"把文艺交给人民"。1962年,他又一次大声疾呼作家"要顶住那些大大小小的框框和各种各样的棍子",要有"讲真话""坚持真理"的勇气。虽然那些年代政治运动曲折起伏,他屡受打击,却也不改这样的信念。如今在新的历史时期,主张创作自由和

---

① 《黄钢同志在〈中国青年报〉第十四次记者会上的讲话》(1981年4月22日)。

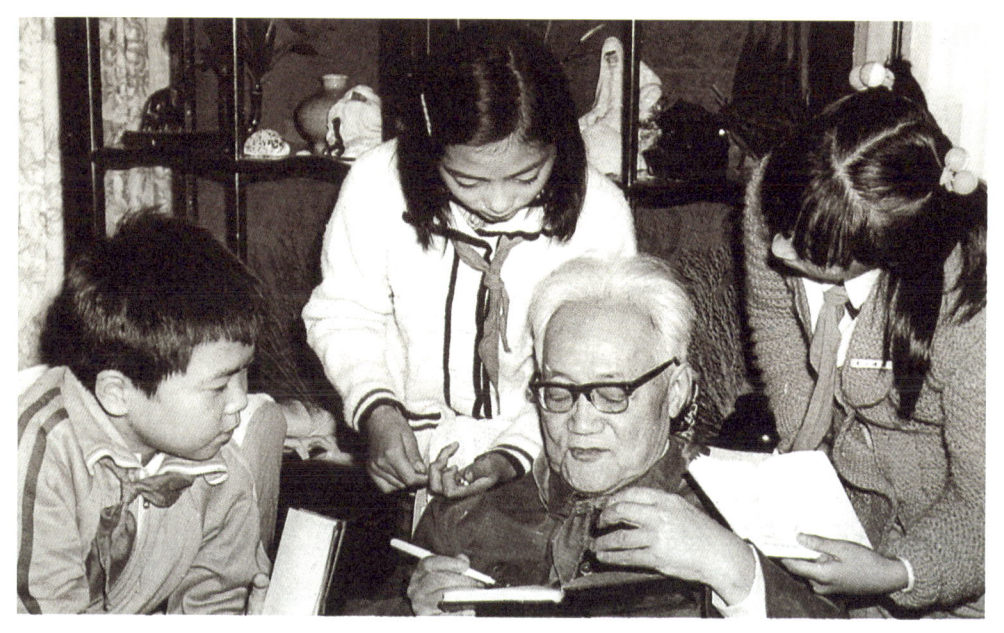

给孩子们签名

反自由化的反复纠结持续过程中，或在某些作家欢欣鼓舞地声称"中国文学的黄金时代真的到来了"时，他却非常清醒地看到事情的本质，冷静地指出：

> "创作自由"不是天赐的，是争取来的。严肃认真的作家即使得不到自由也能写出垂光百世的杰作，虽然事后遭受迫害，他们的作品却长久活在人民的心中。……保证代替不了创作，真正的黄金时代的到来还得依靠大量的好作品引路。黄金时代，就是出人、出作品的时代……没有它们，一切都是空话，连"中国文学的黄金时代"也是空话。

不再老是希望或相信由别人恩赐自由，而应该由作家自己奋斗得来。这个信念说明他比当时一般人要更清醒、更深刻。他在 1985 年初写的《"创作自由"》一文中，以著名诗人涅克拉索夫、大作家托尔斯泰在沙俄时代没有"创作自由"的环境下写出不朽的杰作，十九世纪俄罗斯文学至今还是世界文学的一个高峰为例，说明真正的优秀作家"都是为'创作自由'奋斗了一生。

作家们用自己的脑子考虑问题，根据自己的生活感受，写出自己想说的话，这就是争取'创作自由'"。

巴金的晚年，在为自由、独立思考、无为而治——这个作家基本权利问题上，以自己的创作和言行，顽强坚持，奋斗不息，作出了榜样。

184. 呼唤"讲真话"

就在人们谈论探讨改革、文艺体制改革……这样一些形而下的实际问题时，巴金比别人更进一步提倡"说真话"。这既是一个社会实际问题，也是一个形而上的哲理问题、人文伦理问题。这些问题都是巴金痛感到几十年来的积弊，严重影响和阻碍着中国社会的进步、民族的健康发展；更与国民的道德风尚、精神品格、文明素质直接有关。所以他才一而再，再而三地，坚持不懈地大声疾呼。

在《随想录》五卷（150篇）中，巴金以"说真话"为题前后写了七篇，与此相关的以谈"骗子"为题的写了四篇。有一卷集名就叫《真话集》。与此相关的思想几乎贯穿在八九十年代巴金的写作过程中，散见在《随想录》以及后来的《再思录》两书中。"说真话"，就是不要说谎骗人，本是最普通最基本的做人准则，是人类幼儿时代受启蒙教育的内容之一，奇怪的是却最为权势者和极端思想所忌讳，成为几十年来不断加以批判讨伐的对象。

巴金对这样荒诞的历史现象做

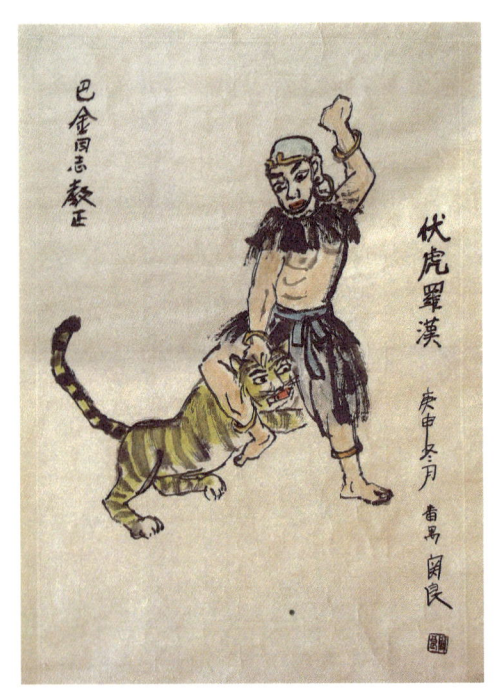

关良画赠巴金

了深入的反思，几十年来怎么会形成这样的社会风气，谎言喧哗成了中国的特色？他给这些谎话制造者画了像：

> 人们习惯于听好听的话，也习惯于讲别人爱听的话。不少人善于看别人的脸色讲话：你喜欢听什么，他就给你讲什么，包你满意。更多的人听到不"满意"的话马上板起面孔。对他们，话并无真假之分，只有"入耳"与"不入耳"之别。他们说话，总是出口成章，滔滔不绝，说过就忘记，别人要是提起，自己也不会承认。……所以他们常常今天讲一套话，明天又讲另一套，变化无穷，简直叫人没法跟上。他们永远正确，而你却只好不断承认错误……原来讲话的人也可以打你的棍子，给你戴帽子，因为他们的级别高，你的级别低，或者他们是官，你是民，同样的话由他们讲就正确，你讲出来就会犯错误。有时需要一个靶子，你也会给抛出来、揪出来，即使你讲了三言两语。
>
> ……
>
> 他们不但说了假话，而且企图使所有那些假话都变成真理。我自己就花费过许多宝贵的时间去学习那些由假变真的东西。而且我当时总相信我是在拥抱真理。……一阵烟，一阵雾，真理不知消失在什么地方。我自己倒变做了一个贩卖假药的人。①

正是在高压胁迫和煽惑下，上有所好，下必甚焉；上行下效，假话风行。他说：

> 起初听别人说，后来自己跟着别人说，再后是自己同别人一起说。起初自己还怀疑这可能是假话……起初我听见别人说假话，自己还不满意，不肯发言表态。但是一个会一个会地开下去……我已经在不知不觉中给改造过来了。于是叫我表态就表态。先讲空话，然后讲假话，反正

---

① 《随想录》第747、750页。

大家讲一样话,反正可以照抄报纸、照抄文件……运动总是从学习与批判开始的。运动的规模越大学习会上越是杀气腾腾。所以我不但害怕运动,也害怕学习和批判(指的是批判别人)……①

因此,当历次政治运动造成的冤假错案被平反纠正,大跃进的浮夸狂热造成祸害的真相开始被揭示,十年"文革"彻底破了产,人们看到这一切都曾是在革命、国家利益等等的崇高名义下裹胁民众一起大讲特讲的假话空话大话造成的。那时凡是说了一点真话就会遭到迫害。巴金从这样的历史中总结说:"在这之后我才看出来,说真话并不容易,不说假话更加困难。"这种现象不仅在过去的年代,即使眼前仍然还有,这就有一个如何面对现实的问题。

1979年上海出现了一个年轻作者沙叶新创作的话剧《假若我是真的》,描写一个骗子冒充首长的儿子行骗,揭穿以后,小骗子反讽说,"假若我是真的……"即使做了坏事骗财骗色也不成问题,更不会成为犯罪受到惩罚。这个戏在社会上引起很大的争论,有欢迎的,认为"是符合社会实际的,是有积极意义的";有反对的,认为"思想倾向是不好的……只能产生有害的社会效果","看了戏真觉得漆黑一团"②。

巴金没有看到这个戏,但看了剧本。他觉得这个戏"不成熟,有缺点,像'活报剧',但是它鞭笞了不正之风,批判了特权思想,像一瓢凉水泼在大家发热发昏的头上。它的上演会起到好的作用"。因此,他不仅一而再写文章谈"骗子"问题,而且几乎带着愤怒的感情批评那些认为"话剧给干部脸上抹黑,给社会主义脸上抹黑"的说法,他不能容忍那种一味"纠缠在'家丑'、'面子'、'伤痕'等等之间,不写、不演,并不能解决问题"。他还由那些骗财骗色的小骗子进一步联系到,"那些造神召鬼、制造冤案、虚报产量、逼死人命等等的大骗子",所造成的恶果要更严重到祸国殃民;如果老是这样掩盖下去,"不但是给社会主义抹黑,而且是在给社会主义挖墙脚"。这就直接指到了真正的罪魁祸首了。

---

① 《随想录》第438—439页。
② 引文均见《剧本创作座谈会文集》第410、397页,四川人民出版社1981年版。

1979年11月，胡耀邦会见巴金，中立者为张光年

"文革"以后，文艺界并不平静，说真话仍然困难。巴金认为，"首先要肃清我们身上的奴性。大家都肯独立思考，就不会让人踏在自己身上走过去。大家都能明确是非，就不会让长官随意点名训斥"。所以，他不仅写文章阐释自己的观点，热情支持那些讲真话揭示真情实事的意见和作品，而且还在实际行动上尽力帮助他们，为他们呼吁。当话剧《假若我是真的》为那些权势者禁演声甚嚣尘上之际，1979年11月16日，在参加第四次全国文代会闭幕之后，中共中央总书记胡耀邦接见新当选的文联领导人时，巴金直率地向他提出，"让这个戏演下去吧！"他还两次写信给胡耀邦、胡乔木，希望对作家要宽容。

巴金可能是当代最早也是一以贯之地呼吁"讲真话"的中国作家，却也因此使那些捂住伤疤唱赞歌的人十分恼怒。直到九十年代初，两家大报还连续发表文章批判"讲真话"是"被搞资产阶级自由化的人利用，把'真话'

作为投向党和人民政权的石头、枪弹……这样的'真话'越多，对社会主义的破坏就越大……"①"……怎能纵容他们以标榜'讲真话'来蛊惑舆论呢？"②对巴金施压。但是，巴金早已预言警告说："人只有讲真话，才能够认真地活下去。""建筑在谎言上面的权势也不会长久，爱听假话和爱说假话的人都受到了惩罚……"

果然，不肯正视教训，弄虚作假就越来越猖狂，从假话延烧到假药、假酒、

在鲁迅像前

---

① 《说真话与求真理》，参见《文艺报》1991年8月24日。
② 《话说"真话"》，参见《人民日报》1991年9月6日。

1981年写的《怀念鲁迅先生》手稿

假文凭、假学历、假新闻,以至大米、牛奶……无所不假,不以为耻。作假说谎已成为当今中国精神危机的具体表现,终于到了全社会难以容忍的地步。人们开始响应巴金曾经有过的强烈呼吁,要求"讲真话",要"求真务实",要讲"诚信"……这事关中国人的形象、中国人的信誉、中国人的精神文明、中国人的人格和国格……巴金为中国的改革在精神层面上、民族灵魂上,提出了这个关键性的疗救方案。这就是他晚年所说的:"我留下的每张稿纸上都有这样三个字:讲真话。"同时,他也不避讳自己在过去"那些年假话讲得太多,我总的把债还清……"他为此深深地感到羞耻和痛苦,要洗清心灵中的污垢,尽管这些假话都是在被逼迫和欺骗的情况下发生的。他成了至今少有的一位有反思忏悔精神的人。

他不仅自己身体力行，也还极力鼓励更多的老朋友写作、讲真话。他劝说曹禺、萧乾、黄源……希望他们把心里最美好的东西贡献出来，不要"随便听指挥，随便按照'长官意志'办事"，最后弄得一事无成。无论创作、翻译、研究，他都鼓励说，"应该写！应该多写！"他对青年作家、少年儿童，以及在怀念故友的文章中，也是不厌其烦地鼓励他们："倘使人人都保持独立思考，不唯唯诺诺，说真话，信真理，那一切丑恶、虚假的东西一定会减少很多。"他劝告青年作家们："任何一部文学作品，只要不是朝生暮死的东西，总会让一些人喜欢，让一些人讨厌。人的爱好也有各种各样，但好的作品经受得住时间的考验。"①他希望他们不要去听文坛各种叽叽喳喳的传言，不要看风向。

他还关心朋友们的物质生活条件，曾几次激动地说，"我要为三个人的房子奋斗，第一是沈从文的；第二是你的（汝龙）；第三是丽尼夫人的……"沈从文长期住在两间窄小的陋室里，连一张像样的书桌都没有，只能和他夫人轮流使用一个小书桌。巴金每次去探望，看到这种情景，心里总是很沉重、苦恼而又无奈。他为此曾说："这事实应当大书特书，让国人知道中国一位大作家、一位高级知识分子就是在这种条件下工作。"②"文革"之后，上面再三表示要重视知识分子，那么像沈从文这样的住房条件还不应该尽快解决吗？巴金首先向文艺界的某些领导人如陈荒煤、沙汀、孔罗荪呼吁帮助。他说，他不明白"落实政策嘛，有什么不好？为什么这样困难？"他很不满意，"现在做工作，总是拖，总是推，我们就总是催吧！"他到处奔走呼号，包括公开文章中也说到这件事，如《随想录》第 38 则中："……然而一位写了二十多年小说、接着又编写《中国服装史》二十年的老作家到今天还是老两口共用一张小书桌，连一间工作室也没有……"他在北京开会时，又向周扬、中国作协领导人李季正式提出要求解决沈从文的住房问题。1980 年春夏之交，沈从文终于得到了一套比较宽敞舒适的住房，巴金高兴极了，但沈从文已经

---

① 《再思录》第 34 页。
② 《文艺报》1980 年 10 月。

疾病缠身了。

关于汝龙的房子，巴金也在文章中呼吁过："我知道一位搞翻译的，自己有房子，在'文化大革命'中给没收了。现在要一个房间摊开书来从事翻译都不可能。"他希望上面落实知识分子政策，"过去空话说得太多，人们不敢轻易相信，要多做取信于民的工作"。"应该认真来做，好好地做。"汝龙房子问题仍然迟迟难以解决，巴金就说，"我只要活着，我还是要讲下去"。1980年9月，胡乔木探访巴金时，巴金就对他谈到汝龙房子问题，请他能帮助解决。胡乔木答应想个办法。后来，巴金又托曹禺帮忙呼吁奔走。1981年10月，他在一次给胡乔木的信中，又谈到汝龙的房子，希望能早日解决。如此一直拖到1984年初，汝龙才算得到了新居。

巴金所以如此热心呼号，"不是为你个人，是为了工作"。他是希望中国知识分子能够得到爱护、尊重，好好工作。改善一下过于简陋拥挤的住房，是为了有个较好的工作条件，这是最起码的事。"连这点小事都办不好，其他都是空话"。从这些事情上，都显示了巴金当时的精神状态，讲真话、做实事、积极进取、力排众议、只争朝夕的精神状态。

185. 点名风波

巴金的这些文章和意见，还是引起了一些人的不安。胡乔木曾经在探访他时，或者在给他写信时，甚至在公开会议上，都希望他放弃"无为而治"的主张。巴金没有接受这些劝告。因为，现在巴金提出什么意见和看法，都是经过自己独立思考的，是建立在数十年历史教训的基础上的，所以，也就不会轻易改变，更不会因为对方是领导而随便屈从。

当时，上海文艺界盛传，说巴金被点名批评了，说他是持不同政见者。主要问题是写《随想录》，为什么文章不在国内发，却要拿到香港去发……这当然是一些歪理。香港也是中国，《大公报》也是众所周知中共所办的左派报纸。再退一步说，即使在别地别报发表，又何罪之有？

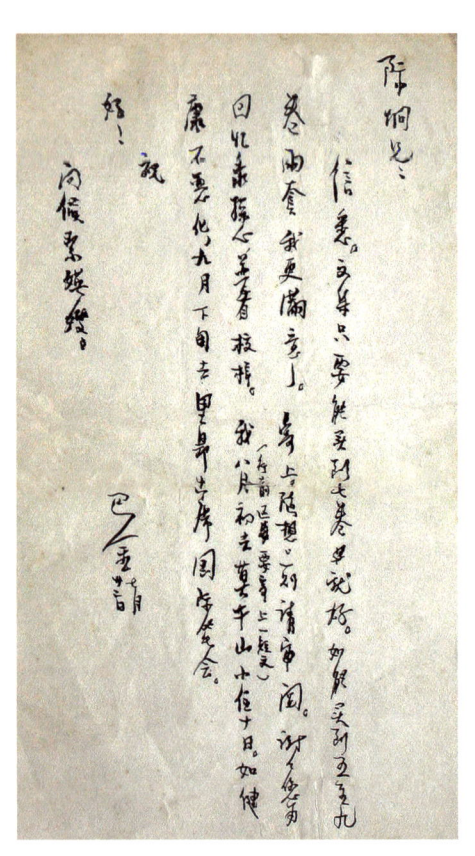

致香港《大公报》编辑潘际坰信

这些话，有人说是亲耳听见某位领导在某个会议上讲的。某位领导又声明外界传说是谬误的。一时间闹得沸沸扬扬。

无论怎么说，1981年春天的气氛与前几年是有些不同。"点名"之说也不是空穴来风。这种批评意见又是政治性的。不过从"文革"炼狱里走出来的巴金，已不再像五六十年代那样，遇到政治压力就会退缩；他反倒迎接挑战了。在《三谈骗子》一文中，他透露过此事："我不过是一个作家，却也有人冒充我的这个、那个。幸而我无权无势，讲话不起作用，有时'长官'高兴，还在报告中点一下名，免得我翘尾巴。因此那些冒充我的什么的人，在社会上也得不到好处，我才可以高枕无忧，安度晚年。"过了一些日子，他在《序跋集》的《序》中又谈道：

……人们说冷风又刮起来了。我起初不肯相信，可是渐渐地我发现有人在我面前显得坐立不安，讲话有些吞吞吐吐，或者缩着脖子，或者直打哆嗦，不久就有朋友写信来劝我注意身体，免受风寒。于是关于我的谣言就

> 流传开来，有人为我担心，也有人暗中高兴，似乎大台风已经接近，一场灾祸就在眼前。
>
> 　　这个时候我非常冷静。有风，我却不感到冷。我一点也不害怕，但是我不得不严肃地考虑自己的事。……倘使真有龙卷风，那么也让我同它作一次竞赛吧。我要多做出一些事情，多留下一些东西……

这个时期，他在给朋友的信中，因对方问及而有所提到的，如给王仰晨的回信中说：

> 　　长官点名，我不会害怕。倘使一经点名，我就垮掉，那算什么作家？点名之说早已传到我耳里，我无所谓，据说是在外事工作会上讲的。但后来他又派秘书来找小林谈话，劝我不要相信别人的挑拨。我仍然不在乎。……①

给孔罗荪回信中说：

> 　　听说有人点名说我怎样，我也弄不清楚是真是假。不过要是真的来一下，倒可以清静两三年。

给萧乾两次的信中谈及：

> 　　点名问题几个月前就传说过，说法不一，最近又流传起来。有人替我担心，其实我毫不在乎。这应当是最后一次的考验了。这一年多来我身体不好，很少参加活动，写字吃力，但还是写完了两本小书。我哪里有精力和时间去支持什么人？然而我的"随想"可能得罪了谁？才有人一再编造谣言。我不怕什么，也不图什么，反正没有几年可以工作了。

---

① 《巴金书简——致王仰晨》第152页，文汇出版社1997年版。

传播越广，同情我的人越多，可见天天讲"社会效果"的人，其实不懂什么是社会效果。

他给杨苡的信中说：

脑子十分清楚，对生死问题也看得明白，一切毁誉都不在心上，相信颇有自知之明。……关于我的谣言一直在流传，不是结婚，就是挨批，然后就会是死吧。死了也不会让人安宁。……

巴金在这些信中表现了对"点名风波"引起的愤怒，但又是极为轻蔑的态度。他冷眼面对此事，要看看这种风能刮到什么程度。在这种气氛下，他的《随想录》第二集即《探索集》简体字本在内地的出版社压了一年左右才于1981年底出版。

1981年3月，茅盾逝世，巴金感到非常悲痛，就像郭沫若逝世时使他有一种"茫然的感觉"，又一次联想到"我们浪费了多少时间啊"，使像茅公这样的大作家有多少想写的作品而未能写成。也使他因同辈人的去世，心想，"我就要跟上来了"，于是对自己的写作更加产生了一种紧迫感。甚至开始感到自己可能做不完计划中的事了。4月，巴金到北京参加茅盾葬礼。接着被推为中国作协代理主席。12月，在中国作协第二届理事会第二次会议上，被选为中国作协主席。

9月，巴金还率领中国笔会中心、中国上海笔会中心、中国广州笔会中心组成的代表团到法国里昂出席第四十五届国际笔会大会。他认为，国际笔会应当成为世界作家的讲坛，成为保卫世界和平、发展国际文化的一种强大的精神力量。它的前途是十分光明的。

这也是巴金第三次访问法国。他又专门去访问了上次签名售书的凤凰书店。因为这家书店的店主贝热隆是法中友协负责人，上次访法几乎就是由他全程陪同，一路得到他的热情关照。也还因为这家书店专门经营销售中国图书文化用品，后来还曾遇到暴徒袭击砸毁。因此他更加强烈地希望再访问凤

1984年,在法国驻沪领事馆。
左起:巴金、曹禺、柯灵

凰书店,并又一次在这里签名售书。这次又多了一种新出的他的短篇小说《复仇集》法译本。他还去访问了也是上次热情接待陪同过他们的法中友协马纪樵夫人。

国际笔会第四十五届大会在里昂开幕,在巴黎闭幕。会议、访问期间,活动安排得比较宽松自由,使他能从容地再一次观光巴黎。他深深地感到法国人珍惜过去,热爱历史。既很好保存了旧的传统文化,又创造建设了新的文化。他还感受到了法国人的友好热情,更欣赏他们的真诚坦率。交谈时,不管意见异同,都能直话直说。相比之下,他平时接触的国人,往往是有话当面不讲,爱听好话,看别人的笑脸。这种感受与他这段时间遇到的"点名风波"之类事情也是有关的,使他感触很深。

在巴黎,他曾接受《世界报》记者阿兰·佩罗贝的采访。当问到对批判《苦恋》的看法时,巴金回答说:

> 我还没有看过这部电影剧本，但是我认为一部文学作品引起不同的评论这是正常的。虽然有些批判，这无关重要。你永远可以进行辩护。归根结底，只应由读者作出评判。①

这样的回答后来传回国内，也引起某些领导人的不满。

国际笔会结束后，巴金又接受了苏黎世市长的盛情邀请，9月30日离开巴黎，到风景如画的苏黎世湖畔度过了一个星期的假期。

"点名风波"这件具体事情，后来不了了之，因为毕竟社会环境不同昔日了。但是对于巴金在政治上的指责，在一定情况下，仍然或明或暗地、断断续续地出现过。1982年，文学界有些作家提出吸收西方现代派文艺的问题，引起很激烈的争论。本来，这是一个纯属文学创作的问题，但是一些习惯于旧的思维定势的人又提到政治性质上来。有一位文艺界的领导就说，"关于现代派之争，本质上，不是艺术之争，而是方向路线之争……"恰恰这时巴金也发表了一些意见。他希望在文学上不要有太多的禁忌，尽可能让人们有更多的尝试创新、吸收外来思想文化的机会。他在给瑞士作家马德兰·桑契女士的一封回信中说：

> 拿我本人为例，在中国作家中我受西方作品的影响比较深，我是照西方小说形式写我的处女作的，以后也就顺着这条道路走去。但我笔下的绝大多数人物始终是中国人，他们的思想感情也是中国人的思想感情，……今天可能有一些作家探索使用新的形式或新的表现手法，他们有创新的权利。……不论来自东方或者西方，它属于人类，任何人都有权受它的影响，从它得到益处。……东西方文化交流日益频繁，互相影响，互相受益，总会有一些改变。即使来一个文化大竞赛，也不要害怕"你化我，我化你"的危险。

---

① 新华社《参考资料》第18880期，1981年9月28日。

最后这句"不要害怕'你化我，我化你'的危险"，一时传为名言，也使那些视西方现代派为异端的人十分反感，当作反面言论在一些场合横加指责。在文艺界一些领导人的眼中，巴金的世界观不是共产主义的，也不是马克思主义的；在文艺方面很固执很另类，提倡"无为而治"，不同意对"不好"的倾向进行批评。虽然还是要团结他，但要保持清醒的头脑，告诫作家们不能受他的影响。

1982年春天，巴金获得意大利但丁国际奖。稍后，西方某些媒体又盛传当年的诺贝尔文学奖有可能授予巴金。北京有位高官阻挠说，如果要我们表态，我们宁可推荐沈从文、艾青，也不同意巴金。

9月13日，美国《新闻周刊》刊登了记者伊恩·芬德利采写的巴金访问记。原标题是《中国的作家们应该大胆些》，巴金的照片说明是"巴金：我们必须揭露错误"。10月6日，国内一家新闻单位内部刊物选登了此文，题目改为《巴金对美〈新闻周刊〉记者发表谈话》，导语是："巴金说他不同意'伤痕文学'。我们必须揭露错误。他表示很难评价毛主席。他还说他没有实权。"①这些导语显然想强调巴金持有与官方不同的意见。而记者与巴金的对话实际却是这样的：

问：中国需要花多长时间才能消除"文化大革命"造成的问题？

答：对这点有许多不同的看法。我认为我们必须揭露过失和错误，并设法加以改变。但是有许多人想要掩盖错误。让许多人知道这个问题对中国来说是件好事。但是这需要花很长时间。

问：毛泽东去世已有六年，现在你是怎样看待他的？

答：这是个很难回答的问题。我确实还没有想过这个问题。

问：你在1981年底当选为中国作家协会主席。作为这样一个人数虽少但是很有权力的团体的负责人，你是怎样看待你的作用的？

答：嗯，我没有实权……我认为重要的问题是要帮助作家得到比较

---

① 新华社《参考要闻》第557期，1981年10月6日。

晚年巴金与兄弟李济生

好的条件,帮助他们写出更多更好的作品,并使他们的作品得以发表。我们还必须提高正在创作的作品水平,并鼓励更多的人来创作。

由此也说明了巴金从写作《随想录》以来,在《大公报》上发表文章、谈骗子、赵丹遗言、"无为而治"、"现代派"问题以及不同意某位领导的"批评也是一种爱护"的说法……一系列问题都引起了一些权威人士强烈的反感和不快,公开的或背后的批评和议论,几乎不曾间断过。所以完全不像有的人后来把巴金写《随想录》说得一路顺风,什么"未竟卷时,就已掌声四起。'掌声'主要出在国内重要报刊,几乎一段时间,满目尽见"。甚至讥评为"漫天的彩虹"[1]。这完全是杜撰出来的。恰恰因为对《随想录》的流言时断时续,

---

[1] 《文学自由谈》1988年6月。

所以一些报刊很少反应。有一家刊物因为知道某领导不满的态度后，就将已经发排的有关评论稿撤下不发了。可以说，巴金写《随想录》是在疾病缠身、流言指责的艰难情况下顽强写完的。但是，巴金原计划写作两部长篇小说，因为1982年摔跤后长期为病所困扰，更因为政治环境收收放放，舆论桎梏束缚，终于在写了一个开头后没有继续写下去。九十年代初，王辛笛的女儿王圣珊看望巴金时，期望巴金多写些。巴金说："我老了，写不了了……我们现在还是下笔如有'绳'。这个不是精神的'神'，是绳子的'绳'。"他还怕圣珊没有听懂，做了一个手上有绳子拉住的样子，说："你们在国外这方面要好得多，要多写些好文章。"①

"文革"结束以后，因为"四人帮"垮台而欢欣鼓舞，对中国社会和中国文艺事业一直抱着热切希望的巴金，经过这些年的曲曲折折，他除了强烈渴望写作、多做点实事以外，已经别无他求，也厌烦参与文艺界的是是非非。他在给朋友的信中流露了这种焦躁的情绪。

他给孔罗荪的信中几次说：

……需要休息。因此我想不出席文联的会，当然只是想想而已。我也想过几次：该退休了。（1981年1月21日）

……大会小会都不参加。文联开会，我也想请假。我快到了油干灯尽的地步，少耗费点也好！有些事我实在看不惯。考虑再三，我觉得成立现代文学资料馆比较有意义。……收也好，放也好，这样的资料馆什么时候也需要。……（上海）文联协会的事情，我已完全不过问了。……（1981年2月15日）

流言相当多，但我无精力管这些事。……而且在文艺界我是一名"客串"，现在上了年纪要退休了。（1981年8月20日）

评奖会只要不找我去开会，不讲话，挂个名是可以的。我的理想是关门写作。作家不出书只参加活动，后人不会承认。（1982年1月11日）

---

① 《新民晚报》2010年5月16日。

他给陈荒煤的信中也说：

我想来想去，文联会也可以延期，最好延到"十二大"以后。总之，体制必须改革，开会如不能解决问题，不过浪费国家钱财。请多考虑。
(1981年1月25日)

他复《人民日报》编辑姜德明的约稿信中说：

文章是为潘际坰（《大公报》编辑）写的，不一定是"大路货"，给（人民）《日报》不一定恰当，怕给你们找麻烦，请原谅。至于茅公（茅盾），我有许多话可写，但写出来有人看了会不高兴，还是少说为妙。
(1981年3月30日)

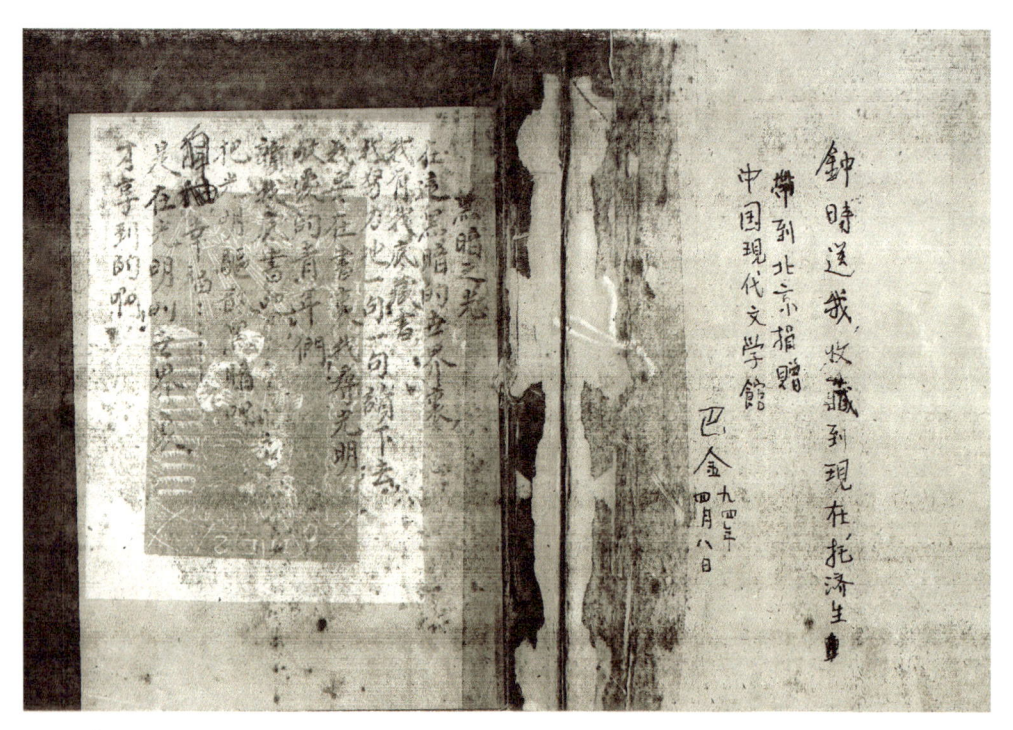

在《平等》杂志前题词赠中国现代文学馆

直到1987年初，还传来北京一位领导人在某校作报告时，点名从政治上谩骂巴金。7月，巴金在给《新民晚报》编辑沈毓刚的信中激动地说：

> 面对着那些可气可恼的现象，想叹口气，也缺乏时间和精力，我已经成了一个废物了。但是我还要挣扎，我不能给中国知识分子丢脸。我的确常常在思考中华民族的前途，我总觉得太多的空话、大话、假话挡住我们前进的道路。我们到什么时候才能为自己认真做个总结？……没有想到带有中国特色的官僚主义现在会成为可怕的大灾难。七九年又曾提过反官僚主义，好像有些人（官）还不以为然。有人甚至说我是"持不同政见者"，不过他也只敢在背后说，可能今天还在说。我相信历史会惩罚说谎的人。

虽然，这些批评、点名、流言……都不可能再威胁他、伤害他，但是，无论如何，在他的心中造成一种阴影，使他在努力奋斗、乐观进取、热心改革的同时，也不能不侧着身子应对，因此思想感情上存在着复杂的一面。

186. 自我拷问

几乎从写《随想录》开始，巴金在反思"文革"的同时，也反思自己。他总想弄个明白，这个"史无前例的文化大革命"到底是怎么发生的？为什么会出现在中国大地上？为什么会有那么多的人裹胁其中，而失去分辨抵抗的能力？为什么会严重、残暴、荒谬到中外历史所罕见的程度？怎样使我们的子孙后代了解接受这个历史教训，再也不要重犯这样可怕的错误，重新经历这样的浩劫。……因为只有弄清历史的真实面貌，才能深入到问题的本质。同时他还想到："我们不能单怪林彪，单怪'四人帮'，我们也得责备自己！"这句看似平常的话，但在那时却是振聋发聩。因此，巴金首先是解剖自我，拷问自我，反思自我。有时严厉到近乎苛求。

他痛惜许多优秀的知识分子受迫害致死，进而自我谴责为什么没有站出来为他们说句公道话？他年轻时就为左拉的追求真理、不畏强暴、不顾个人利害的精神所吸引。左拉为德莱福斯上尉冤案仗义执言，发出令人震惊的"我控诉"的呼唤。巴金不仅深深铭记，还在自己的著作中一再援引过，大声呼喊过。左拉为此被迫流亡国外。伏尔泰也为许多人的冤案奋斗过，终于使冤狱平反，惨死者恢复名誉，幸存者免于刑戮。这些故事都曾给巴金留下深刻的印象。他把这些法国先驱者当作老师来学习。于是他为不相识的樊塞蒂、萨柯的冤案奔走呼唤声援过。如今，为什么对自己熟悉了解的人反倒没有做到，许多人也都没有做到？他想到如果伏尔泰、左拉活在"文革"时的中国，恐怕也一样做不到。是因为这个网罗太大、太严密，这个劫难太广泛、太普遍，这个暴政太残忍、太暴虐，以致谁也逃脱不了，一点抵抗的余地都没有。他说：即使伏尔泰、左拉活在"文革"时的上海，"也只好在'牛棚'里摇头叹气"。

但这只是说明历史的严酷性，并不能因此回避个人的责任。巴金曾经对一位朋友方殷（人民文学出版社编辑）说："老舍死了，使我们活着的人惭愧……"他真心感到我们不能保护一个老舍，无法向后人交代解释清楚原因。他从日本朋友井上靖、水上勉、开高健那里知道他们曾用行动、用写作为老舍呼唤，维护老舍美好的形象，重视老舍的悲剧性死亡，痛惜这样巨大的损失，而"我究竟做了什么事情呢？我不能不感到惭愧"。想到那年最后见到老舍时，老舍还向他表示自己"没有问题"，是清白的，而"我做过什么事情，写过什么文章来洗刷涂在这个光辉的名字上的浊水污泥呢"？

就像他在另一篇纪念丰子恺的文章中说到六十年代丰子恺受批判，其中有曾在巴金主编的刊物上发表的散文《阿咪》，被诬陷为反党毒草，巴金也不曾替他"讲过一句公道话"，"而感到内疚"。即使像对张满涛那样的翻译家，虽然与他并无很深的私交，但看到他无辜地被打成反革命分子时，巴金内心实在愤怒不平，为了免得"引火烧身"，他还是"一声不响"，"一点也未尽到作为一个作家、作为一个普通人所应尽的职责"。他在张满涛灵前默哀时，又一次感到惭愧，忏悔自己在他"遭遇不幸的时候，我没有支持他，没有出来说一句公道话,只是冷眼旁观,对他的不幸我不能说个人毫无责任"。也就是说,如果多数人都能站出来说公道话,历史就可能是另一种样子了。

巴金对自己在"文革"中的表现,在《小狗包弟》一文中曾概括为"逆来顺受"四个字。虽不完全,但也大致上画出了一个轮廓。与他在一起的难友王西彦开始时很不理解他的这种观点,认为他是"'牛鬼蛇神'中间态度比较驯顺的……总是表示认罪服罪,愿意刻苦改造自己,求取重新做人的机会"①。这也正是他最严厉拷问自己的部分。他承认那时自己的言行比王西彦笔下所写的要"更愚蠢,更可笑。我不会忘记自己的丑态……但是我绝不让自己再犯错误"。

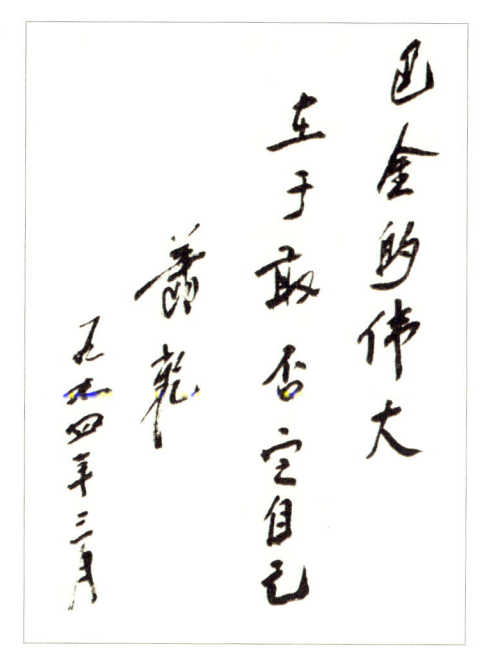

萧乾题词

他解剖自己最初是因为迷信上面,把他们看成是神,接受了所宣扬的极端思想,真心认为自己错了,写了"邪书",该烧该毁。他要用"苦行赎罪",采取无怨无悔的不抵抗的态度,甚至在别人大吼"打倒巴金"时,自己也高举右手响应呼喊,这是"死心塌地做起'奴隶'来"的结果,是盲目迷信屈从喝了'迷魂汤'","虔诚地膜拜神明的结果"。他成了"精神奴隶",是"奴在心者"。后来发现这只是一场骗局,渐渐地摆脱了神的羁绊以后,他"开始感觉到做一个'奴在心者'是多么可鄙的事情"。这样的反思和拷问是非常严苛的、深刻的。"文革"所以能在几亿人口的大国进行了十年之久,与长期缺乏科学、民主、自由思想文化传统有关,因此愚昧迷信、跪拜在神的脚下,把自己的命运完全交给别人,甘心充当驯顺的奴仆,听凭驱使和宰割。即使

---

① 王西彦:《焚心煮骨的日子》第224页,香港昆仑制作公司1991年版。

像巴金这样具有较高文化修养的知识分子也未能幸免。

巴金是一个有着坚强信仰的人,从来反对专制强权,反对神和迷信,一直执拗地虔诚地追求着自由、平等(正义)、互助(爱)。现在发现不仅自己膜拜强权和迷信神,受了迫害和磨难,受了骗,丧失了自己的信念,造成精神和人格上的缺失,这是多么痛心的事情。对此,他时时感到像在人生的收支总账上,有了亏欠。他不能容忍这样的欠债,他要偿还,他要净化自己的心灵,清清白白告别这个世界。这样,他就必须把自己心灵深处的污垢毫不留情地挖出来,展示出来,加以严厉的针砭、鞭挞。如果中国人都能这样反思,痼疾才能得到疗治,使整个民族健康起来。否认、遮掩,甚至不许人说,带着这样的精神缺失,是很难真正健康地走向新世纪的。巴金决心从自己做起。即使对不能保护一条小狗包弟,为了避祸把它送上解剖桌一事,也都久久不能释然。他为此感到羞耻,"我瞧不起自己,我不能原谅自己"。从此,"我就这样可耻地开始了十年浩劫中逆来顺受的苦难生活"。

巴金不仅反思自己在"文革"中的表现,还反思了"文革"前的一些与此相关的事情。诸如,他也曾因为迷信领袖,跟着说了许多"豪言壮语"即空话、大话、假话汇成的"歌德"文章;在被煽惑起来的知识分子相互残杀时,在批判胡风、反右派斗争中,也曾跟在后面向自己的熟人、朋友、同行丢石块。本来一向关心、尊重知识分子的巴金,这时竟也"把知识当作草原上的草一样想用野火烧尽它们……哪怕只有那么一点点'知识',我也必须把属于知识分子的这些'毒草'烧尽铲绝,才能得到改造,做一个有用的人"。

巴金的反思引起了思想文化界的强烈反响。因为这样公开的反思个人在中国社会是不多见的现象。"文革"以后,从发动者、领导者到众多的参与者,包括武化打手和文化打手……几乎很少站出来向公众真心诚意地道歉和忏悔。相反有的过去在政治运动中一贯整人害人特别凶狠的人,现在却还在大言不惭地表示"决不忏悔"。因此,成千上万的受害者当然更没有想到忏悔的必要了。所以巴金的反思意义就特别深刻、重大。他启发唤醒人们要就整个民族历史来考虑反思的问题,像纳粹出现在德国而成为德国人长期以来总结、反思、警惕的共同课题一样。这样,这个民族才有可能新生、健全、强大。也因此,人们对巴金的自我反思勇气和深意表示钦佩,开了风气之先。巴金的高大形象、崇高的精神、磊落的襟怀,很自然地凸现在民众的面前。

在日本,也许因为有过侵略亚洲邻国的历史原因,对于巴金的反思精神尤其重视,反应更为强烈,似乎得到更多的理解。1980年巴金访日时,在朝日讲堂演讲结束走出门外等车时,有一位日本朋友走近来说:"您批评了自己,我是头一次听见人这样讲,别人都是把责任完全推给'四人帮'。"这使巴金感到惊悚,因为他觉得"离解剖自己,还差得很远。要继续向前,还得走漫长的路"。

《随想录》日译者石上韶在听了巴金的演讲后惊叹地说:"一个多么正直的人啊!毫不留情地解剖自己,这是多么痛苦,又需要多大的勇气!"后来他决心要把《随想录》翻译成日文,使日本读者能与他一起"分享这本书带给自己的激动、愉快、眼泪和思索"。也在这次访日时,剧作家木下顺二与巴金对谈,说:"你尖锐地自我批评,自我解剖,这是很痛苦的;但也说明,你对未来,对现在有强烈的历史责任感。"

至于日本读者读了《随想录》后类似的反应就更多了。有一位木元贤辅说:"它(《随想录》)不仅是作家巴金个人的经历,也是同时代中国知识分子灵魂的真实写照。"伊泽巨万夫则说:"毫不留情的自我解剖,是痛苦的,但也正说明作者有一颗纯洁的充满了爱的心,日本人也有类似的体验。当中国人在思索'十年不幸'的时候,难道日本人不应该向中国人学习,深刻反省历史上的错误吗?"①

1984年春,巴金访问日本时,与日本友人西园寺公一见面时,发现他剪了一个平头。西园寺公一解释说:"我剪掉头发,为了惩罚自己,为了表示不原谅自己……"因为他在中国"文革"时为中国极端分子的"革命"言行所迷惑,为他们作过宣传,现在历史证明这是错误的,也就遭到日本公众的批评。他在痛苦之余,剪发表示忏悔。这使巴金感动,劝慰西园寺公一:"这不能怪您,您相信别人,受了骗,应当由别人负责。您何必为过去的那些事情介意!"

---

① 《文艺报》1984年8月。

然而当巴金回过头来再细想时，这位日本人的话"债是赖不掉的"的声音却反复在他耳边回响。他非常有同感地想：我也要做一个不赖债的人。

像巴金劝慰西园寺公一那样，也有好多朋友劝慰过巴金："我觉得您律己似嫌过于严格，当时有当时的历史条件，有些事不是个人可以负责的。"但是，巴金却不这样认为。他与木下顺二对话时曾表示："我想认真总结，使自己不再重复这种糊涂事，并且尽可能也不叫别人再干这种蠢事。但我自己与别人不同，在进行总结的时候，我要自我解剖，自我分析，并不想责怪别人，归咎别人。而且想通过自我解剖，自我分析，总结经验教训。"这就把他对待自我反思的意向说得很清楚了。

同样的意思，他在文章中说得更多。他谈到"文革"给予他精神上深重的创伤，使他的心老是仿佛在煎熬。"这样的煎熬是不会有终结的，除非我给自己过去十年的苦难生活作了总结，还清了心灵上的欠债。这绝不是容易做到的事。那么我今后的日子不会是好过的吧。"他还说：他之强调讲真话、反思"文革"，"我的箭垛首先是我自己；我揪出来示众的也首先是我自己……"

巴金的这种思想精神与他长期以来接受的严格的道德教育有关，从克鲁泡特金到刘师复，从卢梭到托尔斯泰……那种自我道德人格完善的理想，几乎贯穿在他一生的追求中。他在写《随想录》早期就说过："怎样做人？怎样做一个好人？我几十年来探索的就是这个问题。"没有想到，在这几十年中要做一个好人，竟是这样的艰难。

经过中国共产党倡导的数十年思想改造以后的巴金，离开自己当初追求的理想反倒越来越远，与那个富有激情、自由思想、独立精神的巴金相比，竟已面目俱非。他通过反思、拷问，是为了向那个有缺失的、有心灵污垢的、被改造了的巴金告别，回归到一个继续为人民、为人类做奉献的好人。

因此，巴金晚年大声疾呼"讲真话"，也可以说是继承了前贤的思想精神，继续他青年时代走过的探索之路。他再三呼唤"丹柯精神"，也就是高尔基小说《伊则吉尔老婆子》中的勇士丹柯掏出自己的心照亮了前进的路，带领众人前行。他再三引述年轻时就非常喜欢的、法国居友的思想：生命之花的盛开，在于付出奉献，而不是接受取得。他的自我反思也都是在这样一些前提下进行的。"经过六七十年的风风雨雨,争取说真话,争取做好人,我仍然是一个普通的人"。这是他晚年精神活动中的一个核心。

1985年3月,他因为读到一篇污蔑托尔斯泰的文章,几乎怀着一种愤怒的激情写了一篇三千多字的随想《"再认识托尔斯泰"？》。六年以后,1991年9月,他又写了一篇随想《向老托尔斯泰学习》。这是他晚年仅有的谈外国作家的两篇文章,而且是谈同一个人老托尔斯泰。在其他随想中也还曾多次谈到过类似的意思。他论述托尔斯泰晚年思想精神上的矛盾,着重指出"他严肃地探索人生,追求真理,不休止地跟自己的各种欲念作斗争。……他力求做到言行一致,照他所宣传的去行动,按照他的主张生活"。"为了它,他甚至献出了自己的生命。"巴金以此勉励自己,说:"我也在追求他后半生全力追求的目标——说真话,做到言行一致。我知道即使在今天这也还是一条荆棘丛生的羊肠小道。……我觉得好像他在路旁树枝上挂起了一盏灯,给我照路,鼓励我向前走,一直走下去。"

这就说明了巴金的反思,不是就事论事,不是一般的认错检讨表态,而是在追求"言行一致"、"说真话"、人格道德自我完善的境界。这当然是有很大的针对性、强烈的现实意义的。在二十世纪末,这成了空谷绝响。

187. 拒绝"名人之累"

"文革"之后,巴金的社会活动又是一个接着一个,使他疲于奔波应付。报刊约稿,特别是配合政治任务的,又像以前那样接踵而至。"文革"结束初期,为了控诉"四人帮"的罪行,他很自然地积极地参加这些会议活动,接受有关约稿。但当这个高潮过去以后转入正常生活时,巴金不能不对此有所考虑。他想到五六十年代自己就是这样造成时光虚掷,写作上出现大片的空白。现在再也不能重复这样的生活方式了。这也成了巴金自我反思中一个重要的内容。

那么,在过去的年代里,他都在忙些什么呢!

一、参加各种各样、名目繁多的迎来送往的礼仪活动,包括相当多的外事活动。对象除了文学界，几乎包括政界、工会、宗教、艺术、新闻、友协……他在五十年代就说过，"有一段时间，火车站和机场已经成了我们几个人的会客室了，一天跑两次也是常事"。这种情况一直延续到"文革"之前，并未得到改善和解决，甚至有时变本加厉，如在机场等候几个小时，或等到深更半夜，有时一天接几次外宾。

二、参加人大、政协、文联、作协以及其他各种各样的会议。不仅是全国性的，也还有上海市的。因为他一直兼着这几个组织的中央和市两级的职务，也就自然要参加这两级组织的有关会议活动。有时一年要到北京好几次，如人大会一开就是个把月，碰到反右派斗争，还要开得更长一些。

三、各种各样的社会活动，他常常被请到主席台上排排坐，当陪客。开展政治运动时，要参加各种各样的学习会、批判会，甚至游行、表态以及各种大会小会，等等。

四、应各报刊之约，写各种各样配合政治时事的应景时文。

五、接待各方面来访的中外客人，应付各种各样的要求回答各种各样的问题。诸如，对政治时事表态，回答创作问题，提供三十年代文坛史料……

这一切都是在"革命工作需要"的崇高名义下进行的。那时，几乎凡是过去卓有成就的科学技术文化艺术界的人士都或多或少兼任或专任了一些社会政治职务，有了诸多的身份、头衔，成了高官，成了亦官亦学，成了社会名流，渐渐地越来越多地陷入这些社会政治活动之中，频频亮相，出入于各种公众场合，当陪客，讲一些领导人或报刊上说过许多遍的套话……从此在自己已经作出了成绩的专业领域里停滞不前，无所作为，更不必说创新了。在这种重视重用的表象下，实质上是使人才浪费和沦失，甚至使知识分子的灵魂慢慢地在不知不觉中锈蚀、蜕变，放弃了专业，放弃了独立思考，放弃了批判精神，成为一种点缀、摆设、道具，以至帮助说假话、说大话、说空话的工具。有些作家就是这样沉湎其中，乐于享受各种虚荣或实惠，却写不出一本可以和以前水平或名声相当的作品。

巴金深深地感觉、认识到这样的生活方式的弊害。他厌倦、反感，他再也不能接受了。首先自己年事已高，精力有限，所余工作时间不多。不容再像以前那样虚掷浪费时光了。其次，对于热热闹闹、出头露面的名利荣誉，他从早年踏上文坛就没有兴趣，采取躲避的态度。但在五六十年代成了光荣的"革命文艺工作者"以后，在革命的名义下，就颇有一点"人在江湖，身不由己"的味道，越陷越深。现在他从心底里要把它置之一边了。

他从1978年开始的许多年里，在给萧乾的信中曾多次谈到这个意思：

……你已经浪费了二三十年的时间了。我也一样，我只好抓紧最后的五年。这是真正为人民服务，留下一些东西。名利、地位等等，应当看穿了吧。

要想做点事，非闭门谢绝应酬不可。最可怕的还是那些来找我题词、写字、担任什么名誉职务的客人。

要是我能够写，每天写两千字那有多好啊。这些年我浪费了多少宝贵的时光！想到这，我就悔，我就恨。

类似的意思在给冰心的信里也曾多次谈道：

您了解我，名利之事我已看得很淡，而且有时甚至感到厌恶。现在想的只是把一点真情留在人间，因此还想写点随想，因此时间对我是多么宝贵。想到过去浪费掉那么多的时光，我觉得我也应当坚持一项原则：尽可能多做自己想做的事，尽可能不做或少做自己不想做的事（当然其中也包括着尽可能少写或不写自己不想写的文章）。但要做到这一个"坚持"却是多么不容易啊！

别人总说我气色好，还希望我多在"文山会海"的忙乱生活中混日子，我不会上当的。我却想多活，只是为了想多看、多思考。的确我们需要好好地思考。

我身体不好，生活杂乱，总是无法摆脱一些无聊的事情，想做的事做不了，却有不少人缠住你让你做自己不愿做的事。人老了，来日无多，时间可贵，偏偏有人在这个时候麻烦你、干扰你，让你做买空卖空的"名人",我实在痛苦。……我常常不愿伤人,结果只有委屈自己。我生活中充满矛盾,也充满烦恼。

记得您有一回来信说起"名人之累",成天做不必做不要做的事。我也一样。活着做"名人"实在没有意思,我不甘心,才争分夺秒讲几句真话。没有想到真话也会得罪人,有人不高兴听。

他给《大公报》编辑、友人潘际坰信中有一次也谈道:

各种各样的人来找我做我不愿意做的事,为了应付这些人,我痛苦不堪。医生要我休息,我希望隐姓埋名,避开名利,不做盗名欺世的骗子。

显然,巴金在反思这种生活方式时,除了考虑到自己年迈多病,要争取时间多做工作,做自己想做的事,还有一个更深层的想法是:作家要用作品说话,作家是用作品与读者见面的。作家之为作家是要创作新的为读者需要的作品,是为民族、国家、人类创造文化财富。这个思想几乎贯穿在整个《随想录》中,他经常说,多次说,强调地说。他既是反思了自己在五六十年代的这种生活方式,也触及到旧体制下的一些著名作家以至著名知识分子的生存状态。

对于这种现象,巴金是十分痛心的。他颇有一点陶渊明的那种"田园将芜胡不归?既自以心为形役,奚惆怅而独悲?悟已往之不谏,知来者之可追;实迷途其未远,觉今是而昨非"①。因此,他对赵丹后半生没有机会施展才华,未能拍成一部影片而悲愤地呼喊:"让他再拍一两部好片子吧!""请多一点爱他们吧,不要挨到太迟了的时候。"连茅盾这样居于高位的老作家也徒然有许多构思计划而未能如愿,就告别人世,使巴金又一次怆然地说:"得到茅盾同志的噩耗我十分悲痛,眼泪流在肚里,只有我自己知道。我们浪费了多少时间啊,现在到了尽头了。……我多么想拉住他,让他活下去,写完他

---

① 《陶渊明集·归去来兮辞》。

电影《寒夜》摄制组到医院看望巴金。左起:许还山、林默予、潘虹、阙文

所想写的一切啊!"他还谈到过著名电影演员金焰忙这忙那,就是拍不成电影,最后为观众忘得干干净净。诸如此类的话,在他的《随想录》中随处可见。

当他反思自己时,更是淋漓地、痛苦地、几乎像爆发似的……1981年7月,他在《致十月》中就激动地说:

> 我做梦也没有想到作家会是"社会名流"或者"太平绅士"或者"万应膏药"。我绝不相信作家可以脱离作品而单独存在,可以用题字、用名字、用讲话代替自己的文章。我常常静夜深思,难道我当初拿笔写作,就是为了大写"苦学自学"的经验谈,引导青年如何青云直上,充当各种活动、各种场合的装饰品?难道我所有辛勤的劳动都是为了个人的名利,我一切热情的语言都是欺骗读者的谎话?

一年以后,他在《干扰》一文中,又谈到这个现象,主要是针对近年遇到的:

可以说"干扰"来自四面八方。这些年我常有这样的一种感觉:我像是一个旧社会里的吹鼓手,有什么红白喜事,都要拉我去吹吹打打,我不能按照自己的计划写作,我不能安安静静地看书,我得为各种人的各种计划服务,我得会见各种人,回答各种问题。我不能做自己想做的事,却不得不做自己不愿意做的事。我说不要当"社会名流",我只想做一个普通作家。可是别人总不肯放过我:逼我题字,虽然我不擅长书法;要我发表意见,即使我对某事毫无研究,一窍不通。经过了十年的"外调",今天还有人出题目找我写自己的经历,谈自己的过去,还有人想从我的身上抢救材料。在探索、追求、写作了五十几年之后,我仿佛还是一个不能自负文责的小学生……在我的长时期的写作生活中被"干扰"扼杀的作品太多了!……仿佛看见过去被浪费掉的时间在眼前飞奔而去……

又过了三年,1985年7月,他在《"从心所欲"》一文中又一次谈到,说明他仍然还未能完全摆脱这种"生活"阴影的追逐:

人不断地找上门来,有熟人,也有陌生的读者,他们为了接连出现的各种"红白喜事"拉我去充当吹鼓手;他们要我给各式各样的报纸、书刊题词、题字,求我担任这样那样的名誉职务。我曾经多次解释作家应当通过作品跟读者见面,不能脱离创作对读者指手画脚。……人家已经给我做了结论:我不过是一个只有名字的空壳,除了拿名字骗人或者吓唬人以外,再无别的用处。……我呢,只好向他们哀求……我还是不得不让步,这里挂一个名,那里应付一下。有人笑我"不甘寂寞",他却不知道我正因为太不寂寞感到苦恼。有人怪我"管事太多",其实除了写《随想录》,我什么事都没有管,而且也不会管。

一位八十多岁的老人,面对这种体制制造的生活方式所说的这些话,几

1984年10月，与香港记者座谈

晚年巴金

乎是一种反叛,一种挑战,还显示了一种不被理解的孤独感,充满了悲壮意味。

他说的都是实情。他已经推辞躲避了很多。文联、作协的一些会议,他从1981年开始就尽量少参加,到后来索性就不参加了。1982年因腿伤后也不再到北京开会。中国作协举办的大型座谈会、发奖会以至第四次作家代表大会,他都辞谢未去。但碍于作协朋友的热情相邀,他只答应,"只要不找我去开会,不讲话,挂个名是可以的"。全国人大、政协会,这些年他也因病请假。尽管这些会上,1983年他被选为全国政协副主席,1985年初,他再一次被选为中国作协主席,但他都未与会。至于报刊的约稿几乎统统谢绝了。

1985年3月,他到北京参加全国政协六届三次会议,出席了开幕式。在这之前,他对朋友说,这将是他最后一次到北京开会了。自从他当选全国政协副主席后,这还是第一次也是最后一次与会呢!他还有一个心愿,就是到北京参加他盼望已久的、这些年用自己的心力创建的中国现代文学馆开馆典礼。他的心里格外高兴,他知道创办这个馆是多么艰难,现在终于亲眼看见它在北京西郊古寺里安下了家。

因为这是他最后一次的北京之行,所以他还要去看望好多老朋友。他在文学馆开馆典礼上,遇到了胡风。经过那样遭遇,三十年后再见,他们的感慨已是无法说得清了。而胡风已变得表情呆滞木讷,完全失去了当年意气风发的样子。因为巴金曾经跟着上面写过批判胡风的文章,所以总有一种沉重的愧疚之感。面对胡风,他几乎流下了眼泪。典礼结束后,他就去冰心家探访分别多年、思念已久的大姊。那份温馨亲切之情,流溢在两位老人脸上。第二天,他到北京医院探访正在那里治病的、他所敬重的叶圣陶、周扬。他永远是重情义的人,对于这些老友,他也是来告别的。

第二十二章

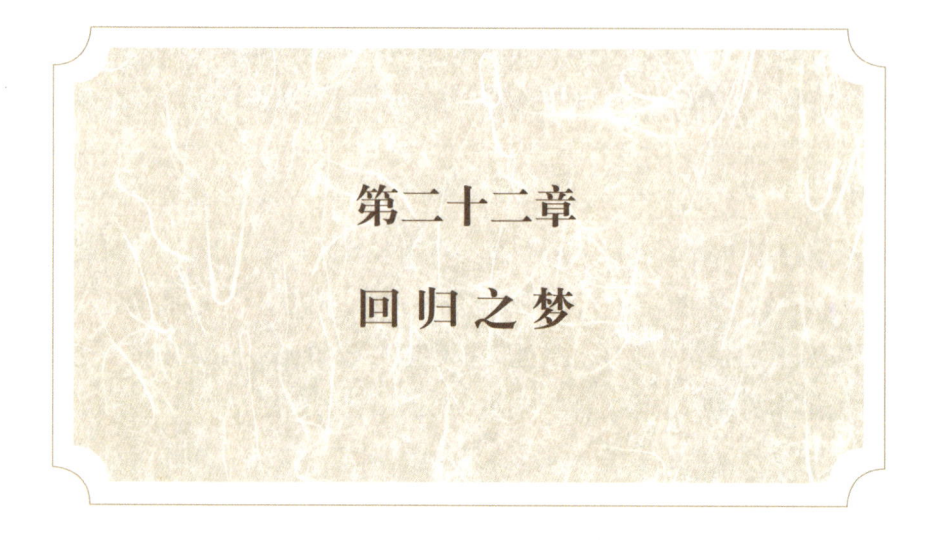

回归之梦

188. 创建现代文学馆

巴金渴望全力投入写作,同时也渴望为中国文学界多做一些实际贡献。文联、作协都有人在主持工作,无须他操心参与。更何况文艺界的复杂情况,左左右右、收收放放的阴晴变化,更使他感到厌倦。但这并没有使他放弃多做实事的念头。于是,建立现代文学馆就成了他晚年最大的心愿之一了。

"文革"结束以后,巴金根据自己的经历,也还听到许多类似的情况,发现大量宝贵的文学资料被毁弃、散失。他感到这样可怕的事情再也不能任其发生。他自己现在还保留着可观的图书刊物、作家朋友的书信、照片、手稿……应该怎样让它发挥作用呢?他在思索这件事。

1978年,巴金在北京开会时,应一位朋友之邀去饭馆聚餐。途中,偶然说起他手中还保存着三十年代女作家罗淑的一些信件。这时,一个念头自然而然地萌生了:"应该有个什么单位来搜集这些东西,还有别位作家的,都放在一起,好让人们研究。"

中国现代文学馆正门

　　从此，这个想法一直在他心中酝酿、思索。1979年春天以后，他连续访问法国、日本、瑞典等国，感受到了国外读者、汉学家对中国现代文学的重视和关注。他了解了这些国家特别是美国、日本收集的中国现代文学资料相当丰富，欧洲有些学者研究中国文学却要跑到美国、日本去寻找资料。他还得知日本作家自己创办了一所收藏日本文学资料的近代文学馆；荷兰莱顿也有一所西欧汉学研究中心，图书馆已有了五十年的历史。"文革"时被当作"毒草"、视为"粪土"的东西，在他们那里被当作珍贵的文物资料收藏起来。这些情况给巴金很大的启示。他想："日本作家办得到的事，难道我们中国作家就办不到吗？"

　　1980年底，这个想法终于在巴金心中孕育成熟了。11月15日，他在给友人姜德明信中提到："创办一所'现代文学资料馆'，你感兴趣吗？"12月8日，在编完《创作回忆录》写后记时，他第一次公开说道："出版这本小书，我有一个愿望：我的声音不论是微弱或者响亮，它是在替中国现代文学馆的出现喝道。让这样一所资料馆早日建立起来！"[1]

　　1981年4月，在杭州休养时，他终于写了一篇以《现代文学资料馆》为

---

[1] 《创作回忆录》第104页，香港三联书店1981年版。

《随想录》手稿

题的随想,同时在《人民日报》和香港《大公报》上发表。他记述了自己对这件事的考虑,说:

> 任何民族,任何人民都有自己光辉的历史,毁弃过去的资料,不认自己的祖宗,这是愚蠢而徒劳的。
>
> 文学是民族和人类的财产,它是谁也垄断不了的,是谁也毁灭不了的。十年浩劫中的血和火搅动了我心中的沉渣……
>
> 我设想中的"文学馆"是一个资料中心,它搜集、收藏和供应一切我国现代文学的资料,"五四"以来所有作家的作品,以及和他们有关的

书刊、图片、手稿、信函、报道……

他还谈到自己准备身体力行,做出实际贡献:

> 我的力量虽然有限,但决心很大,带个头总是可以的吧。创办和领导的工作由中国作家协会担任,我们只要求国家分配一所房子。我准备交出自己收藏的书刊和资料,还可以捐献自己的稿费,只希望在自己离开人世前看见文学馆创办起来,而且发挥作用。①

在这之前,他已写信给在中国作协担任领导职务的友人孔罗荪以及曹禺,说到此事:"考虑再三,我觉得成立现代文学资料馆比较有意义。我愿意捐献一笔钱(大约十万吧)和一些书刊、材料。只求政府拨给一所房子。收也好,放也好,这样的资料馆什么时候也需要。它只是一个资料中心,对哪一派都无妨碍。而且有了它,对旅游也有好处,可以吸引外国的研究者。资料馆可以保存一些珍贵的材料和照片、信札之类。"

就像巴金自己所说的那样,他对这件事像"着了魔"似的,到处呼吁,请求支持帮助。他向友人说,他对作家说,他向外国同行说,他在报刊上说……而且马上积极行动起来。当他在文章中公开讲了这个设想以后,就与中国作协联系。7月,把给文学馆的捐款十五万元汇寄到中国作协,希望作为"开办费用"。他还表示,"今后出书所有稿费都送给资料馆"。他说到做到,后来许多年的大量稿费收入,都相继捐给了文学馆。连1990年日本福冈文学奖五百万日元也分赠给了文学馆和上海文学发展基金会了。他还开始着手整理家中的书刊资料、作家朋友的信函、他自己的手稿……准备文学馆的馆舍有了着落就运送过去。

但是,文学馆的馆舍是个最大的问题,没有馆舍什么工作都无法开展。中国作协固然为此努力争取,巴金自己更是大声疾呼。他向中央分管意识形

---

① 《随想录》第345页。

1985年，在中国现代文学馆开馆典礼上

态的领导胡乔木呼吁。他也在1981年10月中共中央主席胡耀邦会见他时谈到文学馆建馆一事，请求政府帮助拨给房子。胡耀邦表示支持。经过一些时日和许多周折，在北京市政府的协助下，1982年春夏之交，终于将万寿寺西院二十多间房子暂时拨借给文学馆作为临时馆舍。

1985年3月，由叶圣陶亲笔题写的"中国现代文学馆"的牌子挂上了大门，中国现代文学馆在北京西郊万寿寺正式成立开馆了。巴金出席了开馆典礼，作了热情的讲话。这是巴金最后一次到北京，既是为了全国政协会议，更是为了参加文学馆的开馆。他要亲眼看看自己梦寐以求的文学馆是个什么样子。

万寿寺是个文物保护单位，又是砖木结构，并不适宜用来作书刊资料保存之地，且又是临时性的。所以为了建立一个永久性的馆舍，巴金和文学界的朋友们还要继续奋斗。只要有机会见到有关领导人，巴金就要向他们呼吁。1985年，习仲勋、乔石等领导人看望巴金时，巴金又请他们帮助解决文学馆

1995年9月27日,中国现代文学馆馆长李准(右二)、副馆长舒乙(右一)向正住医院的巴金汇报工作。左一为李小林

新馆舍的地皮问题。1986年初,中宣部部长朱厚泽看望他时,稍后中央书记处书记胡启立看望他时,他都谈到文学馆舍问题。他们也都答应协助解决。……正是在巴金、中国作协的坚持努力下,一直到九十年代,巴金向中共中央总书记江泽民呼吁后得到支持,由政府正式立项拨款,决定在北京芍药居建立中国现代文学馆新馆舍。

巴金创办文学馆的倡议,从一开始就得到文学界的热情响应和支持。当孔罗荪把巴金这个意向告诉茅盾、夏衍,征求意见时,他们都表示赞成。茅盾当即表示愿意捐出全部手稿。叶圣陶和冰心也都把自己珍藏了许多年的珍品捐给了文学馆。曹禺、萧乾、周而复……许许多多作家朋友都为文学馆出了力,把他们收藏的许多资料捐赠出来。海外华人作家聂华苓等也都闻讯响应,认为这项工作将在文学领域里为后人造福,表示一定要尽力支持。中国现代文

中国现代文学馆庭院中的巴金塑像

学馆在历经艰难困苦之后，总算初具规模，渐渐地有了发展，在社会上、在文学界产生了影响。

1990年，巴金对文学馆馆长杨犁说："我说过文学馆是我最后一件工作，我应当把全部力量献给它。其实你们为它出的力，你们为它花费的心血比我多得多，我已经精疲力竭了。但是只要我的心还在燃烧，我就要为文学馆出力。"这样的意思，他和一些老朋友多次谈到过。早在1985年，他给杨苡信中就说："文学馆将是我一生最后一个工作，绝不是为我自己，我想的是我们国家'五四'以来的新文学事业，我要为它献出最后的一份光和热。"

萧乾热心支持文学馆工作，给予过许多实际帮助，捐赠了大批书刊资料。

1986年，他还在全国政协开会期间，联络了十位文艺界委员提交了一份提案，建议早日解决中国现代文学馆建馆经费和馆址问题。巴金为此多次写信给萧乾，由衷地感谢他："你为文学馆多出力，这是一件大好事，我们后代子孙会感激你的。不管文学馆有多少困难，有多少缺点，但我们必须支持它。我们不支持、不尽力，谁来支持，谁来支持！精神文明不是空谈出来的！"著名作家唐弢珍藏的数万件各种版本的现代文学书刊也都慷慨地捐赠给了文学馆，巴金说这几乎可占馆藏的一半。

巴金的晚年，对于创办建立文学馆这件工作，几乎是魂牵梦绕，呕心沥血，付出了自己一切可以付出的——物质的、钱财的、精神的、时间的……不仅用语言、写作，还用实际行动，在近二十年中始终不渝地为它尽心尽力，连做梦都会梦见文学馆。他常常会沉浸在一种幸福的感情中，想象这座文学馆建成后，将会给祖国、给世界文学研究事业带来多么大的积极影响。他曾对朋友说："我年纪大了，我没有别的任何想法，只想切切实实做几件于人民有益的事情。如果我能在北京看到这样一所资料馆建立起来，这将是我晚年的最大幸福。我愿意尽最大的努力促使它的出现。"①

189. 捐赠书刊

随着岁月的流逝，八十年代初的巴金已经年近八旬，精神和健康已渐渐显得不如"文革"结束头几年那样好。"文革"时身心饱受摧残和折磨的影响渐渐地显露，再加上现在的生活又比较忙乱，所以他很容易感到疲劳，写字手抖，越写越小，也很吃力。于是他更加坚持每天都要写上几百或千把字，把它视作一场斗争；更加迫切希望"把该译的书译出，该写的写出然后死去，那有多好"！②

---

① 《文艺报》1981年9月。
② 《巴金书简——致王仰晨》第152页，文汇出版社1997年版。

1981年3月18日，他在致杨苡的信中说：

> 我最近身体不好，主要毛病是眼泪多，写字吃力。……只是工作会受些影响，脑子十分清楚，对生死问题也看得明白，一切毁誉都不在心上，相信颇有自知之明。我活下去只是为了"给"，不是为了"取"，这样的生命是有光彩的。

因此，他开始觉得现在所做的事情都是在"料理后事"[①]。他把写《随想录》当作"遗嘱"。他把促成中国现代文学馆的建立看成最后一件工作。他还开始整理几十年苦心积累收藏的图书资料，准备捐献出来。后一件事是非常吃力的大工程。因为他的藏书太多了，特别是外文书，无论是数量还是版本种类精品善本之多，在当代中国私人收藏中，大概堪称第一了。尤其是无政府主义书刊搜集收藏之丰富齐备在远东都是无出其右的。如今要想做到书尽其用，得其所哉，也还要做许多工作。例如，寻找适当的接受单位，与其联系；把藏书挑选整理，固然需人帮忙，却又因为多是外文，又要识别版本内容价值，一般人也不能完全胜任，需要他自己动手。这对一位年迈的老人来说，也是外人想象不到的一件劳累事情。

巴金收藏的外文书刊中，有大量珍贵难得的善本。关于托尔斯泰全集（或选集）就有好几种，有1912年Сатин版豪华插图本十卷，1949年Огонёvк丛书版十二卷，1959年版十二卷，以及1956年苏联儿童文学出版社插图本《战争与和平》（内有著名版画家什马里诺夫插图五十余幅）等等；关于屠格涅夫全集，有1949年莫斯科版十二卷本，苏联科学院编印的二十八卷本，以及各种各样的俄文版单行本、英译本、法译本等等。还有苏联国家文学出版局出版的《契诃夫全集》二十卷本，1900年版豪华本果戈理的《死魂灵》（书上有"编号29"的印记），1893年版《死魂灵百图》，意大利但丁的《神曲汇注本》，歌德逝世一百周年纪念版《浮士德》，席勒诞辰一百周年纪念版《席勒诗集》，

[①] 《巴金书简——致王仰晨》第152页，文汇出版社1997年版。

巴金和儿子李小棠、女儿李小林

在孩子们中间

限定版的《一千零一夜》，爱理斯关于性科学的英、德、法、日文等各语种的著作……

无政府主义书籍如克鲁泡特金的著作更是巴金悉心收集得来的。仅克鲁泡特金的《我的自传》，他就广为搜集，有俄、英、德、法、日、荷……各语种各国家的译本。其中如1908年新版英国普及本，据说出版不久就被沙俄政府全部买去，以至市面上绝迹不见。巴金却在1935年日本旧书店里买到一本，高兴得视为"宝贝"。还有克鲁泡特金在1879年瑞士日内瓦创办的法文《反抗者》半月刊，后移至巴黎继续出版，先改名为《反抗》，后又改为《新时代》，一直出版到1914年。这样一份前后长达三十多年的整套杂志，计有合订本十四大册是巴金在法国从一个私人手里转买过来的。三十年代初期，日寇武装侵犯上海，炮火毁了巴金的家，事后巴金赶去收拾残物，这套书竟奇迹般地幸存无损，后来历经"文革"抄家，竟也没有引起人们注意，珍藏至今，可能是世上仅存的孤本了。而在捐赠的藏书中，孤本还远不止这一种。女儿小林有时会开玩笑说：这是爸爸最得意的事情。

巴金一生自奉甚俭，别无嗜好，除了爱看电影，听音乐，就是爱读书，把大量的钱花在买书上。即使经济困窘的情况下，也还设法节省出来钱买书。二十年代在法国，虽是一个清贫的留学生，却是他买外文书最多的一个时期，每星期至少有两次到塞纳河畔旧书店淘旧书，每次都流连忘返，归途中，两手总是满满的。1934年，他去日本旅行小住，其中目的之一，就是因为听朋友们说，那里的西文旧书很多，也很便宜，因而使他心动。后来果然收获颇丰。他在上海长期居住，有几处外文旧书店是他经常光顾的地方，书店老板也都熟识他，有时主动向他提供好的版本。五六十年代常到北京开会，总是大包小包地买回大量的书。现在，这位嗜书如命、藏书成癖的作家却把半个多世纪以来苦心孤诣、铢积寸累的宝贵财富——多达三万多册图书、一万多册期刊，毫无保留地无偿地陆续捐赠给了各个有关的图书馆和学校。

为了使这批图书得到最好的归宿，发挥最大的作用，巴金把外文图书主要分别送给国家图书馆（北京图书馆）和上海图书馆。1981年4月，巴金与北京图书馆领导郑效洵商谈了捐赠外文书刊一事，决定将百分之八十的外文

在巴金寓所的庭院中，巴金和曹禺

在自家庭院里漫步

书在六年之内陆续捐给。6月，北图就派人来看这批赠书，然后连续多日到巴金家里打包。到7月底，第一批六百余册外文图书就被运走了。1982年4月，第二批两千余册外文书刊又运送给了北图。前面谈到过的一些珍贵的善本有很多就在这两次捐赠中进了国家图书馆的书库。然后，他又整理出三千多册外文图书赠给了上海图书馆。

许多中文书刊主要是捐赠给了中国现代文学馆。其中有巴金著作的各种版本，同辈作家赠他的签名本，他创办主持的文化生活出版社出版的各种图书，三四十年代各种珍贵的旧杂志、旧书等近八千册。他还赠书给与他青年时代有过深远关系的黎明大学（前身是巴金到过三次的平民中学和黎明中学），前后分十一批运送，其中包括外文版图书五百五十三本，共计七千册。他还给他的母校南京师大附中（前身即东南大学附中），以及香港中文大学、成都慧园……都赠送了成千上百的书刊、手稿等。这些赠书"工程",从1981年开始,一直陆陆续续,进行了十年之久,花费了巴金大量的精力和时间,但总算了却了他的一桩心愿,把自己的藏书送到最合适的地方去。但是他也常常念叨这些书的命运,不希望被当作古董、文物一样束之高阁。他希望它们能被利用,能充分发挥作用。有一次,他听说送给北图的外文书中,有两本被人借去据此译成中文,当译者把新出版的中译本寄给他时,他说:"这比自己又出了一本书还高兴。"

巴金虽然衰老而又病弱,但仍坚持工作。作协举办义学评奖,请他担任长篇小说和中篇小说的评委会主任,他不能参加具体工作,但却十分关心当前创作情况。他不顾自己正患着结膜炎眼疾,仔细地认真地阅读了一部又一部的新创作。他对八十年代涌现出来的许多优秀作家的作品感到由衷的高兴。1981年3月,他对记者说:"这四年来,文学界像是展开了一场竞赛,大家都在勤奋地写作,争着拿出好作品来。好作品一个接着一个;作家们刚写完一个接着又去埋头写另一个。这种兴旺的竞赛局面是过去所没有的,也就特别值得我们珍惜。"

巴金还对他读过的一些中篇小说《人到中年》、《犯人李铜钟》、《天云山传奇》、《在没有航标的河流上》、《蝴蝶》、《三生石》、《蒲柳人家》、《人啊,人》、《淡淡的晨雾》等作了细致的精辟的分析,指出它们的成败得失。他认为这些作品写得都很好,说明作者对有关的生活相当熟悉,很有才能,驾驭文字各有自己的一套本领。有的作家根底深厚,知识丰富,将来有可能成为大艺术家。这些现象带来了令人鼓舞的信息:中国的文艺事业有了新的发展,文艺界是有希望的,这也使人们更有信心。

当时有一个问题争论得很激烈,有人老觉得写社会生活中的阴暗面,写痛苦,会使人消沉。有些领导,甚至在一些文件里面也反反复复地告诫说:"希望少写一些。因为这类题材的作品如果出得太多,就会产生消极作用。"①

---

① 胡乔木:《当前思想战线的若干问题》,参见《三中全会以来重要文献选编》(下)第886页,人民出版社1982年版。

实际上又是重复过去几十年争论不休的强调"歌颂",反对"暴露"的老调。巴金对此态度鲜明地说:"这些作品写了生活中的消极的阴暗的一面,是使人难过的。但同时它也使人感到鼓舞、有力量,觉得我们有那么好那么可爱的中国人民,我们的国家是有希望的。"①巴金在《随想录》中的很多文章谈到这个看法。他一点也不想再妥协让步。这也是他大声疾呼"说真话"的一个重要原因。

190. 病 中

整理、挑选大量的图书刊物资料,是一件很劳累辛苦的事情。外文书又多是沉甸甸的,像一块块砖头似的。家里到处是书,楼上楼下,书柜书架,爬上爬下,搬来搬去,虽也有人帮忙,但巴金自己也是不停地在做。1982年11月7日,由于连日疲劳,巴金在二楼书房整理书时,摔了一跤,造成骨折,住进了医院。他的左腿受了伤,做牵引固定在一个架子上,整个身子像给钉住了似的,一动也不能动地躺在床上,整整两个月。锥心刻骨的疼痛使他无法入睡,只能仰头看着白色天花板,以最大的毅力默默地忍着、熬着。有时又想起萧珊常常嘱咐他的话:"坚持就是胜利。""文革"时长期的残忍的非人的折磨都忍受过来了,如今肉体上又遭到如此巨大的痛苦,人生之路真是荆棘丛生啊!但无论如何要战胜它!他就这样不断鼓励自己度过了那些不眠之夜。

半个多月后,疼痛稍稍缓解,他又想到了工作,想到了现代文学馆建馆的事情,经常拿着文学馆的平面图看了又看。他感叹说:"本来想多做一些事,现在反而不能做事了。"②这样一天一天终于熬到了拆除牵引架,稍稍可以自由活动时,他对来探访的兄弟李济生说:"现在才体会到'翻身'之难了,以后一定要写篇谈翻身的文章,讲讲这个苦痛的经历。"③

---

① 《文艺报》1981年9月。
② 《解放日报》1982年11月2日。
③ 纪申:《记巴金及其他》第24页,宁夏人民出版社1994年版。

在家中推着学步车晨练

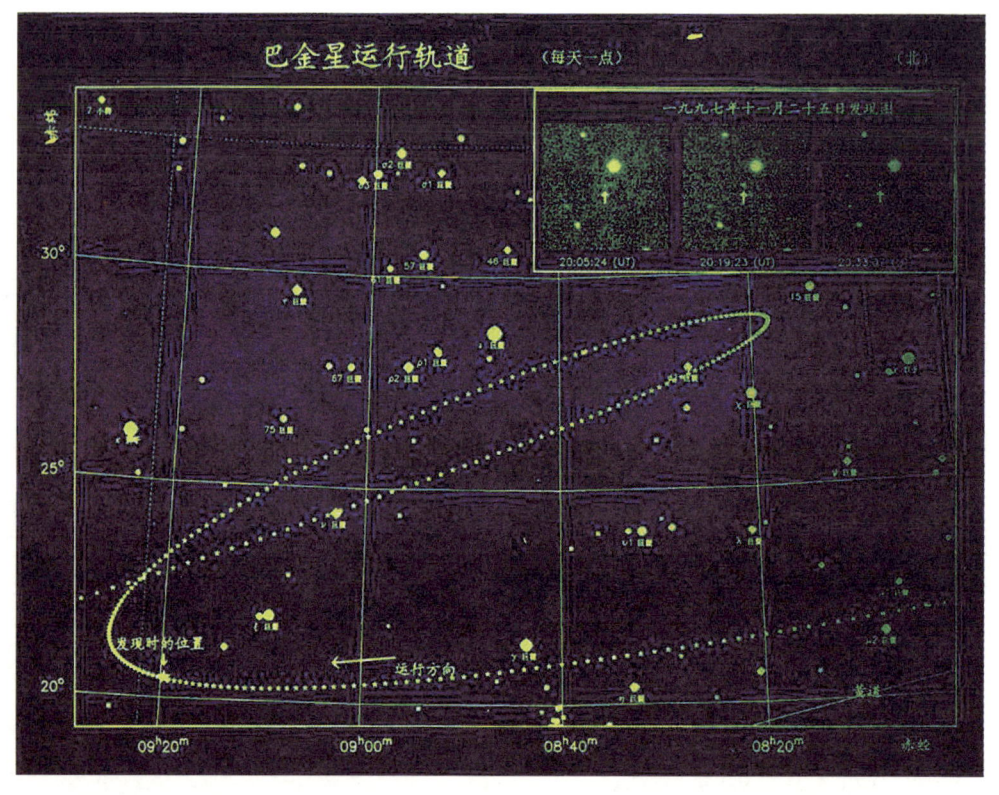

巴金星轨迹图，1997 年 11 月 25 日发现

　　为了早日恢复健康，他开始锻炼，双手撑着椅子的扶手，慢慢地颤巍巍地吃力地好不容易地站了起来。然后，他又学步，撑着手杖漫步走廊上、室内。有时，手拉床栏，反复做蹲下起立的动作，一直做到汗水涔涔……他着急，老嫌康复进度太慢；他心烦，因为还不能看书写字。常去看望他的曹禺、黄裳等朋友们劝慰他，不宜过急……

　　在病痛折磨的日子里，特别是受伤的初期，这位年近八旬的老人很自然地又想到了生死问题，而且想得很多。因为这已变成了一个非常现实的问题，似乎正在逼问自己："我的结局是不是就在这里？""结束的时候是不是已经到来？""留给我的还有多少时间，我应当怎样安排它们？"想到死，他并不害怕；但他对人类，对生活又满怀着留恋。他又鼓起勇气迎接疾病的挑战，"让一切都来吧,我能够忍受"①。果然,半年的住院经受的种种苦痛折磨,比他后来写的随想文章中记述的要多得多。1982年是他生病最多最痛苦的一年,1983年则是他治病养病的一年。其实,治病养病对他都不是轻松的事。"以后怎样活下去"的问题也时时在他耳边回响。

他的病一经媒体披露,就引起广大的读者关注,他在病床上不断接到读者的来信,床头柜的抽屉里总是塞得满满的。家人把这些信一封一封地念给他听,有鼓励的,慰问的,还有介绍治病经验的、介绍家传秘方的、珍贵药物的……那么真挚的感情,那么亲切的关心,使他激动、难过得流下了热泪。他遗憾的是不能坐起来,像年轻时那样给读者每信必复。但他又多么想和这些读者对话交流啊!正是读者和朋友们的深情给了他求生的勇气,鼓励他去和疾病作斗争。

1983年春节,他是在医院里度过的。家里人把年夜饭搬到病房里,围着一张小桌欢欢喜喜团聚在一起。他心里充满了感激之情。刚吃完饭,曹禺夫妇来看他。这一阵,他们几乎每天都来探视。他们不愿意老朋友在冷寂的病房里独自过年,所以专门来陪他守岁。孔罗荪夫妇也来陪他。他感谢这些老友的盛意。后来费了很多口舌,才把他们劝走。

友情,是美好的。他一生最珍惜友情。他为友情不知唱过多少赞歌。他从年幼时就得到"人要忠心,火要空心"的教育。他对朋友也是十分重情义,讲信用。"文革"中他得到过友情的温暖,现在面对疾病灾难,朋友们又伸出了温暖的手。这些年,他努力把从前的巴金找回来了,而且更加升华辉煌了,像凤凰涅槃一样,从那个改造了的巴金蛹壳中飞了出来。他就是用这样一种感情,在这些年以及后来写了许多怀念友人的文章:章靳以、陈同生、金仲华、曹葆华、丽尼、冯雪峰、老舍、黎烈文、赵丹、茅盾、方令孺、丰子恺、方之、马宗融、张满涛、匡互生、顾均正、叶非英、胡风、李健吾、沈从文以及爱妻萧珊……那是浓烈的感情的抒发,对往事的缅怀,对友谊的感念,也还有个人的自责和忏悔,对历史的反思和探索。

---

① 《随想录》第540页。

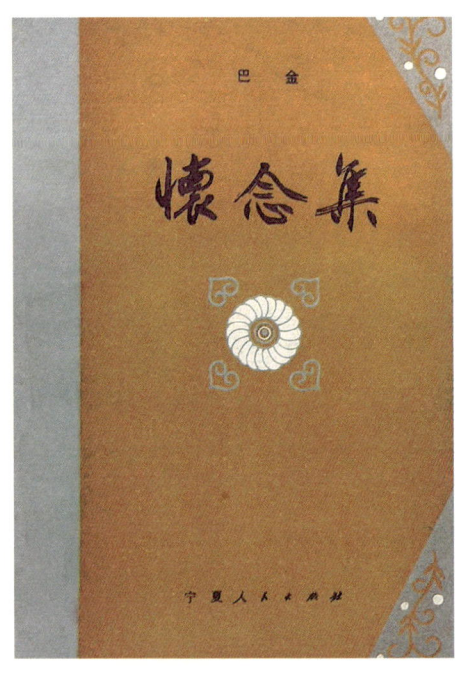

怀念故人的散文集封面

巴金在病中，还要面对另一种感情上的袭击，这就是不断传来一些朋友的噩耗。尽管家里人尽量不让他知道，但还是传到他耳中。当他住院一个多月后著名导演吴永刚也住进了医院，恰好在他的隔壁房间。这是一个有才华的资深的老导演，在"文革"时惨遭非人的迫害，现在已经昏迷不醒，不久就撒手仙逝了。巴金虽不能动弹，听到了哭声，就知道是怎么一回事了。他让病房门开着，目送一群人护送遗体走过，表示自己的哀悼。这是他在病中第一次接触死亡。巴金和吴永刚本来就认识，前不久还看过他的新作《巴山夜雨》。对于知识分子这种结局，巴金是很感伤的，感触也很深。因此，他说："为了那些人我也要活下去。"

他的老友、电影《家》的导演陈西禾也住进了医院。春节时还坐着轮椅和黄佐临一起来看望他，向他"拜年"，但是巴金出院不久就听到他去世的消息。还有那位"文革"时不顾个人安危，冒着风险帮助别人、被汝龙称为有"黄金般的心"的李健吾，也是在巴金住院期间去世的。家里人怕他受刺激、难过，就瞒着他。过了一些日子，他在无意中得知了。他心情沉重地说："一个好人死了。"这也使他更加意识到自己的责任，"可以做的事，应该做的事更多了"。下半年他再次住医院时，又碰到著名电影演员金焰去世，又一次使他难过。他想到金焰这位曾被誉称为"电影皇帝"的艺术家，在那样的体制和环境下，长期无所作为，因而感到悲哀。他想死者一定是抱着很大的遗憾离开人世的。

1983年5月，巴金经过半年治疗，瘸着腿出院了。这时发现他的左腿骨折接续以后，竟短了三公分，走路摇摇晃晃，得有人扶持。手发抖，腿发颤，佝偻着身子，抬不起头；腰无力，翻不动身，坐下再想站起来又很困难；看

曹禺看望巴金

报读书都没有精神,更没有力气拿笔写字。坐上一个小时,伤腿就会酸疼,再多坐一会儿,心里更是烦躁不安。这位倔强的老人就逼着自己坚持锻炼,慢慢地可以拄着手杖在家里学步走动,甚至上下楼梯。他刚回到家里时,看到熟悉的院子、草坪、客厅,尤其是家里人,那份亲切和高兴实在是无法形容的。现在,他又能上楼到书房里,坐到书桌前,感到自己似乎又要重新战斗了。大概回家一个月后,他又开始练习写字。那支笔那么沉重,手在颤抖,写一个字都感到吃力,别人看了,说比小孩学写字还要差。渐渐地终于可以写上一二百字,坚持又坚持,每天写一点居然把一篇病前写个开头的文章写完了。那篇文章的题名叫《化作泥土》,抒发了他病中的苦闷和焦虑,更表现了这位八旬老人一颗炙热的赤子之心:

我多么想再见到我童年时期的脚迹!我多么想再回到我出生的故乡,

摸一下我念念不忘的马房的泥土。可是我像一只给剪掉了翅膀的鸟,失去了飞翔的希望。我的脚不能动,我的心不能飞。我的思想……但是我的思想会冲破一切的障碍,会闯过一切的难关,会到我怀念的一切的地方……

我家乡的泥土,我祖国的土地,我永远同你们在一起接受阳光雨露,与花树、禾苗一同生长。

我唯一的心愿是:化作泥土,留在人们温暖的脚印里。①

从此,他又艰难地但又是顽强地带着病痛坚持写作了一篇又一篇的随想文章,直到10月下旬第二次住院前一天,还为《新文学大系·小说选集》写完序言。这次住院是因为医生已经诊断他患了帕金森氏症,上次左腿骨折起因也在于此病。这是一种神经系统的疾病,需要住院治疗。巴金实在不想再过这种病室生活了,但是家里人的鼓励和劝说,医生的嘱咐和要求,使他又一次入院。经过精心治疗,有了明显的效果:腿开始有了一点力气,可以抬起来,手也不那么颤抖了,背也不那么弯驼了,头也能抬起平视前方了,翻身起立也都不用别人帮忙了。他可以看看书、写写字了。这次住院不像上次骨折吃那么多苦头,而是很清静,没有什么干扰。他可以安心休息,回忆过去,驰骋想象,甚至想到托尔斯泰的《安娜·卡列妮娜》、《战争与和平》,想到狄更斯的《双城记》,想到《水浒传》……许多人物的命运都在激发他的爱、他的同情和他的信仰。他在半年多的病室生活里竟写了十多篇《随想录》,还应外国朋友的要求接待了好几起访问。

191. 也是世界的

"文革"结束后,外国记者、作家和海外回来的华人作家、科学家等,都想拜访声誉日隆的巴金老人,几乎一年到头不断。比起五六十年代要多得多。

---

① 《随想录》第541—542页。

一则，中国开放以后对外交流日益增多，外部世界的人想更多地了解中国的过去、现在和未来，巴金是文化界中最重要的代表性人物之一；二则，巴金以他的优秀作品和正在陆续发表的《随想录》引起了海内外的关注和好评，他的书外文译本越来越多，被更广泛的国外读者所了解，他的文学贡献和崇高的人格精神也越来越为世人所景仰。

在众多的访问者中，有一位意大利记者叫费尔南多·梅泽蒂。1981年夏天，他到巴金家里作了两个小时的访谈，他为巴金对但丁的热爱、熟悉而惊愕。他问巴金：在"文革"中，"您怎么忍受过来的？"巴金平静地回答："我也不知道是怎么过来的。但我可以告诉您，我在但丁身上找到了最大的安慰。"然后，他就用意大利语朗诵："正当我们人生旅程的中途，我在一座昏暗的森林之中醒悟过来……"这是《神曲》中《地狱篇》的第一歌。听了巴金的朗诵，梅泽蒂惊讶得目瞪口呆。

巴金又从写字台的抽屉里拿出几本旧笔记本给梅泽蒂看，并说："你可以找到许多但丁的三韵句诗，写在不同的地方。当红卫兵把我关起来时，我是用这种方法保持头脑清醒的。那时我尽最大的努力回忆但丁的诗句，并抄写下来。"梅泽蒂看到这些书写漂亮、字迹工整的用意大利文抄录的但丁诗句，再一次为之惊讶不已。

接着，巴金又取来了一大堆关于但丁的各种不同的语种译本、版本的图书，其中有：1888年版的大型精装本《神曲》，是由朱塞佩·坎皮骑士校订的；1921年版的朱·巴尔贝拉校订的《神曲》袖珍精装本，圣·彼得堡印的俄文旧版本；还有法文的、英文的……他说，他是从赫尔岑作品中了解到但丁的，因为赫尔岑常常引用但丁的诗句。从那时起，他就学习阅读但丁的作品了。他说："我非常欣赏但丁诗的和谐悦耳和尖锐泼辣，我很钦佩《神曲》的伟大和但丁的为人。"

巴金的经历、文学成就和人格魅力，给梅泽蒂深刻的印象。他写的访问记在意大利《新日报》1981年8月20日发表，据说起了传导作用。这时巴金的《家》、《寒夜》、《憩园》和其他的短篇作品也都有了意文译本，深受读者欢迎，并曾名列畅销书之首。意大利著名汉学家安娜·布雅蒂说：鲁迅和巴金

1982年,意大利驻华大使塔玛尼尼(右一)和但丁学会费尔南多(左二)在上海向巴金祝贺他荣获意大利"但丁国际奖"

是意大利人最熟悉的两位中国作家。梅泽蒂的文章深深地打动了更广大的读者。"但丁国际奖"评选委员会决定把1982年度"但丁国际奖"颁给巴金。

"但丁国际奖"是意大利卡森蒂诺文学、艺术、科学和经济学院为纪念中世纪意大利诗人但丁于1979年设立的一种荣誉奖,每年评选一次,授予对介绍但丁的《神曲》及意大利文化做出突出贡献的非意大利籍作家。当意大利驻华大使朱理安·塔马尼尼专程到上海巴金寓所宣布这个决定时,巴金感到既意外又高兴,表示,这不仅是他个人的荣誉,也是祖国和民族的荣誉。

巴金获得"但丁国际奖"一事引起文化界极大的关注。这也是1949年后中国作家第一次接受西方国家文化方面的奖项。1982年4月,巴金委托中国驻意大利公使杨清华在佛罗伦萨代为领奖。

一年以后,巴金在医院治疗腿伤的后期,又获得了法国政府颁授的"法国荣誉军团勋章"。这是法国最高荣誉勋章,分三类,除一、二类是授予军功卓著的军事家外,第三类是授予有重大成就和非凡贡献的非军人。在特殊情况下,才由总统亲自授勋。1983年5月,法国总统密特朗在访华之际,7日到达上海一小时后,举行授勋仪式,将一枚系着红缎带的闪闪发光的法国荣誉勋章佩戴在巴金项下。这时巴金已经过半年治疗,健康状况恢复较好,那天特地从医院坐着轮椅来到会场。密特朗发表了热情洋溢的讲话,称巴金是"大师"。他说,巴金不仅是一位伟大的作家,也是一位伟大的思想家,为世界文明做出了极大的贡献。他还介绍巴金和法国之间深远的文化联系,说,巴金

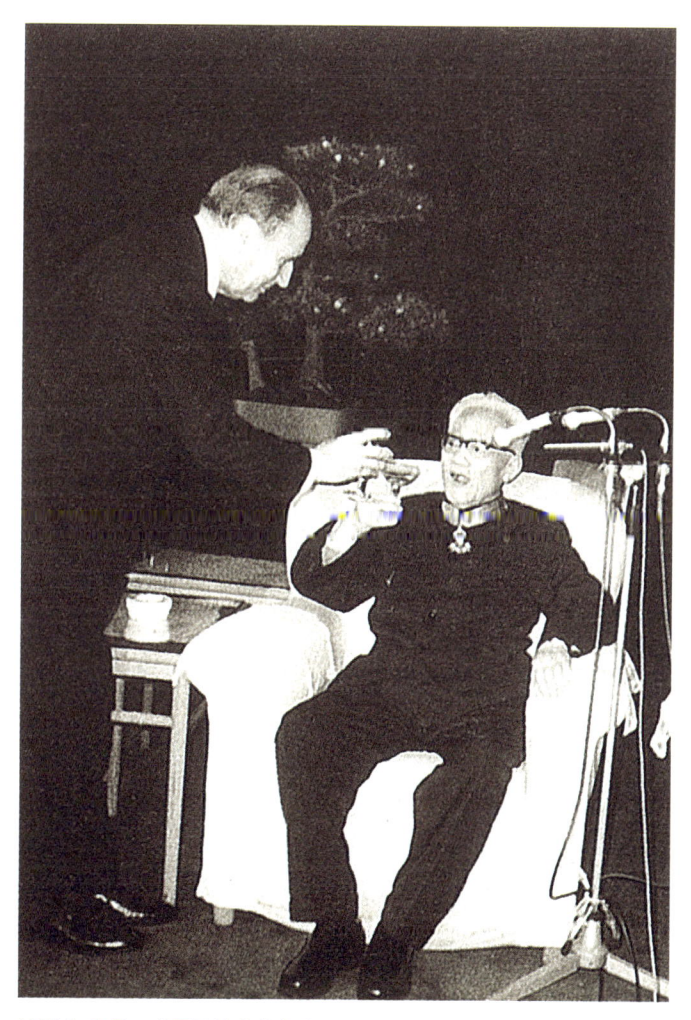

1983年5月,法国总统密特朗在上海向巴金授勋

1983年，法国驻华大使马乐（左一）代表密特朗总统向巴金授予"法国荣誉军团勋章"证书。右一是曹禺，右二是巴金的侄女李国煣

是法国人民熟悉的中国作家，法国人民对巴金的评价很高。法国人民不会忘记并为之骄傲的是，中国的这位伟大作家是从巴黎走上文坛的，他的第一部中篇小说《灭亡》，1927年写于巴黎。他还表示，法国还将翻译更多的巴金作品。当时，巴金的《家》、《春》、《寒夜》、《憩园》以及短篇小说集《复仇》、《罗伯斯庇尔的秘密及其他》等作品都已译成法文广为流传。

巴金在答词中说，作为一个作家，我的作品被译成法文，受到读者的喜爱，是很大的荣誉了。这次总统阁下光临上海，在我病中给我授勋，我认为，这并不是我个人有什么成就，而是你对我们社会主义祖国的尊重，是对历史悠久的中国文化的尊重，也是法国人民对中国人民友好的象征。

也是在1983年，巴金住院期间，日本友人井上靖三次到医院探视，每次都非常真挚地希望巴金在健康许可的情况下，能够在1984年春到日本参加国际笔会。井上靖是日本笔会的会长，轮值筹备国际笔会第四十七届大会在日本召开。另几位日本作家水上勉等在1983年拜访巴金时，在对巴金健康关心的同时，也殷切地希望巴金能够出席这次大会。巴金虽然前后两次住院长达一年时间，也还离不开药物的治疗，但感于日本友人的深厚情谊，决心尽可能争取成行。1984年春天，医生看到巴金的病情已为药物控制，趋于稳定，康复得较好，也同意他出国访问，这更使他有了信心。在日本友人的周到安排和女儿、同事的精心照顾下，5月，他坐了轮椅抱病到日本旅行，度过了两个星期的愉快日子。他感到精神振奋，忘了疲劳，忘了自己是一个病人，甚至有时还忘了按时服药。虽然，人们为了照顾他，尽量简化活动，他为此与同事们还有争执，说："我既然来了，就尽可能多见一些老朋友，不要拒绝任何人，难得有这样的机会。"

这是巴金一生中第六次东渡扶桑，除了1934年是作为个人、平民旅行的，此后六十年代三次，八十年代两次，都是作为中国人民的文化使者出访的。他到了日本，访问日中文化交流协会，祭扫中岛健藏墓，亲临井上靖府宅访问。出席日中文化交流协会的招待会，参加国际笔会第四十七届大会的开幕式和闭幕式。还在全体大会上发了言。并和井上靖、木下顺二分别进行了对谈。还会见了许多来访的老朋友。

国际笔会成立于1921年英国伦敦，第一任会长是英国著名作家、诺贝尔文学奖获得者约翰·高尔斯华绥。1963年后已有八十一个会员中心分布在五十七个国家，会员有一万多人。这次东京大会出席的外国作家有二百多名，其中有七位特邀的荣誉客人。分别是中国笔会中心会长巴金、法国新小说派创始人阿兰·罗伯—格耶、美国作家库特·冯尼戈特和威廉·斯蒂伦、英国笔会会长法朗西斯·金和英国作家阿伦·西里托、流亡在美国的苏联作家瓦西里·阿克西诺夫。

大会开幕式上介绍这七位特邀客人时，首先介绍了巴金。后来巴金在大会上作了题为《核时代的文学——我们为什么要写作？》的演讲。巴金演讲时，座无虚席，赢得了热烈的掌声，人们感到亲切真挚。他叙述了自己曾经访问过广岛、长崎，遇见或听到过一些小故事。特别是一位患原子病的小姑娘按照传说在病床上折了一千三百只仙鹤而死去。巴金在小姑娘墓前拾起一只蓝色的纸仙鹤，联想到作家的责任，是用笔"为后代创造一个更好的世界、更美的未来"①。

井上靖说：巴金能来日本出席会议，是对日本笔会的巨大支持。巴金的发言，"之所以这样激动人心，就是因为充满了真诚的感情和对人类深沉的爱"。水上勉说："巴金先生是一只雄健的鹰，他来参加大会，即使坐在那里一言不发，也是一种威严，一种力量。"美国《国际先驱论坛报》(巴黎版)驻东京记者克·恰普曼撰文说，在大会中，"巴金是激动人心的中心"②。

巴金在东京出席国际笔会期间，恰好周扬率领中国文联代表团也在日本访问。日中文化交流协会为此举行欢迎酒会，六百多位日本文艺界朋友参加。在主人和周扬致辞后，巴金拄着拐杖走到讲台，引起会场一片掌声。他说：因为高兴，几乎忘记了自己是刚刚从医院出来不到两个星期的病人。他强调自己多次访日，都满载着友情而归。这种友谊是建立在一个共同的信念之上，这就是中日两国人民世世代代友好下去。他说："友情是一种美好的感情，为子孙万代的友谊而奋斗是人生最有意义的事情。我愿意和朋友们一起，为友谊献出一切。"他的朴实真诚的讲话，使许多日本朋友流下了热泪。大家簇拥在他的周围，向他敬酒，合影，致意，井上靖、千田是也、东山魁夷、陈舜臣、松山树子……也都举杯向他问候。

访日期间，巴金和井上靖、木下顺二分别进行了对话。木下顺二在对话中特别提到巴金的反思、忏悔、自我拷问的精神和勇气。他引用了巴金在《解剖自己》中的一段话："在那个时期我不曾登台批判别人，只是因为我没有得到机会。倘使我能够上台亮相，我会看做莫大的幸运。我常常这样想，也常常这样说，万一在'早请示、晚汇报'搞得最起劲的时期，我得到了解放和重用，那么我也会做出不少的蠢事甚至不少的坏事。"③木下顺二说："巴金先生有良心，没有屈服，所以没有被重用。"木下顺二还由此反思自己当年年轻，没有当兵参与侵略中国、朝鲜的活动，似乎自己"没有直接的责任，但并不是因为我高明"；如果在另外一种情况下，"我不知道我会干出什么"。他

---

① ③ 《随想录》第 896、468 页。
② 《工人日报》1984 年 7 月 25 日。

1984年,巴金荣获香港中文大学荣誉文学博士学位

还举了西德剧作家的例子，说明个人即使没有参与纳粹犯罪，但也是有责任的、有罪的。木下顺二说："我觉得没有批判自己的精神是无法批判别人的。"在这一点上，巴金和木下顺二的想法是完全一样的。

巴金和井上靖、木下顺二的对谈在日本媒体发表后，先后得到了八十万日元的采访费，巴金如数捐赠给了日中文化交流协会。尽管日本朋友再三推辞，巴金还是坚持要他们收下了。巴金还去协会办公处探望了工作人员，并说，二十年前他访日时，现任协会事务局长白土吾夫和佐藤纯子都还是年轻人，他们把日中文化交流作为毕生的事业，奋斗至今，已是中年人了。他对这种精神很钦佩。在归途中，他又对同行者说："他们是民间团体，全靠会费和募捐来维持，坚持到现在，实在不容易，无论什么时候，都不应该忘记他们。"

同年10月，巴金又应邀访问香港，接受香港中文大学授予的荣誉文学博士学位。香港媒体连日用大量篇幅报道他在港的活动和谈话，对他在文学事业上的贡献和人格精神作了高度的评价。《大公报》记者在评述中说："读者对巴金的推崇，不单由于他的作品，更由于他的为人。道德文章，从来是中国知识分子成就的最高标准，在这方面，巴金先生是完全无愧于时代的。"很多报纸称巴金是"中国当代文坛的巨人"；说他的访问是"本港文坛一件盛事"。香港中文大学对巴金颁授学位的赞词中说，"不但是本校的莫大光荣，相信也是香港人所同感欣慰和荣幸的"。

巴金在二十一年前曾到过香港，这次十八天的访问，广泛地接触了文化教育界人士，进行座谈和交流，也接受了记者的采访。当巴金表示要坚持写作到生命的最后一息时，记者问他如果时光倒流，让他回复到年轻时，他将会选择从事何种工作。他毫不犹豫地回答"写作"。香港给他留下了深刻的印象，特别是从朝气蓬勃的年轻人身上，使他看到这个城市的活力和美好的未来。

1985年，美国文化艺术学院授予巴金"名誉院士"的称号。

1990年4月，苏联最高苏维埃主席团授予巴金"人民友谊勋章"，"以表彰巴金对苏联与中国文化发展所做出的贡献"。"人民友谊勋章"是苏联最高荣誉勋章。巴金在接受勋章后说到自己与苏俄文化的关系，是"俄罗斯文学

1994年10月，在香港中文大学接受荣誉文学博士学位。左二起：陈丹晨、李小棠、巴金、李小林

唤醒了一个中国青年的灵魂，使我懂得热爱文学，追求人民的友谊。使我在六十年的创作生涯中始终保持一位艺术家的良心。直到今天，列夫·托尔斯泰仍是我最敬爱的老师"①。

就在这一年的7月，日本授予巴金"福冈亚洲文化奖特别奖"。巴金把所得的五百万日元奖金全部捐赠给了中国现代文学馆和上海文学发展基金会。

1982年，中国戏剧家英若诚在美国为密苏里大学表演艺术中心排练导演了《家》。当年10月演出得到极大成功，许多观众为剧中人物的命运流下了热泪。评论界在充分肯定同时，指出："《家》的演出使美国人深刻理解了

---

① 《文艺报》1990年4月21日。

1984年10月，与香港中文大学韩国留学生合影。
右一是陈丹晨

1984年10月，与香港文学界朋友座谈。发言者是
陈丹晨

1984年10月，在香港。右一是陈丹晨

美国文学艺术研究院授予巴金"名誉外国院士"称号的证书

二十年代的中国社会,这是理解后来发生的伟大的中国革命的钥匙。"几位主要演员还因此获得全美大学会演的表演奖,全剧还在电视中多次播放。

1985年,日本著名表演艺术家杉村春子主持的话剧《家》在东京、大阪等五个城市上演了二十四场,采用的仍是曹禺的改编本,且由中国著名导演黄佐临执导,演出获得成功,受到日本观众的欢迎。

1986年,四川成都市歌舞团新排舞剧《鸣凤之死》在1月12日日本琦玉县第三届国际现代舞大奖赛中获第一名。日本评论界给予了广泛的好评。

……

八九十年代,在开放以后的中国,巴金得到各国各地区文化界如此热情的欢迎、重视和荣誉,说明他的作品已经超越了空间和时间的间隔,穿透了民族和地区、政治和文化的厚壁,征服了读者的心,唤起了读者深深的共鸣。美好的理想、深厚的人道主义和对人类的爱,成了生活在不同社会历史条件下的人们相互沟通、理解、感染的共同语言。海外读者还从巴金身上看到了一个孜孜不倦探索真理的、迎着时代前进的、献身于祖国和人民的、有气节的、有良知的、坚强正直的中国知识分子的形象。

巴金不仅是属于中国的,也是属于世界的。

192. 西湖之梦

写作和各种繁忙的活动（已经辞去、推脱了许多以后），使这位耄耋老人感到真的很疲劳了。于是，他就设法到外地去休息几天。离上海比较近、环境又比较好，也是他最喜爱的地方，就数杭州了，他几乎每年都去一两次。这样休息几天，解除了疲劳，恢复和调剂了精神，有时似乎对一年的生活和健康都起了很好的作用。

1978年5月，女儿小林、女婿祝鸿生正在杭州工作，他去休息了四五天。这是他在"文革"后，也是间隔了十二年后的第一次到杭州。他说："在上海疲劳不堪，只好跑到杭

陈丹晨在巴金家中

州来休息几天，弦绷得太紧了，不松一下不行。……一到杭州就下雨，整天没有出去，不过我需要的是休息，不是游览。就是一连下四天雨，我也不在乎。"①1980、1981年的春天，他都去杭州休息几天。1981年8月，他和小林等到杭州附近莫干山休息了一个星期。他对朋友说："……什么事也不做。再不休息，就可能拖不下去了。"莫干山环境十分安静，他觉得"住在万竹丛中，仿佛世外桃源"。②但是虽说休息，他仍还忍不住提笔写了一篇《序跋集·跋》，还受托看别人的书稿。

---

① 《巴金书简——致王仲晨》第138页，文汇出版社1997年版。
② 《巴金全集》第22卷，第327页；第24卷，第495页，人民文学出版社1992年版。

1983年10月，在绍兴鲁迅故居百草园内。
左起：黄源、巴金、黄裳

1983年10月，游访绍兴。在鲁迅故居，巴金坐在
三味书屋鲁迅童年读书的座位上

1982年4月，他在杭州休息了十一天。虽然这里风景好，天气好，居住条件也好，但是上海还有许多事情等着他去做，他还要去医院治病。他的背上生了一个皮脂囊肿发炎化脓，动了手术，吃了苦头，才慢慢痊愈。1983年10月，骨折伤愈从医院出来五个月后，在小林鼓动和劝说下，他也鼓起勇气重游杭州，而且还到绍兴小游，了却了他多年的夙愿，拜谒了鲁迅故居。他在留言簿上写道："鲁迅先生永远是我的老师。"他参观了三味书屋、秋瑾故居，游览了禹王陵。他没有想到自己这次腿伤以后，竟还能作此旅行，欣慰之余，对战胜疾病的信心大增。半个多月后，回到上海，人们都说他精神大好了，胖了。医生检查，发现原有的浮肿都消除了。于是，他又安心地住院治疗帕金森症去了。

随着巴金年迈多病，到了九十年代以后，他有越来越多的时间住在杭州养病。杭州成了他除上海、成都以外居住时间最长的地方。西湖则是他最钟情之处，他曾多次动情地赞叹说："西湖真美，我很喜欢西湖。"

因为年事已高，巴金不可能再像年轻时那样，翻山越岭，游览杭州山水。他记得当年曾与留法同学卫惠林、詹剑峰兴致勃勃漫游在南山、北山，从上午走到傍晚，中午脱掉皮鞋在半山休息。那是风华正茂、豪情满怀的岁月，就是游山玩水也要痛快淋漓。他还记得与好友丽尼、陆蠡、黎烈文等沿着九溪十八涧蜿蜒曲折的山路赏玩，随意畅谈。就在这次清明春游时，他们商定了一个分工翻译屠格涅夫六部长篇小说系列的计划。……五六十年代，他又常和萧珊一起来到西湖休息，舒解抑郁的心情。这里有位好友方令孺，与巴金夫妇做伴，使他们感到温暖。……现在，再来旧地，巴金老矣，身边失去了萧珊，白乐桥畔也不能再见到九姑方令孺的身影了。他只能拄着木拐在宾馆门前徘徊，或是坐在阳台上静静地遥望湖光山色。

巴金喜欢梦，西湖是他许多梦幻中最美丽的一个。在翠绿尽染、风物宜人的西子湖畔，他精神清爽，气色新鲜，过得非常愉快。在这些日子里，在家人照顾下，他也曾泛舟在荡漾的碧波中，观看过钱塘怒潮，似乎汹涌奔逐在他脚下，泛激起高耸的浪峰。他每次到杭州，必去岳坟，总能引起他的深思和联想。他还寻访过植物园，花团锦簇的花港，荷塘水榭的曲院，以及垂柳摇曳轻扬、绿得醉人的苏堤。这样的千娇百媚，这样的良辰美景，真是看

1992年秋在杭州，夏衍与巴金

不尽，说不完，更无法忘怀。

但是，更多的时间是在阳台上散步，或在窗前静静地坐着，凝神远眺，面前是像缎子般涟漪涌动的湖水，远处是孤山白堤，在薄雾烟痕中时隐时显。阳台下香樟、桂花，正枝叶茂密，幽香丝丝缕缕飘拂而来，沁人心脾，似乎把人心上的尘埃也都吹走了。他度过了许许多多这样的清晨和黄昏，他看日出，也看日落。很多时候，他总是默默地沉思。年事虽高，睿智机敏的思想，对历史和未来的思考和追求依旧；他那一颗燃烧的赤子之心，仍像他早期作品里所洋溢的青春气息，像奔泻不止的激流一样，充满着激情和活力。

1982年4月，他写了随想《西湖》；1983年10月，他虽抱病而来，却又写了一篇《又到西湖》；直到1994年5月，在他九十高龄的时候，他又写了一篇《西湖之梦》……他在这些文章中，抒发了对西湖的深情，回忆了许多在西湖发生的往事，曾在一起结伴畅游的爱妻、三哥、朋友……的形象也时

与女儿小林住杭州

时在他梦中出现,使他感慨恋念。

他又想起烟霞洞旁的刘师复墓,这位曾在他青少年时给予过思想启蒙的先驱者就埋葬在此。墓碑是用世界语写的,三十年代他来这里祭扫过,后来湮没了。1983年,他因行动不便,无法登高,只到了烟霞洞下的石屋洞,那里原有的摩崖石刻著称于世,有"南山第一洞天"之称,洞内有一千多年前五代时期的罗汉雕像五百一十六座。现在这些宝贵文物竟已荡然无存。巴金无限悲愤地说:"为什么要砸烂呢?我想不通!""不用说,这是'文化大革命'的成绩。"①

---

① 《随想录》第596页。

也在那次，他寻找三潭印月桥上碑亭中原有的康有为亲笔写的对联"如此园林，四洲游遍未曾见"，也不见了，也是在"文革"中被砸烂的。现在换成别人写的字了。

对于"横遭冤屈的名胜古迹"引起的感慨，太多太多，甚至由来已久。巴金每次到杭州，一定要造访岳坟，关心秋瑾墓，但都是几经毁迁重建，到了"文革"更是难逃此劫。

早在1965年，《人民文学》1月号曾刊出胡乔木《词十六首》，其中有一首《沁园春〈杭州感事〉》，前半阕借写景歌颂共产党主政，后半阕笔锋一转，唱道："工农此际，初试锋芒。土偶欺山，妖骸祸水，西子羞污半面妆。谁共我，舞倚天长剑，扫此荒唐。"这些词发表前曾呈请毛泽东指教。毛泽东在1964年12月2日批示曰："杭州及别处，行近郊原，处处与鬼为邻，几百年犹难扫尽。今日仅仅挖了几堆朽骨，便以为问题解决，太轻敌了，且与事实不合，故不宜加上那个说明。至于庙，连一个也未动。"①毛泽东也是一位十分欣赏西湖之美的人，许多年来成为他主要的驻跸行所。但是同样欣赏西湖的美，却又大异其趣。按毛泽东、胡乔木的想法，这些名人之墓，以至庙宇，都是"土偶"、"妖骸"、"祸水"、"朽骨"，玷污了西湖之美，也已经动手砸毁了一些；一年多后，他们的愿望就由红卫兵们彻底实现了。

巴金对此一直耿耿于怀，犹如骨鲠在喉，要想说说自己的意见。1981年，与笔者就曾谈及此事，说："杭州西湖周围有许多名人的坟墓在六十年代被平过一次，'文革'时又被砸了一次。这些坟墓其实就是文化、是历史，多数是代表和反映了人们尊敬的历史的。这不是哪个人人为地树起来的，那是平不掉的。因为它已经在人们心中生了根的，把它平掉就会伤害人们的感情。这是爱国主义的文物。岳坟在'文革'时也被砸了，秋瑾的墓砸砸建建好几次。把它平掉了，现在又重建，劳民伤财，真气人！"

他的这些意思，在他的三篇关于西湖的文章里都谈到了。1982年写的《西湖》中他就说道："很多人喜欢西湖。但是对于美丽的风景，各人有各人的看

---

① 《建国以来毛泽东文稿》第11册，第232页，中央文献出版社1993年版。

法……我对西湖的坟墓特别有兴趣。其实并不是对所有的墓,只是对那几位我所崇敬的伟大的爱国者的遗迹有感情,有说不尽的敬爱之情,我经常到这些坟前寻求鼓舞和信心。"

他写到岳坟,"他们是不灭的存在,是崇高理想和献身精神的化身。西湖是和这样的人、这样的精神结合在一起的,它不仅美丽,而且光辉"。他说到秋瑾墓,"的确给湖山增添了光彩"。他还关心于谦墓、张苍水墓……六十年代初,他和朋友沙汀还造访过诗人苏曼殊墓,和诗人郭小川、作家沙汀、方令孺、爱妻萧珊,许多次在纪念秋瑾的风雨亭内闲坐谈天。这一切,如今都已不复可见。1983年写的《又到西湖》,他庆幸"横遭冤屈的名胜古迹得到了昭雪;破坏了的文物逐渐在恢复……"1994年写的《西湖之梦》,九十高龄的老人意犹未尽,再次谈到,而且更加直率地指出:

> 我说过我爱西湖是把人和地连在一起,是把风景和历史人物连在一起……有人说这里坟多,简直是"与鬼为邻"。为了"伸张人气",他们搬走一些古墓。岳王坟明明是"衣冠冢",他们却不敢动它。还有许多名字:于谦、张煌言、秋瑾……还有诗人苏曼殊、画家陶元庆……许多许多。①

巴金为了维护中国优秀的传统文化,为了中国改革、进步,就必然要和极端思想碰撞;他要独立思考,抛弃迷信,就必须这样做。就在他写完第一篇《西湖》后的另一篇随想《思路》中,他由岳坟联想到当代历史。他说,他在杭州看到介绍西湖风景的电视片,解说员由岳坟说到风波亭冤狱的罪人时,"在秦桧的前面加了宋高宗的名字,这就是正确的回答"。他还看到岳坟廊上刻有明代诗画家文徵明的《满江红》石碑,最后一句是"笑区区一桧亦何能,逢其欲"。巴金赞称:"这个解答非常明确,四百五十二年前的诗人会有这样的胆识,的确了不起!"他想起他的曾祖李璠就文徵明的词写过一段词话,说,"诛心之论,痛快淋漓,使高宗读之,亦当汗下"。所以巴金主张,

---

① 《再思录》第58页。

与陈丹晨在杭州植物园

"用自己的脑子思考,越过种种的障碍,顺着自己的思路前进,很自然地得到了应有的结论"。

1993年,他已经很少写作了,但应《新民晚报》之约,在炎夏酷暑的7月,抱病写了一篇三百字的短文,题目叫《没有神》,又一次表达了这样的看法:

> 我明明记得我曾经由人变兽,有人告诉我这不过是十年一梦。还会再做梦吗?为什么不会呢?我的心还在发痛,它还在出血。但是我不要再做梦了。我不会忘记自己是一个人,也下定决心不再变为兽,无论谁拿着鞭子在我背上鞭打,我也不再进入梦乡。当然我也不再相信梦话!

没有神

巴金

我明白：记得我曾经由人变兽，有人告诉我这不过是十年一梦。还会再做梦吗？为什么不会呢？我的心还在发痛，它还在出血。但是我不要再做梦了。我不会忘记自己是一个人，也下定决心不再变为兽，无论谁再合着鞭子在我背上鞭打，我也不再进入梦乡。当然我也不再相信梦话！

没有神，也就没有兽。大家都是人。

七月六日

《没有神》手迹

巴金在杭州

没有神，也就没有兽。大家都是人。①

值得注意的是，巴金说的"没有神"这句看来很普通的话，其实出于无政府主义者从事工人运动中的一个口号，是反对强权的代词。七十年前巴金编辑的《平等》杂志就用过，他结识的柏克曼著作中就强调过，柏克曼使用的信笺上就印着这句口号。巴金一生反对专制强权，主张人类自由平等，尽管一生经历曲折起伏，但初衷不改。从这里又一次得到印证。

西湖之梦是做不完的。巴金静坐遥望白堤、苏堤的花树，在绿色葱茏、烟雨空濛之中，他看到的是历史、是未来。他在沉思中……

193. 讲真话的书

1986年8月，巴金写完了《随想录》最后一篇即第150则，历经八个春秋的五卷《随想录》终于完成了。这是巴金一生文学生涯中付出的最大的心血和最强烈的感情。

巴金写作《随想录》的头三年还是比较顺利的。他力排各种杂事和叽叽喳喳噪音的干扰，尽最大的心力投入写作。他好像重新焕发了强劲的创作生命力，成为同辈老作家中不多见的。1979年至1982年上半年间，他连续写作出版了《随想录》三集（包括《随想录》第一集、《探索集》、《真话集》）、《创作回忆录》，还写作了一小部分长篇小说《一双美丽的眼睛》，翻译了一部分赫尔岑的《回忆录》。

1982年底摔跤腿骨受伤。次年查出帕金森症。他的体力精力都大不如前了，即使不卧病在床，健康状况处于稳定安好的情况下，他的字也写得越来越小，手发抖，坐着写作的时间也不能太长。他写字像描红一样，一笔一画，一天能坚持写一百多字就算很不错了。有时写了几十个字就累了，说话稍多

---

① 《新民晚报》1993年7月15日。

《随想录》五卷封面

一些也吃力。但他还是咬紧牙关坚持写,决不放下笔,决不停止思考。虽然写得少些,写得慢些,他还是一篇一篇写了出来。最后一篇《怀念胡风》,长达八千字左右,前后断断续续写了将近一年才写完。

这些文章仍然充满着激情,思考仍是那样睿智而有锋芒,且更加深刻。他仍然像一个顽强的战士坚持在战斗岗位上[1]。他写的怀友文章仍是那么深沉真挚。他写的历史反思文章如《"文革"博物馆》、《二十年前》、《"紧箍咒"》、《"创作自由"》、《又到西湖》……比前期写的更深入更强烈,发人深思。至于《化作泥土》等又抒发了他对祖国、人民的九死不悔、坚贞的爱。八十年代文坛上流行各种各样的研讨会,一个普通作家普通作品都有可能由一些显赫的长官、作家、评论家开会捧场,巴金的《随想录》却一直默默地一篇一篇发表着,一本一本出版着,很少有有分量的评论、研究和反应。直到五卷完成以后,文坛终于打破沉默,开始了众多的评论。

---

[1] 巴金在1935年就说过,后来又多次,特别是1957年在《巴金文集》开始出版时又曾强调说:"自从我执笔以来我就没有停止对我的敌人的攻击。我的敌人是什么,一切旧的传统观念,一切阻碍社会进化和人性发展的不合理的制度,一切摧残爱的努力,他们都是我的最大的敌人。"参见《巴金文集》第1卷,第4页,人民文学出版社1959年版。

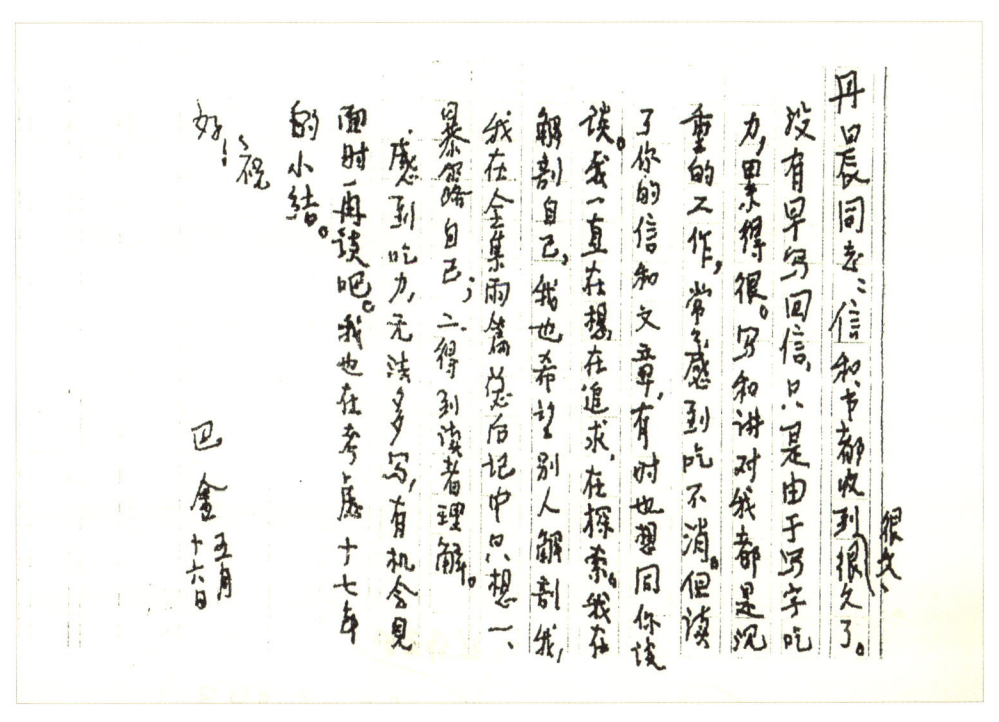

1993年5月16日，巴金致陈丹晨的信

1986年9月2日，《文艺报》邀请首都文艺界人士座谈《随想录》五卷，大家一致认为，它是"一部讲真话的大书"。陈荒煤说："《随想录》贯穿始终的'讲真话'原则，既表现在巴老对'文革'及其前后的反思和总结所达到的历史高度上，又体现在巴老一直恪守的对祖国、对人民的爱和真正艺术家的良心上。"袁鹰说："巴老以他的《随想录》向我们展示的数十年的人间风雨和一代正直知识分子的人格光辉，依旧是引导我做人做文的精神之火。"冯牧说："他淋漓尽致地真诚地无情地解剖自己、审视社会，表现了坚强的勇敢进击的勇气，实在令人敬佩！"汪曾祺称巴老"始终是一个痛苦的流血的灵魂；同时，又能超越苦难，恢复信心，对未来充满希望。这正是巴老了不起的心灵历程。"谌容深有同感，说："《随想录》教给我们如何做一个讲真话的拿笔杆子的人。"张洁说："巴老一直是旧社会旧势力的批判者，比我们更敏锐、更坚决、更彻底。"王蒙说："巴老是从自己'还债'讲起，反映了一个正直公民和作家对国家、对历史的责任。"李存光说:"《随想录》是巴金五十年代以来最有价值的代表作,呼出了中国正直知识分子探求真理的心声。"吴泰昌说:"巴金晚年散文的成就,不仅表现在文学领域,也表现在思想解放运动中起到的先锋作用。"刘再复说:"《随想录》是继鲁迅之后,代表民族最高道义和良知的散文。与卢梭不同,巴金是与时代同忏悔的。他在文学史上的里程碑意义有三:即标志着新时期文学结束了夸饰时代,进入了说真话的时代;标志着文学自我审判和忏悔时代的开始;也标志着文学真正进入了关心人、尊重人的时代。"陈丹晨说:"巴金的批判精神,最根本的是为了中华民族和历史的未来,为人类都变得更加善良,并能得到幸福,才直面各种压力和责难。"张光年说:"它是记录一代正直文化人心灵的文献。"①

同月,上海文学界的一些著名作家也发表了自己的看法。王元化将巴金的《随想录》与鲁迅的杂文相比较,认为:"在解剖自己和解剖他们最痛恨的一些现象上面,他们极为相似。""分明的是非、爱憎,同鲁迅一样强烈。""他的恨是从爱激发出的,他爱得深,才恨得急切。"柯灵说:"这本《随想录》,是对'文化大革命'的总结,站在历史高度上的总结、忏悔。""他讲把心交给读者,实际上是不把虚假交给读者。对一个作家来说,最重要的莫过于此了。"王西彦说:"真诚在他的五本《随想录》里是最突出的。他是拿心与读者交换心。他做人、写作都是真诚的。"他还特别讲到《随想录》中表现出来的"内省""控诉"的特点。吴强说:"当今的文坛上还没有像《随想录》这样的书。……充满感慨、悲愤,揭示的面十分广泛。作家的勇气是建立在对人民、对国家负责的基础上。"袁雪芬说:"读巴老的《随想录》,看到了一个中国知识分子的伟大人格和灵魂。""我觉得我们有些人可能由于听惯了假话、虚伪话,所以对巴老有些尖锐而又充满了赤子之情的话,反而觉得刺耳,觉得不习惯,这是令人遗憾的。"林放说:"这是巴老献给祖国的又一笔精神财富,是一部充满忧国忧民激情的大著作。……作者处处严于自我解剖,勇于说心里话,这正是一位艺术大师的高贵品格。"②

---

① 《文艺报》1986 年 9 月 6 日。
② 《文汇报》1986 年 9 月 29 日。

晚年巴金就在这张桌椅上写作

在后来发表的许多研究《随想录》文章中，刘再复的《作家的良知和文学的忏悔意识》是最有分量和影响的一篇。他更详细地阐释了他在会上讲的观点，认为："从自我解剖入手而解剖社会，这是巴金晚年散文的独特处，也是巴金晚年散文的伟大处。""一个自觉的公民，他则会自觉地从良知上去考虑自己的责任。忏悔意识，就是从良知的层次上去承担责任……没有任何强制性和规范性的责任感，即完全是主动态的责任感。具有忏悔意识的人，则有对自己的勇敢，有面对自身人性弱点的勇敢，这是一种比面对强敌更艰难的勇敢。1976年之后，我们看到很多批判别人的勇敢……我们却很少看到自审的勇敢，自我忏悔的勇敢。"因为，"他正是通过这些散文的抒发，以净化自己的灵魂，净化自己的心境，他要扬弃世俗的尘埃，然后走向最后的归宿"。所以他再次明确提出，"巴金的《随想录》是一部与民族共忏悔、共忧思的、带有伟大性的作品"。"《随想录》是政治性反思、文化性反思与自审性反思三

> 有了爱就有了一切
> 冰心

冰心题词

者有机融合的典范。"①

　　关于《随想录》的研究评论文章不少，也都有真知灼见。如南京大学教授、诗人赵瑞蕻在本校学报1987年第1期发表的《一颗燃烧的心与生命的开花》是一篇研究精微细致的论文。他把巴金的《随想录》与卢梭的《忏悔录》作了精细的比较，探讨了"在这两位大作家之间，崇尚激情和强调心灵探索的共同性和特殊性方面"。赵瑞蕻引述法国十九世纪文学批评家圣·勃夫（Saint Beuve）的话："卢梭是使我们的民族文学充溢着新绿的第一个作家。"并说，"巴金是中国现代第一个长期歌唱着青春是美丽的作家，他用闪烁着真诚的朝露的热情花朵不停地撒在我们现代文学前进的道路上"。像他那样"怀抱着一颗燃烧的心……他们的生命才会开花，不只是一次，而且会不断地连续开花"。

　　青年作者中，北京师范大学研究生路翠江1998年的硕士论文《巴金〈随想录〉——中国知识分子的二十世纪沉思录》也颇有见地。他着重对巴金的反思作了细致的阐释，说：巴金"发现正是'信神'使他和民族一起迷失自我，陷入灾难。省思中他重新确立'独立思考'的原则，并以此进行着灵魂的自审"。"中国长久以来却从未有过这样一部作品。现在，在《随想录》的映照下，每个知识分子都将发现自己的心灵需要一次扫除。……使得中国知识分子文化心理的完善不再是千年梦想：他改变了中国只有完善的集体人格，没有完善

---

① 刘再复：《论中国文学》第174—186页，作家出版社1988年版。

的个体人格的历史,他代表了本世纪知识界精神探索的一个走向。"①

《随想录》不仅在知识界产生了巨大的影响,即使在一般市民读者中同样受到热烈的关注。1991年8月,上海许多作家赈灾义卖签名本在新华书店举行。一位普通女工吴淑芳以一万三千元购去特装本《随想录》,原因如她所说:"我崇拜巴金。"

在巴金漫长的创作生涯中,对于读者的思想精神文化上曾经有过两次巨大的冲击波。第一次是在三十年代,他的《灭亡》、《家》、《爱情的三部曲》等连续发表,使众多青年读者如痴似狂。李健吾(刘西渭)曾说:"他的心燃起他们的心……你可以想象那样一群青年男女,怎样抱住他的小说,例如《雨》,和《雨》里的人物一起哭笑。还有比这更需要的!更适宜的!更那么说不出来地说出他们的愿望!"②第二次就是八十年代写作发表的《随想录》,涉及到二十世纪中国社会历史的评估和人生价值、道德观念、个人思想感情、文化秩序……广泛范围,形成对旧秩序的一种挑战和冲击。他从历史的痛苦反思中,寻求人生的真谛、民族的新生。他和各阶层潜在的和鲜明的变革要求相呼应,是完全一致的,因而成为一面辉煌的大纛,对文学界、知识界以及普通读者的心灵都是一次强烈的震撼。

《随想录》作为一代知识分子的觉醒和痛苦的思考的结晶,已经成为一个无法抹杀的重要的历史文化现象。巴金的思想境界、道德勇气,甚至文体和感情的追求,都可以在卢梭、赫尔岑、托尔斯泰、鲁迅以至居友……前人印迹中找到内在的精神联系,成为他们的薪火传人。他有意识地明确地从中寻找自己的文化和精神的归宿。就这一点来说,标志着他告别了极端思想与流行的世俗观念。一个被长期改造过的、被现代迷信摧残压迫、历尽屈辱和扭曲了的灵魂泯灭了;涅槃了过去,洗清了血污和创伤,一个新生的凤凰从熊熊的烈火中飞翔而出,更加华美,更加勇敢。就像日本作家水上勉形容过的那样:他像一只雄健的鹰,那样威严,有力量。

---

① 《巴金研究》1992年2月。
② 《李健吾文学评论选》第13页,宁夏人民出版社1983年版。

194. 金坚冰洁的世纪情

晚年的巴金,在疾病的折磨下过得有点艰难;世事又有许多不顺心的,令他闻之烦恼。年纪大了,行动不便,与外界交往自然也就少了。他一生珍视友情,是在友情的滋润和鼓舞下走过来的。但是到了这个时候,虽然仍得着许多朋友的关心,他却有寂寞之感。因为他与别人交流的机会少了,或者说,能够谈得投机相知的不多了。或者说,他现在正在坚持写作,正在挣扎着奋斗,正在苦苦追求……却也并不太为人理解,就像托尔斯泰晚年那样。

罗曼·罗兰有一次给他的挚友索非亚的信中说道:"没有任何人,不论他多么伟大,能够孤独地生活;和别人分离之后,没有任何人能够活得有意义,

1923 年在美国的冰心

晚年冰心

能活下去。"①巴金也正是这样，像年轻时渴望着友谊的抚慰、心灵的交融。这时有一位有着半个多世纪友情的老友走进了他的生活，成为知友，使他精神上得到安慰、温暖和鼓励，他觉得这是他的"幸运"。这个人就是冰心。

巴金认识冰心几乎是与他自己的精神生命成长一起开始的。当他少年时代广泛阅读各种传播新思想的书报中，就已读到了冰心的作品。冰心长他四岁，但却已用自己的作品参加了"五四"新文化运动。巴金是受"五四"新文化运动启蒙，是"五四"的产儿。1922年夏，巴金在老家的园子里，满耳是欢快的蝉声，和一位堂弟读着刚刚新出的冰心的诗集《繁星》，他们被那些富有哲理的、纯真的诗句所吸引。那些歌唱自然、童心和母爱的诗是那么美好，深深地印刻在少年巴金的心里，并产生着共鸣。似乎那位诗人常常吟着诗句在前面行走，使他也很自然地边吟唱边随行。

据巴金说，他的哥哥比他更爱读冰心的作品，还曾手抄过她的小说《离家的一年》。他自己与三哥坐船刚刚离开老家途经泸县时，上岸还去买了一本《繁星》作为他的旅伴。

但是见到冰心却是十一年以后了。1933年，巴金正在北平小住，与郑振铎、章靳以等一起创办《文学季刊》。为了给刊物组稿，他和章靳以去拜访了冰心。那也是一个初夏的早晨。冰心是一位坦率、亲切而温和的女性，因为长他们几岁，把他们当作小弟弟一样看待，说话随和而自然。那时她已经读过巴金的一些作品，深深地感受到这位年轻作家有着太多的悲愤的激情。巴金却因冰心比他年长一些，更因为她是先行者，对她从一开始就有了更多的尊敬。他本来就口拙，在这位陌生而熟悉的女性面前更显得沉默、腼腆，还给冰心一种带些忧郁的感觉。章靳以倒是很健谈、热情。后来燕京大学同人的餐聚、茶叙活动中也都曾见过面。

1940年冬，冰心从昆明呈贡到重庆。巴金恰好也在这时来到重庆。中华全国文艺界抗敌协会于12月举行茶会欢迎近期先后从外地到渝的会员，除

---

① 《罗曼·罗兰书信集·亲爱的索非亚》，转引自罗大冈著《论罗曼·罗兰》第50页，上海文艺出版社1979年版。

冰心、巴金外,还有茅盾、徐迟等许多人。从那时起他们往来得多了。那时冰心住在歌乐山养病,还吐血,巴金常去看她。冰心很了解这位"在暗夜里呼号的人"的心情。巴金得悉冰心经济情况拮据,连年夜饭都成了问题,正好与冰心谈起她的著作应在内地重印出版。冰心欣然同意说:"这事情就托给你去办吧!"巴金一口应承。他在原来北新书局出版的《冰心全集》的基础上重新选编成三册,书名为《冰心著作集》,交给开明书店。巴金的工作做得认真、迅速,并写了《编后记》,其中有一段非常动人的话:

> 过去我们都是孤寂的孩子。从她的作品里,我们得到了不少的温暖和安慰。我们懂得了爱星、爱海,而且我们从那些亲切而美丽的语句里重温了我们永久失去了的母爱。现在我不能说是不是那些著作也曾给我添加过一点生活的勇气,可是甚至在今夜对着一盏油灯,听着窗外的淅沥的雨声,我还能想起我们弟兄从书本上抬起头相对微笑的情景。我抑制不住我的感激的心情……①

接着冰心还托巴金转请开明书店将版税代为偿付给她在上海的一笔债务。1943年,冰心新作《关于女人》的书稿压在天地出版社不能及时出版,又是巴金帮她从天地社把书稿拿出来转给了上海开明书店,不仅很快出版,而且销路极畅,连美国的《文艺》杂志都迅快反应,给予好评。冰心也因此书多次重印后及时得到了版税。这些事都使冰心铭记在心,也表现了巴金的侠义心肠和与冰心的友情。

抗战胜利后,冰心随丈夫吴文藻到日本旅住。1947年曾因事临时回国,有一次在南京的作家茶会上与巴金、章靳以相遇。会上,谈起学潮,大家都很愤慨,批评国民党政府对待学生还不如对待汉奸。汉奸在监狱里病了,还把他们挪出来送到医院;学生受伤了,却从医院里抓进监牢。……那时,巴金和冰心分别住在上海、东京,这次偶然见面,却是同声相应。

---

① 《序跋集》第287页,花城出版社1982年版。

五六十年代，他们经常在会议上见到。巴金到北京开会，有时也去看望冰心。冰心到上海，也受到巴金、萧珊的款待。萧珊热情率真的个性给冰心很深的印象。巴金和冰心还多次在同一个代表团到国外参加会议、活动。1955年4月，曾同去印度参加亚洲国家会议。1958年10月，同去塔什干参加亚非作家会议。1961年4月，同为中国作家代表团成员访问日本。但是，尽管都是二三十年的老朋友，见面时也很亲切随和，却没有什么倾心畅叙的机会。这与那时的政治环境、思想状况、人际关系都是有关的。"文革"前夕，有极端思想的人，对冰心经常参加外事活动，担任中国作协书记处成员都曾提出指责，在冰心过去与国民党政府的关系问题上做文章。那时，共产党内一批一批大人物正被揪出来，巴金本已很紧张，听了这话，心里更是一片黯淡，不是滋味，也无法再说什么。

"文革"时，他们各自进牛棚，入干校，在恐怖统治下失去联系十一年。"四人帮"一倒台，他们马上就恢复了通信。1977年3月，巴金听说冰心很关心他，在给赵清阁信中问及他的情况，就赶紧写信给冰心问候，除告诉近况外，并说自己常常想到她，只是碍于"四人帮"的严密控制，怕给别人和自己带来麻烦，所以不便写信。

这样，到了1980年，他们之间几十年的友谊有了一个变化。那是一种深化，也是一种升华。使他们由文学界的老友，跃为人生难得的知己。

那年4月，巴金又和冰心有机会一起参加中国作家代表团访问日本。巴金已是七十六岁的老人，冰心更已是八旬高龄，年迈体衰多病，所以特意让各自的女儿小林、吴青陪伴同行，照顾起居生活。两位年轻人一见如故，如同亲姐妹一样要好投合，生气勃勃，也感染了两位老人。因为冰心一直把巴金、萧乾等看做小弟弟，所以吴青赶着叫"巴金舅舅"，小林叫冰心"姑姑"、"谢姑妈"。这次访日，他们过得非常愉快，日后成了一段美好的记忆。

有一晚，代表团没有活动，年轻人都上街去游逛了，剩下了两位行动不便的老人坐在客厅里聊天，这是相识以来从未有过的一次畅怀长谈。他们天南地北、海阔天空地神聊，一直谈到午夜。冰心后来回忆说："我忘了他谈的什么，是他的身世遭遇？还是中日友好？"也许这些都谈到了。反正这次主

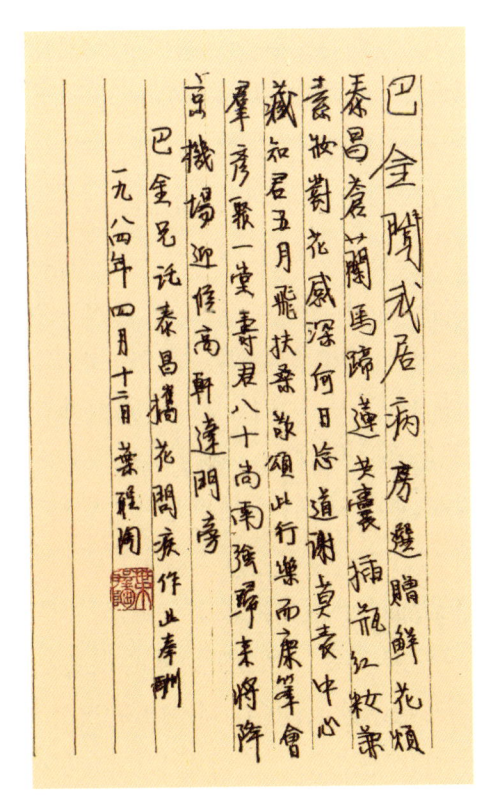

叶圣陶赠巴金诗

> 巴金闲我居病房遽赠鲜花烦
> 泰昌苍兰马蹄莲共襄插瓶红紫荟
> 言妆对花感深何日忘道谢莫责筌
> 藏知君五月飞扶桑咏颂此行乐中心
> 群彦聚一堂寿君八十高南强归来将
> 京机场迎候高轩达门孕
> 巴金兄话泰昌摘花问疾作业奉酬
> 一九八四年四月十二日 叶圣陶

要是巴金谈得多，他滔滔不绝地谈。自从萧珊去世后，他已经有多少年不曾这样敞开心扉，像对亲人一样，畅快地倾吐自己的感情了。这使认识巴金已半个世纪的冰心感到意外，因为过去巴金给她的印象是寡言少语，然而她发现当他"在彼此熟识而知心的时候，他就比谁都健谈"[①]。那次聊天，使两位老友感到心的贴近，感到比过去任何时候都要相知、理解。午夜十二点，冰心催促巴金说："巴金，我困了。时间不早了，你这几天也很累，该休息了。"于是巴金才回房去睡。

回国以后，他们都在信中谈到这次愉快的旅行，直到许多日子以后，还非常怀念那段生活。冰心说："吴青和我常常谈到你和小林，我们都觉得何时再有一次'同游'才好。我的好友不多，有了不易在一起。""想起去年东京之游，恍若隔世。"巴金则说："这次能和您（还有吴青）一起访日，实在高兴。我不会忘记那些愉快的日子。"一年以后，他又说："4月1日是一年前我们同去东京的日子，那个时候多么值得回忆。"甚至在过了将近十年以后，他还在信中说："……只有几次同您出国访问，至今不忘，仿佛一场醒不了的好梦。"

以后，在巴金到北京开会的时候，总要去看望冰心。最多的时候，连续三次到冰心家里做客。就在这次访日归来不久，冰心因脑血栓摔跤骨折，从此就不便出门。7月底，巴金准备到斯德哥尔摩参加世界语大会，起程前曾

---

① 《冰心近作选》第173页，作家出版社1991年版。

到医院去探望。8月中旬，从国外回来，冰心已经出院。巴金与夏衍相约一起去冰心家中探望吃饭。1981年4月10日、14日、16日，巴金或与孔罗荪同去，或在那里见到阳翰笙、赵清阁，或约了夏衍，连续三次探访。同年10月、12月两次到京，也都去探望。以后，因巴金自己连续生病住院，未再来京。隔了三年多后，1985年春天，他最后一次到京参加全国政协会议和现代文学馆开馆典礼，他有意识去看望几位老友，似含有告别之意。如住在医院里的叶圣陶、周扬，还有沈从文。果然，都是最后一面。那次，他在现代文学馆开馆结束后就去冰心的新居。

　　冰心不久前刚刚迁居在中央民族学院家属宿舍大院的一栋普通楼房里。过去他们住得很拥挤，冰心和先生吴文藻，"和小学生一样，一男一女，共用一张两屉桌"。现在要宽敞一些，吴青夫妇也与他们住在一起，便于照顾。

　　巴金坐在春日倾泻的新居客厅里，仿佛感受到友情像那明媚灿烂的阳光一样在抚慰着他。冰心的脸上时时流露着慈爱温婉的神情，随意亲切的谈笑中却又是那么智慧而风趣，不时引得大家欢笑。他们谈访日时的愉快经历，也谈生活和文坛的趣闻。巴金常常能体味到眼前这位耄耋老人有一颗纯真而年轻的心灵。他多么愿意在这里多坐坐、多谈谈，感受这样心灵的撞击。在以后的日子里，他还会仿佛又回到冰心的客厅里畅谈似的。然而，这却是他们最后一次见面。

　　长期以来，冰心一直认为巴金是一位最可爱可佩的作家。她说："我爱他就像爱我自己的亲弟弟们一样。""他的可佩……就是他为人的'真诚'。"吴文藻也说过："巴金真是一个真诚的朋友。"而且他们还认为巴金"对恋爱和婚姻的态度上的严肃和专一"，是"最可佩之处"。当然，对"他是一个爱人类、爱国家、爱人民，一生追求光明的人，不是为写作而写作的作家"的印象更是深刻的。

　　巴金则认为冰心"是'五四'文学运动最后一位元老"，对她十分尊重；自己年轻时就从她的作品中汲取过思想营养。现在他看到"她的头脑比好些年轻人的更清醒，她的思想更敏锐，对祖国和人民她有更深的爱"。同时，她又是"那么坦率，又那么纯真！她是那么坚定，又那么坚强！……更难得的

1981年，在北京。左起：巴金、冰心、夏衍

是她今天仍然那么年轻！我可以说：她永远年轻！"

1985年以后，他们因为年老多病而不能长途旅行，从此不曾再见面。他们也曾多次相约：1986年，巴金、夏衍、冰心曾经计划同去烟台度夏，后因巴金的病情和体力不允许，这个约会也就只好"烟消云散"，使巴金每每想起来都感到难过。1987年，上海作协邀请冰心到上海小住，这使巴金高兴了一阵，但最后还是没有成行。冰心说："我何尝不知道我们在一起谈笑是最快乐的事……"但因为腿病，行动不便，又不愿"劳师动众"，不免有点沮丧。她说："我这腿害苦我了，'静言思之，不能奋飞'。"1990年，巴金约冰心到杭州一聚，吴青也赞成，最后还是因为冰心身体原因未能如愿。她说："我坐着写字、谈话，一切和好人一样，一站起来，就全身都瘫了！一点劲儿没有，我真恨自己的身体……"

以后，冰心因为自己行动不便，总是盼着巴金有机会来京一叙。这样想法几乎在每年信中都有提到："我十分想你们（巴金父女），很想同你们见面、谈话，人生几何！""我真希望你何时能到北京来。"巴金摔伤腿后慢慢养好了些，她又说："好一点先到北京来，我们好好谈谈。"当知道巴金在1985年春来京开会，她非常高兴说："我们都希望你们春天能来一趟。"在那次见面以后的一年，她又惆怅地说，"你怎样？能到北京来吗？我们仿佛永远也不能见面！""我无时不在惦记你，血压还低否？手还抖否？……""今年如能来京一行，相对谈话比写信痛快得多，是不是？""我们住近一点就好了，彼此都不寂寞。""我想若能把我们俩人弄到一处聊聊多好！""倒是大家聚一聚，什么都谈，不只是牢骚，谈些可笑、可悲、可叹的事，都可以打发日子。"巴金在1989年初又摔了一跤，住在医院治疗。冰心又在信中关切地焦虑地说："你近体怎样？何时出院？千万不要多见客人，我恨不能到你身边看看。"1990年，她在一次信中说："知你不喝酒，但喜欢茶和咖啡，在这点上又与我相同，什么时候我们能做（疑'坐'之误——作者按）到一起喝喝咖啡，谈一谈，多好！可惜我们都行动不便了，近来就常觉得心烦。"

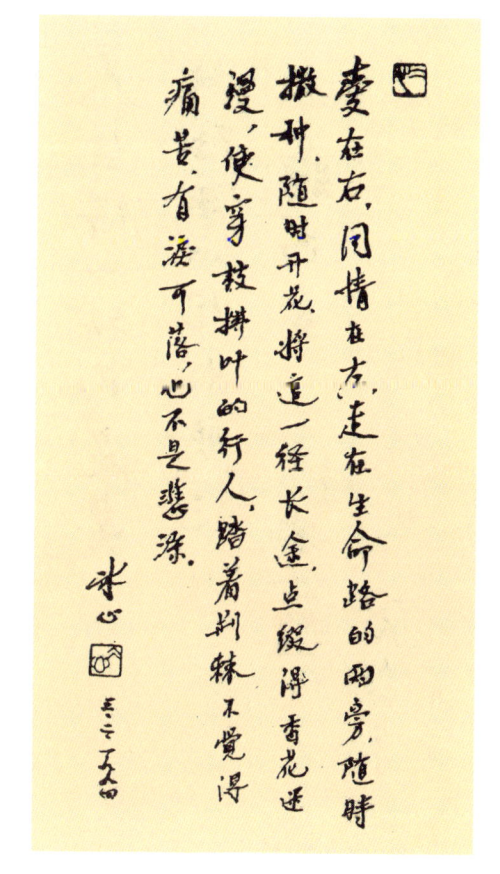

冰心手迹

晚年的巴金心灵深处是寂寞和孤独的。他渴望读者的理解，渴望心灵的沟通和抚慰。冰心这些情真意切的信函给了巴金最大的安慰和温暖。他一样也是那么思念牵挂住在遥远北国的大姊。即使住在医院里受着病痛的煎熬时也常想起冰心和吴青，"想起你们，我就高兴"。当他收到冰心送来的红参时，他说："我需要的是精神养料……您的友情倒是更好的药物，想到它，我就有

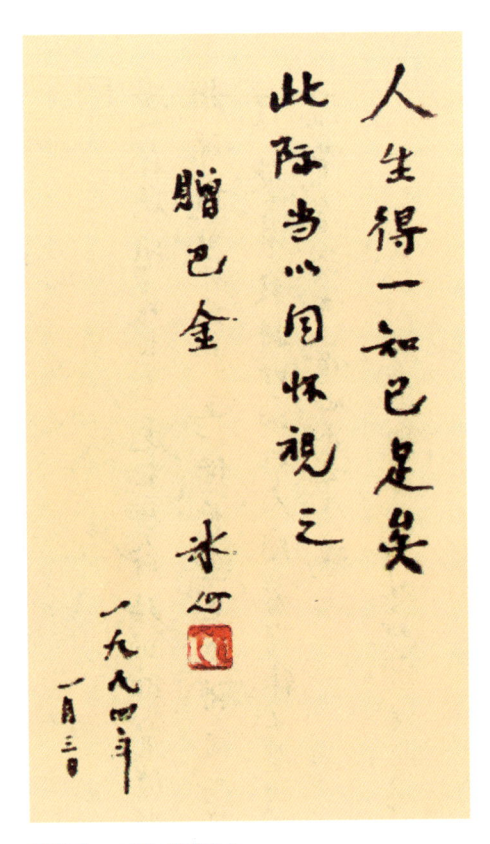

人生得一知己足矣
此际当以同怀视之
赠巴金
冰心
一九九四年一月三日

1994年，冰心书赠巴金

更大的勇气。"冰心就在回信中呼应说："关于这一点，你有着我的全部友情。"巴金好几次向她诉说各种干扰很多，缠着自己做不愿意做的事，因此很烦恼。冰心复信表示同感，觉得这是"名人之累"，无可奈何。巴金谈到自己写的文章中说了一些真话，就有人不高兴；想到某些人和事，又觉得心情不舒畅。"整天想前想后，想到国家、民族的前途，总是放心不下。"冰心就叫人传话，"叫巴金不要那样忧郁，那样痛苦"。巴金说："我正是在痛苦中净化心灵，才不得不严格对待自己。"冰心也一样忧国忧民，写的文章如巴金所说的："锋利"、"烫手"、有"辣味"，"感到很痛快"。巴金说："老实说近一年来我常常想到您，我因为有您这样一位大姐感到骄傲，因为您给中国知识分子争了光，我也觉得有了光彩。"1989年夏，他在信中也惆怅地说："我们不能见面，有话也无法畅谈，幸而我们能做梦……我还想，能做梦就能写书，要是您我各写一本小书，那有多好！"在祝贺冰心九十华诞时，他说："想念你们，但抱病之身痛苦不堪，尤其是无法写信吐露我满腹的感情。"但是，巴金还是在后来信中多次倾吐了自己的感情。他说："您的存在就是一种力量。""想到有您这样一个人存在，我感觉到有一股巨大的力量在拉着我向前。""我仍然把您看做一盏不灭的灯，灯亮着，我走夜路也不会感到孤独。""许多人战战兢兢抱头摇尾的时候，您挺胸直立，这种英雄气概，这种人格的力量，我永远忘记不了！我也真想您！""我永远敬爱您，记着您，想念您。""我有您这样一位大姐，这是我的幸运。"

冰心大姊：

信早收到，每天一人早我就对自己说，今天一定要写封回信，可是正要拿起笔，便会有人来事来干扰，结果连一封短信也写不出来。我天天疲劳不堪，却什么事也做不了。有时烦躁起来，坐卧不安，感到日子难熬。

真该搁笔了。我手发抖不听安排，真难从容构思，从容挥笔写不出像样的序文。我不能答应下来，我一直在踌躇，但是后来看到您给魏帆同志的信，说只要我时间又多，不容易。

您大概开始感到为别人写序的确有几句真话非讲不可。"真话"的确有几句真话我讲不出。

我答应给您这本书写序是为了五四运动最后的老一位庄严地奉献出您那几十年的心血做成的前进的人，您还是那样的坚锐，对祖国和竹本世纪同龄的人，您这青年人的更清醒思想更坚锐人民有更深的感情，您请求我，呼吁，使

不停地奉 [side note]

自己，写了。将近一个世纪，今天还是要求讲真话，还用自己的笔做

要求撑持讲真话，写真话。我听说还有人不理解

还有人不喜欢您讲的那些真话。

无论您那宝贵的心血成的文章，但是大多数读者了解您，大多数作家爱您，您是那么纯真，那么真诚，那么勇敢，那么坦率，

年轻现在我们说一句："永远年轻。"

思想不衰老的人永远年轻，您就是这样的人。

请告诉卓如同志我将动手试写一篇短序，如写会马上请您转交。

容就是以上那些。

祝

好！

小林说要青要我鼓给她点什么，是不是与两身鼓气的话，我看似是该地方我利气的时候了。奋勇向前吧，不过有时也需要冷静思考。

巴金 七月六日

巴金致冰心信

两位世纪老人，一位是被人称为文学祖母，"五四"运动最后一位元老；一位是被人尊为文学大师，文坛的旗帜，在八九十岁高龄时，继续互相鼓励，抱病笔耕，并肩作战，写出富有激情和思想锐利的文章，依然是那样有力的声音。他们真的是晚霞似火，为国家、民族而忧患，而思考。他们在生活上、健康上互相关心。他们彼此深深地理解，以及感情上的交融，已经成为推心置腹、肝胆相照的知交。他们的晚年生活因此得到滋润、抚慰和温暖，感受到鼓舞和力量。冰心在收到《巴金译文选集》（台湾版）十卷后喜欢万分，说："你真是著作等身，而且一辈子自食其力，这是我们这一辈人里，没有一个做到的！从这两件事来说，使我不但爱你这个老弟，而且敬你这位老弟了。"她把他们之间形容为"金坚玉洁的友情"。其实，若说是"金坚冰洁"就更传神了。巴金则引用鲁迅给瞿秋白题的字来形容："人生得一知己足矣，斯世当以同怀视之。"冰心看了，为之动容，也说："人生得一知己足矣！"那年巴金生日，冰心送的一个册页上就写着这两句话，十分恰切地表达了他们的深情。

　　中外文学史上，有多少杰出的作家因为友情的温爱使他的文学生命熠熠生辉。就像一开始提到的罗曼·罗兰，他是那么渴求知心至爱的密友。青年罗曼·罗兰在罗马时结识了七十多岁的梅森堡夫人，受到赏识和理解，关怀和鼓励，因而引为知音。友情像罗马的灿烂阳光燃烧了他的心胸，使他身心舒畅，生机勃勃，仿佛初次体尝到人生的温暖，所以他说："在所有那些用深情卫护我生命的友人中……在我的青年时代，她是我精神上的忠实伴侣，我的第二个母亲……"①他们后来长期通信，直到死神请走了梅森堡夫人为止。

　　巴金一生中也有几位女性对他有过重大的影响。童年时代，因为母亲的爱，使他懂得了要爱一切人，成为他人生的出发点。母亲是他生命中的第一位先生。青年时代，因为读了国际著名无政府主义者高德曼的著作，为她的思想所征服，称她为自己"精神上的母亲"。后来他们还有过短暂的通信联系，使他受到鼓舞。三十年代，他与马宗融、罗淑（世弥）夫妇交往密切。罗淑不仅文学才华出众，

---

① 《罗曼·罗兰文钞·自传》，转引自罗大冈著《论罗曼·罗兰》第197页，上海文艺出版社1979年版。

1995年，冰心的女儿吴青看望巴金

且是一位贤淑温厚而又睿智的女性，巴金视罗淑如长姊，无论处境顺逆，遇事喜怒，都可从她那里得到安慰和鼓励、开导和指正，是朋友中间对他帮助最大的一位。罗淑早逝使他哀伤不已。到了中年，有了萧珊的爱情亲情，过着相濡以沫的美满的家庭生活。晚年，又因为有了冰心这样一位大姊的友情，"使我的生命放光彩"。

从1980年4月访日到1999年3月冰心逝世十九年中，巴金和冰心因地处南北，受到空间的间隔，只有少数几次见面。1985年后不复再见，完全依靠书信交流，来沟通心灵，倾吐衷曲。巴金即使为病痛所苦，执笔困难，手发抖，但隔些日子也要勉力而为，给冰心写信。冰心把巴金的信珍藏在一个深蓝色的铁盒子里，准备以后统统捐赠给中国现代文学馆。这也许将会成为他们友谊的见证。两位文坛元老在晚年的感情交往也给中国文学史添上了一段佳话。

195. 亲情和回归

1987年深秋，久未出门旅行的巴金，坐着轮椅，抱病回家乡成都探亲访友，了却他多年来魂牵梦绕的夙愿。

巴金一直非常想念他的家乡。大概到了叶落归根的时候，即使一首歌唱家乡的歌，也会像微风吹过他的心上，使他仿佛又回到了童年，回到了家乡。他想回去看看，只要健康情况许可，体力吃得消；他想在故土上走一走，呼吸一下养育过他的天地空气，看看乡亲们的生活变化和进步；他要去作一次最后的告别。他相信自己一定会克服种种困难，回到自己怀念的地方去。

晚年巴金与侄子李致

经过女儿小林、在成都的侄子李致等的商量筹划，巴金的愿望终于在1987年11月3日至20日实现了。他把这看做是他的"最后一次的旅行"。事先他再三叮嘱李致，"最好静悄悄地来去，不惊动任何人"。"我愿意食住简单，自己出钱。"李致也按他的意愿进行安排。但又因为李致是省委宣传部部长，巴金不仅是作家，还是全国政协副主席，按照现行制度规定，他当然须向省委报告此事，也说明了"巴金身体不佳，精力不足，他不打算参加任何社会活动，也不拟多会见人"。

但是，巴金和女儿小林到成都后，就陷入在热情的包围中，有老朋友、亲属，还有地方官员、大批记者。几乎每一次外出活动，后面都跟着一批报刊、电视台的记者，再加上各处官员迎送，结果真的成了劳师动众，使巴金原想轻车简从、自由自在地访亲会友、游览参观的初衷完全不能实现。有一次，四川老作家马识途在和巴金、张秀熟、沙汀、艾芜四位老人同游新都之后，说："这哪像出来游玩，连摆龙门阵的时间都没有。巴老也得不到休息。"李致对他的四爸开玩笑说："这就是做名人的难处。"巴金听了，莞尔一笑。

巴金坐着轮椅回到童年时代住过的正通顺街老宅，但已面目俱非了。抗战期间、1960年，他都到过这里重游，还写过文章抒发自己的深情。他还到他非常熟悉的商业场、菱窠、百花潭公园、桂湖等地。他还到自贡市住了两夜，参观了一些古迹和博物馆。最后一天，他主动提出到川西四大丛林之一的文殊院去。这次总算避开了记者。重游故地，会见方丈宽霖叙旧。宽霖说起自己年轻时，曾到巴金老家即李公馆去念过经。正因巴金记得父亲去世时，家里曾请文殊院和尚念过三天经，这次才特意想到文殊院看看，也是为了怀念已故的父母。

在成都时，他还见到了老友卢剑波，这时卢剑波的夫人邓天矞已去世。大家都已垂垂老矣，见面不易。想到青年时代在南京、上海的交往和那些意气风发的往事，不胜感慨。相形之下，巴金不免感到了"老年的可悲"。但他还期望着明后年再来成都。因为不来家乡想家乡，来了成都更想来。在成都每天都有活动，也很兴奋，他的身体竟安然无恙，支持下来了。但事后感到相当疲劳，回到上海，连嗓子都哑了。

1987年，在成都。左起：沙汀、张秀熟、巴金、马识途

巴金和外孙女端端（左）、孙女晅晅（前立者）

  这次重返成都，距1960年在此小住写作已二十七年了。他看到新的市容，比起过去有了很大的变化。看到家乡一草一木，老友旧亲也都非常亲切，使他高兴。只是故旧凋零不少，也使他感慨。他把这短短的十七天譬喻为一粒石子投入池水里，石子沉在水底，水面似乎平静了，但是他的心还是平静不下来。许多人，许多事，一直在牵系着他的心。这个不愿给别人添麻烦的人，觉得浓浓的乡情使他好像又欠上了一份债似的。

  巴金晚年，与家乡一直保持着联系。四川文学界、四川小学生们都与他通信。他多么想再回去看看，去看望那些青年作家、孩子们。但是九旬高龄，

巴金与孙女晅晅

又有疾病，已不允许他再作长途旅行，使他无可奈何。直到九十年代，他还对一位老朋友倾吐自己的心事，说："老实说我很想去的地方是成都，叶落归根的时候到了。"

巴金是位重感情的人。他重友情，重乡情，也重亲情。他的家，又是一个三世同堂的大家庭。他成了老家长。两位年迈的妹妹一直陪伴着他，到九十年代后期相继去世。女儿女婿、儿子媳妇也都住在一起。外孙女端端从小是他带大的，他对端端的爱，从他写的好几篇给端端的随想就可看到、感觉到。孙女晅晅，出生那年正是爷爷八十整寿。白发苍苍的老人看到黄毛茸茸的幼婴，从咿呀学语到能满地奔跑，趴在爷爷身上搂着脖子亲吻耳语，使巴金晚年增添了不少伦常趣乐。晅晅五岁，随母去到大洋彼岸，从此使巴金多了一份相思，暇时只好看看寄来的照片聊以自慰，有时竟会情不自禁地笑了起来。他对晅晅太想念了，隔些日子就给这个六七岁的孩子写信诉说思念爱她之情。三年之后，八岁的晅晅独自飞回上海探望爷爷和爸爸。那是1992年6月至7月间。这个伶俐的小姑娘赢得了全家的宠爱，天天在爷爷面前绕膝承欢，使巴金生活在含饴弄孙的欢乐中，得到难以形容的安慰。一个月后，晅晅告别爷爷又飞回美国去了，使巴金伤感怅惘不已。他说："晅晅回来住了一个月，前天一个人搭飞机走了，这个八岁的孩子，差一点带走了我的心！"

巴金的晚年，家乡是他许多梦中常见的，他总是在吟唱着"我念念不忘的家乡，我的老家"；他思念、盼着见到小孙女，更是他的美好梦想。乡情、亲情在巴金的晚年越来越浓得化不开，也成为他生活的勇气的一个来源。

他在给四川省作协和小学生写的信中，对自己的人生有过这样几句总结性的话："我今年八十七岁，今天回顾过去，说不上失败，也谈不上成功。我只是老老实实、平平凡凡走了这一生。我思索，我追求，我终于明白生命的意义在于奉献，而不在于享受。人活着正是为了给我们生活在其中的社会添一点光彩……为别人花费了它们，我们的生命才会开花结果……"

其实，从他十五六岁开始，他就有了这样一个美丽的梦：一个万人享乐的社会将和明天的太阳一起升起。虽然这只是一个孩子的天真美好的愿望，社会发展的历史也不是这样直线简单，但他确确实实为了实践这样的理想，走过了一条曲折艰难的人生之路。即使到了暮年，他也壮心未变。他说："我开始写作的时候，就想用自己的作品在促成社会的改革和进步上起一点作用。通过几十年的创作实践，我还是坚持这样的看法。创作的最高目标是作家把心掏出来交给读者。作家高举着自己燃烧的心和读者一同前进，这就是我一生追求的目标。"

这个人生的目标曾经不断得到提升、充实、丰富，获得新的精神力量。樊塞蒂的话使他终生难忘："我希望每个家庭都有住宅，每张口都有面包，每个心灵都受到教育，每个人的智慧都有机会发展。"关于对托尔斯泰的那句评价同样曾影响了他几十年："自约翰·卢梭以来，沸腾世界之良心，莫如托氏者，他实苦人类之所苦者也。"而巴金自己从文学写作之初就说："我虽不能苦人类之所苦，而我却是以人类之悲为自己之悲的。"他还说自己平时喜欢引用法国哲学家居友关于生命为他人开花的话，从年轻时一直到晚年还在无数次地不断引述，自励自勉。至于克鲁泡特金的道德三要素："互助、正义、奉献"，更是巴金的人生座右铭，认为这样的"道德规范……是做人的道理，是整个社会的支柱"。

他还始终不渝地呼唤自由，反对专制强权。即使在五六十年代因为相信谎言、屈从压力而有过迷失，但他还是尽一切可能在强权压迫下争取自由，独立思考，发出自己的声音，讲真话。他说：他"写作只是为了战斗。当初我向一切腐朽、落后的东西进攻，跟封建、专制、压迫、迷信战斗……今天也还是这样。它们的确已经成了我的生活的一部分"。长期以来，有人总是误解或有意曲解"自由"，除了扣上资产阶级的帽子，说无政府主义是要求"绝对自由，想干什么就干什么"；事实是，巴金在1928年写的文章中就明白地反复地说过："一个人的自由不算自由，必定要在众人得到自由后个人才有自由。"①这也是无政府主义的基本观点。"不自由，毋宁死"的话曾经揪住过巴金年轻的心，对自由的渴望，表现人民争自由、求正义的愿望，都曾是巴金作品中的主旋律。直到晚年依然如此。

他曾反对财产私有，如蒲鲁东说的"财产即偷窃"。当年无政府主义者的朋友们都是这样轻蔑财产。巴金一直尽力帮助熟悉的朋友或陌生的读者，包

---

① 参见《平等》第7期。

括经济上。这都与他的财产观有关。晚年巴金把他的存款、稿费以及珍藏的图书刊物、资料等统统捐赠给公众。他对近几十年社会上泛滥的拜金主义邪风深恶痛绝，认为这是个"金钱重于一切，金钱万能的时代"。并多次批判说："……大家争着下海从商，精神财富一下子又成为民族的垃圾，而拜金主义披上'社会效益'的黄袍压倒一切……"但是，"我（的作品）不会进入这个发臭的'闹市'。""你我都相信再高的黄金潮也冲不垮崇高的理想……我活下去，就要反对'拜金主义'。"①

他还强烈反对封建迷信，更反对现代迷信，十年"文革"就是推行现代迷信的一个"伟大的骗局"，把人当作兽；认为至今封建幽灵还在人们的四周徘徊，以至把落后、愚昧披上先进的外衣，当作中国特色。这也使他"的思想却始终在一个圈子里打转，那就是所谓十年浩劫的'文革'……"因为由此更能清楚地看到他坚持呼唤独立思考、讲真话、做好人、记住自己是个人，理应享受人的权利的历史意义。

……

这些构成了一个完整的思想体系，早在青年时代就已开始形成。他吸收了前人进步的思想资源，特别是信仰无政府主义，然后像一条激流浩渺奔泻，历经曲折激荡淘洗，到了晚年似乎回归本源思想，但已升华变得更加纯正精粹，在精神层面上更加完善净化，已不是用一两个"主义"的概念可以简单概括说明得了的。

巴金思想属于他自己特有的。他一直放眼世界，是中国作家中最有人类意识、开放精神的一位，晚年也仍

---

① 引文均见《再思录》第 327、379 页。

曹禺手书贺巴金九十华诞

1927年的巴金

然热情关注。他又有内心的自省,对自己曾经有过的迷失、心灵的污垢加以无情的鞭笞,也对有负于朋友的言行进行忏悔。这是极为沉重的内心拷问,不只是为了减轻自我的错责,更是为了众人。他说:"我愿意受苦,是因为我愿意通过受苦来净化心灵却不需要谁赐给我幸福……我若能把仅有的一点点美好的东西献给别人,我就会得到幸福。……我有我的'主',那就是人民,那就是人类。"这种精神确有一点悲天悯人的宗教情怀。但"即使在今天这也还是一条荆棘丛生的羊肠小道",并非易事。他也常常为此感到寂寞、孤独和不被人理解。他不断想到晚年托尔斯泰的矛盾心情和坚持不懈地苦苦追求。他说他并不是托翁的信徒,但深深敬佩他是"十九世纪全世界的良心";"觉得好像他在路旁树枝上挂起了一盏灯,给我照路,鼓励我向前走,一直走下去"。这就是巴金思想。

晚年巴金

巴金九十华诞

人到老年，常会为往事，或自豪，或遗憾，或志得意满，或悲伤凄哀。巴金却保持了平静淡泊的精神境界，这是对他自己而言的。对于祖国、民族以至人类，他却始终洋溢着一片赤诚的激情，心中燃烧着希望之火。虽然他已经衰老病弱得连拿一支笔都如同千斤重而难以写作，但心里却有许多话、许多感情在翻腾。如果可能，他多么想再写一本书；可是健康状况已经不允许了。他就这样不能忘情于写作。

他恋念着他的读者。1993 年在编完《巴金全集》最后一卷第 26 卷写的《后记》中，他再三说："我爱你们"，"你们永远在我的想念中"。所以在他声明"已经到了搁笔的时候"，仍还继续艰难地写啊写啊，写出了一篇又一篇的随想，包括像只有三百字的，但却如洪钟大吕似的呼唤《没有神》这样的文章。

从 1986 年到 1996 年十年中，巴金忍着病痛，亲自参与编辑披阅审定了《巴金全集》26 卷和《巴金译文集》10 卷，约一千万字左右，收集了他一生的大部

晚年巴金

分著译。这是巴金留给人们的精神财富，将在二十世纪中国文学史上占有一席重要的位置。连冰心都不禁惊叹过，"你真是著作等身"，为之欢喜万分。但是巴金自己的评价却是，"要求理解，并非要求宽容。理解之后，读者也许会把全书四分之二扔在垃圾箱里，那么我这一生写作上的努力就得到公平的待遇了"。

1999年2月，九十五岁的巴金因上呼吸道感染引发急性肺炎，经抢救后转危为安。从此，他缠绵病榻长达近七年之久。许多次病危，许多次抢救，许多次奇迹般地与死神擦肩而过。

2005年10月17日，巴金终因心力衰竭，与世长辞，享年一百零一岁。

附 录

巴金年表（1904—2005）

1904 年

11 月 25 日生于成都。原名李尧棠，字芾甘。

1909 年（5 岁）

父亲李道河在四川广元县作知县，巴金随父母在任所居住。

1911 年（7 岁）

武昌起义爆发，清王朝被推翻。李道河辞官携妻孥回成都。

1914 年（10 岁）

母亲陈淑芬病逝。

1917 年（13 岁）

父亲病逝。

1919年（15岁）

"五四"运动爆发。巴金开始阅读传播各种新思想的书报，接触和接受社会主义、无政府主义、民主主义、人道主义等各种思想文化。

1920年（16岁）

祖父病逝。

暑假，和三哥李尧林考进成都外国语学校。从补习班开始，后来又进预科、本科，共读了两年半。

参加学生罢课、请愿活动，抗议本省军阀统治。

最早读到介绍无政府主义教义的文章，即爱玛·高德曼的文章。

1921年（17岁）

开始写稿投寄给《半月》杂志。第一篇刊出的文章是《怎样建立真正自由平等的社会》。

参加《半月》的编辑工作。组织均社。

《半月》被迫停刊后，巴金和部分朋友参加合办《警群》杂志。出版了第一期，刊有巴金的文章《爱国主义与中国人到幸福的路》。后因意见不合脱离该刊。

年底，和朋友们筹办《平民之声》周刊。

1922年（18岁）

主持《平民之声》编务。杂志社的通讯地址就设在李家。

《平民之声》第4期起，曾连载巴金作的《托尔斯泰的生平和学说》。从那时起，巴金自称"安那其主义者"。

先后创作新诗《被虐者的哭声》、《路上所见》、《梦》、《疯人》、《惭愧》、《丧家的小孩》，以及散文《可爱的人》，投寄给《上海时事新报》的《文学旬刊》，分别发表在7月21日、9月11日、11月1日、11月21日。

根据英译本翻译俄国迦尔洵小说《信号》，是他第一篇译作。

1923 年（19 岁）

春，与三哥尧林离开成都到上海。4 月，到嘉兴祭扫先祖李氏祠堂。5 月，进南洋中学读书。

年底，与三哥尧林先去嘉兴祭扫查验修建后的李氏祠堂，然后直接到南京，考入东南大学附中，共学习了一年半。

1924 年（20 岁）

继续在南京读书。写作悼念日本无政府主义者大杉荣的一系列文章，谴责日本军阀政府。

1925 年（21 岁）

写作一系列批判苏联政治的文章，分别发表在无政府主义报刊《民钟》、《国风日报》的《学汇》副刊、《时事新报》的《学灯》副刊等。

上海发生"五卅"惨案。巴金在南京参加学生抗议声援活动。

与高德曼开始通讯联系，深受影响。

7 月，与三哥尧林在东南大学附中高中毕业。8 月，巴金去北京投考北京大学，因患肺结核作罢。见到有通讯联系的友人沈茹秋等。

尧林到苏州东吴大学上学。巴金回上海，与朋友合办《民众》杂志。翻译蒲鲁东的代表作《财产是什么？》。

1926 年（22 岁）

在上海一边养病，一边写作，从事无政府主义宣传活动。

著译一系列介绍俄国虚无党人的故事、法国虚无党人的故事和有关无政府主义的理论文章，分别发表在《民钟》、《洪水》、《民众》等杂志上。

翻译克鲁泡特金的《面包略取》，于次年由上海自由书店出版（后改名为《面包与自由》）。

1927年（23岁）

1月15日离上海赴法国留学。途中写《海行杂记》（1932年12月由上海新中国书局出版）。

先后旅居巴黎、沙多—吉里等地。开始写作小说，即后来的《灭亡》。

国内发生"四一二"事变，写作许多杂感作了猛烈抨击。

美国杀害两位无政府主义者樊塞蒂和萨柯。巴金在法国参加抗议活动。后写了一系列有关樊塞蒂的文章。

开始翻译克鲁泡特金的《人生哲学，其起源及其发展》，次年译完上册，由上海自由书店出版。

1928年（24岁）

开始撰写俄国女革命家传记。

继续写完中篇小说《灭亡》。

根据法文翻译了波兰廖·抗夫的剧本《前夜》（后改名为《夜未央》），译稿在从巴黎寄往上海的途中遗失。

5月，上海自由书店出版《革命的前驱》。其中第一部分所收八篇著译均系巴金于1925年至1926年间在上海所写并发表的。第二部分收入了巴金的《非勒》。

10月，由巴黎到马赛，因海员工人罢工，滞留了十二天。

12月，回到上海。参加世界语学会，编辑会刊《绿光》。

1929年（25岁）

1—4月，第一部小说《灭亡》在上海《小说月报》连载，署名巴金。10月，由开明书店出版单行本。

为自由书店编辑《自由月刊》，化名马拉，共出版了5期。参与编辑出版10卷本《克鲁泡特金全集》。

夏，大哥李尧枚自四川来沪，兄弟相聚一月。

在上海继续从事著译。翻译克鲁泡特金的《人生哲学，其起源及其发展》下册，7月，由上海自由书店出版。

翻译克鲁泡特金的自传，以《一个革命者的回忆》为题（后又改名为《我的自传》），于次年4月由上海新民书店出版。

其他译作有:《蒲鲁东的人生哲学》（克鲁泡特金）、《地底下的俄罗斯》（司特普尼亚克）、《为了知识与自由的缘故》（蒲列鲁克尔）。还写作了许多散文、随笔。

8—10月，写完《俄罗斯十女杰》，于次年由上海太平洋书店出版。

写作短篇小说《房东太太》。

1930年（26岁）

在上海继续从事著译。完成理论专著《从资本主义到安那其主义》。写作中篇小说《死去的太阳》，被《小说月报》退稿。重译《夜未央》，由自由书店出版。根据世界语翻译了〔意〕亚米契斯的剧作《过客之花》、〔日〕秋田雨雀的剧作《骷髅的跳舞》、〔苏〕阿·托尔斯泰的剧作《丹东之死》等多种。

夏，在杭州与无政府主义者郑佩刚、卢剑波、卫惠林等数十人聚会，商定创办《时代前》杂志，由卫惠林（化名卫仁山）、巴金（化名李一切）主编。

秋，应友人吴克刚之邀，去福建旅行，住在晋江黎明中学，结识了王鲁彦、陈范予、林憾庐、丽尼、叶非英等。

1931年（27岁）

在上海继续从事著译。

《时代前》创刊，共出版了6期。

年初开始写作中篇小说《新生》，8月完稿。

4月，开始写作第一部长篇小说《家》，在上海时报以《激流》为题逐日连载。第一次刊出当日，获悉大哥李尧枚自杀。

夏，写作中篇小说《雾》。

写作和发表了《狗》、《杨嫂》等十余篇短篇小说,大部分收在《复仇集》和《光明集》中。写作许多评论、杂感、散文。

8月,第一个短篇集《复仇集》由上海新中国书局出版。

"九一八"事变后,写诗文控诉日本军国主义。

继续翻译高尔基短篇小说结集出版,书名《草原故事》。年底,根据世界语翻译了〔匈〕尤·巴基的小说《秋天里的春天》。

冬,到浙江长兴煤矿去做客一个星期。

1932年（28岁）

年初,去南京探望友人陈范予、吴克刚以及缪崇群。1月28日晚回上海途中受阻,得悉日本武装侵略上海消息,又折回南京。

2月初回上海。写作中篇小说《海的梦》。

4月,第二次去晋江。

归来写成中篇小说《春天里的秋天》、《砂丁》,重写《新生》第二个稿本,以及《雨》。

5月,短篇集《光明集》由新中国书局出版。

9月,去青岛看望友人沈从文。

10月,到北平,寄寓缪崇群家。到天津看望在南开中学教书的三哥尧林。当月回上海。

写作短篇小说《电椅》、《罪与罚》、《第二的母亲》、《在门槛上》、《五十多个》等十余篇,后都收在《电椅集》、《抹布集》、《将军集》等短篇集中。写作许多散文、书简、创作谈等。

年底,谷非（胡风）发表文章批评"第三种人",涉及巴金的小说《罪与罚》、《海的梦》。写《我的自辩》作了辩驳。

1933年（29岁）

春,写完中篇小说《萌芽》（又名《雪》）。

2月,短篇集《电椅集》由新中国书局出版。4月,短篇集《抹布集》

出版。

4月，在《文学》社聚宴上第一次结识鲁迅和茅盾。

李尧林南下探望巴金。

5月，第三次到晋江，住在平民中学。然后去广东。在陈洪有主持的西江乡村师范过了五天。归途中在广州与卞洗聚晤，游览广州。8月，回到上海。写旅途见闻二十多篇，均收入《旅途随笔》。

与刚从法国归来的友人马宗融、罗世弥夫妇相聚。

9月，北上。先到天津看望三哥尧林。再到北平沈从文家做客。

与郑振铎、章靳以等筹办《文学季刊》，迁至三座门大街14号居住。结识曹禺、萧乾、卞之琳等等一大批文学朋友。

10月，写完《雷》。初冬，写完中篇小说《电》。至此，《爱情的三部曲》全部完成。

本年写作短篇小说有《还乡》、《月夜》、《父亲买新皮鞋回来的时候》、《将军》等，收入《将军集》。

写作自传体回忆散文《最初的回忆》、《家庭的环境》、《做大哥的人》、《信仰与活动》、《小小的经验》，于次年以《巴金自传》书名出版。后经作者改定，于1936年增补《我离了北平》、《断片的纪录》等，改书名为《忆》，由文化生活出版社出版。

写作其他随笔、评论、杂感等。

1934年（30岁）

年初，《文学季刊》创刊，任编委，与章靳以一起主持日常编务。往返于上海、北平之间。

在北平，连续写了短篇小说《罗伯斯庇尔的秘密》、《马拉的死》、《丹东的悲哀》、《知识阶级》以及许多散文。

7月，回到上海，写作短篇小说《春雨》、《沉落》、《化雪的日子》和一些散文。

10月，《水星》在北平创刊。巴金、卞之琳任主编，但巴金未从事实际编务。写成中篇小说《利娜》，在《水星》杂志连载。

11月24日到日本，寄住在横滨武田博家，陆续写作短篇小说《神》、第一篇童话作品《长生塔》以及散文《海的梦》、《过年》、《话语》、《神》、《繁星》等。短篇集《将军集》、《沉默集》分别于8月、10月由上海生活书店出版。

1935年（31岁）

春，在横滨继续写作散文，连同去年所写的大部分收入散文集《点滴》，由上海开明书店出版。

2月，写作短篇小说《鬼》。

3月，移居东京。曾访友人梁宗岱、沉樱夫妇，以及日本无政府主义者石川三四郎等。

4月间，无故被日本警方拘捕一夜。后据此写成《东京狱中一日记》（未发表）。10月，在上海改写成短篇小说《人》。

在东京看吴天导演的《雷雨》演出。

8月，回到上海，担任文化生活出版社总编辑，着手编辑出版《文学丛刊》。主编《文化生活丛刊》，参与编辑《译文丛书》。

9月，整理旧作并续写《俄国社会运动史话》，后由文化生活出版社出版。写作童话《塔的秘密》，创作谈《写作生活的回顾》和其他散文。

11月，短篇集《神·鬼·人》由文化生活出版社出版。

刘西渭（李健吾）在《大公报》发表评论《爱情的三部曲》长篇论文，巴金撰文答辩。

沈从文在《文学季刊》第2卷第4期发表《致某作家》长信，诚恳批评巴金。

冬，去北平帮助章靳以料理《文学季刊》停刊善后事宜。

1936年（32岁）

在上海从事写作、编辑工作。

6月，创办《文季月刊》，与章靳以共同担任主编。开始写作长篇小说《春》(《激流三部曲》之二)，在《文季月刊》第1—7期连载（未载完）。

与黎烈文共同草拟《中国文艺工作者宣言》。

8月，徐懋庸写信攻击鲁迅和巴金等一批作家，鲁迅带病撰文驳斥。曹聚仁等在《社会日报》撰文围攻巴金。

10月，鲁迅逝世。著文悼念，参加治丧工作。

年底，《文季月刊》被查禁。

本年写作短篇小说《雨》、《发的故事》、《窗下》、《星》，童话作品《隐身珠》、《能言树》，散文《我的幼年》、《我的几个先生》以及《答徐懋庸并谈西班牙的联合阵线》、《悼鲁迅先生》等。

《巴金短篇小说集》第一集、第二集分别于2月、4月由开明书店出版。回忆性散文集《忆》、短篇集《发的故事》由文化生活出版社出版。散文集《生之忏悔》、短篇集《沉落集》由上海商务印书馆出版。

继续翻译赫尔岑的《回忆录》、屠格涅夫的散文诗。

爱国女校学生陈蕴珍（萧珊）由通讯开始，与巴金相恋。

1937年（33岁）

由巴金帮助、章靳以主编的《文丛》创刊。

3月，童话集《长生塔》由文化生活出版社出版。书信集《短简》由良友图书公司出版。

7月7日，卢沟桥事变。8月13日，日本偷袭上海。连续写作诗和散文呼唤抗日救亡，后收入《控诉集》，由烽火社出版。

8月22日，由文学社、中流社、文季社、译文社联合主办《呐喊》杂志创刊。茅盾任编辑人，巴金任发行人，出版两期后，被迫停刊。易名《烽火》，后重新出版到第12期（11月21日），1938年移至广州继续出版到第20期停刊。

萧珊参加义务救护伤兵活动。

10月，写作散文《感激的泪》，为纪念鲁迅逝世一周年而作。

11月12日，上海沦陷。

巴金蛰居上海租界，继续写作《春》，至次年2月完成。

1938年（34岁）

2月，写完《春》。4月，由开明书店出版。

3月，和章靳以一起到广州，经过努力筹办，《烽火》与《文丛》分别复刊。巴金任《烽火》编辑人，茅盾任发行人。

6月，回上海，校改《爱情的三部曲》，将《雾》、《雨》、《电》（包括《雷》）合刊出版。

7月，与章靳以、萧珊、陶肃琼一起回广州。

8—9月间，偕萧珊、友人陈洪有去武汉。9月下旬回广州。

10月20日，与萧珊、兄弟李采臣、友人林憾庐以及文化生活出版社同人离广州。次日，广州陷落。

11月，到达桂林。与夏衍等文艺界同人筹组中华全国文艺界抗敌协会桂林分会。在此，先后见到友人胡愈之、艾芜、王鲁彦、朱雯、丽尼、缪崇群，以及日本作家鹿地亘夫妇等。

在广州、桂林期间，开始断断续续写作中篇小说《火》第一部。

本年写作散文、书评、杂文，大多分别收在《怀念》、《感想》、《无题》、《旅途通讯》等散文集中。

1939年（35岁）

1—2月，在桂林代章靳以（已去重庆）编定《文丛》第2卷第5—6期合刊，并将这几个月在粤桂途中所写散文编为《旅途通讯》，由文化生活出版社出版。

2月，偕萧珊离桂林，经金华，绕道温州。4月，坐船回上海"孤岛"（租界）。

6月，去香港取存在友人处的衣物，逗留近一个月。萧珊坐船来香港会晤，并绕道去昆明上大学。

7月，回上海闭门著述。

秋，李尧林自天津移居上海，与巴金住在霞飞坊寓所，共同从事著译。

编定艾芜的《逃荒》（短篇集）、屈曲夫的《三月天》（短篇集）、罗淑的《地上的一角》（短篇集）、毕奂午的《雨夕》（短篇集）、田涛的《荒》（短篇集），并分别写了后记。写作散文《黑土》、《南国的梦》等，均编入散文集《黑土》。

10月，开始创作长篇小说《秋》（《激流三部曲》之三），同时继续翻译赫尔岑的《回忆录》。

1940年（36岁）

5月，写完《秋》，由开明书店出版。

将译出的赫尔岑的《回忆录》的一部分，题名《一个家庭的戏剧》。8月，由文化生活出版社出版。

修改旧译克鲁泡特金的《面包略取》，改名为《面包与自由》，于8月由平明书店重新出版。配合重新修改出版的克鲁泡特金的《伦理学的起源与发展》，改写旧作《克鲁泡特金〈伦理学〉之解说》。重新出版克氏自传。

上海剧艺社演出由吴天改编的话剧《家》。

7月，离上海，坐船绕道安南（今越南）海防去昆明探望萧珊。9月，在昆明完成《火》第一部。

11月，到重庆看望友人章靳以等。12月，路过泸县，到江安看望曹禺。一周后回重庆。中华全国文艺界抗敌协会举行茶会欢迎近期到渝的作家冰心、茅盾、巴金、徐迟等。

本年写作散文有《先死者》、《静寂的园子》等分别编入《无题》、《龙·虎·狗》、《旅途杂记》等散文集。

年底，在桂林出现所谓"研究巴金"、"批判巴金"的"热潮"。

1941年（37岁）

年初，回成都探访老家亲友。与马宗融一起祭扫罗淑墓。得悉友人陈范予在武夷山病逝消息。

2月，巴人（王任叔）发表评论《略论巴金的〈家〉三部曲》。

3月，到重庆住在沙坪坝互生书店楼上，写散文《悼范兄》、《爱尔克灯光》。得友人田一文帮助，写完《火》第二部。

7月，再到昆明探望萧珊。曾同去昆明附近呈贡探望沈从文夫妇。写作散文诗《风》、《云》、《雷》、《雨》、《日》、《月》、《星》、《狗》、《猪》、《虎》、《龙》、《死去》、《伤害》、《祝福》、《撒弃》、《醉》、《生》、《梦》、《死》等，均编入散文集《龙·虎·狗》。

9月，偕萧珊等同回桂林。曾与萧珊沿漓江游阳朔。不久，萧珊回昆明继续上学。巴金在桂林筹建、经营文化生活出版社桂林分社。

写完小说《还魂草》、《某夫妇》。

本年写作的其他散文还有《废园外》、《火》、《长夜》、《寻梦》等，收入散文集《废园外》。

12月8日，太平洋战争爆发，上海"孤岛"和香港等相继为日寇占领。大批文化人转移桂林。

1942年（38岁）

1—3月，在桂林写作散文《灯》，连前一年写的有关散文结集为《废园外》，于6月由烽火社出版。

3月，从桂林经贵阳到重庆。旅途所作散文编为《旅途杂记》。

4月，由重庆再次去成都探视老家亲友。

7月，回到重庆。后仍回桂林。写作散文《猪与鸡》、《兄与弟》、《夫与妻》等，均收入短篇集《小人小事》。

徐中玉于8月发表《评巴金的〈家〉〈春〉〈秋〉》。

本年，翻译〔英〕王尔德的童话《自私的巨人》、《快乐的王子》、《夜莺与蔷薇》。

1943年（39岁）

在桂林继续从事著译和编辑出版。

2月，友人林憾庐病逝。帮助料理丧事，参加葬礼。

3月，译完屠格涅夫的长篇小说《父与子》。7月，由文化生活出版社出版。写作散文《纪念憾翁》。

4月初，开始写作中篇小说《火》第三部，于9月底完成，由开明书店出版。

9月，译完〔德〕斯托姆的短篇集《迟开的蔷薇》。

翻译屠格涅夫的长篇小说《处女地》。

年底至次年初，连写作杂文《一个中国人的疑问》、《什么是较好的世界》、《关于"道德"与"生活"问题的一封信》、《读〈两个标准〉》等，发表于《广西日报》副刊，与在桂林的英国神父赖治恩就道德问题进行论战。

在重庆，中华剧艺社演出曹禺改编本《家》，连续客满一百多场，打破战时重庆话剧演出的纪录。

1944年（40岁）

萧珊辍学，自昆明来桂林，在文化生活出版社帮助工作。

4月，译完屠格涅夫的《处女地》。6月，由文化生活出版社出版。

5月上旬，偕萧珊从桂林到贵阳。5月8日，在贵阳"花溪小憩"结婚。中旬，萧珊去重庆，原拟去成都老家探亲。巴金滞留贵阳，住中央医院治鼻子，并开始写长篇小说《憩园》。后在黔渝途中续写。

7月，到重庆与萧珊团聚。因桂林陷落，暂时在重庆安家。写完《憩园》，由文化生活出版社出版。

8月，获悉友人王鲁彦病逝，写散文《写给彦兄》。

12月，开始写长篇小说《寒夜》。

参加中华全国文艺界抗敌协会举行的座谈会。

1945年（41岁）

与萧珊住在重庆，继续从事著述和编辑出版工作。

3月，译完屠格涅夫的《散文诗》。5月，由文化生活出版社出版。

5—7月间，住在沙坪坝吴朗西家中写完中篇小说《第四病室》。

缪崇群病逝，写作悼念文章《纪念一个善良的友人》。

8月14日，日本宣布无条件投降。战后，参加文艺界许多群体的政治活动。

11月，回上海探视三哥尧林。尧林病故。巴金办完丧事后又回重庆。在上海曾与郑振铎、李健吾等重聚，并筹组中华全国文艺协会上海分会。

12月，女儿小林出生。

1946年（42岁）

1月，《第四病室》在《文艺复兴》创刊号开始连载。因同时由良友图书公司出版单行本而未续登。

5月，全家先后由重庆回上海霞飞坊定居，继续从事著述和文化生活出版社的编辑出版工作。

8月，写作《寒夜》，开始在《文艺复兴》第2卷第1期连载。到除夕写完全书，次年3月，由晨光出版公司出版。

10月，参加纪念鲁迅逝世10周年大会，并同茅盾、叶圣陶等祭扫鲁迅墓。撰文《鲁迅先生十周年祭》。

本年写回忆散文有《纪念我的哥哥》、《忆施居甫》、《忆陆圣泉》以及《月夜鬼哭》等，分别收入《怀念集》与《静夜的悲剧》等散文集。

继续翻译王尔德的童话《少年国王》等，后均收入《快乐王子集》。

法国传教士明兴礼曾到巴金家见面，讨论巴金创作。

赵景深发表《关于巴金的十封信》，对巴金作品的艺术特点作较细分析。

耿庸等撰文攻击巴金以及唐弢、李健吾等，郭沫若在《文汇报》上发表《想起了砍樱桃树的故事》，对此提出批评。

1947年（43岁）

继续在上海从事著述、编辑出版工作。

编辑卢剑波的散文集《心字》,李尧林的译文集《伊达》、郑定文的短篇集《大姊》。次年又编辑缪崇群的散文集《碑下随笔》,作校改,写后记。

6月,为文化生活出版社设分社,去台湾旅行一个月左右。探望友人吴克刚、黎烈文等。

战后,自1940年至1949年初,继续编辑《文学丛刊》第8、9、10集共四十八种新的创作,由文化生活出版社出版。编辑出版《现代长篇小说丛书》,包括萧军、章靳以、骆宾基、田涛、萧乾、老舍、沙汀、师陀、刘盛亚等著名作家作品十余种。

继续翻译王尔德的童话和散文诗、〔保〕奈米洛夫的短篇小说《笑》、〔俄〕库普林的短篇小说《白痴》等。

法国明兴礼发表《巴金的生活和著作》,是最早一部系统研究巴金的专著。后于1950年5月译成中文出版。

1948年(44岁)

在上海继续从事著译和编辑工作。

散文集《静夜的悲剧》、译作《快乐的王子集》、《笑》均由文化生活出版社出版。

全力翻译〔俄〕微娜·妃格念尔的回忆录第二卷《狱中二十年》,9月完成。选了部分章节在各报刊陆续发表。次年2月,全书由文化生活出版社出版。

1949年(45岁)

继续定居于上海霞飞坊五十九号,从事著译。

发表有《巴枯宁二三事——巴枯宁的第一个片断》、译述《六人》(洛克尔)、《普宁与巴布林》(屠格涅夫)、《回忆契诃夫》(高尔基)等。

4月,为亡友马宗融料理后事,参加公祭仪式,并代为抚养其子女马小弥、马绍弥。

6月下旬,赴北平参加第一次文代会,作书面发言《我是来学习的》,

当选为中华全国文联委员。8月2日，回上海。

9月，赴北平参加中国人民政治协商会议。10月1日，参加开国大典。

11月，任上海文协副主席。

1950年（46岁）

继续从事著译，主要翻译了高尔基的回忆录以及迦尔洵的小说《红花》、《信号》等。

先后任华东军政委员会文委会委员、上海文联副主席、中国保卫世界和平委员会上海分会理事、上海人民代表。

6月，赴北京参加中国人民政治协商会议一届二次会议。

7月，儿子小棠出生。

11月，参加中国代表团出席在华沙举行的第二届世界保卫和平大会。

11—12月间，参加中国劳动人民代表团在苏联参观访问。

1951年（47岁）

写在波兰见闻的文章：《华沙城的节日》、《古城克拉科》、《灰阑记》、《奥斯威辛集中营的故事》等。后结集由平明出版社出版，书名为《华沙城的节日》。

写作散文《给苏合作同志》、《两封慰问信》等，继续翻译迦尔洵小说《癞蛤蟆与玫瑰花》等。

3月，出席中华全国世界语协会成立大会，任第一届理事会理事。

7—8月，任老根据地访问团华东分团副团长，先后到济南、潍坊、沂水、莒县、盐城、兴化等地访问。

9月，接待苏联作家爱伦堡、智利作家聂鲁达。

本年又兼任华东文联筹委会副主任、中苏友协上海分会理事等。

1952年（48岁）

2月，赴京参加去朝鲜战地的准备工作。

3月20日，到达朝鲜，深入前线连队活动，体验战地生活。

10月中旬回国。

写反映朝鲜战地生活的通讯报告文学作品《我们会见了彭德怀司令员》、《平壤》、《开城中立区》、《朝鲜战地的春夜》、《在志愿军的连队里》、《起需英雄的故事》、《生活在英雄们的中间》、《青年战士赵杰仁》、《保卫和平，保卫朝鲜的母亲和孩子》，以及短篇小说《坚强战士》等。

翻译屠格涅夫的小说《木木》。

1953年（49岁）

《文艺月报》创刊，任主编。

8月，第二次到朝鲜，继续深入连队，体验战地生活。

9—10月间，北京举行第二次文代会，巴金因在朝鲜而未出席。但当选为中华全国文联第二届理事、中国作家协会副主席。

写作短篇小说《一个侦察员的故事》、《黄文元同志》、《爱的故事》，以及散文、通讯报告文学《寄朝鲜某地——给志愿军某部政治部李希庚同志》、《入朝散记》、《忘不了的仇恨》、《魏连长和他的连队》、《金刚山上发生的事情》、《一个连队的生活》、《范国金与何全德》等。重译屠格涅夫的《父与子》。短篇小说集《英雄的故事》出版。

1954年（50岁）

1月，离开朝鲜回国。

7—8月间，应邀到莫斯科参加苏联纪念契诃夫逝世五十周年大会和有关活动，并到雅尔塔、大冈罗格市等地访问。

9月，到北京参加全国人民代表大会第一次会议。在会上发言，第一次对社会、文化工作提出批评。

10月，参加中华全国文联二届二次会议。

写作《纪念契诃夫的话》、《向安东·契诃夫学习》、《印象·感想·回忆——赴苏参加契诃夫逝世五十周年纪念活动琐记》，以及《记栗学福同志》、《谁没有这样幸福的感觉呢》等文。

1955年（51岁）

4月，参加中国代表团到印度新德里出席亚洲国家会议，任副团长。

5月16日，胡风被捕。

5月25日，出席中国文联、中国作协主席团联席会议，会上作出处理胡风的决议。

此后，写了有关批判文章《必须彻底打垮胡风反党集团》、《谈别有用心的〈洼地上的战役〉》、《他们的罪行必须受到严厉的处分》、《关于胡风的两件事情》。

7月，参加全国人大一届二次会议。

8月，出席中国文联、中国作协主席团联席会议。主编的《文艺月报》因未转载有关胡风第三批材料，被批评为政治错误，于是检查工作，整顿内部。

9月，迁入武康路新居。

10月，在新居接待法国作家萨特和德·波伏娃。

12月，出席上海纪念《草叶集》出版一百周年与《堂·吉诃德》出版三百五十周年座谈会，发表演讲《永远属于人民的两部巨著》。

写《安东·契诃夫的生平》，编收有关谈契诃夫文章成集，名为《谈契诃夫》，由平明出版社出版。写《"数字的诗"，幸福的保证》、《最美丽、最光荣的事情》、《圣人出，黄河清》、《支援印度人民收复果阿的斗争》、《迎接我们祖国的明天》、《让每个人的青春都放射夺目的光芒》、《这是一件大快人心的事》、《充满敬意的祝贺》、《大快乐的日子》、《"学问"和"才华"》、《一九五六年新年随笔》、《向小朋友拜年》等文。

1956年（52岁）

1月，与周立波同赴柏林，参加民主德国第四届作家大会。

2月，出席中国作协第二次理事会，并发言。

5月，出席上海作协第二次会员大会，并作主旨报告。当选为上海分会主席。

6月，出席全国人大第三次会议。

8月，出席上海市纪念世界文化名人萧伯纳诞辰一百周年、易卜生逝世五十周年大会，并致开幕词。出席上海各界人民支持埃及人民收回苏伊士运河大会，并讲话。

9月，主持召开上海市纪念鲁迅先生逝世二十周年筹委会第一次会议。

10月14日，参加鲁迅墓迁葬仪式，并讲话。19日，出席上海市鲁迅先生逝世二十周年纪念大会，致开幕词。

11—12月间，以全国人大代表身份回成都视察。应邀在四川省文学创作会议上演讲创作问题。

写短篇小说《活命草》、报告文学《工程师周启章》、散文《燃烧的心》、《柏林一星期》、《人间最美好的感情——介绍〈志愿军一日〉》、《鲁迅先生就是这样一个人》、《和读者谈谈〈家〉》、《索桥的故事》、杂文随笔《"鸣"起来吧》、《独立思考》、《说忙》、《重视全国人民的精神食粮》、《观众的声音》、《笔下留情》、《"恰到好处"》、《论"有啥吃啥"》、《秋夜杂感》、《描写人》、《秋夜》、《"艰苦"和"浪费"》、《一个秋天的早晨》、《向葛量洪先生进一忠告》、《挨自己人的耳光》、《救救孩子》、《辞"帽子"》等。译高尔基小说《阿尔希普爷爷和廖恩卡》等五篇。

1957年（53岁）

3月，在北京，出席中国作协创作规划会议，期间与赵丹、方纪等受毛泽东主席接见。

4月，应邀参加上海市委召开的文艺出版工作座谈会，并发言。

5月11—20日，应邀参加上海市委宣传工作会议，并发言。

6月26日—7月26日，出席全国人大一届四次会议。主要内容是反右派斗争。

7月1日，与章靳以同为主编的大型文学期刊《收获》创刊。

8月，主持作协上海分会开会，进行反右派斗争。

9月，与友人章靳以等应命到北京参加中国作协批判丁玲、陈企霞、冯雪峰等大会。

11月，参加中国劳动人民代表团，赴苏联庆祝十月革命胜利四十周年。

开始编辑《巴金文集》。写《一切为了社会主义》、《中国人民一定要走社会主义的路》、《是政治斗争，也是思想斗争》、《反党反人民的个人野心家的路是绝对走不通的》、《惨痛的教训》、《"国士论"》、《戴帽子》、《几件纪念品》、《伟大的革命，伟大的文学》、《谈影片的〈家〉》、《全体进步人类的节日》、《友谊》、《热烈的、衷心的祝贺》、《难忘的回忆》、《元旦试笔》等。

1958年（54岁）

2月，到北京出席全国人大一届五次会议。

应上海作协要求，订创作规划：两年内，写中短篇小说集、散文集各一部，创作谈十万字，编定文集6—14卷，译完高尔基回忆录，以及校改屠格涅夫中短篇小说集。

3月，应《文艺报》邀约，写《法斯特的悲剧》。主持作协上海分会理事会议，讨论作家深入生活等问题。参加上海知识界万人集会游行，向上海市委表决心，永远跟着共产党走。参加文化界百余人与造船工人大联欢。

5月，《文艺报》转来读者的批评；并应该报的要求，就《法斯特的悲剧》一文作了检讨。

6月，参与任干等人集体写作报告文学《创造奇迹的时代》。应《文汇报》要求，复信检讨去年发言的"错误"。出席纪念世界文化名人关汉卿戏剧创作七百年大会。

7月，参与集体写作报告文学《一场挽救生命的战斗》。

10月，参加中国作家代表团，出席在塔什干举行的亚非作家会议。会后，到撒马尔汗等地访问。回国后，参加郑振铎等追悼大会。

《中国青年》杂志率先发表姚文元批判文章，由此展开批判巴金旧作运动。《文学知识》、《读书》、《文汇报》等报刊相继连续发表批巴文章，这个以拔白旗为名的批巴运动在全国范围内持续了七八个月。

12月，接待日本堀田善卫率领的作家代表团。

《巴金文集》第1—6卷陆续出版。

写《谈〈春〉》、《谈〈秋〉》、《谈〈灭亡〉》、《谈我的散文》、《谈我的短篇小说》、《空前的春天》、《廖静秋同志》、《悼郑振铎同志》、《欢迎最可爱的人》、《写给青年突击手们》、《旧知识分子必须改造》、《主要是思想内容》、《宣传总路线》、《小妹编歌》、《变化万千的今天》、《为振奋人心的消息而欢呼》、《一生也忘不了的教育》、《欢迎金日成首相》、《"吸血鬼"的末路》、《我们的决心丝毫不会动摇》、《美帝的确是纸老虎》、《杜勒斯的豺狼面目》、《新年试笔》等。译高尔基回忆录。

1959年（55岁）

1月，出席上海市声援古巴、刚果人民正义斗争大会，发言，并作文。

4月，接待美国黑人学者杜波伊斯夫妇。出席上海市各界支持阿尔及利亚人民反帝斗争大会，并发言。出席全国人大二届一次会议。

6月，与萧珊以及友人同去新安江水电站工地访问。

9月，到上海市郊宝山体验生活。

10月，因吉洪诺夫为首的苏中友协代表团到上海访问而迎来送往。

11月，友人章靳以逝世，参加追悼会，并致悼词。

12月，被选为上海市中苏友协副会长。与上海其他作家同去苏北等地农村访问。

《巴金文集》第7—9卷出版。《巴金选集》、《新声集》、《友谊集》，以及与萧珊合译的《屠格涅夫中短篇小说集》出版。

写《上海，美丽的土地，我们的！》、《塔什干的节日》、《"塔什干精神"万岁》、《从新安江回来》、《"我们要在地上建立天堂"》、《我又到了这个地方》、《对敌人咒语的回答》、《一个作家的无限欢乐》、《我的祖国》、《无上的光荣》、《最大的幸福》、《星光灿烂的新安江》、《英雄赞》、《他明明还活着》、《哭靳以》、《舞剧〈蝶恋花〉鼓舞我们前进》等。

1960年（56岁）

2月25日，主持上海作协会员大会，并致开幕词。这次批判所谓修正主义会议开了四十九天。

3月，应全国人大委托，到云南昆明、个旧视察。

3—4月间，出席全国人大二届二次会议。出席全国文联第四次全委会。

4月，出席上海市各界四十万人支持南朝鲜人民爱国正义斗争大会。

5月，出席上海市教育、文化、卫生、体育、新闻方面社会主义建设先进单位和先进工作者代表大会。到杭州住了二十多天，拟写第三次文代会发言稿。

6月，主持上海各界一千多人的盛会，欢迎野间宏率领的日本文学家代表团。

《收获》因纸张紧缺而告停刊。

7月，到北京出席第三次文代会。

8月，在文代会、作协理事会上分别当选为中国文联、中国作协副主席。会后，与萧珊、子女同去北戴河度假。

10月至次年2月，在成都小住写作。期间还到内江、自贡参观。继母邓景蘧在沪逝世。写《愿和你们分享快乐》、《让我们的笔尖上开放出友谊的花朵》、《万古长青的友谊》、《谈〈上海英雄交响曲〉》、《春光无限好》、《中苏友谊，万古长存》、《王林鹤同志》、《个旧的春天》、《忆个旧》、《为北京歌唱》、《对美帝国主义的警告》、《把绞索拉得紧些，再紧些》、《致美国人民》、《朝鲜的梦》、《副指导员》、《回家》、《军长的心》、《李大海》、《再见》、《三同志》等。

1961年（57岁）

2月，离成都返上海。

3—4月间，任团长，率中国作家代表团到东京参加亚非作家紧急会议。会后，到东京、富士山、镰仓、金泽等地游览。

6月，出席中国人民保卫世界和平委员会上海分会，当选副主席。

8月，到黄山小住，后萧珊等家人也来一起度假。

9月，出席上海各界纪念鲁迅诞生八十周年大会，并讲话。

《巴金文集》第10—13卷出版。

写《卢蒙巴总理的血决不会白流》、《我们永远站在一起》、《从镰仓带回的照片》、《青野季吉先生》、《谈〈第四病室〉》、《谈〈憩园〉》、《谈〈寒夜〉》、《谈〈新生〉及其他》、小说《团圆》、《"飞吧，英雄的小嘎嘶！"》等。

1962年（58岁）

1月，到海南岛视察。

1—2月间，与萧珊等家人在广州过春节。

3月，到北京出席全国人大二届三次会议。

5月，出席上海市第二次文代会，作题为《作家的勇气和责任心》的发言，当选为作协上海分会主席、上海文联主席。

8月，到东京出席第八届禁止氢弹、原子弹世界大会。

《巴金文集》第10—14卷出版。

写《喜悦和感激》、《富士山和樱花》、《向着祖国的心》、《"不死鸟"的雄壮歌声》、《藤森先生的笑容》、《倾吐不尽的感情》、《愤怒的内滩》、《看了〈松川事件〉以后》、《谈友情——致芹泽光治良先生》、《古巴必胜》、《优美的艺术享受》等。

1963年（59岁）

4月，出席中国文联三届二次会议。

6月，到越南访问。

11月，率领中国作家代表团访问日本。

继续重译屠格涅夫的《处女地》。散文集《倾吐不尽的感情》出版。写《为〈红色宣传员〉欢呼》、《贤良桥畔》、《越南人民的庄严答复》、《人生最美的事情》。

1964年（60岁）

4月，到杭州、新安江游览参观。

5月，到上海市郊奉贤、松江农村参观访问。

7月，应山西文联之邀，与萧珊等到太原、大寨、五台山、大同、榆次等地参观访问。

11月，到上海市郊参加农村社教运动，旁听社员会、斗争会等活动。

12月，到工厂参加旁听斗争"不法资本家"大会。出席全国人大三届一次会议。

散文集《贤良桥畔》出版。写《我的心永远留在英雄的人民中间》、《六亿五千万中国人民的声音》、《美帝国主义是全世界人民最凶恶的敌人》、《携手前进》、《忆越南》、《战争与和平》、《珍贵的礼物》、《这样的一天》、《越南人》、《永远同越南人民在一起》、《新中国人》、《大寨行》、《革命火炬，革命红心》、《并肩前进》等文。

1965年（61岁）

3月，到上海市郊萧塘公社参加社教运动。

5月，到上海市郊奉贤、松江、青浦等地了解防治血吸虫病情况。出席"支援越南人民抗美爱国主义斗争、支持多米尼加人民反对美国武装侵略的斗争"诗歌朗诵会，并致开幕词。

6月，被迫受命批判电影《不夜城》，写《谎言一定要戳穿》。

7—10月，第二次访问越南，深入战斗前线。

12月中旬起，先后参加上海作协、上海政协每周两次的关于《海瑞罢官》学习会。

写《坚决同越南人民站在一起》、《英雄的越南人民必胜》、《大寨英雄》、《三千万越南人民大踏步前进》、《美国飞贼们的下场》、《越南青年女民兵》、《炸不断的桥》等。

1966年（62岁）

1月，继续参加上海政协、作协分别进行的关于《海瑞罢官》学习讨论会。

主持上海文联、社联联合举办的新春报告会。与方令孺等参观上海重型机器厂、上海电机厂和闵行一条街。

4月，因郭沫若表态否定了自己所有的作品，在学习会上也表示"愿意烧掉我的全部作品"。

6月2日，赴京，准备参加亚非作家紧急会议，任副团长。27日，开始正式与会，7月9日结束。

7月10日，出席北京市人民支援越南人民抗美救国斗争大会。最后一次见到老舍。

7月15日，陪部分亚非作家代表飞赴武汉，受毛泽东主席接见。直至月底，继续陪同到上海、杭州等地活动。

8月，参加上海作协的"文革"会议，已有揭批巴金的大字报。下旬即被打入"牛棚"，沦为"牛鬼蛇神"，遭受无穷尽的批斗，写无穷尽的检查。

12月，北京来的红卫兵强行翻墙进入，进行抄家，打伤萧珊。在这前后，曾连续多次被抄家。

写《胜利属于越南人民》、《重访十七度线》、《雄壮的声音，战斗的友情》、《见闻·感受·印象》、《明亮的星星》、《红缎盒》等。

1967年（63岁）

继续遭受批斗、劳动惩罚等迫害。《人民日报》、《文汇报》等发表文章对其公开批判。

9月，被揪住在复旦大学学生宿舍，接受批斗和劳动惩罚一个月。

10月10日，上海市革委会授意造反派召开全市批斗巴金大会。

从年底开始的以后二三年中，不断被揪往上海市各文教单位游斗。

1968 年 (64 岁)

继续遭受批斗、劳动惩罚等迫害。

1月，寓所二三楼全部被封，全家挤住在一楼。

6月，上海市革委会批准上海文化系统在上海人民杂技场举行全市批斗巴金电视大会。

10月，被遣到松江县辰山公社参加"三秋"劳动，期间继续受批斗。月底回上海。

1969 年 (65 岁)

继续遭受迫害。

1月，儿子李小棠去安徽插队劳动。

9月，又被遣到辰山劳动，直至次年转到干校。

1970 年 (66 岁)

2月，转到奉贤"五七干校"，接受劳动惩罚、批斗等迫害。

1971 年 (67 岁)

继续在奉贤干校接受劳动惩罚、批斗等迫害。

1972 年 (68 岁)

继续在奉贤干校接受劳动惩罚、批斗等迫害。

7月，萧珊病重，入中山医院治疗，被准许陪守。

8月13日，萧珊病逝。以后被准许留在上海受监督。

1973 年（69 岁）

夏天，开始继续重译屠格涅夫的《处女地》。

7月，接工宣队通知，按"人民内部矛盾处理"，允许搞点翻译。

继续重译屠格涅夫的《处女地》，年底译完并誊清译稿。开始赫尔岑的《回忆录》的翻译工作。

1974 年（70 岁）

6月，沈从文到上海看望巴金。

继续翻译赫尔岑的《回忆录》。

1975 年（71 岁）

继续翻译赫尔岑的《回忆录》。

8月，被安排到上海人民出版社编译室，每周去两次学习。

年底，女儿李小林大学毕业后被分配到杭州做编辑工作。

1976 年（72 岁）

继续翻译赫尔岑的《回忆录》。

儿子李小棠从安徽农村调回上海，分配在益民食品厂工作。

10月，欣闻"四人帮"被捕，写信给女儿等相互传告。

1977 年（73 岁）

4月，上海出版局领导告知已撤销"四人帮"作的政治结论。

5月，应《文汇报》邀约，写《一封信》于25日刊出。23日起，参加上海市文艺座谈会一周。

6月，开始会见外国来访者。

9月，出席欢迎南斯拉夫总统铁托的宴会。接待日本作家中岛健藏夫妇、木下顺二，法国露阿夫人。

10月，随团到北京瞻仰毛泽东主席遗容，只停留一天。

11月，沙汀自川来上海探望，住巴金家。接受日本《每日新闻》记者中野谦二采访。

12月，出席上海市人大会、政协会。《家》重印出版，再次畅销。

写《第二次的解放》、《望着总理的遗像》、《杨林同志》、《除恶务尽》、《"最后的时刻"》等。继续翻译赫尔岑的《回忆录》。

1978年（74岁）

1月，接受法国记者迪萨布隆和比昂尼克采访。

2月，到北京参加全国人大五届一次会议，并探访众多老友。译作《处女地》出版。

5月，出席全国人大五届二次会议。

5—6月间，出席中国文联三届三次会议，并发言。

11月，开始为香港《大公报》写《随想录》。

写《个人的想法》、《迎接社会主义文艺的春天》、《我的希望》、《永远向他学习》、《谈〈春天里的秋天〉》、《谈〈长生塔〉》、《衷心感谢他》、《怀念金仲华同志》、《怀念陈同生同志》、《怀念曹葆华同志》、《要有个艺术民主的局面》、《望乡》等。

1979年（75岁）

2月，到京参加人大常委会议。

4月，到京，与徐迟、孔罗荪以及女儿李小林访问法国，中旬回国。

5月，到京参加全国人大会和政协会。

10—11月间，到京参加第四次文代会，当选中国文联副主席、中国作协副主席。出席全国人大常委会议。

译作屠格涅夫的《父与子》、赫尔岑的回忆录《往事与随想》（第一、二卷），散文集《爝火集》、《英雄的故事》出版。《随想录》第一集在香港出版。

写《随想录》第2—35则,《谈谈〈第四病室〉》、《关于〈海的梦〉》、《关于〈神·鬼·人〉》、《关于〈龙·虎·狗〉》。继续翻译赫尔岑的《回忆录》。

1980年（76岁）

1月，著名科学家杨振宁到寓所访叙。

3月，出席1979年全国优秀短篇小说发奖大会。

4月，率团访问日本。中国笔会中心成立，当选中心主席。在上海会见日本池田大作。

5月，海外学者、作家李欧梵、聂华苓到寓所访叙。

7月，因病住院半月。

8月，率团到瑞典斯德哥尔摩出席第六十五届世界语大会。

8—9月间，出席全国人大五届三次会议。

9月下旬，又到京出席全国人大常委会。

12月，倡议创办中国现代文学资料馆。

写《随想录》第36—60则，《关于〈火〉》、《谈〈海上的日出〉》、《关于〈还魂草〉》、《关于〈砂丁〉》、《关于〈激流〉》、《关于〈寒夜〉》、《多鼓励，少干涉》等。

1981年（77岁）

4月，到北京，参加茅盾追悼会，出席《收获》在京举行的座谈会。出席中国作协主席团会议，被推举为代理主席，会上决定成立"茅盾文学奖"，任主任委员。

6月，接受意大利记者梅泽蒂采访。参加宋庆龄骨灰安放仪式。任上海市鲁迅诞辰一百周年纪念委员会主任委员。

7月，杨振宁到寓所访谈。

8月，到杭州、莫干山短期休养。

9月，率中国笔会中心等代表团到法国出席第四十五届国际笔会大会，并讲话。

9—10月间，应苏黎世市长之邀访问瑞士一周。

10月，出席中国作协三届五次会议，决定成立中国现代文学馆筹委会。应中共中央总书记胡耀邦之邀，到中南海座谈。

11—12月间，出席全国人大五届四次会议。出席与胡愈之等联名发起的"世界语之友会"成立大会。

12月，出席中国作协三届二次理事会议，被选为中国作协主席。

开始向北京图书馆、上海图书馆捐赠大批图书。

《创作回忆录》由香港三联书店出版。写《随想录》第61—73则。

1982年（78岁）

3月，获意大利卡森蒂诺文学、艺术、科学和经济研究院颁发的1982年"但丁国际奖"。

4月，到杭州休息十天。

9月，老友卫惠林自美国来访。

11月，在寓所跌跤，左腿骨受伤，住医院治疗。上海市世界语协会成立，被推为名誉会长。会见日本作家井上靖。

《随想录》第三集即《真话集》由香港三联书店出版。《怀念集》、《巴金选集》十卷本、旧译克鲁泡特金的《面包与自由》出版。

写《随想录》第74—95则。

1983年（79岁）

5月，获法国荣誉军团勋章，出席法国总统密特朗在上海亲自主持的授勋仪式。

6月，会见《随想录》日译者石上韶。全国政协六届二次会议上，当选为副主席（因病未出席）。

9月，日本作家水上勉等来访。

9—10月间，到杭州、绍兴等地休息、参观。

10月，因帕金森症住院治疗。

向中国现代文学馆捐赠大批图书资料。

写《随想录》第96—110、113、116则。

1984年（80岁）

5月，率中国作家代表团出席在东京举行的第四十七届国际笔会大会，并作演讲。

6月，日本池田大作来访。

8月，上海市第三次文代会上，被推选为上海市文联名誉主席。

10—11月间，访问香港，接受香港中文大学授予的荣誉文学博士学位。

11月，出席上海市政协举办的庆贺八十寿辰宴会。日中文化交流协会白土吾夫来访。电影《寒夜》公映。上海电视台播放电视纪录片《巴金》。

12月，"巴金先生书刊著作展览"在上海展出。

继续向中国现代文学馆捐赠大批书刊资料。

《随想录》第四集即《病中集》由香港三联书店出版。写《随想录》第111、112、114、115、117—125则。

1985年（81岁）

1月，中国作协四届一次会议上当选为中国作协主席（因病未出席）。

3月，到北京，出席全国政协六届三次会议。全国政协主席邓颖超往访。出席中国现代文学馆开馆典礼。探访冰心、周扬、叶圣陶、沈从文等老友。

4月，日本评论家尾崎秀树来访。

5月，美国文学艺术研究院授予"名誉外国院士"称号。

10月，苏联作家代表团米哈尔科夫、叶甫图申科来访。

12月，日本表演艺术家杉村春子、佐藤纯子等来访。

与人民文学出版社编辑王仰晨通讯研究关于《巴金全集》编辑出版等问题。

旧译《六人》、《我的自传》等重印出版。写《随想录》第126—133则。

1986年（82岁）

9月，《文艺报》在京举行《随想录》全五卷本座谈会。

10月，到杭州休息十天。周海婴来访。

11月，日本作家水上勉、大庭美奈子、青野聪等来访。

12月，日本画家东山魁夷、戏剧家千田是也、演员栗原小卷等来访。

《随想录》第五集即《无题集》、《当代杂文选粹·巴金之卷》、《巴金六十年文选》、《巴金全集》第1—3卷出版。继续编校《巴金全集》。写《随想录》第134—150则，《致青年作家》。

1987年（83岁）

4月，在家摔跤受伤。

10月，返家乡成都十七天，探亲访友。泉州黎明大学聘为名誉董事长。《巴金文学创作六十年展览》在京展出。

《巴金书简》、《巴金全集》第4卷出版。继续编校《巴金全集》。写《〈收获〉创刊三十年》。

1988年（84岁）

4月，大型纪录片《巴金》在沪首映。全国政协七届一次会议上，当选为副主席（因病未出席）。

6月，被选为中华全国世界语协会名誉会长。

8月，泉州黎明大学巴金文学研究所成立，并创办《巴金文学研究资料》，定期出版。

10月，电视连续剧《家》、《春》、《秋》开播。

向泉州黎明大学先后多次捐赠大批书刊资料。

《巴金全集》第5—7卷出版。继续编校《巴金全集》。写《冰心传·序》、《怀念从文》等。

1989 年（85 岁）

1 月，在家摔跤受伤，住医院治疗。

11 月，"首届巴金学术研讨会"在上海青浦举行。

《巴金译文选集》在香港、台北分别出版。《巴金全集》第 8—12 卷出版。继续编校《巴金全集》。写《巴金全集》"后记"《最后的话》、《致许粤华女士》。

1990 年（86 岁）

2 月，苏联最高苏维埃主席团授予"人民友谊勋章"。

5 月，日本友人中岛京子、白土吾夫、佐藤纯子等来访。

7 月，获首届日本"福冈亚洲文化奖"特别奖。

9 月，到杭州休息。四川文艺出版社出版《讲真话的书》。

《巴金全集》第 13—15 卷出版。继续编校《巴金全集》。

1991 年（87 岁）

2 月，上海文学发展基金会成立，被推为会长。

4 月，到杭州休息。

5 月，日本戏剧家千田是也率领的"1991 年日本中国文化交流协会代表团"来访。

8 月，上海作协举行"上海百名作家赈灾义卖签名本"活动，《随想录》、《家》、《春》、《秋》等七种共二十四册书义卖所得悉数捐赠灾区。

9 月，第二届"巴金国际学术研讨会"在成都举行。

《巴金全集》第 16、17 卷出版。继续编校《巴金全集》。写《怀念井上靖先生》、《我要用行动来写》、《向老托尔斯泰学习》、《怀念二叔》。

1992 年（88 岁）

9 月，泉州黎明大学举办巴金研讨会。

10 月，到杭州休息，与夏衍晤叙。

12月，冰心研究会在福州成立，被推为会长。

《巴金影集》、摄影集《巴金对你说》出版。继续编校《巴金全集》。

1993年（89岁）

7月，在《新民晚报》上发表短文《没有神》。

9—10月间，在杭州休息。

意大利授予巴金和中国作家协会以"蒙德罗国际文学奖特别奖"，巴金委托冯牧赴意领奖。

继续编校《巴金全集》。《巴金全集》第18—23卷出版。

1994年（90岁）

4月，第三届"巴金国际研讨会"在北京举行。大型图片展览《把心交给读者——巴金》在北京图书馆展出。

《巴金全集》第24—26卷出版，至此，全部出齐。写《讲真话》、《西湖之梦》、《怀念亲友》、《关于克刚》、《怀念卫惠林》、《我永远忘不了他》等。

1996年（92岁）

2月，《再思录》出版。

11月，福建省中国现代文学研究会1996年年会暨巴金学术讨论会召开。

1997年（93岁）

5月，到杭州休息。

6月，《巴金译文全集》10卷本由人民文学出版社出版。

9月，第四届巴金国际研讨会在苏州举行。

1998年（94岁）

4月，第四届上海文学艺术奖授予巴金"杰出贡献奖"。

5—10月，到杭州休息。

写作并于5月发表《怀念曹禺》。

香港艺术发展局授予巴金"终身文学成就奖"。

1999年（95岁）

2月，因急性肺炎经抢救，转危为安。从此长期住华东医院治疗。

7月，国际天文学会批准中国科学家于1997年11月25日发现的（编号0315）小行星命名为"巴金星"。

10月，第五届巴金国际研讨会在湖北襄樊市举行。

2000年（96岁）

在上海华东医院继续住院治疗。

2001年（97岁）

在上海华东医院继续住院治疗。

1月，《中华散文珍藏本〈巴金卷〉》由人民文学出版社出版。

11月，第六届巴金国际研讨会在福州举行。

12月，中国作家协会第六次代表大会上，再次当选作协主席（未与会）。

2002年（98岁）

在上海华东医院继续住院治疗。

2003年（99岁）

在上海华东医院继续住院治疗。

11月，被国务院授予"人民作家"的称号。

同月，第七届巴金国际研讨会在成都举行。

2004 年（100 岁）

在上海华东医院继续住院治疗。

11 月，发表《怀念师陀》（未完成稿）。

2005 年（101 岁）

10 月 17 日 19 时 6 分，在上海华东医院病逝。

后 记

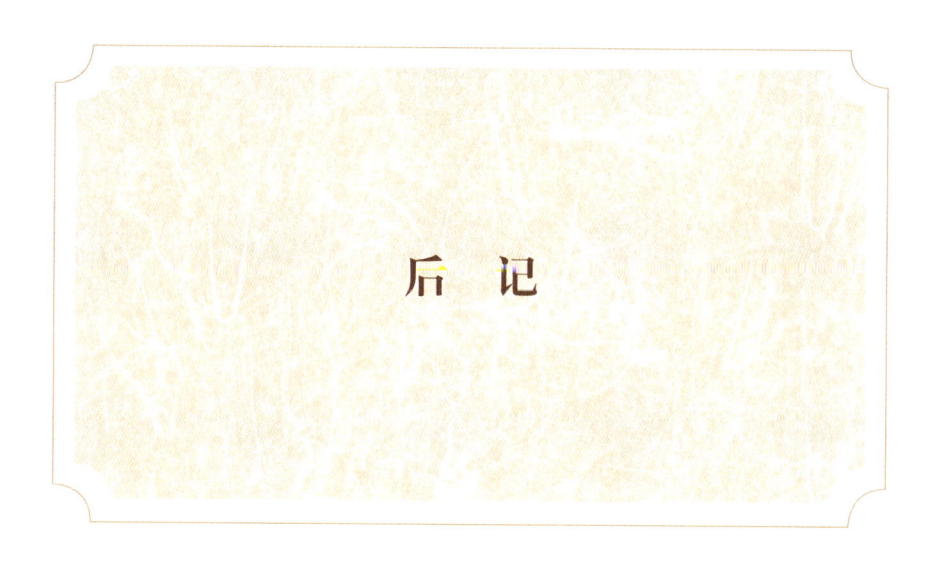

从 1979 年底写完《巴金评传》，至今已是三十多个年头了。该书出版后，得到了许多同行和读者的关注和鼓励。但我自知有许多遗憾和缺失有待匡正，特别是 1949 年后的巴金，在书中只用两个章节，极为粗疏地交代了他后三十年的事迹和活动，这样明显的缺失和疏漏，尽管有当时主客观条件限制的原因，但使我一直耿耿于怀。

到了九十年代才有了弥补修正的机会，这就是我重新写作的《巴金的梦》。我希望它成为一本比较完备而有一定深度的巴金传记。但当我重写完巴金的前半生后，再要继续写他后半生时，却又踌躇起来，感到问题多多，困难重重。我也注意了近些年出版的名人传记，除了极少数敢于直面严酷的历史，写出了传主的真实面貌，多数都采取淡化、回避的态度。我也因怯懦而深感犹疑。就这样，在只写了巴金前半生的《巴金的梦》出版了六年之后，拖拖拉拉，终于在朋友们的多方支持和鼓励下，才算写完了关于巴金后半生的《巴金的梦》的后半部，即《天堂·炼狱·人间》，了却了我多年的心愿。现在重新修订则统一易名为《巴金全传》。

这部书的写作，不算前期多年积累收集材料的时间，仅后半部伏案专事写作就花了整整两年半，可以说是我个人写作生涯中最长最苦的了。钱钟书先生在《围城·序》里有一句话曾给我极其深刻的印象，说他写作《围城》的"两年里忧世伤生，屡想中止"。我不敢妄自比附先贤，只是想借用"忧世伤生"这句话来形容我斯时斯地的心境实在是十分恰切的。也可以说是我人生经历中少有的困顿和抑郁，以至到了心力交瘁的地步。虽说只是个人原因，却使写作进展迟缓，行文也难见文采，都与此有关。另一方面，倒也成了我的精神寄托所在，使我度过了生命中最艰难的一段路程。因为，我只有在写作时，游弋其中，才得到一些乐趣和安慰、宣泄和倾诉，从而排遣忧伤和烦恼。

这是一本文学性的传记，也是一本普及性的学术读物。我只是想把巴金的生平、创作、思想和心灵轨迹力所能及地描述出来，把我对他的认识和理解告诉读者，尽量用平易的文字来表述，求得更多读者的接受。

"巴金研究"在这些年颇有进展和实绩，《巴金全集》和《巴金译文集》的出版也给巴金研究带来了很大的方便，提供了许多重要的新的资料。这也是本书在写作过程中得到的实惠，我真诚地感谢这些研究者和作者的劳绩。如果说这本书还有可读之处，那么至少有一半应归功于他们，我只不过是在同行们的基础上再垒一块砖而已。

《巴金全传》出版两年后，巴金与世长辞。但是读者却一代一代地在读着关注着巴金老人留存的精神财富，他们的兴趣和重视都说明这份财富将继续给人以思想艺术文化的营养。《巴金全传》也因此得以重印多次，香港出版了繁体字本，香港的《文汇报》连续选载了三个月，北京人民广播电台还连续广播了八十多天。读者的热情对我当然是最大的鼓励和鞭策。现在又因新版重出的机会，作了一次较大的修订补充，使许多重要问题和史实叙述更准确、丰富、充分，增加了近十分之一的篇幅。同时校正了一些错讹，力求在内容和文字上的完善，以报答读者的厚爱。

在本书的写作和收集资料过程中，我曾经得到沈从文、李健吾、柯灵、艾芜、田涛、汝龙、吴朗西、李彩臣、魏绍昌、李存光、陆谷苇、李辉、牧惠、舒乙、周明、梦晨、刘屏、谢欣、彭新琪、曾景忠、刘锡诚、马昌仪、罗新璋、章洁思……以及没有提及名字的许多朋友的无私的真挚的帮助，使我深深感谢，铭记在心。我更要感谢济生叔、小林、国煣对我长期的不断的热忱的支持和帮助，这已不是语言所能够表述得了的了。我也要感谢李向晨、万同林的鼓励，本书责任编辑包兰英女士的热情支持和帮助。因此，这本书的写作，凝聚着许多动人的友情，对我个人来说是非常宝贵的，也是我无法忘怀的。

我还要提到已故的唐达成兄对我的鼓励和友情。在他最后的岁月里，我们之间推心置腹的思想交流和亲密交往，也是推动我写作此书的力量。我还更深深地怀念我妻金缨（颜小珍），长期以来因她的关心和支持，使我在漫长的写作生涯中能坚持写成这些小书。但在这次修订时，她已故去，看不到新版的书了，我的哀痛和悲情已非语言所能表述，谨在此再次表示哀思和怀念。

另外，书中引文凡没有注明出处的均引自《巴金全集》或《巴金文集》，不一一注明赘说。

巴老于2005年10月逝世以来，研究评论的文字不少，仍像他生前一样褒贬都有，可见了解认识一个历史人物，哪怕是刚刚离去的也属不易。但是，我相信千言万语都不及事实本身。对于一个作家来说，最重要的还是他的作品和生命历史。巴老生前回答采访者提出的许多问题时常常说："请看我的《随想录》。"我想也正是这个意思。

熟读巴老的书，熟知巴老的生平，再把他放到二十世纪历史的激流中去考察，然后再来回味认识，一定会更接近本来面目。这也是我多年来读巴金的一点心得，借此机会奉献给读者。

陈丹晨

2003年5月完稿于北京

2008年3月修订

2013年8月再次修订